Prekäre Gleichstellung

Mike Laufenberg · Martina Erlemann
Maria Norkus · Grit Petschick
(Hrsg.)

Prekäre Gleichstellung

Geschlechtergerechtigkeit,
soziale Ungleichheit und unsichere
Arbeitsverhältnisse in der
Wissenschaft

Herausgeber
Mike Laufenberg
Zentrum für Interdisziplinäre
Frauen- und Geschlechterforschung
Technische Universität Berlin
Berlin, Deutschland

Martina Erlemann
Freie Universität Berlin
Berlin, Deutschland

Maria Norkus
Institut für Soziologie
Technische Universität Berlin
Berlin, Deutschland

Grit Petschick
Technische Universität Berlin
Berlin, Deutschland

Die Publikation des vorliegenden Sammelbandes konnte aus dem mit Mitteln des BMBF und des Europäischen Sozialfonds der Europäischen Union geförderten Verbundprojekts „genderDynamiken" (Förderkennzeichen 01FP1235-38) finanziert werden.

ISBN 978-3-658-11630-9   ISBN 978-3-658-11631-6 (eBook)
https://doi.org/10.1007/978-3-658-11631-6

Die Deutsche Nationalbibliothek verzeichnet diese Publikation in der Deutschen Nationalbibliografie; detaillierte bibliografische Daten sind im Internet über http://dnb.d-nb.de abrufbar.

Springer VS
© Springer Fachmedien Wiesbaden GmbH 2018
Das Werk einschließlich aller seiner Teile ist urheberrechtlich geschützt. Jede Verwertung, die nicht ausdrücklich vom Urheberrechtsgesetz zugelassen ist, bedarf der vorherigen Zustimmung des Verlags. Das gilt insbesondere für Vervielfältigungen, Bearbeitungen, Übersetzungen, Mikroverfilmungen und die Einspeicherung und Verarbeitung in elektronischen Systemen.
Die Wiedergabe von Gebrauchsnamen, Handelsnamen, Warenbezeichnungen usw. in diesem Werk berechtigt auch ohne besondere Kennzeichnung nicht zu der Annahme, dass solche Namen im Sinne der Warenzeichen- und Markenschutz-Gesetzgebung als frei zu betrachten wären und daher von jedermann benutzt werden dürften.
Der Verlag, die Autoren und die Herausgeber gehen davon aus, dass die Angaben und Informationen in diesem Werk zum Zeitpunkt der Veröffentlichung vollständig und korrekt sind. Weder der Verlag noch die Autoren oder die Herausgeber übernehmen, ausdrücklich oder implizit, Gewähr für den Inhalt des Werkes, etwaige Fehler oder Äußerungen. Der Verlag bleibt im Hinblick auf geografische Zuordnungen und Gebietsbezeichnungen in veröffentlichten Karten und Institutionsadressen neutral.

Gedruckt auf säurefreiem und chlorfrei gebleichtem Papier

Springer VS ist ein Imprint der eingetragenen Gesellschaft Springer Fachmedien Wiesbaden GmbH und ist ein Teil von Springer Nature
Die Anschrift der Gesellschaft ist: Abraham-Lincoln-Str. 46, 65189 Wiesbaden, Germany

Vorwort

Es ist gerade einmal hundert Jahre her, dass der Soziologe Max Weber den Werdegang zum Universitäts-Professor als „wilden Hasard" beschrieb. Es sei, warnte Weber in seinem im November 1917 vor studentischem Publikum in München gehaltenen Vortrag „Wissenschaft als Beruf", „außerordentlich gewagt für einen jungen Gelehrten, der keinerlei Vermögen hat, überhaupt den Bedingungen der akademischen Laufbahn sich auszusetzen". Denn mindestens „eine Anzahl Jahre" müsse dieser es „aushalten können, ohne irgendwie zu wissen, ob er nachher die Chancen hat, einzurücken in eine Stellung, die für den Unterhalt ausreicht".

Ein „wilder Hasard" ist der Weg zur Professur geblieben. Auch die unzähligen Umwälzungen, die Universitäten und Hochschulen seit Webers Zeiten erlebt haben, haben nichts an dieser scheinbar unumkehrbaren Konstante geändert. Bis heute ist es dem deutschen Universitätssystem nicht gelungen, die professorale Karriere, die sich schon zu Beginn des 20. Jahrhunderts zu einer voraussetzungsvollen Qualifikationskarriere entwickelt hatte, auch zu einer professionellen, das heißt einer Laufbahnkarriere umzugestalten. Zuletzt garantieren sollte dies die Juniorprofessur, eingeführt am Beginn des 21. Jahrhunderts. Fünfzehn Jahre später darf sie freilich als gescheitert gelten. Die Juniorprofessur mit Tenure Track, die das Tor zu einer regulären Berufung öffnet, so eine Evaluation von Forschung und Lehre nach sechs Jahren denn positiv ausfällt, ist nun der neueste Kassenschlager, den Universitäten mit einem 1000-Stellen-Programm des Bundesministeriums für Bildung und Forschung schmackhaft gemacht.

Ein Jahrhundert nach Webers Vortrag gilt also noch immer ‚Lebenszeit oder nix', ist der Weg von der Promotion bis zur Professur noch immer eine von finanziellen Problemen und extremer sozialer Unsicherheit gekennzeichnete Entwicklungs- und Wartezeit. Eine Zeit, in der, wie die Beiträge in diesem Band eindrucksvoll zeigen können, weniger individuelle Leistung und Fleiß als vielmehr Zufall und Glück, Geschlecht und soziale Herkunft, Migrationshintergrund und weitere Diskriminierungsdimensionen die entscheidende Rolle spielen. Vom meritokratischen Ideal, dem zufolge einzig Leistung und Qualifikation zählen, so schreiben es die Herausgeber_innen des Bandes, ist die Realität des deutschen Hochschulsystems jedenfalls auch im Jahr 2017 noch weit entfernt. Stattdessen ist der Zugang und sind erst recht die Verbleibschancen und Aufstiegsmöglichkeiten in der Wissenschaft reguliert durch vielfältig und komplex ineinandergreifende politische, juristische, organisationelle und kulturelle Regelungen, Routinen und Praktiken. Nicht viel anders als zu Webers Zeiten sind die Hochschulen und Universitäten ebenso wie die außerakademischen Wissenschaftsorganisationen Bollwerke der Reproduktion jener „feinen Unterschiede" (Pierre Bourdieu), die über akademisches Gelingen oder Scheitern entscheiden. Und das gilt ungeachtet dessen, dass Weber sich 2017 nicht mehr nur mehrheitlich bürgerlichen und adligen jungen Männern, die in akademischen Burschenschaften organisiert sind, gegenüber sähe, weil sich die *civitas academia* partiell durchaus demokratisiert hat, sie weiblicher, migrantischer und auch etwas proletarischer geworden ist.

Wer nun nicht glauben mag, wie groß die Kluft zwischen demokratisierendem Anspruch und distinguierender Wirklichkeit noch immer ist, dem und der sei ein Blick in einschlägige Statistiken empfohlen. Betrachten wir hier, um nur einen Indikator herauszugreifen, die numerische Zusammensetzung der akademischen Organisationen nach Geschlecht. Hier mögen sich zwar die „Besteckfragen", die „konversationellen Usancen und Sprachregelungen" (Friederike Hassauer) geändert haben; wer das Besteck führt, ist freilich – unabhängig von lokal und disziplinär bedingten Unterschieden – immer noch vergleichsweise eindeutig entlang der Genusgrenze geregelt. Trotz einer Vielzahl nationaler wie supranationaler Gleichstellungsregelungen beteiligen die akademischen Organisationen gegenwärtig Wissenschaftlerinnen jedenfalls noch lange nicht im gleichen Maße wie Wissenschaftler. Der Selbstverständlichkeit, „Wissenschaft als Beruf" dauerhaft ausüben zu können, sind jene statistisch gesehen nur unwesentlich näher gekommen. Mehr als hundert Jahre nachdem in Deutschland die letzte formale Zulassungsschranke für Frauen fiel, sind fächerübergreifend noch immer drei von vier Professuren mit Männern besetzt.

Same old story also? Mitnichten. Denn, auch das zeigen die hier versammelten Beiträge nachdrücklich, nicht nur die Arbeitsverhältnisse und Lebenszusammenhänge von Wissenschaftler_innen haben sich in den vergangenen Jahrzehnten entscheidend verändert, sondern auch die wissenschaftlichen Organisationen. Die Welt der Universität mag in vielerlei Hinsicht noch immer die Welt Max Webers sein, doch sie ist immer auch ein Kind ihrer Zeit. Und das heißt heute: Auch die akademischen Organisationen sind der fortschreitenden Ökonomisierung und den damit einhergehenden Umwälzungen in der Governance von Wissenschaft unterworfen; die der Universität seit ihrer Neubegründung durch Fichte und Humboldt im frühen 19. Jahrhundert eigene Unsicherheit wissenschaftlicher Arbeitsverhältnisse und Laufbahnen hat sich besonders für den akademischen Mittelbau noch einmal deutlich verschärft und, *last not least*, Gleichstellungspolitiken zeitigten widersprüchliche und teilweise gegenläufige Effekte, riefen Beharrungskräfte auf den Plan und wurden nicht selten selbst Teil der gouvernementalen Restrukturierung von Wissenschaft.

Der vorliegende Sammelband stellt diese drei Entwicklungen in den Mittelpunkt, die bislang selten gemeinsam betrachtet wurden, und sucht die verschiedenen Diskussionsstränge zu Ökonomisierung und Prekarisierung in der Wissenschaft, zu Geschlechtergerechtigkeit und sozialer Ungleichheit ins Gespräch zu bringen. Mögliche Zusammenhänge und (Wechsel-)Beziehungen ebenso wie Gegenläufigkeiten und Spannungsverhältnisse werden in den Blick genommen, um aktuelle Transformationsbewegungen und Beharrungstendenzen im wissenschaftlichen Feld aus verschiedenen Perspektiven zu betrachten. In der Zusammenschau ergibt das ein ebenso vielschichtiges wie präzises Bild unserer wissenschaftlichen Gegenwart und zeigt, wie gewinnbringend die Verknüpfung geschlechtertheoretischer und rassismuskritischer Perspektiven mit jenen der Hochschul- und Wissenschaftsforschung sowie der Soziologie sozialer Ungleichheit ist.

Sabine Hark

Inhaltsverzeichnis

Prekäre Gleichstellung – Eine Einleitung 1
Mike Laufenberg, Martina Erlemann, Maria Norkus und Grit Petschick

Teil I Gleichstellung und Diskriminierungen

Prekäre Gleichstellungspolitiken in der unternehmerischen
Universität im europäischen Vergleich 27
Kristina Binner und Lena Weber

Frauenförderung versus ‚Gerechtigkeit'? Verhandlungen
von Gleichstellungspolitik in außeruniversitären
Forschungseinrichtungen 49
Martina Erlemann

Rassismuskritik an der Hochschule: Mit oder trotz
Diversity-Policies? 79
Vanessa Eileen Thompson und Alexander Vorbrugg

Institutioneller Rassismus und Migrationskontrolle in der
neoliberalen Universität am Beispiel der Frauen- und
Geschlechterforschung 101
Encarnación Gutiérrez Rodríguez

Professorinnen in der Exzellenzinitiative – Ungleichheit
auf hohem Niveau? 129
Sandra Beaufaÿs

Nationalität und Geschlecht. Soziale Ungleichheiten unter
Forschenden einer ‚exzellenten' deutschen Wissenschaftsinstitution ... 153
Grit Petschick

Teil II Prekarisierung und Ungleichheitslagen

Mit der Geduld am Ende? Die Prekarisierung der *academic workforce* **in der unternehmerischen Universität**............ 185
Klaus Dörre und Hans Rackwitz

Prekäre Partizipation. Intersektionale Verschränkungen von sozialer Klasse und Geschlecht in der Wissenschaft............ 211
Maria Norkus

Zwischen Exzellenz und Prekarität. Über den Wettbewerb und die bedingte Öffnung der Universitäten für Wissenschaftlerinnen..... 241
Birgit Riegraf

Prekäre Wissenschaftskarrieren und die Illusion der Chancengleichheit............ 257
Christina Möller

‚Feminisierung' der Wissenschaft? Affektive Arbeit, Geschlecht und Prekarität in wissenschaftlichen Arbeitsgruppen............ 279
Mike Laufenberg

Verzeichnis der Autorinnen und Autoren

Sandra Beaufaÿs, Dr., wissenschaftliche Mitarbeiterin an der Koordinations- und Forschungsstelle des Netzwerks Frauen- und Geschlechterforschung NRW an der Universität Duisburg-Essen. Arbeitsschwerpunkte: Wissenschafts- und Hochschulforschung, Ungleichheit und Geschlechterverhältnisse. Ausgewählte Veröffentlichungen: Anita Engels, Sandra Beaufaÿs, Nadine Kegen, & Stephanie Zuber (2015). *Bestenauswahl und Ungleichheit. Eine soziologische Studie zu Wissenschaftlerinnen und Wissenschaftlern in der Exzellenzinitiative.* Frankfurt a. M., New York: Campus; Sandra Beaufaÿs, Anita Engels, & Heike Kahlert (Hrsg.) (2012). *Einfach Spitze? Neue Geschlechterperspektiven auf Karrieren in der Wissenschaft.* Frankfurt a. M., New York: Campus.

Kristina Binner, Dr.in, wissenschaftliche Mitarbeiterin am Institut für Soziologie der Johannes Kepler Universität Linz. Arbeitsgebiete: Arbeit und Alltag, Geschlechterverhältnisse, Restrukturierung von Wissenschaft, soziale Ungleichheit. Ausgewählte Veröffentlichungen: Kristina Binner (2017). „Exzellenz" und Sorge als alltägliche Bewährungsprobe von Postdoc-WissenschaftlerInnen in Großbritannien und Österreich. In Andrea Löther & Birgit Riegraf (Hrsg.), *Gleichstellungspolitik und Geschlechterforschung. Veränderte Governance und Geschlechterarrangements in der Wissenschaft* (S. 39–58). Opladen: Barbara Budrich Verlag; Kristina Binner, Bettina Kubicek, Anja Rozwandowicz, & Lena Weber (Hrsg.) (2013). *Die unternehmerische Hochschule aus der Perspektive der Geschlechterforschung: Zwischen Aufbruch und Beharrung.* Münster: Westfälisches Dampfboot.

Klaus Dörre, Prof. Dr., Leiter des Arbeitsbereichs Arbeits-, Industrie- und Wirtschaftssoziologie am Institut für Soziologie, Friedrich-Schiller-Universität Jena. Arbeitsgebiete: Kapitalismustheorie/Finanzmarktkapitalismus, flexible und prekäre Beschäftigung, Partizipation in Unternehmen, Arbeitsbeziehungen und

Strategic Unionism, Green New Deal, Autoritarismus bei Jugendlichen. Ausgewählte Veröffentlichungen: Klaus Dörre, Thomas Goes, Stefan Schmalz, & Marcel Thiel (2016). *Streikrepublik Deutschland? Die Erneuerung der Gewerkschaften in Ost und West.* Frankfurt a. M., New York: Campus; Klaus Dörre (2016). Heimatloser Antikapitalismus? Polanyis Marktkritik und das Alltagsbewusstsein von Lohnabhängigen. In Heinz Bude, & Philipp Staab (Hrsg.), *Kapitalismus und Ungleichheit. Die neuen Verwerfungen* (S. 345–367). Frankfurt a. M., New York: Campus.

Martina Erlemann, Dr., hat derzeit eine Gastprofessur Gender Studies in Mathematik und Naturwissenschaften an der Technischen Universität Dresden inne. Arbeitsgebiete: Geschlechterforschung zu den Natur- und Technikwissenschaften, Technik- und Wissenschaftssoziologie. Ausgewählte Veröffentlichungen: Martina Erlemann (2009). *Menschenscheue Genies und suspekte Exotinnen – Die Ko-Konstruktion von Physik und Geschlecht in öffentlichen Diskursen.* Dissertation Universität Wien; Markus Arnold, & Martina Erlemann (2012). *Öffentliches Wissen. Nachhaltigkeit in den Medien.* München: oekom.

Encarnación Gutiérrez Rodríguez, Prof. Dr., Professorin für Allgemeine Soziologie an der Justus-Liebig-Universität Gießen und Principal Investigator am dortigen International Graduate Centre for the Study of Culture (GCSC). Arbeitsgebiete: Kulturkritik und Migration; Gesellschaftstheorie und queer-feministische, dekoloniale Perspektiven; Affekt und Arbeit. Ausgewählte Veröffentlichungen: Encarnación Gutiérrez Rodríguez (2010). *Migration, Domestic Work and Affect.* Oxford, New York: Routledge; Encarnación Gutiérrez Rodríguez, & Shirley Anne Tate (2015). *Creolizing Europe. Legacies and Transformations.* Liverpool: Liverpool University Press; Encarnación Gutiérrez Rodríguez (2015). Sensing Dispossession: Women and Gender Studies Between Institutional Racism and Migration Control Policies in the Neoliberal University. *Women's Studies International Forum* 54, 167–177.

Mike Laufenberg, Dr., wissenschaftlicher Mitarbeiter am Zentrum für Frauen- und Geschlechterforschung, Technische Universität Berlin. Arbeitsgebiete: Care-Arbeit, Wohlfahrtsstaatsforschung und gesellschaftliche Reproduktionsverhältnisse, Geschlechter- und soziale Ungleichheitsforschung zu Wissenschaft und Hochschule, Queer Theory und Sexualforschung. Ausgewählte Veröffentlichungen: Mike Laufenberg (2016). Soziale Klassen und Wissenschaftskarrieren. Die neoliberale Hochschule als Ort der Reproduktion sozialer Ungleichheiten. In Nina Baur, Cristina Besio, Maria Norkus, & Grit Petschick (Hrsg.), *Wissen – Organisation – Forschungspraxis. Der Makro-Meso-Mikro-Link* *in der Wissenschaft* (S. 580–625), Weinheim, Basel: Beltz Juventa; Encarnación Gutiérrez Rodríguez, Kien Nghi Ha, Jan Hutta, Emily Ngubia Kessé, Mike Laufenberg, & Lars Schmitt (2016). Rassismus, Klassenverhältnisse und Geschlecht an deutschen Hochschulen. *sub/urban. zeitschrift für kritische stadtforschung* 4 (2), 161–190.

Christina Möller, Dr., Vertretungsprofessorin im Fachbereich Angewandte Sozialwissenschaften an der Fachhochschule Dortmund. Arbeitsschwerpunkte: Soziale Ungleichheit, soziologische Bildungsforschung, Geschlechter- und Hochschulforschung, Arbeitssoziologie. Ausgewählte Veröffentlichungen: Christina Möller (2015). *Herkunft zählt (fast) immer. Soziale Ungleichheiten unter Universitätsprofessorinnen und -professoren.* Weinheim, Basel: Beltz Juventa; Angela Graf, & Christina Möller (Hrsg.) (2015). *Bildung – Macht – Eliten. Zur Reproduktion sozialer Ungleichheit*, Frankfurt a. M.: Campus.

Maria Norkus, Dipl. Soz., wissenschaftliche Mitarbeiterin am Fachgebiet Methoden der empirischen Sozialforschung, Institut für Soziologie der Technischen Universität Berlin. Arbeitsgebiete: Soziale Ungleichheit, Arbeitssoziologie und Wissenschafts- und Biografieforschung. Ausgewählte Veröffentlichungen: Nina Baur, Cristina Besio, Maria Norkus, & Grit Petschick (2016). Wissen – Organisation – Forschungspraxis. Der Makro-Meso-Mikro-Link in der Wissenschaft. Weinheim, Basel: Beltz Juventa; Maria Norkus, Cristina Besio, & Nina Baur (2016). Effects of Project-Based Research Work on the Career Paths of Young Academics. Work Organisation, Labour & Globalisation 10 (2), 9–26.

Grit Petschick, Dipl. Phys., wissenschaftliche Mitarbeiterin am Institut für Chemie der Technischen Universität Berlin. Arbeitsschwerpunkte: Frauen- und Geschlechterforschung, soziale Ungleichheiten und Ethnografie. Ausgewählte Veröffentlichungen: Grit Petschick (2016). Publikationsstrategien. In Nina Baur, Cristina Besio, Maria Norkus, & Grit Petschick (Hrsg.) (2016). *Wissen – Organisation – Forschungspraxis. Der Makro-Meso-Mikro-Link in der Wissenschaft* (S. 480–509). Weinheim, Basel: Beltz Juventa; Grit Petschick (2016). Teilnehmende Beobachtung oder beobachtende Teilnahme? In Ronald Hitzler, Simone Kreher, Angelika Poferl, & Norbert Schröer (Hrsg.), *Old School – New School? Zur Frage der Optimierung ethnographischer Datengenerierung* (S. 233–246). Essen: Oldib.

Hans Rackwitz, M.A., wissenschaftlicher Mitarbeiter am Arbeitsbereich Arbeits-, Industrie- und Wirtschaftssoziologie am Institut für Soziologie, Friedrich-Schiller-Universität Jena. Arbeitsgebiete: Politische Ökonomie, Wirtschaftssoziologie, Umweltsoziologie, Finanzmarktkapitalismus, Finanzialisierung,

Green Economy. Ausgewählte Veröffentlichungen: Klaus Dörre, & Hans Rackwitz (2016). Finanzmarkt-Kapitalismus. Entstehung, Dynamik, Krisenpotentiale. Politikum 2, 4–16.

Birgit Riegraf, Prof. Dr., Professorin für Allgemeine Soziologie an der Fakultät für Kulturwissenschaften der Universität Paderborn, seit 2015 Vizepräsidentin für Studium, Lehre und Qualitätsmanagement. Arbeitsschwerpunkte: Theorien und Methodologie der Frauen- und Geschlechterforschung, Wissenschafts- und Hochschulforschung, Gesellschaft und Gerechtigkeit. Ausgewählte Veröffentlichungen: Brigitte Aulenbacher, Kristina Binner, Birgit Riegraf, & Lena Weber (2015). Wandel der Wissenschaft und Geschlechterarrangements. Organisations- und Steuerungspolitiken in Deutschland, Österreich, Großbritannien und Schweden. *Beiträge zur Hochschulforschung* 37 (3), 22–39; Birgit Riegraf, & Lena Weber (2013). Exzellenz und Geschlecht in der unternehmerischen Hochschule. In Kristina Binner, Bettina Kubicek, Anja Rozwandowicz, & Lena Weber (Hrsg.), *Die unternehmerische Hochschule aus der Perspektive der Geschlechterforschung: Zwischen Aufbruch und Beharrung* (S. 67–85). Münster: Westfälisches Dampfboot.

Vanessa Eileen Thompson, Dr. des., wissenschaftliche Mitarbeiterin am Institut für Soziologie der Goethe-Universität Frankfurt a. M. Arbeitsschwerpunkte: kritische Rassismusforschung, dekolonial/postkolonial-feministische Theorien und Methodologien, Geschlechter- und Intersektionalitätsforschung, Cultural Studies und Qualitative Sozialforschung (insb. ethnografische Methoden). Ausgewählte Veröffentlichungen: Vanessa Eileen Thompson, & Veronika Zablotsky (2016). Rethinking Diversity in Academic Institutions. *Wagadu: A Journal of Transnational Women's and Gender Studies* 16, 77–95.

Alexander Vorbrugg, Dr. des., wissenschaftlicher Mitarbeiter am Institut für Humangeographie der Goethe-Universität Frankfurt a. M. Arbeitsschwerpunkte: Wirtschaftsgeografie, Gesellschaftstheorie, feministische Geografie und qualitative Methoden, politisch-ökonomischer Wandel in osteuropäischen Kontexten mit besonderem Fokus auf Enteignungsprozesse, soziale Ungleichheit und ländliche Räume. Ausgewählte Veröffentlichungen: Alexander Vorbrugg (2015). Governing through civil society? The making of a post-Soviet political subject in Ukraine. *Environment and Planning D: Society and Space* 33 (1), 136–153.

Lena Weber, Dr., wissenschaftliche Mitarbeiterin in der Soziologie, Fakultät für Kulturwissenschaften an der Universität Paderborn. Arbeitsgebiete: Hochschul- und Wissenschaftsforschung, Geschlechtersoziologie, qualitative Sozialforschung, Arbeits- und Organisationssoziologie. Ausgewählte Veröffentlichungen: Lena Weber (2017). Neue Governance und Gleichstellungspolitik an Universitäten. Beispiele aus den drei Ländern Deutschland, Großbritannien und Schweden. In Andrea Löther & Birgit Riegraf (Hrsg.), Gleichstellungspolitik und Geschlechterforschung. Veränderte Governance und Geschlechterarrangements in der Wissenschaft (S. 123–138). Wiesbaden: Barbara Budrich; Lena Weber (2017). Die unternehmerische Universität. Chancen und Risiken für Gleichstellungspolitiken in Deutschland, Großbritannien und Schweden. Weinheim: Beltz Juventa.

Prekäre Gleichstellung – Eine Einleitung

Mike Laufenberg, Martina Erlemann, Maria Norkus und Grit Petschick

Im Kontext eines institutionellen Wandels von Wissenschaft und Hochschule sind die Arbeitsverhältnisse und Lebenszusammenhänge von Wissenschaftler_innen seit zwei Jahrzehnten entscheidenden Veränderungen unterworfen. Der vorliegende Sammelband stellt drei Entwicklungen in den Mittelpunkt, die die Arbeits- und Lebenssituation von Forschenden und Lehrenden besonders tief greifend verändert haben: erstens die fortschreitende Ökonomisierung von Hochschulen und anderen Wissenschaftsorganisationen sowie damit einhergehende Verschiebungen in der Governance von Wissenschaft; zweitens die zunehmende Prekarisierung wissenschaftlicher Arbeitsverhältnisse und Laufbahnen, die sich insbesondere im akademischen Mittelbau verschärft hat; sowie drittens die verstärkte Institutionalisierung von Gleichstellungspolitiken in einer Zeit, da an den hiesigen Universitäten mehr Frauen studieren, promovieren und wissenschaftliche Laufbahnen einschlagen als je zuvor – während strukturelle gruppenbezogene Benachteiligungen fortwirken und Alltag und Karriereverläufe in der Wissenschaft nach wie vor durch hierarchische Machtverhältnisse, Diskriminierung

---

M. Laufenberg (✉) · M. Erlemann · M. Norkus · G. Petschick
Berlin, Deutschland
E-Mail: mike.laufenberg@tu-berlin.de

M. Erlemann
E-Mail: martina.erlemann@fu-berlin.de

M. Norkus
E-Mail: maria.norkus@tu-berlin.de

G. Petschick
E-Mail: grit.petschick@tu-berlin.de

© Springer Fachmedien Wiesbaden GmbH 2018
M. Laufenberg et al. (Hrsg.), *Prekäre Gleichstellung*,
https://doi.org/10.1007/978-3-658-11631-6_1

und soziale Ungleichheiten mitbestimmt sind. Diese drei Entwicklungen haben in den Sozialwissenschaften, in der Geschlechterforschung und nicht zuletzt in der Öffentlichkeit in den vergangenen Jahren als Einzelphänomene Aufmerksamkeit erfahren, sind bislang jedoch nur selten systematisch in Bezug zueinander untersucht worden. Der Sammelband „Prekäre Gleichstellung" versteht sich vor diesem Hintergrund als Beitrag, die verschiedenen Diskussionsstränge zu Ökonomisierung und Prekarisierung in der Wissenschaft, zu Geschlechtergerechtigkeit und sozialer Ungleichheit stärker zusammenzuführen. Es geht darum, Zusammenhänge herzustellen und (Wechsel-)Beziehungen in den Blick zu nehmen, um aktuelle Transformationsbewegungen und Beharrungstendenzen im wissenschaftlichen Feld aus verschiedenen Blickwinkeln zu betrachten: Welche neuen Erkenntnisperspektiven ergeben sich, wenn wir gegenwärtige Verschiebungen in der Gleichstellungspolitik ausgehend von einer Analyse der Ökonomisierung und Prekarisierung von Wissenschaft untersuchen? Und wie stellt sich, umgekehrt, die strukturelle Ausbeutung und Prekarisierung des akademischen Mittelbaus aus Sicht der Geschlechter- und Rassismusforschung sowie der Forschung zu sozialer Ungleichheit dar? In welchem Verhältnis stehen alte und neue Ungleichheitslagen in der Wissenschaft zu Prozessen der Ökonomisierung und inwieweit werden sie von aktuellen Gleichstellungspolitiken adäquat adressiert? Welche Wechselwirkungen und Korrespondenzen, aber auch welche Widersprüche, Ungleichzeitigkeiten und Spannungen kommen hierbei jeweils zum Vorschein?

1 Ökonomisierung und Prekarisierung der Wissenschaft

Die Soziologie und auch die Geschlechterforschung haben die Ökonomisierung von Hochschule und Wissenschaft in den letzten Jahren verstärkt thematisiert und ihre Ursachen, Ausprägungen und Folgen mit Begriffen wie „akademischer Kapitalismus" (Münch 2011; Slaughter und Leslie 1997), „unternehmerische Universität" (Clark 1998; Binner et al. 2013) und „neoliberale Hochschule" (Davies et al. 2006; Laufenberg 2016; Stapelfeld 2007) zum Untersuchungsgegenstand erklärt. Hierbei wurden die polit-ökonomischen Bedingungen und gesellschaftlichen Kräfteverhältnisse beleuchtet, in deren Rahmen Wissenschaftsinstitutionen zunehmend in unternehmensähnliche Organisationen umgebaut werden, die auf einem nationalen und internationalen Wettbewerbsmarkt miteinander konkurrieren. Es wurde analysiert, wie sich die systematische Implementierung von betriebswirtschaftlichen und marktförmigen Rationalitäten auf den Ebenen der

Hochschul- und Arbeitsorganisation niederschlägt, wie zugespitzte Wettbewerbsnormen und Konkurrenzverhältnisse die Wissenschaftskultur verändern, wie sich die ‚Projektifizierung' der Wissenschaft auf Karriereverläufe und Forschungspraxis auswirkt und auf welche Weisen Gleichstellungsfragen und soziale Gerechtigkeit innerhalb der unternehmerischen Hochschule thematisiert und dethematisiert werden (Striedinger et al. 2016).

Ein wesentliches Merkmal derzeitiger Wissenschafts- und Hochschulpolitik ist, dass die Ausrichtung der Universitäten an ökonomischen Leitmotiven der Steigerung von Effizienz und Output vor dem Hintergrund einer relativ schwachen Grundfinanzierung des deutschen Hochschulsystems[1] mit einer verstärkt wettbewerbsbasierten Umverteilung der finanziellen Mittel einhergeht. Neben der asymmetrischen Verteilung der Fördermittel, die, wie im Falle der Exzellenzinitiativen, einige wenige gut ausgestattete Spitzenbereiche zu Nutznießern des Systems werden lässt und eine strukturelle Unterfinanzierung des Großteils der übrigen Forschungs- und Lehreinrichtungen in Kauf nimmt, ist hier vor allem der Anstieg projektlaufzeitgebundener Forschungsfinanzierung durch Drittmittel zu nennen.[2] Die systematischen Lücken in der Grundfinanzierung von Forschung und Lehre korrespondieren in verschiedener Hinsicht mit einer Verschlechterung der Arbeitsbedingungen des akademischen Personals und hier insbesondere des befristet beschäftigten Mittelbaus. So wird unter- oder sogar unbezahlte Arbeit von wissenschaftlichen Mitarbeiter_innen, wissenschaftlichen Hilfskräften, Lehrbeauftragten und Privatdozent_innen an deutschen Hochschulen systematisch einkalkuliert, um den kontinuierlich steigenden Bedarf an Arbeitskraft in Forschung und Lehre trotz struktureller Unterfinanzierung des Hochschulsystems zu decken (Rogge 2015; van Dyk und Reitz 2017; Ullrich 2016). „Do more with less" lautet das wissenschaftspolitische Postulat der unternehmerischen Hochschule: Unter den Bedingungen des verschärften Wettbewerbs um knappe Stellen und Fördermittel arbeiten Promovierende und Postdoktorand_innen immer mehr, während

---

[1]Lediglich 1,2 % des Bruttoinlandsprodukts werden hierzulande in die Hochschulen investiert, in den USA liegt der Wert hingegen bei 2,8 % und in Kanada und Chile bei 2,5 %; die durchschnittliche Investition in den OECD-Staaten beträgt 1,5 % (Baumgarth et al. 2016, S. 12).

[2]Der Anteil der staatlichen Grundfinanzierung an den Ausgaben des Hochschulsystems ist von 85 % im Jahre 2000 auf 77,7 % im Jahre 2010 gesunken, während der Anteil der Drittmittel im selben Zeitraum um mehr als zehn Prozentpunkte auf 28 % angestiegen ist (Stifterverband für die Deutsche Wissenschaft 2017; DFG 2015, S. 25).

sie zugleich immer weniger Sicherheiten für ihre Lebensplanung und keine angemessene Entlohnung erhalten.[3]

Der Ausbau unsicherer und befristeter Beschäftigungsverhältnisse im akademischen Mittelbau fügt sich ganz offenbar in allgemeinere ökonomische, politische und soziale Wandlungsbewegungen am Übergang zum 21. Jahrhundert ein, die in den Sozialwissenschaften mit dem Begriff der *Prekarisierung* gefasst werden. In Prekarisierungsprozessen greifen verschiedene Dimensionen ineinander, die sich in aktuellen Entwicklungen an den Hochschulen und wissenschaftlichen Organisationen in spezifischer Weise widerspiegeln. So wird mit Prekarisierung allgemein zunächst eine Ausweitung von Erwerbsarbeitsverhältnissen bezeichnet, die durch einen hohen Grad an Unsicherheit, Flexibilisierung und Deregulierung charakterisiert sind (Castel und Dörre 2009; Castel 2000). Indikatoren hierfür sind unter anderem eine Ausweitung des Niedriglohnsektors, eine zunehmende Aufweichung von Arbeitsschutzregelungen, die Ausbreitung von atypischen Beschäftigungsverhältnissen wie Leih- und Zeitarbeit, das Auseinanderdriften von Einkommen und Vermögen sowie eine zunehmende Entgrenzung und Subjektivierung von Erwerbsarbeit. Dies korrespondiert mit einem sozialstaatlichen Transformationsprozess, der den Übergang von einer überwiegend staatlichen zur vermehrt privatisierten und individuellen Absicherung vollzieht und damit den

---

[3]Aktuelle Zahlen belegen, dass der mit der kontinuierlichen Expansion des deutschen Hochschulsystems verbundene Bedarf an Mehrarbeit in der Lehre und Betreuung von Studierenden systematisch über den Ausbau prekärer Beschäftigungsverhältnisse abgedeckt wird. So ist die Zahl der Studierenden von 2000 bis 2015 um 53 % gestiegen (von ca. 1,8 auf ca. 2,8 Mio.; Statistisches Bundesamt 2017). Im selben Zeitraum nahm die Anzahl der Mittelbauangehörigen um 76 %, die Zahl der Professor_innen allerdings nur um 21 % zu (Konsortium Bundesbericht Wissenschaftlicher Nachwuchs 2017, S. 8). Mit 67 % ist die Mehrheit der Promovierenden in die Hochschullehre eingebunden und zwar mit durchschnittlich 4,2 Semesterwochenstunden (ebd., S. 19). Der systematische, strukturell forcierte (Selbst-)Ausbeutungscharakter zeigt sich insbesondere dort, wo Mittelbauangehörige und Promotionsstipendiat_innen für ihren wissenschaftlichen Lebenslauf freiwillig, d. h. unentgeltlich oder im Rahmen eines Lehrauftrags gegen eine geringe Aufwandsentschädigung, Aufgaben in der Lehre und Studierendenbetreuung übernehmen, obwohl dies nicht Teil ihres Stellenprofils bzw. Arbeitsvertrags ist (van Dyk und Reitz 2017, S. 66 f.). Auch die wissenschafts- und hochschulpolitisch induzierte Prekarität der Lage der Privatdozent_innen ist in diesem Zusammenhang zu nennen: Eine aktuelle Anfrage an die Berliner Senatsverwaltung hat ergeben, dass an den Berliner Hochschulen im Jahre 2017 etwa 750 Privatdozent_innen im Rahmen ihrer Titellehre (nahezu) unbezahlt, d. h. gegen eine ‚Schutzgebühr' von 153,59 EUR pro Semester, Seminare anbieten (Netzwerk für Gute Arbeit in der Wissenschaft 2017).

Schutz vor Arbeits- und Lebensrisiken wie Arbeitslosigkeit, Krankheit und Pflegebedürftigkeit stärker an die einzelnen Subjekte delegiert (Lessenich 2008). Erst in diesem Zusammenspiel aus Veränderungen in den Arbeitsverhältnissen einerseits und der Lockerung wohlfahrtsstaatlicher Absicherungsmechanismen andererseits entsteht *Prekarität* im Sinne einer Ent-Garantierung der Ressourcen und Infrastrukturen, die notwendig sind, um die eigene Existenz materiell und kulturell auf einem Niveau zu reproduzieren, das oberhalb der Armutsgrenze angesiedelt ist, gesellschaftliche Partizipation ermöglicht und symbolische Anerkennung gewährt. Diese Ausweitung des Prekaritätsbegriffs über den engeren Zusammenhang der Erwerbsarbeitsverhältnisse hinaus auf die konkreten Verhältnisse der (Selbst-)Sorge und sozialen Reproduktion ist ein Verdienst feministischer Theoriebildung (Manske und Pühl 2010; Völker und Amacker 2015; Lorey 2012).

Charakteristisch für die Gegenwart ist nun, dass Prekarität nicht mehr nur vorrangig die Lebenssituation der Gruppe der formal Geringqualifizierten in den unteren sozialen Klassen strukturiert – darunter ein überdurchschnittlich hoher Anteil weiblicher und migrantischer Arbeitskräfte. Vielmehr verallgemeinert sie sich in postfordistischen Gesellschaften derart, dass sie auch die soziale Organisation von Arbeits- und Lebensverhältnissen derjenigen sozialen Klassen durchzieht, in denen formal höhere Bildungsabschlüsse vorherrschend sind, so auch im Falle von Wissenschaftler_innen. Prekarität ist also kein partikulares Phänomen, sondern ein strukturierendes Prinzip der „Prekarisierungsgesellschaft" (Marchart 2013) und verkörpert als solches ein omnipräsentes Bedrohungsszenario. Sie lässt sich, in den Worten Bourdieus, „niemals vergessen; sie ist zu jedem Augenblick in allen Köpfen präsent" (1998, S. 97). Die Verallgemeinerung der Prekarität ist hierbei freilich kein Naturzustand, sondern ein Ergebnis polit-ökonomischer Rahmenbedingungen und gegenwärtiger sozialer Kräfteverhältnisse. Die politisch und sozialstaatlich induzierte Verunsicherung wachsender Teile der Bevölkerung in den westlichen Industriegesellschaften erweist sich hierbei als eine machtförmige Regierungstechnologie (Lorey 2012). So verschärft Prekarisierung Ängste vor Jobverlust und gesellschaftlichem Abstieg, die wiederum die Wirksamkeit und Effizienz von (Selbst-)Disziplinierung und (Selbst-)Ausbeutung verstärken. Offen artikulierte Kritik, Widerständigkeit oder gar Organisierung gegen schlechte Arbeitsbedingungen erscheinen vor diesem Hintergrund als zunehmend riskant. Dieser prekaritätslogische Dreiklang aus Deregulierung und Flexibilisierung von Arbeitsverhältnissen, sozialstaatlicher Ent-Garantierung ausreichender Absicherung sowie einem omnipräsenten Gefühl der Unsicherheit, an das Disziplinierungs- und Ausbeutungsmechanismen anschließen, kennzeichnet auch die Situation von vielen Angehörigen des „forschenden Prekariats" (Dörre und Neis 2008).

Silke van Dyk und Tilman Reitz (2017) argumentieren, dass die auf Flexibilisierung, zeitlicher Begrenzung und zugespitzter Konkurrenz beruhende Herrschaftstechnologie der „projektbasierten Polis" (Boltanski und Chiapello 2006, S. 147) an deutschen Hochschulen durch eine hierarchisch organisierte Wissenschafts- und Arbeitsorganisation gestützt werde, die feudale und ständische Züge trage. So könne der steigende Wettbewerbs- und Zeitdruck im deutschen Wissenschaftssystem dank des Lehrstuhlprinzips von Professor_innen leichter an die ‚unteren' Statusgruppen des akademischen Mittelbaus weitergereicht werden, etwa indem das Verfassen von Drittmittelanträgen und Artikeln oder die Korrektur und (Vor-)Begutachtung von Seminar- und Abschlussarbeiten an sie delegiert wird (vgl. hierzu auch Dörre und Rackwitz in diesem Band). Zudem übe die hierarchische Lehrstuhlordnung des Wissenschaftsfeldes systematisch Druck auf den sogenannten „wissenschaftlichen Nachwuchs" aus, sich in seine Situation einzufügen, weil der eigene Berufserfolg durch persönliche Abhängigkeits- und Förderverhältnisse bedingt ist und der Mangel an Alternativen den eigenen Karriereverlauf seinerseits am Erreichen der Statusposition des/der Professor_in ausrichtet. Die Prekarisierung der wissenschaftlichen Berufsverläufe, die hierarchische Arbeitsorganisation und die überwiegende Zurückhaltung des wissenschaftlichen Mittelbaus, sich aktiv für eine Änderung der Rahmenbedingungen von wissenschaftlicher Arbeit einzusetzen, verstärken sich somit wechselseitig.

2 Soziale Ungleichheiten und Geschlechterverhältnisse

Wenn Prekarität sich in sozialer, ökonomischer und affektiver Hinsicht einerseits auch zunehmend verallgemeinert, so sind andererseits nicht alle gleichermaßen von Prekarisierung betroffen. Es lassen sich unterschiedliche Grade an Unsicherheit und Verwundbarkeit feststellen und die materiellen Ressourcen und sozialen wie symbolischen Kapitalsorten, auf die Subjekte zurückgreifen können, um sich durch prekäre Verhältnisse zu navigieren und in ihnen trotz aller Widrigkeiten zu reüssieren, sind ungleich verteilt. Die Bedingungen und Folgen einer solchen „Rasterung und Aufteilung des Prekärseins in Ungleichheitsverhältnisse" (Lorey 2011, o. S.), die verschiedene soziale Positionierungen und unterschiedliche Teilhabechancen in einem durch Unsicherheit strukturierten sozialen Feld erzeugen, gilt es auch für die Wissenschaft genauer zu untersuchen. Da im wissenschaftlichen Feld die unbefristete Professur in der Regel den einzigen Ausweg aus der prekären Lage bedeutet, ist hier die Analyse der ungleichen Verteilung von Verwundbarkeit und Unsicherheit eng an die Untersuchung der sozialen Reproduktionsmechanismen der wissenschaftlichen Statusgruppen geknüpft. Der wissenschaftliche Karriereweg erweist sich hierbei bekanntlich als äußerst selektiv, sodass der Zugang zur Professur einem Nadelöhr gleicht, das am Ende einer langen Qualifikations- und Bewährungsphase nur wenige passieren, während ein Großteil der Wissenschaftler_innen entweder prekär beschäftigt bleibt oder das Feld früher oder später ganz verlässt. Die Wissenschaft ist in besonderer Weise durch einen meritokratischen Mythos geprägt, der diesen Selektionsprozess als eine ‚Bestenauslese' verklärt: Weil das auf Selbstverwaltung und peergruppenbasierter Qualitätssicherung beruhende wissenschaftliche System nur die individuelle Leistung prämiere, handle es sich bei den erfolgreichen Wissenschaftler_innen eben um diejenigen, die sich im Wettbewerb als die Originellsten, Leistungsstärksten (Fleißigsten) und Intelligentesten erwiesen hätten und sich damit verdientermaßen gegen ihre Konkurrenz durchsetzen konnten. Das meritokratische Ideal ist jedoch nicht nur von der Realität des deutschen Hochschulsystems weit entfernt, sondern legitimiert zusätzlich strukturelle Ungleichheiten, die in wissenschaftlichen Berufslaufbahnen wirken. So verteilen sich Zugang, Verbleibschancen und Aufstiegsmöglichkeiten in der Wissenschaft nicht schlicht nach individueller Leistung, Fleiß und Glück, sondern werden durch politische, institutionelle und kulturelle Praktiken reguliert, die Wissenschaftsorganisationen zu Orten der Statusreproduktion der gesellschaftlich dominanten sozialen Klassen und Positionen machen (Laufenberg 2016; Möller 2015). Entsprechend spiegeln sich in der Personalstruktur und Arbeitskultur der Wissenschaft gesellschaftliche Hierarchisierungen und Ungleichheiten entlang von Geschlecht, sozialer Klasse und Race, aber auch anderer Ungleichheitsmerkmale wie Behinderung, Alter und Sexualität wider. In der Folge wird eine soziale Gruppe strukturell bevorteilt, die, gesamtgesellschaftlich betrachtet, eine numerische Minderheit darstellt, nämlich weiße, männliche Akademiker mit hoher und gehobener sozialer Klassenherkunft. Während diese Minderheit bei den prestigereichen Professuren und in der wissenschaftlichen und wissenschaftspolitischen Elite die Mehrheit stellt (Graf 2015), sind Schwarze Forscher_innen, Akademiker_innen of Color und Wissenschaftler_innen aus hochschulfernen sozialen Klassen, darunter viele (post-)migrantische Akademiker_innen, im wissenschaftlichen Feld marginalisiert und insbesondere in den nicht prekären Statusgruppen massiv unterrepräsentiert (Gutiérrez Rodríguez et al. 2016; Ha et al. 2018; Lind und Löther 2008).

Diese Marginalisierung reproduziert sich auch in der Forschungsliteratur zum Thema. Während geschlechtsspezifische Ausschluss- und Benachteiligungsmechanismen in der Wissenschaft seit vielen Jahren untersucht werden und hier eine beachtliche Fülle an empirischen Studien und theoretischen Ausarbeitungen vorliegt, an die gleichstellungspolitische Maßnahmen anknüpfen können, werden klassenspezifische und rassistische Selektionsfaktoren, die in wissenschaftlichen Laufbahnen wirken, in Deutschland bislang noch vergleichsweise wenig untersucht und aus Gleichstellungsdiskussionen weitgehend ausgeschlossen. Auch die Geschlechterforschung zu Wissenschaftsinstitutionen und Hochschullaufbahnen fragt bislang überwiegend eindimensional nach Ungleichheitslagen entlang der Geschlechterdifferenz, während intersektionale Analysen von Mechanismen der Mehrfachdiskriminierung noch rar sind. Die Relevanz intersektionaler Analysen zeigt sich, um ein besonders eklatantes Beispiel zu wählen, etwa im Falle der Juniorprofessur, deren soziales Profil Christina Möller für Nordrhein-Westfalen untersucht hat. Von allen von Möller untersuchten professoralen Statusgruppen weist die Juniorprofessur die höchste soziale Exklusivität auf: Fast neun von zehn Juniorprofessor_innen stammen aus statushohen gesellschaftlichen Klassen, davon über 60 % aus doppelt akademischen Elternhäusern (Möller 2015). Zugleich handelt es sich bei der Juniorprofessur um die Professur mit dem höchsten Frauenanteil. Hieraus folgt eine relevante Erkenntnis für die Gleichstellungspolitik, die die Verschränkung von Ungleichheitsachsen verdeutlicht: Frauen, denen ein Aufstieg innerhalb der Wissenschaft gelingt, stammen überwiegend aus bildungsbürgerlichen sozialen Klassen, während Frauen aus hochschulfernen Klassen – auch im Vergleich zu Männern mit ähnlicher sozialer Herkunft – am stärksten unterrepräsentiert sind. Ein ähnlicher Effekt zeigt sich bei (post-)migrantischen Wissenschaftler_innen, die – so ihnen ein Aufstieg in der Hochschule gelingt – häufiger aus hochschulnahen sozialen Klassen stammen als die Gesamtheit der Wissenschaftler_innen (El-Mafaalani 2012). Mit anderen Worten: Innerhalb der Wissenschaft ist der typische soziale Bildungsaufsteiger überwiegend männlich und weiß, während Frauen, Schwarze und Migrant_innen aus sozio-ökonomisch unterprivilegierten Verhältnissen mit zusätzlichen Barrieren zu kämpfen haben. Dies legt nahe, dass Weißsein und Männlichkeit – und insbesondere *weiße Männlichkeit* – im Wissenschaftssystem als Ressourcen fungieren können, um innerhalb des prekarisierten Feldes auch aus einer benachteiligten (Klassen-)Position heraus auf eine privilegierte und abgesicherte Stellung vorzurücken. Es zeichnet sich ab, dass die zugespitzte Ökonomisierung von Bildung und Wissenschaft diese Korrelation von Prekarisierungsgrad und sozialer Positionierung in einem entlang von Klassenherkunft, Geschlecht und ‚Race' stratifizierten sozialen Feld weiter verstärkt

(Laufenberg 2016).[4] Diese Zusammenhänge gilt es eingehender zu analysieren. Aktuelle Gleichstellungspolitiken sind zudem daraufhin zu überprüfen, ob und inwiefern sie geeignet sind, auf diese komplexen Verschränkungen zu antworten, indem sie ausgleichende Praktiken und Mechanismen zu implementieren wissen, die sich an intersektionaler Gerechtigkeit und Entprekarisierung orientieren.

3 Gleichstellungspolitik und Ökonomisierung

Parallel zur Ökonomisierung und der damit verknüpften Verstärkung von Prekarisierung ist eine praktische wie diskursive Verschiebung der gleichstellungspolitischen Programmatik zu beobachten. Praktisch und organisatorisch war der Erfolg der Frauenpolitik an den Hochschulen seit Mitte der 1970er-Jahre zunächst entscheidend durch das Engagement von Feministinnen und Akteurinnen der Frauenbewegung sowie durch den langen Atem und die Hartnäckigkeit der in dieser Zeit installierten Frauenbeauftragten gewährt (Blome et al. 2013). Seit Beginn des 21. Jahrhunderts wird dieser bis dahin häufig von Einzelpersonen forcierte Bottom-up-Prozess allmählich durch Ansätze des sogenannten Gender Mainstreaming ergänzt und überformt, die Geschlechtergleichstellung als Top-Down-Querschnittsaufgabe auf allen Organisationsebenen implementieren. Gender Mainstreaming, das in der Bundesrepublik 2000 als durchgängiges Leitprinzip in öffentlichen Organisationen eingeführt wurde, ist eine rechtlich verankerte Strategie, die zur Berücksichtigung der Geschlechterverhältnisse in sämtlichen Handlungsbereichen der Verwaltung verpflichtet: vom Entwicklungsprozess über die Entscheidungsfindung bis hin zur Evaluierung der jeweiligen Maßnahme (vgl. Kahlert 2003; Nohr

---

[4]Neben der Einführung der Juniorprofessur demonstriert auch die Implementierung des Zweiklassenstudiensystems Bachelor–Master, dass die anhaltende soziale Exklusivität der Wissenschaft mit aktuellen Strategien ökonomischer Hochschulsteuerung korrespondiert: Der Übergang vom Bachelor- zum Masterstudiengang stellt einen neuen Selektionsmechanismus dar, den das alte Studiensystem so nicht kannte und der nachweislich Studierende aus hochschulfernen Klassen benachteiligt. Diese sehen aus finanziellen oder habitusvermittelten Gründen häufiger als Studierende aus hochschulnahen Klassen davon ab, nach dem Bachelorabschluss ein Masterstudium aufzunehmen. Beide Neuerungen der neoliberalen Hochschule – Juniorprofessur und duales Studiensystem – laufen darauf hinaus, die Kosten für die Produktion und Reproduktion von Arbeitskraft und damit auch deren Wert zu senken: im einen Fall durch die Verkürzung von Bildungslaufbahnen und das schnellere Erreichen einer Berufsbefähigung (‚employability'), im anderen Fall durch eine Senkung der Ausgaben für Personalmittel mittels der Schaffung neuer, im Vergleich zu ordentlichen Professuren kostengünstigerer Personalkategorien (ausführlich hierzu Laufenberg 2016).

und Veth 2002; Meuser und Riegraf 2010). Hierbei wird jeweils geprüft, ob und inwieweit sich politische, rechtliche oder organisatorische Entscheidungen unterschiedlich auf Männer und Frauen auswirken und Benachteiligungen mit sich bringen (könnten). Frauenförderung mit dem Ziel zu betreiben, die quantitative und qualitative Partizipation von Frauen in Hochschulen und Forschungsinstitutionen zu erhöhen,[5] ist dabei nur ein Aspekt des Gender Mainstreaming. Ob es sich bei Gender Mainstreaming um ein sinnvolles und machtvolles Instrument der Gleichstellung handelt oder ob es dem Feminismus eher einen Bärendienst erweist, wurde mitunter hitzig debattiert (vgl. Nohr und Veth 2002; Bereswill 2006; Meuser 2009).

Doch nicht nur der Institutionalisierungsgrad, auch die ideelle und diskursive Ausrichtung der Gleichstellungspolitik hat sich in den vergangenen zwei Jahrzehnten zunehmend gewandelt. Hatte diese in ihren Anfängen Mitte der 1970er-Jahre noch das Erreichen von Geschlechtergerechtigkeit auf ihre Fahnen geschrieben, vollzieht sich in der neoliberalen Hochschule eine Umcodierung der normativen Grundlagen von Gleichstellungsbemühungen. So zählt Gleichstellungspolitik in der unternehmerischen Hochschule einerseits zu den strategischen Elementen eines jeden Hochschulentwicklungskonzepts. Andererseits gerät Geschlechter*gerechtigkeit* als vorrangige Triebfeder für Gleichstellungspolitik zunehmend aus dem Blick, während die Implementierung von Programmen zur Chancengleichheit und Gleichstellung mehr und mehr ökonomisch begründet und legitimiert wird. Nicht Anti-Diskriminierungsarbeit und die normative Ausrichtung an dem Ziel, allen Geschlechtern gleiche Ausgangsbedingungen für ihre berufliche und persönliche Entfaltung zu ermöglichen, sondern Motive der Humankapitalverwertung, der Valorisierung von Differenz und der allgemeinen Effizienz- und Produktivitätssteigerung des Wissenschaftssystems werden

---

[5]Tatsächlich sind die Frauenanteile in den oberen Rängen der akademischen Hierarchie in den letzten beiden Dekaden um grob 15 % gestiegen (GWK 2016, S. 10). Die Frauenanteile nehmen zwar weiterhin mit jeder Qualifizierungsstufe der akademischen Leiter ab, jedoch stellt sich das „akademische Frauensterben" (Kahlert 2015) nicht mehr ganz so drastisch dar wie noch vor 20 Jahren (GWK 2016, S. 10). Dennoch sind Frauen in der Wissenschaft nach wie vor unterrepräsentiert; mit einem Anteil von 22 % auf Professuren an Hochschulen machen Frauen noch nicht einmal ein Viertel aus (ebd., S. 18 f.). Unter den Hochschulabsolvent_innen ist der Frauenanteil von 42 % im Jahr 2000 auf 48 % im Jahr 2014 zwar gestiegen, verbleibt seit 2005 aber auf ähnlichem Niveau (Konsortium Bundesbericht Wissenschaftlicher Nachwuchs 2017, S. 85). Im wissenschaftlichen Mittelbau sind Frauen überproportional oft in Teilzeit beschäftigt (ebd., S. 30 f.). An den Hochschulen sind Frauen des Mittelbaus zu 54 % in Vollzeit beschäftigt, ihre männlichen Kollegen hingegen zu 68 %. An den außeruniversitären Forschungseinrichtungen sind 71 % der Nachwuchswissenschaftler, aber nur 56 % der Nachwuchswissenschaftlerinnen in Vollzeit tätig.

heute – zumindest rhetorisch – als handlungsleitend für Gleichstellungsmaßnahmen, Frauenförderpolitik und Diversity Management gesetzt (vgl. Erlemann sowie Thompson und Vorbrugg in diesem Band). Damit verschiebt sich auch das primäre Subjekt der Gleichstellungsbemühungen: Waren es ursprünglich die Wissenschaftler_innen selbst, denen ein Grundrecht auf gleiche Zugangs- und Partizipationschancen zuerkannt wurde, so sind deren individuelle Rechte und Interessen unter neoliberalen Vorzeichen dem Ziel untergeordnet, das Wissenschaftssystem leistungs- und konkurrenzfähiger zu machen. Als sogenannte ‚Human Resource', wie es in der managerialen Rhetorik der Personalentwicklung heißt, stehen Wissenschaftler_innen nicht (mehr) unmittelbar und um ihrer selbst willen im Zentrum der gleichstellungspolitischen Agenda, sondern werden zum Mittel zum Zweck. Die Beseitigung von Geschlechterdiskriminierungen in der Wissenschaft wird damit aus dem Verantwortungsbereich der Gleichstellungspolitik entlassen, zu dem sie qua Grundgesetzänderung 1994 gehört, die den Staat dazu verpflichtete, die „tatsächliche Durchsetzung der Gleichberechtigung von Frauen und Männern" zu fördern und „auf die Beseitigung bestehender Nachteile" hinzuwirken (Artikel 3 Absatz 2 Grundgesetz).

Als ‚Human-Resource-Ansatz', der die Vielfalt der Lebenslagen von Menschen und deren (vermeintliche) Unterschiedlichkeiten mit Blick auf Kategorien wie Geschlecht, ethnische und soziale Herkunft, sexuelle Orientierung, Religion und Weltanschauung, Alter und körperliche sowie geistige Kapazitäten identifiziert und kommodifiziert, ist Diversity Management vorrangig eine Strategie zur Verbesserung der Effizienz und Wettbewerbsfähigkeit einer Organisation. Im Unterschied dazu stellt Gender Mainstreaming zwar Geschlecht als Kategorie in den Mittelpunkt und zielt klar auf Geschlechtergerechtigkeit sowie den Abbau von Geschlechterhierarchien. Indem sie die Verwertbarkeitslogik aufgreifen, weisen auch aktuelle Gleichstellungspolitiken starke Bezüge zum Diversity Management auf. Sie konzentrieren sich allerdings häufig lediglich darauf, den Frauenanteil in der Wissenschaft zu erhöhen, und gehen kaum auf andere soziale Ungleichheiten ein.

Es ist nicht ohne Ironie, dass gerade mit dem Ansatz des Diversity Management, der potenziell verschiedene intersektionale Ungleichheitslagen berücksichtigt und diese von der Peripherie in das Zentrum der gleichstellungs- und hochschulpolitischen Aufmerksamkeit rückt, eine Verschiebung von einer eher gerechtigkeitsorientierten hin zu einer eher nutzenorientierten Gleichstellungspolitik stattfindet – eine Problematik, mit der sich einige der Beiträge in diesem Band kritisch auseinandersetzen.

4 Das Projekt genderDynamiken und die Entstehung des Sammelbandes

Die Idee zum vorliegenden Band nahm ihren Anfang im Rahmen des vom Bundesministerium für Bildung und Forschung (BMBF) und des Europäischen Sozialfonds (ESF) geförderten Verbundprojekts „genderDynamiken. Fallstudien zur Verschränkung von Fachkulturen und Forschungsorganisationen am Beispiel der Physik", das in der BMBF-Förderlinie „Frauen an die Spitze" im Förderbereich „Strategien zur Durchsetzung von Chancengleichheit für Frauen in Bildung und Forschung" finanziert wurde. Angelegt als Kooperation zwischen dem Fachbereich Physik der Freien Universität Berlin und dem Zentrum für interdisziplinäre Frauen- und Geschlechterforschung sowie dem Institut für Soziologie der Technischen Universität Berlin fokussierte das Verbundprojekt am Beispiel der Physik Zusammenhänge zwischen Fachkulturen, Geschlechterverhältnissen und unterschiedlichen wissenschaftlichen Organisationsformen: Hochschulen, außeruniversitäre Forschungsinstitutionen und Exzellenzcluster. Jedes der Teilprojekte führte mehrere ethnografische Fallstudien durch, in deren Rahmen wir an ausgewählten Forschungsinstitutionen die Akteurinnen und Akteure physikalischer Forschung in ihrem Arbeitsalltag begleiteten. Das Projekt setzte hierbei an den ein- und ausschließenden Mechanismen an, die die Karrieren und den Verbleib von Forscher_innen in der Wissenschaft positiv oder negativ beeinflussen. Wir suchten diese Mechanismen von innen heraus zu erfassen, um so die vielschichtigen Wechselwirkungen zwischen der sich wandelnden soziokulturellen Geschlechterordnung des Feldes, den fachkulturellen Spezifika und der lokalen Praxis physikalischer Forschungsvorhaben beschreiben zu können (vgl. Baur et al. 2015).

Sowohl ein Fokus auf prekäre Arbeitsverhältnisse als auch eine systematischere Kontextualisierung der feldspezifischen Geschlechterdynamiken innerhalb der gegenwärtigen Ökonomisierungsprozesse in der Wissenschaft waren in der Anlage des Projekts zunächst nicht vorgesehen, sondern haben sich erst im Forschungsprozess herausgebildet. Als Ethnograf_innen des Forschungsalltags der begleiteten Wissenschaftler_innen nahmen wir vom ersten Tag an ein hohes Maß an Druck, Unzufriedenheit und Anspannung in den Arbeitszusammenhängen wahr. Dies traf auf Doktorand_innen, aber in zugespitzter Form insbesondere auf befristet beschäftigte Postdoktorand_innen zu. Als eigentliche Köpfe der Forschungsexperimente tragen sie bereits eine hohe Verantwortung für den Erfolg der gesamten wissenschaftlichen Arbeitsgruppe, während sie sich gleichzeitig in einer individuellen Qualifizierungsphase befinden, in der sie mangels begrenzter Aussichten auf eine unbefristete Anstellung einem enormen Leistungs- und Konkurrenzdruck im Rennen um eine Professur ausgesetzt sind. Dieser Druck schränkt die Planbarkeit von Leben und Beruf empfindlich ein und behindert oder verzögert ein Entkommen aus der prekären Lage, beispielsweise durch berufliche Umorientierung.

Die Erfahrung von Prekarität, das Leiden an permanentem Zeit- und Konkurrenzdruck und das Gefühl der Entfremdung, das entsteht, wenn der Forschungs- und Erkenntnisprozess in Zeiten der Projektifizierung nicht einfach seiner eigenen Logik folgen kann, sondern durch externe Anforderungen wie Fristen und teilweise auch inhaltliche Vorgaben vonseiten der Drittmittelgeber überformt wird, begegneten uns jedoch nicht nur als Gegenstände im untersuchten Feld. Prekarität und Druck kennzeichnen auch unsere eigene Arbeits- und Lebenssituation. Als Wissenschaftler_innen des Mittelbaus teilen wir mit dem Großteil der Akteur_innen des Feldes die Erfahrung, uns von einem befristeten Arbeitsverhältnis zum nächsten zu bewegen. Die Konflikte und Widersprüche, die in den untersuchten Fallbeispielen zum Vorschein kamen, spiegeln unsere eigenen Unsicherheiten, Unzufriedenheiten und Erlebnisse mit innerwissenschaftlichen Dominanz- und Machtverhältnissen wider. So machte uns das Forschungsprojekt zu Ethnograf_innen und zugleich Autoethnograf_innen des wissenschaftlichen Feldes. Diese autoethnografischen Anteile erschöpften sich lange nicht in der geteilten Erfahrung von Prekarität. Einige von uns waren selbst einmal Teil der physikalischen Fachkultur, erlebten dort unter anderem wegen ihres Geschlechts informelle Mechanismen von Ausschluss und Abwertung; andere sind Mütter und kennen die Unsicherheit und Angst, denen wir begegnet sind, mit der Entscheidung für ein (weiteres) Kind die wissenschaftliche Zukunft zu riskieren; wieder andere sind schwul und spüren die mit Einschüchterung und Beschämung einhergehenden affektiven Dimensionen männlich-heteronormativer Dominanzverhältnisse im Feld am eigenen Leib. Die Kunst bestand darin, diese eigenen biografischen, sozialen und affektiven Verwicklungen mit dem Feld nicht zu leugnen oder zu ignorieren, sondern sie für den Erkenntnis- und Forschungsprozess produktiv zu machen. Unsere eigene soziale Positionierung als prekäre Wissenschaftler_innen, als Umherschweifende zwischen den Disziplinen, als Mütter, als Schwule und Lesben hat uns zu situierten Ethnograf_innen gemacht, die – abhängig von Perspektive und Kontext – sowohl Verbindungs- als auch spezifische Trennlinien zwischen uns und den Akteur_innen des Feldes zogen. Unsere in das ethnografische Setting eingeschriebene Positionierung und Situierung wurde damit zu einem inhärenten Teil des Erkenntnisprozesses, der zugleich ein

Lernprozess über die soziale Bedingtheit unserer wissenschaftlichen Subjektivität auf Augenhöhe mit den begleiteten Forscher_innen war.[6]

Je mehr wir als situierte Forscher_innen Einblick in die alltäglichen Beziehungsgefüge und Praktiken der Arbeitsgruppen und Institute erhielten, desto deutlicher wurde, wie stark Erfahrungen von Unsicherheit, Zeitdruck, Prekarität und Wettbewerb auch in die Thematisierung und Aushandlung der Geschlechterverhältnisse Eingang fanden (vgl. Erlemann sowie Laufenberg in diesem Band). Beispielsweise kam es unter Bedingungen des Zeit- und Konkurrenzdrucks verstärkt zu Konflikten um eine gerechte Verteilung der manchmal unbeliebten, aber dennoch notwendigen Tätigkeiten wie Aufräumen, Kommunikationsarbeit und Teambuilding, in denen zugleich Geschlechterrollen verhandelt wurden. Prekarisierung und Stellenknappheit beeinflussen wiederum die Beurteilung von Frauenfördermaßnahmen, die auf eine Erhöhung des Anteils an Wissenschaftlerinnen in der Physik abzielen; so tendierten männliche Wissenschaftler in einigen der besuchten Arbeitsgruppen dazu, Gleichstellungsinstrumente unter den Bedingungen gesteigerten Wettbewerbs als unfair zu empfinden.

Die Prekarisierungsprozesse, die wir in den Fallstudien beobachten konnten, sind nicht unabhängig von der Herstellung und Aufrechterhaltung von Ungleichheitslagen, sondern scheinen sie noch zu verstärken. Angetreten mit dem Hauptaugenmerk auf der Kategorie Geschlecht, das unter anderem auch durch die breiteren Fördermöglichkeiten geschlechtsfokussierter Vorhaben durch die öffentliche Hand begründet ist, haben wir im Forschungsprozess schnell gemerkt, dass diese Schwerpunktsetzung allein nicht ausreicht, um die Bedeutung von Hierarchien und Ungleichheitslagen für die soziale Reproduktion des wissenschaftlichen Feldes zu untersuchen. Stattdessen beobachteten wir die Alltäglichkeit formeller und insbesondere fachkulturell verankerter *informeller* Einschluss- und Ausschlussmechanismen entlang von sozialer Herkunft, Sexualität, Alter, Migrationserfahrung und Behinderung – und häufig mit Geschlecht verschränkt.

---

[6]Das Verhältnis von Forschungssubjekt und -objekt ist seit Langem Gegenstand methodologischer Debatten zur Ethnografie. Jüngere Positionen nehmen hierbei überwiegend Abstand von der Vorstellung scharfer Trennlinien zwischen Forschenden als passiven Beobachter_innen auf der einen und den Akteur_innen des Feldes als willigen Untersuchungsobjekten auf der anderen Seite. Das Verhältnis zwischen ihnen wird vielmehr als Subjekt-Subjekt-Beziehung gefasst, wobei Forscher_innen und Akteur_innen das ethnografische Setting interaktiv hervorbringen. Dieses interaktive Moment kennzeichnet unter anderem Ansätze der Reflexivität (Marcus 1998, S. 181–202; Davies 2008; Madden 2010, S. 20 f.), der Autoethnografie (Reed-Danahay 2001) und der feministischen Ethnografie (Skeggs 2001), auf die wir in unseren Fallstudien in unterschiedlichem Ausmaß rekurrierten.

Anzeichen hierfür gab es reichhaltig, von der Geringschätzung der Arbeit ausländischer (Gast-)Forscher_innen bis zur Angst von Lesben und Schwulen, dass Homophobie im Feld ihre berufliche Laufbahn behindern könnte. Nicht allen diesen vermachteten Differenzerfahrungen konnten wir mit dem Projekt – und mit dem vorliegenden Band – gleichermaßen gerecht werden. Einige Beiträge dieses Bandes (Erlemann, Laufenberg, Petschick) präsentieren Ausschnitte aus den Ergebnissen des Projekts genderDynamiken und entwickeln ihre Analysen und Schlussfolgerungen demnach am Beispiel der Physik. Dass die Zusammenhänge zwischen Ökonomisierungsprozessen, Prekarisierung und Geschlechter- und anderen Ungleichheitslagen jedoch darüber hinaus von einer allgemeineren Bedeutung für das Wissenschaftsfeld sind, verdeutlichen die anderen Beiträge des Bandes. Einige von ihnen basieren auf Vorträgen, die auf der Abschlusstagung unseres Verbundprojekts präsentiert wurden, andere entstanden nach Projektabschluss auf unsere Einladung zur Teilnahme an diesem Sammelband hin.

5 Wissenschaft und Hochschule als sozial umkämpfte Formationen

Unser Anliegen, die Diskussionen um die Ökonomisierung und Prekarisierung von Wissenschaft und Hochschule mit Debatten um Geschlechterverhältnisse, soziale Ungleichheiten und andere Formen der Diskriminierung zusammenzuführen, geschieht mit der Gewissheit, dass sich diese Phänomene und Teilaspekte gegenwärtiger Entwicklungen nicht eindeutig, linear und kausal zueinander verhalten (vgl. auch Aulenbacher und Riegraf 2012; Aulenbacher et al. 2015; Hark 2013). Wir haben es vielmehr mit komplexen Zusammenhängen und Wechselwirkungen zu tun, die die gegenwärtige soziale Formation der Hochschule bzw. Wissenschaft als ein heterogenes und umkämpftes Feld zum Vorschein bringen, in dem unterschiedliche Interessen, Rationalitäten und Visionen aufeinandertreffen: Im Zuge einer wissenschaftspolitisch induzierten Vergrößerung des befristet beschäftigten wissenschaftlichen Mittelbaus geraten Wettbewerbsnormen und steigender Konkurrenzdruck um knappe Stellen und Ressourcen beispielsweise in Konflikt mit der von vielen Wissenschaftler_innen geteilten Wertschätzung von Kooperation und Teamgeist. Diversity-Ansätze, die eine vornehmlich ökonomisch argumentierende Valorisierung der Kreativitätspotenziale und Leistungsbereitschaft von im Wissenschaftsfeld benachteiligten Personengruppen (Frauen, Migrant_innen, Schwarze, ‚Arbeiterkinder', Behinderte) betreiben, lassen sich nicht umstandslos mit einer ebenfalls im Feld anzutreffenden feministisch und anti-rassistisch motivierten Gleichstellungspolitik in Einklang bringen, die ihre

Arbeit an den Prinzipien von sozialer Gerechtigkeit, Gleichheit und Solidarität orientiert. Auch kann beispielsweise der für wissenschaftliche Arbeit charakteristische Grad an Deregulierung und Flexibilisierung von einigen Wissenschaftler_innen als Freiheits- und Autonomiegewinn geschätzt werden (etwa hinsichtlich der Einteilung und Gestaltung von Arbeitszeit und der Arbeitsortswahl), während andere ihn unter steigendem Leistungsdruck als entgrenzend erfahren und unter dem Vorzeichen neoliberaler Projektifizierung als „Flexploitation" (Bourdieu 1998, S. 98) kritisieren.

All dies erzeugt innere Ambivalenzen und Widersprüche im Wissenschaftsfeld. Diese treten einesteils offen zutage wie im Falle des seit einigen Jahren steigenden Organisierungsgrades des Mittelbaus, der gemeinsam mit Gewerkschaften und einigen Fachgesellschaften Perspektiven für andere Arbeitsverhältnisse in der Wissenschaft erarbeitet.[7] Zugleich werden andere Widersprüche und Inkohärenzen im Feld weiterhin geglättet und ihre Artikulation erfährt, wie im Falle der Kritiken an institutionellem Rassismus und an der erneut zunehmenden sozialen Schließung der professoralen Statusgruppen, nur mühsam Resonanz in der inner- wie außerwissenschaftlichen Öffentlichkeit (vgl. Ha et al. 2018; Kuria 2015). Es ist sicherlich kein Zufall, dass sich bei aller Verschiedenheit hinsichtlich der gewählten Untersuchungsgegenstände, Analyseebenen und theoretischen Zugänge viele der in diesem Band versammelten Beiträge dafür entschieden haben, gerade die Widersprüche, Ambivalenzen und Konfliktpunkte aktueller Prozesse und Auseinandersetzungen im Wissenschafts- und Hochschulsystem ins Zentrum ihrer Betrachtungen zu stellen. Sie gelangen damit nicht nur zu differenzierteren Analysen, die vereinfachende und totalisierende Gut-Schlecht-Schemata vermeiden, sondern arbeiten zugleich die im Feld bereits vorfindbaren Potenziale und Praktiken heraus, die sich kritisch gegenüber den exkludierenden, prekarisierenden und ausbeuterischen Funktionen des Wissenschaftsfeldes verhalten oder in diesem Sinne zu entwickeln wären. Ein Großteil der Beiträge betreibt demnach nicht nur Gegenwartsanalyse, sondern lotet darüber hinaus explizit oder implizit mögliche Alternativen zur sozialen und polit-ökonomischen Formation der neoliberalen Hochschule aus. In ihrer Zusammenschau verbindet die einzelnen Texte somit nicht zuletzt eine quer zu den Beiträgen liegende Spurensuche nach unterschiedlichen Ansatzpunkten, wie eine Entprekarisierung, Demokratisierung und Enthierarchisierung von Hochschule und Wissenschaft mit einer Orientierung an Geschlechter- und intersektionaler Gerechtigkeit zusammengedacht werden könnten.

---

[7]Zu nennen ist hier insbesondere das *Netzwerk für gute Arbeit in der Wissenschaft* (Online: http://mittelbau.net/), das 2017 als bundesweiter und fächerübergreifender Zusammenschluss verschiedener Mittelbau-Initiativen gegründet wurde.

6 Zu den Beiträgen

Unter der Überschrift „Gleichstellung und Diskriminierungen" zeigen die Beiträge im ersten Teil des Bandes, dass strukturelle Diskriminierungen und Ungleichheiten trotz aller Gleichstellungsbemühungen und -fortschritte der vergangenen Jahrzehnte immer noch den Hochschul- und Wissenschaftsalltag prägen. Der Fokus der hier versammelten Texte liegt auf Zusammenhängen zwischen Ökonomisierung und Ungleichheitsmechanismen sowie der Transformation von wissenschaftlichen Geschlechterarrangements und Gleichstellungspolitiken im akademischen Kapitalismus. Viele der Beiträge heben hierbei die intersektionalen Verschränkungen von Geschlecht, Race und Nationalität hervor, die in den bisherigen Debatten zur Ökonomisierung von Wissenschaft innerhalb der Geschlechter- und Sozialforschung meistens unterbelichtet bleiben.

Der Beitrag von *Kristina Binner* und *Lena Weber* widmet sich den Zusammenhängen zwischen zwei parallel verlaufenden Prozessen im Wissenschaftssystem: der Restrukturierung von Wissenschaft entlang betriebs- und marktwirtschaftlicher Organisations- und Steuerungsprinzipien und der Institutionalisierung von Gleichstellungspolitiken. Sie legen dar, dass in diesen Prozessen neben ökonomischen Kalkülen noch weitere Handlungslogiken und -orientierungen relevant werden, zu denen auch gleichstellungspolitische Anliegen gehören, und beleuchten, wie Markt- und Gleichstellungslogiken in verschiedenen Ländern (Großbritannien, Schweden, Deutschland und Österreich) auf je spezifische Art und Weise ineinandergreifen. Dem Fazit der Autorinnen zufolge führt die Ökonomisierung der Universitäten nicht per se zu einer Verdrängung gleichstellungspolitischer Errungenschaften, sondern birgt abhängig von den jeweiligen wohlfahrtsstaatlichen Rahmenbedingungen und der Geschlechterkultur eines Landes unterschiedliche Chancen und Risiken.

Martina Erlemann diskutiert in ihrem Beitrag, wie Gleichstellungspolitik und Gleichstellungsmaßnahmen unter den in außeruniversitären Forschungsinstitutionen tätigen Wissenschaftler_innen diskursiv verhandelt werden. Auf der Grundlage von empirischem Material aus dem Verbundvorhaben genderDynamiken arbeitet sie heraus, dass in den beforschten außeruniversitären physikalischen Forschungsinstituten Gleichstellungspolitik in weiten Teilen als eine Frauen bevorzugende Stellenpolitik imaginiert wird. Deutlich wird zudem, dass die zunehmend ökonomische Argumentation für Gleichstellungsprogramme mit dem Gerechtigkeitsempfinden vieler Wissenschaftler_innen kollidiert. Es fehlt am gemeinsamen Konsens zwischen Gleichstellungsakteur_innen und Wissenschaftler_innen, Geschlechtergleichstellung aus Gerechtigkeitsgründen herstellen zu wollen.

Der Beitrag von *Vanessa Eileen Thompson* und *Alexander Vorbrugg* geht von der Beobachtung aus, dass gegenwärtige Diversity- und Gleichstellungspolitiken die kolonialen Kontinuitäten von institutionellem Rassismus an der Hochschule nicht wirksam adressieren, geschweige denn mit ihnen brechen. Sie zeigen die vielfältigen Verflechtungen und Fallstricke auf, durch die gleichstellungs- und diversitypolitische Maßnahmen institutionellen Rassismus und intersektionale Ungleichheiten eher verdecken und reproduzieren als sie sichtbar zu machen und abzubauen. Doch anstatt Diversity-Politiken vor diesem Hintergrund prinzipiell eine Absage zu erteilen, gehen Thompson und Vorbrugg ihrem transformativen Potenzial nach, das es aus postkolonial-feministischer Perspektive zu entwickeln und zu entfalten gilt. Im Anschluss an Audre Lorde und Gayatri Chakravorty Spivak buchstabieren sie Strategien einer „affirmativen Sabotage" aus, mit deren Hilfe Diversity-Politik durch rassismuskritische Akteur_innen so angeeignet werden kann, dass Anti-Rassismusarbeit, die an den institutionellen Strukturen ansetzt, nicht länger verhindert, sondern ermöglicht wird.

Encarnación Gutiérrez Rodríguez untersucht am Beispiel der Frauen- und Geschlechterforschung die verschiedenen Dimensionen und Funktionen von institutionellem Rassismus in der neoliberalen Universität. Im Anschluss an rassismuskritische Theorien fasst sie Hochschulen als Orte hegemonialen Weißseins und stellt die in ihnen wirkenden institutionellen Ausschluss- und Selektionsmechanismen in einen breiteren Kontext der Regulierung und Kontrolle von Migration. Gutiérrez Rodríguez argumentiert, dass sich institutioneller Rassismus nicht lediglich über administrative Formen der Diskriminierung negativ auf das Leben und die Arbeit von Schwarzen Studierenden und Wissenschaftler_innen auswirkt. Darüber hinaus gilt es auch, die affektive Dimension von veralltäglichten Formen der Missachtung und symbolischen Gewalt in den Blick zu nehmen, die rassifizierten Universitätsangehörigen in gewöhnlichen Begegnungen über Blicke, Gesten und beiläufige Kommentare das Gefühl vermitteln, fehl am Platz zu sein. Als Gegenmodell zur neoliberalen Universität, in der die strukturellen Ursachen von Rassismus geleugnet und zu konkreten Erfahrungen von rassistischer Diskriminierung mehrheitlich geschwiegen wird, umreißt Gutiérrez Rodríguez abschließend die Konturen einer anti-rassistischen Universität, an deren Aufbau sich nicht zuletzt auch die Gender Studies aktiv beteiligen sollten.

Sandra Beaufaÿs geht der Frage nach, wie es im Rahmen der Exzellenzinitiative der ersten Förderphase um Geschlechtergleichstellung in den Führungsetagen sogenannter Exzellenzeinrichtungen bestellt ist. Ihre Analyse der Geschlechterarrangements auf der Ebene von Spitzen- und Leitungspositionen in diesen Einrichtungen verdeutlicht, dass es aus gleichstellungspolitischer Perspektive nicht ausreicht, den Blick auf den *quantitativen* Anstieg von Frauenanteilen zu richten, um Aussagen über die *Qualität* der Partizipation von Wissenschaftlerinnen zu treffen. So hat sich der Anteil von Professorinnen und Wissenschaftlerinnen in Leitungspositionen während der ersten Förderperiode der Exzellenzinitiative zwar einerseits innerhalb kurzer Zeit signifikant erhöht. Beaufaÿs weist andererseits jedoch nach, dass die als maßgeblich beteiligte Wissenschaftlerinnen *(principal investigators)* benannten Frauen im Vergleich zu ihren männlichen Kollegen eher marginalisierte und weniger etablierte Positionen einnehmen und Funktionen mit geringerem Einfluss und Renommee ausüben. Hieran anschließend rekonstruiert sie die Leitungsebenen sogenannter exzellenter wissenschaftlicher Einrichtungen als vergeschlechtlichte, symbolisch aufgeladene Arrangements, innerhalb derer Gleichstellung als prekäres Gut verstanden werden muss.

Vor dem Hintergrund, dass internationale Zusammenarbeit und somit auch Mobilität in der Forschung an Bedeutung gewonnen haben, fokussiert der Beitrag von *Grit Petschick* auf Probleme und Benachteiligungen, die Forschenden hieraus aufgrund ihrer (nationalen) Herkunft und ihres Geschlechts entstehen. Petschick arbeitet auf Basis ihrer ethnografischen Daten über den Forschungsalltag von Physiker_innen in einem internationalen Exzellenzcluster Differenzen heraus, die sich aufgrund rechtlicher Bestimmungen (bspw. Visa-Status), unterschiedlicher (Fremd-)Sprachkenntnisse und verschiedener Ausbildungshintergründe ergeben und insbesondere aufgrund der vorherrschenden Outputorientierung zu Konflikten und Diskriminierung führen. Die wachsenden Mobilitätsanforderungen stellen zudem gerade für Forscherinnen eine Hürde dar und verstärken für viele den altbekannten Konflikt zwischen Erwerbs- und Familienarbeit.

Im zweiten Teil des Bandes zu „Prekarisierung und Ungleichheitslagen" stehen Zusammenhänge zwischen einer verstärkten Ökonomisierung von Wissenschaftseinrichtungen einerseits sowie einer zugespitzten Prekarisierung der Arbeits- und Lebensverhältnisse von Wissenschaftler_innen andererseits im Mittelpunkt. Die Beiträge gehen der Frage nach, wie sich Unsicherheitsfaktoren und Ungleichheitsbedingungen, insbesondere entlang von Geschlecht und sozialer Herkunftsklasse, in der unternehmerischen Hochschule reproduzieren bzw. neu herausbilden und welche Probleme, aber auch Handlungsoptionen sich daraus für prekarisierte Wissenschaftler_innen ergeben.

Ausgangspunkt des Beitrags von *Klaus Dörre* und *Hans Rackwitz* ist die Neustrukturierung akademischer Arbeit im Kontext einer veränderten Organisation und Steuerung von Hochschulen in Zeiten des akademischen Kapitalismus. Sie zeigen die Mehrdimensionalität und das neuartige Ausmaß von Prekarisierung auf, die mit der Ausrichtung wissenschaftlicher Organisationen am Leitbild der unternehmerischen Universität einhergehen. Unter anderem wird hierbei deutlich, dass der wissenschaftliche Betrieb dank der immens gestiegenen Konkurrenz, die wiederum die Disziplinierung und Ausbeutung der *academic workforce* verstärkt, produktiv zu bleiben vermag. Doch zunehmende Prekarität und Disziplinierung spitzen auch die Widersprüche des akademischen Kapitalismus zu; Dörre und Rackwitz betonen vor diesem Hintergrund die Widerständigkeiten, Reibungen und Gegenmobilisierungen, die die unternehmerische Universität als umkämpfte und prinzipiell überwindbare Formation zum Vorschein bringen.

Maria Norkus analysiert in ihrem Beitrag den Zusammenhang zwischen derzeitigen Prekarisierungstendenzen im Feld der Wissenschaft und den Dimensionen sozialer Ungleichheit. Aus einer intersektionalen Perspektive, die die Verschränkungen von geschlechtsspezifischer Ungleichheit und sozialer Herkunft fokussiert, kann gezeigt werden, dass sich auf der einen Seite zwar Öffnungen für bestimmte Gruppen ergeben haben, sich auf der anderen Seite jedoch Ungleichheit verschärft. Ausschlaggebend für weitere soziale Schließungen können dabei insbesondere unsichere Berufsaussichten und hohe Befristungs- und Teilzeitquoten sein – Arbeitsbedingungen, die charakteristisch für die Wissenschaft sind und die sich in den letzten Jahren weiter zugespitzt haben.

Birgit Riegraf setzt an der Diagnose an, dass sich das Wissenschaftssystem zu einem Zeitpunkt verstärkt für Frauen öffnet, da sich seine Beschäftigungsverhältnisse und Karrierewege einer zugespitzten Prekarisierung ausgesetzt sehen. Im Zentrum ihres Beitrags stehen mögliche Zusammenhänge zwischen Ökonomisierungsprozessen, Prekarität und Geschlechterungleichheit, die sie insbesondere am Beispiel der Exzellenzinitiativen analysiert. So kann Riegraf zeigen, wie Exzellenzanforderungen und -zuweisungen zu neuen Formen der Hierarchisierung führen; die Kriterien für ‚exzellente' Wissenschaft und Forschung produzieren neuartige Segmentationen und Segregationen sowohl nach Geschlecht als auch innerhalb einer Geschlechtergruppe entlang von unterschiedlichen – und ihrerseits vergeschlechtlichten – Stellenformaten und Fächergruppen. Vor dem Hintergrund einer neuartigen Ausdifferenzierung des Wissenschaftssystems „zwischen Exzellenz und Prekarität" differenzieren sich Riegraf zufolge auch die Mechanismen der Inklusion und Exklusion aus. Demnach haben wir es mit einer „bedingten Öffnung" der Universitäten zu tun, in denen Exklusions- und Benachteiligungsstrukturen fortwirken, während sich zugleich neuartige Gelegenheiten und Chancen für (einige) Wissenschaftlerinnen eröffnen.

Christina Möller untersucht in ihrem Beitrag die Effekte von sozialer Herkunft auf die Erfolgs- und Karrierebedingungen von Wissenschaftler_innen und betrachtet diesen Zusammenhang im Kontext des gegenwärtigen strukturellen Wandels in der Wissenschaft. Wie Möller belegt, lässt sich parallel zur Ausweitung atypischer Beschäftigungsverhältnisse in der Wissenschaft und einer steigenden Verunsicherung der Berufsperspektiven des akademischen Mittelbaus in den letzten Jahren eine soziale Schließung innerhalb der Gruppe der Professor_innen beobachten. Die erhöhte Konkurrenzsituation im Feld produziert sozialstrukturelle Ausschlüsse, die insbesondere den Nachwuchs aus hochschulfernen sozialen Klassen betreffen. Doch auch Frauen und andere marginalisierte, insbesondere mehrfach benachteiligte Gruppen sind durch die jüngeren Prozesse der Hierarchisierung und Ausdifferenzierung des wissenschaftlichen Feldes mit alten und neuen sozialen Selektionsmechanismen konfrontiert.

Abschließend lotet *Mike Laufenberg* in seinem Beitrag das analytische Potenzial des geschlechter- und arbeitssoziologischen Begriffs der *Feminisierung* für die Untersuchung veränderter Geschlechterdynamiken und Arbeitsverhältnisse in der Wissenschaft aus. Am Beispiel der Physik als traditioneller Männerdomäne geht er zum einen möglichen Zusammenhängen nach, die zwischen dem dort zu beobachtenden Anstieg des Frauenanteils und der verallgemeinerten Prekarisierung wissenschaftlicher Arbeitsverhältnisse bestehen. Zum anderen stellt er in physikalischen Arbeitsgruppen einen Bedeutungsgewinn von Fähigkeiten und Tätigkeiten fest, die innerhalb traditioneller Arbeitsteilungsdispositive weiblich konnotiert sind, etwa Sozialverträglichkeit und Gefühls- und Beziehungsarbeit. Laufenberg analysiert die zunehmende Relevanz solcher Formen von affektiver Arbeit im Kontext einer verstärkten Ökonomisierung, Projektifizierung und Prekarisierung von Wissenschaft und diskutiert geschlechtertheoretische und gleichstellungspolitische Implikationen dieser Entwicklung.

Literatur

Aulenbacher, Brigitte, Binner, Kristina, Riegraf, Birgit, & Weber, Lena (2015). Wandel der Wissenschaft und Geschlechterarrangements. Organisations- und Steuerungspolitiken in Deutschland, Österreich, Großbritannien und Schweden. *Beiträge zur Hochschulforschung* 37 (3), 22–39.

Aulenbacher, Brigitte, & Riegraf, Birgit (2012). Economical Shift und demokratische Öffnungen. Uneindeutige Verhältnisse in der unternehmerischen und geschlechtergerechten Universität. *Die Hochschule: Journal für Wissenschaft und Bildung* (2), 291–303.

Baumgarth, Benjamin, Henke, Justus, & Pasternack, Peer (2016). *Inventur der Finanzierung des Hochschulsystems. Mittelflüsse, Kontroversen und Entwicklungen im letzten Jahrzehnt.* Düsseldorf: Hans Böckler Stiftung. https://www.boeckler.de/pdf/p_studfoe_wp_1_2016.pdf. Zugegriffen: 27. Oktober 2017.

Baur, Nina, Erlemann, Martina, Hark, Sabine, Laufenberg, Mike, Lucht, Petra, Norkus, Maria, Petschick, Grit, & Scheich, Elvira (2015). Geschlechtergerechtigkeit in der Wissenschaft. Forschungsbasierte Handlungsempfehlungen am Beispiel der Physik. Berlin. http://www.genderdynamiken.de/fileadmin/user_upload/Downloads/Broschuere_final.pdf. Zugegriffen: 27. Oktober 2017.

Bereswill, Mechthild (2006). Geschlecht als Humanressource: Geschlechterpolitik zwischen Gleichheitsansprüchen und Ökonomisierung. In Karl-Siegbert Rehberg (Hrsg.), *Soziale Ungleichheit, kulturelle Unterschiede: Verhandlungen des 32. Kongresses der Deutschen Gesellschaft für Soziologie in München* (S. 2303–2311). Frankfurt a. M.: Campus.

Binner, Kristina, Kubicek, Bettina, Rozwandowicz, Anja, & Weber, Lena (Hrsg.) (2013). *Die unternehmerische Hochschule aus der Perspektive der Geschlechterforschung. Zwischen Aufbruch und Beharrung*. Münster: Westfälisches Dampfboot.

Blome, Eva, Erfmeier, Alexandra, Gülcher, Nina, & Smykalla, Sandra (2013). *Handbuch zur Gleichstellungspolitik an Hochschulen. Von der Frauenförderung zum Diversity Management?* 2., vollständig überarbeitete und erweiterte Auflage. Wiesbaden: Springer VS.

Boltanski, Luc, & Chiapello, Ève (2006). *Der neue Geist des Kapitalismus*. Konstanz: UVK.

Bourdieu, Pierre (1998). Prekarität ist überall. In Pierre Bourdieu (Hrsg.), *Gegenfeuer, Wortmeldungen im Dienste des Widerstands gegen die neoliberale Invasion* (S. 96–102). Konstanz: UVK.

Castel, Robert (2000). *Die Metamorphosen der sozialen Frage. Eine Chronik der Lohnarbeit*. Konstanz: UVK.

Castel, Robert, & Dörre, Klaus (Hrsg.) (2009). *Prekarität, Abstieg, Ausgrenzung. Die soziale Frage am Beginn des 21. Jahrhunderts*. Frankfurt a. M.: Campus.

Clark, B. R. (1998). *Creating Entrepreneurial Universities. Organizational Pathways of Transformation*. Oxford: Pergamon.

Davies, Charlotte Aull (2008). *Reflexive Ethnography: A Guide to Researching Selves and Others*. New York: Routledge.

Davies, Bronwyn, Gottsche, Michael, & Bansel, Peter (2006). The Rise and Fall of the Neoliberal University. *European Journal of Education* 41 (2), 305–319.

DFG [Deutsche Forschungsgemeinschaft] (2015). *Förderatlas 2015. Kennzahlen zur öffentlich finanzierten Forschung in Deutschland*. Weinheim: Wiley-VCH. Online-Version: http://www.dfg.de/download/pdf/dfg_im_profil/zahlen_fakten/foerderatlas/2015/dfg_foerderatlas_2015.pdf. Zugegriffen: 27. Oktober 2017.

Dörre, Klaus, & Neis, Matthias (2008). Forschendes Prekariat? In Stephan Klecha, & Wolfgang Krumbein (Hrsg.), *Die Beschäftigungssituation von wissenschaftlichem Nachwuchs* (S. 127–142). Wiesbaden: Springer VS.

van Dyk, Silke, & Reitz, Tilman (2017). Projektförmige Polis und akademische Prekarität im universitären Feudalsystem. *Soziologie* 46 (1), 62–73.

El-Mafaalani, Aladin (2012). *BildungsaufsteigerInnen aus benachteiligten Milieus. Habitustransformation und soziale Mobilität bei Einheimischen und Türkeistämmigen*. Wiesbaden: Springer VS.

Graf, Angelika (2015): *Die Wissenschaftselite Deutschlands. Sozialprofil und Werdegänge zwischen 1945 und 2013*. Frankfurt a. M.: Campus.

Gutiérrez Rodríguez, Encarnación, Ha Kien, Nghi, Hutta, Jan, Kessé, Emily Ngubia, Laufenberg, Mike, & Schmitt, Lars (2016). Rassismus, Klassenverhältnisse und Geschlecht an deutschen Hochschulen. *sub/urban. zeitschrift für kritische stadtforschung* 4 (2), 161–190.

GWK [Gemeinsame Wissenschaftskonferenz] (2016). *Chancengleichheit in Wissenschaft und Forschung. 20. Fortschreibung des Datenmaterials (2014/2015) zu Frauen in Hochschulen und außerhochschulischen Forschungseinrichtungen.* Bonn. http://www.gwk-bonn.de/dokumentepublikationen/materialien-der-gwk/. Zugegriffen: 27. Oktober 2017.

Ha, Kien Nghi, Ha, Noa, & Mesghena, Mekonnen (Hrsg.) (2018). Geschlossene Gesellschaft? Exklusion und rassistische Diskriminierung an deutschen Universitäten. Dossier. *Heimatkunde.* Migrationspolitisches Portal der Heinrich Böll Stiftung. https://heimatkunde.boell.de/geschlossene-gesellschaft-universitaet. Zugegriffen: 27. Oktober 2017.

Hark, Sabine (2013). Widerstreitende Bewegungen. Geschlechterforschung in Zeiten hochschulischer Transformationsprozesse. In Kristina Binner, Bettina Kubicek, Anja Rozwandowicz, & Lena Weber (Hrsg.), *Die unternehmerische Hochschule aus der Perspektive der Geschlechterforschung. Zwischen Aufbruch und Beharrung* (S. 194–208). Münster: Westfälisches Dampfboot.

Kahlert, Heike (2003). *Gender Mainstreaming an Hochschulen. Anleitung zum qualitätsbewußten Handeln.* Wiesbaden: VS Leske + Budrich.

Kahlert, Heike (2015). Nicht als Gleiche vorgesehen. Über das „akademische Frauensterben" auf dem Weg an die Spitze der Wissenschaft. *Beiträge zur Hochschulforschung* 37 (3), 60–78.

Konsortium Bundesbericht Wissenschaftlicher Nachwuchs (2017). *Bundesbericht Wissenschaftlicher Nachwuchs 2017. Statistische Daten und Forschungsbefunde zu Promovierenden und Promovierten in Deutschland.* Bielefeld W. Bertelsmann Verlag. Online-Version: http://www.buwin.de/dateien/buwin-2017.pdf. Zugegriffen: 27. Oktober 2017.

Kuria, Emily Ngubia (2015). *eingeschrieben. Zeichen setzen gegen Rassismus an deutschen Hochschulen.* Berlin: w_orten & meer.

Laufenberg, Mike (2016). Soziale Klassen und Wissenschaftskarrieren. Die neoliberale Hochschule als Ort der Reproduktion sozialer Ungleichheiten. In Nina Baur, Cristina Besio, Maria Norkus, & Grit Petschick (Hrsg.), *Wissen – Organisation – Forschungspraxis. Der Makro-Meso-Mikro-Link in der Wissenschaft* (S. 580–625). Weinheim, Basel: Beltz Juventa.

Lind, Inken, & Löther, Andrea (Hrsg.) (2008). *Wissenschaftlerinnen mit Migrationshintergrund.* Bonn: GESIS – Leibniz-Institut für Sozialwissenschaften. http://nbn-resolving.de/urn:nbn:de:0168-ssoar-233429. Zugegriffen: 27. Oktober 2017.

Lessenich, Stephan (2008). *Die Neuerfindung des Sozialen. Der Sozialstaat im flexiblen Kapitalismus.* Bielefeld: transcript.

Lorey, Isabell (2011). Gouvernementale Prekarisierung. *Transversal Texts* 8 (inventions). http://eipcp.net/transversal/0811/lorey/de. Zugegriffen: 27. Oktober 2017.

Lorey, Isabell (2012). *Die Regierung der Prekären.* Wien: Verlag Turia + Kant.

Madden, Raymond (2010). *Being Ethnographic: A Guide to the Theory and Practice of Ethnography.* London: Sage.

Manske, Alexandra, & Pühl, Katharina (Hrsg.) (2010). *Prekarisierung zwischen Anomie und Normalisierung. Geschlechtertheoretische Bestimmungen.* Münster: Westfälisches Dampfboot.

Marchart, Oliver (2013). *Die Prekarisierungsgesellschaft. Prekäre Proteste. Politik und Ökonomie im Zeichen der Prekarisierung.* Bielefeld: transcript.

Marcus, George E. (1998). *Ethnography through Thick and Thin*. Princeton: Princeton University Press.
Meuser, Michael (2009). Humankapital Gender. Geschlechterpolitik zwischen Ungleichheitssemantik und ökonomischer Logik. In Sünne Andresen, Mechtild Koreuber, & Dorothea Lüdke (Hrsg.), *Gender und Diversity: Albtraum oder Traumpaar? Interdisziplinärer Dialog zur „Modernisierung" von Geschlechter- und Gleichstellungspolitik* (S. 95–109). Wiesbaden: VS Verlag für Sozialwissenschaften.
Meuser, Michael, & Riegraf, Birgit (2010). Geschlechterforschung und Gleichstellungspolitik. Von der Frauenförderung zum Managing Diversity. In Birgit Aulenbacher, Michael Meuser, & Birgit Riegraf (Hrsg.), *Soziologische Geschlechterforschung. Eine Einführung* (S. 189–210). Wiesbaden: VS Verlag für Sozialwissenschaften.
Möller, Christina (2015). *Herkunft zählt (fast) immer. Soziale Ungleichheiten unter Universitätsprofessorinnen und –professoren*. Weinheim, Basel: Beltz Juventa.
Münch, Richard (2011): *Akademischer Kapitalismus. Über die politische Ökonomie der Hochschulreform*. Frankfurt a. M.: Suhrkamp.
Netzwerk für Gute Arbeit in der Wissenschaft (2017). Pressemitteilung vom 29.05.2017. http://mittelbau.net/2017/05/29/pressemitteilung-29-05-2017/. Zugegriffen: 10. Oktober 2017.
Nohr, Barbara, & Veth, Silke (Hrsg.) (2002). *Gender Mainstreaming – Kritische Reflexionen einer neuen Strategie*. Berlin: Karl Dietz Verlag.
Reed-Danahay, Deborah (2001). Autobiography, Intimacy and Ethnography. In Paul Atkinson, Amanda Coffey, Sara Delamont, John Lofland, & Lyn Lofland (Hrsg.), *Handbook of Ethnography* (S. 407–425). London: Sage.
Rogge, Jan-Christoph (2015). The winner takes it all? Die Zukunftsperspektiven des wissenschaftlichen Mittelbaus auf dem akademischen Quasi-Markt. *Kölner Zeitschrift für Soziologie und Sozialpsychologie* 67 (4), 685–707.
Skeggs, Beverly (2001). Feminist Ethnography. In Paul Atkinson, Amanda Coffey, Sara Delamont, John Lofland, & Lyn Lofland (Hrsg.): *Handbook of Ethnography* (S. 426–442). London: Sage.
Slaughter, Sheila, & Leslie, Larry L. (1997). *Academic capitalism: Politics, policies and the entrepreneurial university*. Baltimore, MD: The John Hopkins University Press.
Stapelfeld, Gerhard (2007). *Der Aufbruch des konformistischen Geistes. Thesen zur Kritik der neoliberalen Universität*. Hamburg: Verlag Dr. Kovac.
Statistisches Bundesamt (2017). Studierende. https://www.destatis.de/DE/ZahlenFakten/Indikatoren/LangeReihen/Bildung/lrbil01.html?cms_gtp=152374_list%253D1&https=1. Zugegriffen: 10. Oktober 2017.
Stifterverband für die Deutsche Wissenschaft (2017). Ländercheck. Lehre und Forschung im föderalen Wettbewerb. Allgemeine Entwicklung der Drittmittel. http://www.laendercheck-wissenschaft.de/drittmittel/drittmittel_allgemein/index.html. Zugegriffen: 10. Oktober 2017.
Striedinger, Angelika, Sauer, Birgit, Kreissl, Katharina, & Hofbauer, Johanna (2016). Feministische Gleichstellungsarbeit an unternehmerischen Hochschulen: Fallstricke und Gelegenheitsfenster. In *Feministische Studien* 34 (1), 9–22.
Ullrich, Peter (2016). Prekäre Wissensarbeit im akademischen Kapitalismus. *Soziologie* 45(4), 388–411.
Völker, Susanne, & Amacker, Michèle (Hrsg.) (2015). *Prekarisierungen. Arbeit, Sorge und Politik*. Weinheim, Basel: Beltz Verlag.

Teil I
Gleichstellung und Diskriminierungen

Prekäre Gleichstellungspolitiken in der unternehmerischen Universität im europäischen Vergleich

Kristina Binner und Lena Weber

Gleichstellungspolitiken und die Inklusion von Wissenschaftlerinnen im Wissenschaftssystem haben historisch gesehen eine vergleichsweise junge und durchaus prekäre Geschichte (Noble 1992; Holland-Cunz 2003). Die ersten meist frauenbewegten gleichstellungspolitischen Akteurinnen erkämpften sich Gehör und Platz in den androzentrisch geprägten Universitäten, ohne sich auf einen klaren gesetzlichen Gleichstellungsauftrag berufen zu können. Zumindest was die juristische Seite anbelangt, wurde die schwierige Ausgangslage der Gleichstellungspolitiken in den meisten EU-Ländern inzwischen deutlich verbessert. Parallel zu dieser Entwicklung verläuft ein gesellschaftlicher Ökonomisierungsprozess, der die Wissenschaft in den meisten OECD-Ländern entlang betriebs- und marktwirtschaftlicher Organisations- und Steuerungsprinzipien restrukturiert (Aulenbacher et al. 2015; Binner et al. 2013; Riegraf et al. 2010; Lange und Schimank 2007). Ob und inwiefern ein Zusammenhang zwischen beiden Entwicklungen besteht, ist Gegenstand aktueller Forschungen und dieses Artikels (z. B. Weber 2017; Aulenbacher et al. 2016).

Der bislang in der Literatur bekannten These, wonach ökonomische Zwänge zu Mittelkürzungen bei der Gleichstellungspolitik und -arbeit an den Universitäten bzw. zu deren Verdrängung oder Abbau führen (Riegraf 2007a, b), wird in den letzten Jahren die Annahme zur Seite gestellt, dass sich die veränderte Steuerung der Wissenschaft an den Universitäten auch mit Gleichstellungspolitiken verbinden kann.

K. Binner (✉)
Linz, Österreich
E-Mail: kristina.binner@jku.at

L. Weber
Paderborn, Deutschland
E-Mail: leweber@mail.upb.de

Neuere Gleichstellungsstrategien wie das Gender Mainstreaming und das Diversity Management können an organisationale und ökonomische Steuerungsprinzipien anknüpfen (Meuser 2013; Kahlert 2005; Andresen et al. 2009; Riegraf und Weber 2013a, b). Auf diese Weise können sich neue Steuerungsmechanismen und -instrumente wie beispielsweise die Einführung von Anreizstrukturen und Budgetkontrollen als Vehikel für die bislang eher prekären Gleichstellungspolitiken erweisen, wenn sie an Gleichstellungsziele gebunden werden und dadurch an Durchsetzungskraft gewinnen.

Wir gehen in diesem Beitrag zum einen davon aus, dass in dem komplexen Umbruchprozess, den Universitäten aktuell durchlaufen, neben Ökonomisierungslogiken noch weitere Handlungslogiken, -orientierungen und -prinzipien Bedeutung erlangen, zu denen beispielsweise die Orientierung an ‚Familienfreundlichkeit' und weitere gleichstellungspolitische Anliegen gehören. Weiterhin nehmen wir an, dass sich Länder in unterschiedlicher Weise auf diese Handlungslogiken beziehen und so jeweils spezifische Varianten bezüglich des Zusammenhangs von Markt- und Gleichstellungslogiken ausbilden. Wie die beiden Prozesse der Ökonomisierung und der Institutionalisierung von Gleichstellungspolitik an den Hochschulen miteinander verwoben sind und welche Folgen sich daraus voraussichtlich für die Gleichstellungspolitik und -arbeit ergeben, ist Thema dieses Beitrages. Um auszuloten, ob durch die Ökonomisierung des Wissenschaftssystems neue Unsicherheiten oder auch neue Chancen für die Gleichstellungsarbeit entstehen, wird im Folgenden in mehreren Schritten verfahren. Zunächst wird die leitende Fragestellung expliziert (1). Danach wird der theoretische Zugang erläutert (2). Auf dieser Basis wird anhand von empirischen Beispielen aus den Ländern Großbritannien, Schweden, Deutschland und Österreich dargestellt, welche variationsreichen Konsequenzen eine ökonomisierte Wissenschaftssteuerung für die Gleichstellungspolitik mit sich bringt (3). Mit welchen Chancen und Risiken diese unterschiedlichen Formen von Gleichstellungspolitik behaftet sind, wird im abschließenden Fazit diskutiert (4). Unsere Schlussfolgerung ist, dass die Ökonomisierung der Universitäten nicht per se zu einer Verdrängung gleichstellungspolitischer Errungenschaften führt; vielmehr zeitigt sie je nach wohlfahrtsstaatlicher und geschlechterkultureller Einbettung in den Ländern unterschiedliche Folgen.

1 Die unternehmerische Universität und Gleichstellungspolitiken

Im Zuge des gesellschaftlichen Umbruchprozesses einer ‚Ökonomisierung' des Öffentlichen, durch den bislang nicht vorrangig nach wirtschaftlichen Kriterien organisierte Bereiche entlang markt- und betriebswirtschaftlicher Prinzipien umgestaltet werden, werden auch die Wissenschaft und die staatliche Steuerung der Universitäten in einigen der OECD-Länder neu konfiguriert (Riegraf et al. 2010; Boer et al. 2008; Schimank 2002). Der Umbau orientiert sich an dem Leitbild der ‚Entrepreneurial University' (Binner et al. 2013; Riegraf und Weber 2013a; Aulenbacher et al. 2012; Clark 1998). Universitäten werden zunehmend in einem Wettbewerb um knappe finanzielle Ressourcen und Anerkennung zueinander gesetzt. Dieser politisch initiierte ‚Quasi-Markt' wird verstärkt, indem neben den Universitäten nun auch andere Hochschulformen in den Wettbewerb einbezogen werden.[1] Universitäten sind dazu aufgefordert, sich zu profilieren und neue Steuerungsinstrumente und -mechanismen einzuführen, welche die wissenschaftliche Profession und ihre Leistung kontrollieren und evaluieren sollen. Im universitären Wettbewerb um ‚Exzellenz', ‚Innovation' und vermehrt auch um ‚Gleichstellung' müssen sich Universitäten und Wissenschaftler_innen an outputorientierten Kennzahlen messen lassen, zu denen etwa eingeworbene Drittmittel, wissenschaftliche Veröffentlichungen oder – wie im Fall der sogenannten „Wissensbilanz" in Österreich – der Frauenanteil an den Professuren gehören können. Während das vorherige Governancemuster des Universitätssystems der wissenschaftlichen Profession größtmögliche Freiheit gewährte, erhalten Universitätsleitungen nun mehr Entscheidungskompetenzen und so mehr Gewicht gegenüber akademischen Gremien. Die Ebene der Organisation wird – in der deutschen Hochschullandschaft wie auch in Österreich, Großbritannien und Schweden – gegenüber der Profession generell gestärkt (Schimank 2005). Allerdings verläuft diese Reorganisation von einer staatlich-bürokratischen hin zu einer betriebs- und marktwirtschaftlichen Universitätssteuerung in den Ländern in unterschiedlicher Radikalität und Tempo (Boer et al. 2008). Großbritannien und Schweden gelten dabei im internationalen Vergleich eher als radikale ‚Vorreiter', während Deutschland und Österreich eher als moderate bis extreme ‚Nachzügler' eingestuft werden (Schimank 2002).

Parallel zur Entwicklung hin zu einer unternehmerischen Universität konnten sich in Deutschland und Österreich Gleichstellungspolitiken an Universitäten zunehmend professionalisieren und sowohl im Hinblick auf rechtliche wie auch auf personelle Ressourcen institutionalisieren. Inzwischen ist Gleichstellung in den Hochschulgesetzen in Deutschland und Österreich rechtlich verankert und die Europäische Union hat Gender Mainstreaming zur politischen Querschnittsaufgabe

---

[1]Dies gilt insbesondere für den britischen und schwedischen Kontext: In beiden Hochschulsystemen wurden Hochschulformen, die mit deutschen und österreichischen Fachhochschulen vergleichbar sind, in das reguläre Universitätssystem integriert, wodurch sich die Anzahl der Konkurrenzteilnehmer_innen im Feld vervielfacht hat.

von öffentlichen Einrichtungen erklärt. Darüber hinaus haben Gleichstellungspraktikerinnen auch auf internationaler Ebene durch ihre Vernetzung und ihre konzeptionelle Arbeit Gleichstellungspolitiken auf die wissenschaftspolitische Agenda gesetzt. Das Ziel der Geschlechtergleichstellung an Universitäten ist allerdings noch längst nicht erreicht. Zwar ist der Frauenanteil an den Professuren in den letzten 20 Jahren in Deutschland von knapp 7,5 % im Jahr 1994 auf 21,3 % im Jahr 2013 gestiegen (GWK 2015, S. 19), er liegt damit aber – wie in den meisten europäischen Ländern – immer noch deutlich unter der 50-Prozent-Marke, was einer Gleichstellung entspräche (European Commission 2016).

Gleichstellungspolitiken an Universitäten waren bislang stets eher unzureichend abgesichert und im wissenschaftlichen Gremienalltag meist umkämpft. In der Diskussion der Frage, wie sich der erwähnte Umbauprozess universitärer Governance auf Gleichstellungspolitiken auswirken wird, dominierte daher zunächst die Einschätzung, die mit diesem Prozess verbundenen ökonomischen Zwänge würden zu einer Verdrängung oder zumindest einer Reduzierung von Gleichstellungspolitiken führen. In neueren Ansätzen wird jedoch davon ausgegangen, dass sich die veränderten Steuerungsprinzipien bzw. der ‚organisational turn' der unternehmerischen Universitäten auch mit Gleichstellungsstrategien verbinden können. Denn anders als die bisherigen Maßnahmen der Frauenförderung weisen die neueren Gleichstellungsstrategien des Gender Mainstreaming und des Diversity Management Anschlussstellen an organisationale und ökonomische Prinzipien auf (Meuser 2004a, b, 2009, 2013; Kahlert 2005; Andresen et al. 2009; Riegraf und Weber 2013a, b). Es wird angenommen, dass sich Gelegenheitsfenster für Gleichstellungspolitiken öffnen können, wenn Gleichstellung zum Wettbewerbsfaktor wird oder finanzielle Anreize für Gleichstellungserfolge an wissenschaftliche Einheiten gesetzt werden. Die Frage nach den Auswirkungen der Ökonomisierung des Wissenschaftssystems auf die Gleichstellungsarbeit lässt sich vor dem Hintergrund dieses Forschungsstandes also nicht eindeutig beantworten, eventuell ergeben sich neue Unsicherheiten für die gleichstellungspolitische Arbeit an Universitäten oder auch neue Chancen, die Wirksamkeit von Gleichstellungspolitik zu erhöhen.

2 Universitäten als Organisationen mit widersprüchlichen und Ungleichheit generierenden Anforderungen

Um die komplexen Veränderungen fassen zu können, bedienen wir uns neuerer Ansätze der neoinstitutionalistischen Organisationssoziologie und verknüpfen diese mit der organisationssoziologischen Geschlechtertheorie. In neoinstitutionalistischen

Ansätzen wird die Auffassung vertreten, dass Organisationen sich über die Reproduktion gesellschaftlicher Ansprüche konstituieren (Meyer und Rowan 1977). Um an knappe und wertvolle Ressourcen (exzellentes Personal, Geld) zu gelangen, müssen sich Organisationen gegenüber der Gesellschaft legitimieren. Diese Legitimation können sie sich verschaffen, indem sie gesellschaftlich als wichtig erachtete Modelle oder Konzepte, im Fall von Universitäten beispielsweise Gender Mainstreaming oder Diversity Management, einführen und umsetzen oder zumindest nach außen vermitteln, dass sie dies tun.

Diese gesellschaftlichen, politischen wie kulturellen Anforderungen müssen jedoch nicht konsistent sein, vielmehr widersprechen sie sich häufig. So führten beispielsweise österreichische Universitäten in gleichstellungspolitischer Absicht eine Vorgabe zur geschlechterparitätischen Besetzung von Selbstverwaltungsgremien ein. Diese Regelung kollidiert allerdings mit dem Anspruch auf wissenschaftliche Unabhängigkeit im Arbeitsalltag: Die wenigen Wissenschaftlerinnen an Universitäten können ihrer eigenen Forschungstätigkeit kaum noch oder gar nicht mehr nachgehen, da sie durch die Übernahme einer Vielzahl an politischen Ämtern in der Selbstverwaltung strukturell überfordert sind.

Der neoinstitutionalistischen Perspektive zufolge reagieren Organisationen auf widersprüchliche Anforderungen, indem sie Formal- und Handlungsstruktur ‚entkoppeln'. Anders ausgedrückt: Die eine Hand weiß nicht, was die andere tut. Ein Beispiel: Die Universitätsleitung lässt ein Monitoring zur geschlechtsspezifischen Verteilung von Reisekosten des wissenschaftlichen Personals durchführen. Auf der formalen Ebene wird der Anforderung nach Gleichstellung in Form einer systematischen Bestandsaufnahme entsprochen; dies bedeutet jedoch nicht, dass entsprechende geschlechtergerechtere Umverteilungen der Reisebudgets stattfinden, die den wissenschaftlichen Arbeitsalltag berühren würden. Auf diese Weise können sich Universitäten nach außen formal legitimieren, weil sie anhand des dokumentierten geschlechtersensiblen Monitorings gleichstellungspolitisches Engagement nachweisen, ohne jedoch die realen Arbeitsabläufe innerhalb der Universität verändern zu müssen (siehe auch Müller 2010). In Bezug auf unseren Untersuchungsgegenstand weist die neoinstitutionalistische Perspektive allerdings zwei Schwächen auf: Erstens geht sie davon aus, dass es zu Strukturangleichungen innerhalb eines Feldes kommt, weil alle Organisationen auf gleiche gesellschaftliche Ansprüche reagieren und entsprechende Maßnahmen einführen würden. Diese Annahme scheint uns unzutreffend zu sein, da in dieser Vorstellung Universitäten Abziehbilder ihrer gesellschaftlichen Umwelt wären und demnach gleichstellungspolitisch gleich oder zumindest ähnlich aufgestellt sein müssten. Dies ist nicht der Fall, daher nehmen wir an, dass Organisationen, in unserem Fall Universitäten, durchaus unterschiedlich auf gleiche

Ansprüche reagieren. Zweitens räumt die neoinstitutionalistische Perspektive der Ungleichheitsdimension Geschlecht keinen systematischen Platz ein. Weder kann sie erklären, wann, wie und warum gesellschaftliche Forderungen wie beispielsweise solche nach Gleichstellung zwar formal, aber nicht praktisch erfüllt werden (‚Entkoppelung'), noch warum manche gesellschaftliche Forderungen aufgenommen werden, andere hingegen nicht. Um diese Lücke zu füllen, greifen wir auf die Ansätze der ‚institutional logics' (Thornton et al. 2012) sowie der ‚gendered substructure' (Acker 1990, 2010, 2012) aus der feministischen Organisationsforschung zurück (vgl. Riegraf 2013; vgl. auch Weber 2017).

Dem Konzept der ‚institutional logics' zufolge existieren innerhalb einer Gesellschaft mehrere Dominanz beanspruchende institutionelle Felder wie Markt, Staat, Familie, Gleichstellungspolitiken, Profession und Formalorganisation, die zueinander in Konkurrenz stehen und allesamt mit ihren je eigenen Handlungslogiken auf Organisationen und Individuen einwirken. Das institutionelle Feld des Marktes stellt Individuen und Organisationen die Handlungsalternativen von Angebot, Nachfrage und Wettbewerbsanreizen zur Verfügung, während der Staat bürokratische und demokratische Prinzipien bereitstellt. Auf diese verschiedenen Handlungsorientierungen greifen Individuen, aber auch Organisationen unterschiedlich stark zurück. Für Universitäten folgt daraus, dass neben den Handlungsprinzipien der wissenschaftlichen Profession auch weitere Handlungsorientierungen geltend gemacht werden können. Wie spezifische Handlungsorientierungen von Akteur_innen in der Praxis realisiert werden, ist in der neoinstitutionalistischen Diskussion weitgehend unbearbeitet. An dieser Stelle kann die Geschlechtertheorie diese neoinstitutionalistische Leerstelle auffüllen: Wir nehmen an, dass die in der Gesellschaft vorhandenen kulturellen Normen und Geschlechterverhältnisse das Situationsverstehen und Handeln von Individuen beeinflussen. In Anlehnung an Joan Acker (1990, S. 147) gehen wir von einer „gendered substructure" in Organisationen aus, die mit den gesellschaftlichen Werten und Vorstellungen zu Geschlecht, einer binären Geschlechterdifferenzierung zwischen Weiblichkeiten und Männlichkeiten, die Weiblichkeiten und feministische Forderungen im Vergleich zu Männlichkeiten eher abwertet sowie mit den sozialstrukturellen Geschlechterverteilungen in Arbeitsorganisationen korrespondiert. Nach diesem Verständnis sind Mitglieder einer Organisation, in unserem Fall Universitätsangehörige, informierte Gesellschaftsmitglieder, die sich in ihren Entscheidungen an den gesellschaftlichen Erwartungshaltungen zu Gleichstellungspolitiken orientieren, die sie wahrnehmen und für dominant halten.

Auf Grundlage dieses theoretischen Zugangs nehmen wir an, dass Universitäten, die miteinander im Wettbewerb stehen, in dem sie sich profilieren und Schwerpunkte setzen müssen, gleichstellungspolitische Konzepte wie

Gender Mainstreaming, Diversity, ‚Familienfreundlichkeit' ablehnen bzw. einführen und dies in Verbindung damit steht, wie die Universitäten wohlfahrtsstaatlich und geschlechterkulturell eingebettet sind. Welche konkrete Variante von Gleichstellungspolitik sich entwickelt, ist nicht beliebig: Der Zugriff auf Gleichstellungspolitik und andere Anforderungen hängt maßgeblich von der gesellschaftlich-politischen Rahmung und der Geschlechterkultur des Landes ab. Dies wollen wir anhand einiger empirischer Beispiele demonstrieren.

3 Gleichstellungspolitische Varianten der unternehmerischen Universität: Beispiele aus Großbritannien, Schweden, Deutschland und Österreich

In unseren aktuellen Forschungsprojekten[2] haben wir untersucht, wie Universitäten sich reorganisieren und dabei vielfältige Handlungsorientierungen wie zum Beispiel New-Public-Management-Instrumente, Gleichstellungspolitiken und andere Anforderungen wie die nach ‚Exzellenz' umsetzen. Um der Frage

---

[2]Der Beitrag basiert auf den Ergebnissen von vier assoziierten Forschungsprojekten, die an jeweils vier Universitäten in Deutschland, Großbritannien, Österreich und Schweden angesiedelt waren. Für alle beteiligten Universitäten wurden Leitbild- und Dokumentenanalysen erstellt, in denen unter anderem die Gesetzeslage und organisational Maßnahmen ausgewertet wurden, wie sie in Entwicklungsplänen, Gleichstellungsvereinbarungen, Instrumenten der Personalentwicklung etc. abgebildet sind. In Deutschland wurden Ende 2011 im Rahmen des vom nordrhein-westfälischen Landesministerium für Innovation, Wissenschaft und Forschung finanzierten Projektes „Geschlecht und Exzellenz: Eine qualitative Untersuchung universitärer Leitbilder an ausgewählten Universitäten in Nordrhein-Westfalen" neun Expert_inneninterviews mit Gleichstellungsbeauftragten und Hochschulleitungen durchgeführt (Riegraf und Weber 2013a, b). Im zweiten Projekt „Arbeit, Alltag und Geschlecht in der Wissenschaft" wurden 2012 in Österreich Expert_inneninterviews mit vier Vertreterinnen der Koordinationsstellen für Gleichstellung, drei Vertreterinnen von Kinderbetreuungseinrichtungen und 16 Expert_innen aus Personalwesen, Betriebsrat sowie Dekanat gemeinsam mit Studierenden der Johannes Kepler Universität Linz durchgeführt (Aulenbacher et al. 2013). Im gleichen Jahr befragten die Autorinnen Kristina Binner und Lena Weber in ihren Dissertationsprojekten 25 britische und 29 schwedische Universitätsleitungen sowie Gleichstellungs- und Personalverantwortliche. Alle Teilprojekte verfolgten unter anderem die Fragestellung, inwiefern sich die Rahmenbedingungen universitärer Arbeit ändern und wie sich neue Steuerungslogiken und Organisationsprinzipien mit Gleichstellung verbinden. Das Datenmaterial wurde mit der strukturierenden qualitativen Inhaltsanalyse (Mayring 2008) ausgewertet.

nach möglichen Konsequenzen der Ökonomisierung für die Gleichstellungspolitik nachzugehen, wurden vier Länder ausgesucht, die empirisch eine möglichst breite Variation an Entwicklungen vermuten lassen. In der New-Public-Management-Forschung gelten Großbritannien und Schweden als Länder, in denen die Ökonomisierung die universitäre Wissenschaft bereits in den 1980er- bzw. 1990er-Jahren und damit früh erfasst hat, während entsprechende Entwicklungen in Deutschland und Österreich jüngeren Datums sind (Boer et al. 2008; Engwall 2007). In seiner Untersuchung zur Wohlfahrtsstaatlichkeit gelangte Gøsta Esping-Andersen (1990) zu einer anderen Einteilung der Länder: Ihm zufolge steht Großbritannien idealtypisch für das liberale, Schweden für das sozialdemokratische und Deutschland sowie Österreich repräsentieren das konservativ-korporatistische Wohlfahrtsstaatsregime. Die in der feministischen Wohlfahrtsstaatsforschung vorgenommene Kategorisierung hingegen liegt quer zu dem Modell von Esping-Andersen. Großbritannien, Österreich und Deutschland gelten hier als Länder mit einer starken Tradition des männlichen Ernährermodells (Male Breadwinner), für Schweden wird hingegen ein Doppelernährer-Modell konstatiert (Lewis und Ostner 1994). Gegenwärtig wird vor allem für Großbritannien und Deutschland von einer Orientierung am sogenannten Adult-Worker-Modell ausgegangen, für Österreich wird ein modernisiertes Male-Breadwinner-Modell mit einer expliziten familialistischen Orientierung festgestellt (Appelt und Fleischer 2014; Leitner 2013). Auf Grundlage der Ergebnisse der feministischen Wohlfahrtsstaatsforschung können wir davon ausgehen, dass Geschlechterdifferenzierungen und -hierarchisierungen (Geschlechterkulturen) in den Ländern unterschiedlich stark gesellschaftlich verankert sind. Dies hat unserer Ansicht nach auch Konsequenzen für die jeweilige universitäre Gleichstellungspolitik, die sich an gängigen gesellschaftlichen Vorstellungen zu geschlechtlicher Arbeitsteilung und erkannten Geschlechterungleichheiten orientiert, denen sie zum Beispiel mit Umverteilungsmaßnahmen und Unterstützungsangeboten begegnen will.

Mit Blick auf die vier Länderbeispiele wird nun herausgearbeitet, wie sich die verschiedenen parallel verlaufenen Prozesse und Entwicklungen der Ökonomisierung und der Institutionalisierung von Gleichstellungspolitiken ineinander verschränken, auf welche Handlungsorientierungen und Prinzipien (Markt, Staat, Gleichstellungspolitik, Familie, Profession, formale Organisation) in den Ländern in welcher Weise Bezug genommen wird und welche Konsequenzen das für die Gleichstellungspolitiken zeitigt.

3.1 Großbritannien und Schweden: Verdrängung und bedingte Neujustierung von Gleichstellungsarbeit

Im Vergleich zu anderen europäischen Ländern setzten die Umstrukturierungen in der gesellschaftlichen Organisation von Wissenschaft in Großbritannien besonders früh, nämlich bereits in den 1980er-Jahren, ein und sie waren auch besonders einschneidend. Zentrales Element der Neustrukturierungen stellt die Etablierung eines Quasi-Marktes um leistungsorientierte Forschungsgelder in Form des 1986 ins Leben gerufenen *Research Assessment Exercise* (RAE) dar, das 2014 erneuert und in *Research Excellence Framework* (REF) umbenannt wurde. Im Rahmen dieser periodisch stattfindenden formalisierten Evaluationen werden die Forschungsleistungen der Universitäten erhoben und die öffentlichen Forschungsgelder entsprechend zugewiesen.

Die Universitäten in Großbritannien konkurrieren sowohl um Lehr- als auch um Forschungsgelder. Im Bereich der Forschung profitieren besonders die bereits forschungsstarken und altehrwürdigen Universitäten von der leistungsbezogenen Verteilung: Ein Drittel der Forschungszuwendungen konzentriert sich allein auf acht der altehrwürdige Universitäten des Landes, jüngere Reformuniversitäten erhalten wenig oder keinerlei Zuwendungen (Kreckel und Zimmermann 2014, S. 91). Was den Bereich der Lehre angeht, so hat der Staat lehrbezogene Mittelzuweisungen sukzessive reduziert. Alleine im Zeitraum von 2010 bis 2015 wurden Zuweisungen für die Lehre im Umfang von ca. 46 % (das entspricht 3,9 Mrd. Pfund) eingespart (ebd., S. 93). Dies hat zur Folge, dass die britischen Universitäten vermehrt auf den Quasi-Markt um Studiengebühren angewiesen und damit von der Studienortwahl der Studierenden abhängig sind.

Entscheidend für aktuelle Veränderungen der Gleichstellungspolitik an den britischen Universitäten war der Erlass des *Single Equality Act* im Jahr 2010, das als erstes einheitliches Gleichstellungsgesetz für den öffentlichen Sektor die bisher bestehenden gesetzlichen Grundlagen in Bezug auf einzelne Diskriminierungsgründe (Race, Ethnic Minorities, Gender, Sexualities, Disabilities etc.) bündelt und neben der Stärkung individueller Rechte auch Arbeitsorganisationen in die Pflicht nimmt, stärker aktiv gegen Diskriminierung vorzugehen. Zuvor war positive Diskriminierung im britischen Kontext verboten. Allerdings überlässt das Gesetz es den Universitäten selbst, wie sie Personalressourcen für Gleichstellungsstrategien einsetzen und welche Durchführungs- und Kontrollorgane sie installieren. Staatliche Regulierungen, wie zum Beispiel Quoten oder Sanktionen, werden im Rahmen eines sich als liberal verstehenden Wohlfahrtsstaates als störend empfunden, während Wettbewerbsprinzipien als gerecht gelten, solange sie den Kriterien eines fairen und transparenten Wettbewerbs entsprechen. Das Vertrauen in den Markt als Steuerungsprinzip zeigt sich auch in Bezug auf Gleichstellungspolitik. Universitäten können sich um das gleichstellungspolitische Zertifikat Athena SWAN Award bewerben. Natur- und technikwissenschaftliche Abteilungen und Forschungsinstitute demonstrieren mit ihrer Teilnahme ihr gleichstellungspolitisches Engagement, das sich – so die Hintergrundannahme – im Wettbewerb um ‚exzellentes' Personal und Studierende als Reputationsvorteil erweisen wird. Tatsächlich bewerben sich lediglich solche Universitäten um den Award, die sich im Gegenzug für den hierfür erforderlichen Personaleinsatz einen Vorteil in der Konkurrenz um ‚exzellente' Beschäftigte versprechen. Universitäten, die ohnehin nur über sehr knappe finanzielle Ressourcen verfügen, sind so gut wie nicht unter den teilnehmenden Organisationen vertreten.

Darüber hinaus zeigen unsere Forschungen, dass sich britische Universitäten profilieren, indem sie ihre Chancengleichheitspolitiken auf ihre potenzielle ‚Kundschaft' abstimmen. Der Diversity-Ansatz der von uns untersuchten lehrorientierten Universität Europia[3] ist gänzlich auf eine diverse Studierendenschaft ausgerichtet. Es gibt an dieser Universität sogenannte ‚Diversity-Koordinator_innen', die sich um die Belange körperlich und psychisch beeinträchtigter Studierenden kümmern. Die Haupteinnahmequelle der Universität sind Gebühren, die sie im Falle eines erfolgreichen Studienabschlusses erhält. Daher ‚rentiert' es sich für diese Universität, möglichst vielen Studierenden einen Studienerfolg zu ermöglichen. Die Position der ‚Gender and Diversity Managerin', die für die gleichstellungspolitischen Anliegen der Mitarbeiter_innen zuständig war, wurde gestrichen, als eine Insolvenz der Universität drohte.

An einer reputations- und finanzstarken, forschungsorientierten Universität ist eine andere Strategie zu finden: Hier sucht die Universität die Gleichstellungs- bzw. Diversitätsanliegen über den Rekurs auf exzellente Mitarbeiter_innen abzusichern, da diese wichtig für die universitäre Position im Forschungswettbewerb sind. Gleichstellung und Diversität werden als Voraussetzung für wissenschaftliche Exzellenz angesehen und so legitimiert: „If you don't have equality, you don't have the diversity that enables different research perspectives" (Gleichstellungsbüro, Universität Cadmia, S. 10).

Wenn wir uns nun denjenigen Gleichstellungspolitiken zuwenden, die sich speziell auf die Vereinbarkeit von Beruf und Sorgetätigkeiten konzentrieren, so

---

[3]Zu Anonymisierungszwecken geben wir Fantasienamen anstelle der tatsächlichen Namen der Universitäten an.

stehen solche Vereinbarkeitspolitiken in Großbritannien ganz in der Tradition des liberalen Staates, wo Care-Arbeiten als privat zu regelnde Angelegenheiten angesehen werden. Entsprechend uneinheitlich ist das Kinderbetreuungsangebot an den Universitäten hinsichtlich Qualität und Kostenumfang. Zwar stellen alle Universitäten die gesetzlich vorgesehenen Mindestleistungen für die Vereinbarkeit von Familie und Berufstätigkeit zur Verfügung (Elternzeitregelungen, Teilzeitmöglichkeit), sie werden jedoch nur dann aufgebessert, wenn es die Finanzlage der Universitäten erlaubt. In der Folge finden Mitarbeiter_innen und Studierende an verschiedenen Orten unterschiedliche organisationale Ausgangssituationen für die Vereinbarkeit von Familie und Beruf vor. In der seit 2014 erneuerten Forschungsevaluation (REF) können Wissenschafter_innen zwar berufliche Auszeiten für Elternzeit und Pflegetätigkeiten vermerken und dadurch eine Reduktion der Forschungsanforderungen geltend machen. Allerdings gibt es noch keine genauen Kriterien für die Reduktionen und es ist hoch umstritten, ob sich vor allem Wissenschaftlerinnen im Vertrauen darauf, es werde keine negativen Konsequenzen geben, in einer Art ‚falschen Sicherheit' wiegen, wenn sie weniger Publikationen veröffentlichen.

Anders als der britische Staat wirkte der schwedische Staat sehr lange direktregulativ auf das Universitäts- und Wissenschaftssystem ein; so wurden beispielsweise wissenschaftliche Beschäftigte bis in die 1990er-Jahre hinein verbeamtet (Engwall 2007). Der *Higher Education Act* führte 1993 erstmals New-Public-Management ins schwedische Universitätsfeld ein. Bei der Finanzierung der Universitäten spielt der Staat dennoch die bedeutendste Rolle, rund zwei Drittel der universitären Budgets werden über staatliche Globalzuweisungen gedeckt (Kreckel und Zimmermann 2014, S. 169). Jedoch wurden seit den 1990er-Jahren bei der Vergabe von forschungsbezogenen Mitteln Universitäten vermehrt in Wettbewerb zueinander gesetzt, was ähnlich wie in Großbritannien Polarisierungen zwischen jungen und altehrwürdigen Universitäten befördert hat (Engwall und Nybom 2006, S. 62). Dass die Ankurbelung des Wettbewerbs jedoch nicht mit einem Rückzug des Staates gleichzusetzen ist, zeigt sich an der Organisation bzw. Qualitätssicherung des Lehrbetriebes der Universitäten sehr deutlich (Engwall 2007). Im Jahr 1995 schuf das Ausbildungsministerium mit dem sogenannten Högskoleverket[4] eine staatliche Behörde zur Kontrolle der Qualität der Lehre und stellte auf diesem Wege den staatlichen Einfluss auf die Universitäten sicher.

---

[4]Das Hökskoleverket hat sich seit 2013 in zwei Folgeinstitutionen aufgeteilt: die Universitets- och Högskolerådet (UHR) und die Universitetskanslersämbetet (UKÄ).

Die schwedische Gleichstellungspolitik ist von dem Gedanken getragen, generell alle Individuen und damit auch Frauen möglichst voll in die Erwerbsarbeit zu integrieren. Im Antidiskriminierungsgesetz von 2009, welches das bereits seit 1977 existierende Gleichstellungsgesetz modifizierte und erweiterte, wurden die Bestimmungen für Gleichstellungspläne, Lohnungleichheitsanalysen und Antidiskriminierung zusammengeführt.

Seit 1992 ist der Gleichstellungsauftrag an den Universitäten gesetzlich verankert und vor allem mit dem sogenannten Tham-Gesetz wurden Mitte der 1990er-Jahre groß angelegte staatliche Gleichstellungsprogramme verfolgt, die die Wissenschaft für Frauen mithilfe von Sonderprogrammen öffneten: Die Universitätsleitungen sollten für Gleichstellungsarbeit gewonnen werden, indem sie sich mit Gleichstellungskonzepten um zusätzliche finanzielle Mittel für Doktorandenprogramme, Forschungsstipendien für Frauen oder für Frauen ausgeschriebene Professuren bewerben konnten. Weiterhin ist die Gleichstellungspolitik an schwedischen Universitäten mit der Förderung von Geschlechterforschung verbunden. So wurde in den letzten Jahren die Geschlechterforschung im Exzellenzwettbewerb um zusätzliche Forschungsmittel mit drei *Centres for Gender Excellence* (2007 bis 2012) gefördert (Barry et al. 2012). Seit dem Tham-Gesetz werden Universitäten vermehrt als Arbeitsorganisationen adressiert und dazu verpflichtet, gleichstellungspolitische Aktionspläne und geschlechtsspezifische Daten, vor allen zu den Einkommensunterschieden zwischen Männern und Frauen (Gender Pay Gap), zu veröffentlichen. In den im Abstand von wenigen Jahren immer wieder neu ausgehandelten Ziel- und Leistungsvereinbarungen zwischen den Universitäten und der Regierung werden nicht nur Frauenanteile für Neuberufungen festgelegt, sondern auch Absprachen zum Budget (Bergman 2013). Das staatliche Engagement in Sachen Gleichstellungspolitik überlässt es den schwedischen Universitäten jedoch selbst, wie sie Personal und finanzielle Ressourcen für Gleichstellungsarbeit einsetzen und ebenso ob und wie sie dies hochschulpolitisch in der Gremienarbeit oder über die Personalverwaltung organisieren. Gleichstellungsakteur_innen bemängeln, dass gleichstellungspolitische Ziele zur Rekrutierung von Professorinnen, die mit dem Staat vereinbart wurden, in der Vergangenheit nicht nachhaltig kontrolliert wurden. Von der Verbindung mit Qualitätsmanagement-Instrumenten erhoffen sie sich eine verbindlichere Umsetzung von Gleichstellungspolitik:

> I think that equality and gender equality questions are now more connected with questions of quality. And quality is a very important word for Swedish universities in relation to the state, because each university has to show a good amount of quality, and I think these questions gender equality and quality has been in a new way connected to the general quality concept (Gleichstellung, Universität Perlia, S. 9).

Ähnlich wie in Großbritannien sehen sich die schwedischen Universitäten nicht in der Verantwortung, dafür zu sorgen, dass ihre Mitarbeiter_innen Beruf und familiale Belange vereinbaren können. Dies wird jedoch nicht wie in England damit begründet, dass dies eine privat zu lösende Aufgabe sei, sondern mit Verweis auf die großzügige familienpolitische Infrastruktur des schwedischen Staates und der sehr familienfreundlich eingestellten schwedischen Gesellschaft begründet. Es überwiegt die Meinung unter den Befragten, dass wissenschaftliche Arbeit gut mit Elternschaft vereinbar sei. Aber auch in Schweden finden sich Anzeichen, dass es unter den neu strukturierten Karrierepfaden, nun mit befristeten Stellen und gestiegenen Qualifikationsanforderungen, vermehrt zu Vereinbarkeitskonflikten kommt. Studien haben gezeigt, dass Doktorand_innen im Vergleich zu ihren männlichen Mitstreitern in Schweden überdurchschnittlich häufig krank sind, was als Indiz für eine Überlastung während der Qualifikations- und Familiengründungsphase gedeutet wird (Åkerblom 2003).

Schweden wie auch Großbritannien orientieren sich vermehrt an den Logiken des Wettbewerbs und der Profession im Sinne von ‚Exzellenz'. Beide haben die Steuerungsebene der formalen Organisation bei der Gleichstellungspolitik gestärkt. Jedoch unterscheiden sich die Länder im Hinblick darauf, welche Rolle marktliche und staatliche Elemente in der Steuerung von Universitäten spielen. Im Hintergrund von Exzellenzbestrebungen und Wettbewerb in Schweden steht ein ‚starker' Staat, der eine familienfreundliche Infrastruktur bereitstellt und gleichstellungspolitische Impulse setzt. Großbritannien hingegen vertraut bei der Gleichstellungspolitik auf die Steuerungsweisen des Marktes, während sich der Staat zurückzieht.

3.2 Deutschland und Österreich: Wettbewerb macht den Unterschied

In Deutschland, das lange Zeit für ein universitäres Steuerungsmodell mit einer starken professionellen Selbstregulierung (Selbstverwaltungsmodell) stand, wurde das Universitätsfeld eher zögerlich umstrukturiert. Hier legte die vierte Novelle des Hochschulrahmengesetzes von 1998[5] die Grundlage für die sogenannte Hochschulautonomie, die durch das Hochschulfreiheitsgesetz von 2007 in Nordrhein-Westfalen weiter intensiviert wurde. Damit wurden die universitären

---

[5]Viertes Gesetz zur Änderung des Hochschulrahmengesetzes vom 20. August 1998 (BGBl. I S. 2190).

Leitungsebenen zulasten der Selbstverwaltung gestärkt, zudem wurde ein Hochschulrat implementiert, der sich aus nicht-wissenschaftlichen Mitgliedern zusammensetzen kann (Bogumil et al. 2007). Die Finanzierung der Universitäten wurde von kameralistischer Detailregulierung auf eine Globalbudgetierung umgestellt, die mit rund 80 % noch immer einen wesentlich größeren Teil der universitären Budgets ausmacht als Drittmittel (Marquardt 2011). Die 2005/2006 erstmals gestartete Exzellenzinitiative war der Startschuss für einen neuartigen bundesweiten Wettbewerb unter Universitäten um staatliche Finanzmittel und exzellente Wissenschaftler_innen (Binner et al. 2013; Riegraf und Weber 2013b; Riegraf et al. 2010).

In Deutschland konnte sich die universitäre Gleichstellungsarbeit in öffentlichen Einrichtungen bereits in den 1980er-Jahren etablieren. Das gilt auch für die Universitäten. Allerdings ging die Initiative nicht vom Staat aus, sondern von Wissenschaftlerinnen und der Frauenbewegung, die verstärkt für Frauen das gleiche Recht einforderten, die Universität als Arbeits- und Studienort zu wählen. Durch das Engagement der Akteurinnen konnte die rechtliche Verankerung von Gleichstellungsbeauftragten und -gremien vergleichsweise zügig erreicht werden. Mit der bereits erwähnten Novelle des Hochschulrahmengesetzes von 1998 wurde Gleichstellung als Steuerungsprinzip an den Universitäten zunächst noch recht lose, ohne Kontroll- und Sanktionsvorgaben verankert. In den letzten Jahren haben die Gleichstellungsbeauftragten erreicht, dass Gleichstellungsziele in neue Steuerungsinstrumente wie Exzellenzwettbewerbe oder Ziel- und Leistungsvereinbarungen integriert wurden. Diese Entwicklung geht nicht zuletzt auf die zunehmend erstarkte Lobby der Gleichstellungsbeauftragten zurück (Weber 2017). Neben dieser organisationalen Verankerung des Prinzips Gleichstellung wurde mit der Exzellenzinitiative Gleichstellungspolitik erstmals an Kriterien der wissenschaftlichen Profession gekoppelt. Bei der Begutachtung von Anträgen wurden Gleichstellungskonzepte als Vergabekriterium aufgenommen. In den 2008 von der Deutschen Forschungsgemeinschaft eingeführten forschungsorientierten Gleichstellungsstandards werden Universitäten anhand ihrer Gleichstellungsprofile bewertet. Dieses Ranking spielt bei der Vergabe von Drittmitteln und Reputation eine zumindest mitentscheidende Rolle. Dadurch gerieten die Hochschulleitungen zunehmend unter Druck: „Die DFG gibt dies nicht als Empfehlung, sondern die DFG erwartet, dass es gemacht wird. Wir erleben bei Begutachtungen von Graduiertenkollegs oder Sonderforschungsbereichen, dass nachgefragt wird. Und es wird auch danach gefragt, wie das denn gelebt wird" (Universitätskanzler, Universität Mixteria, S. 19).

Der als konservativ eingeordnete deutsche Wohlfahrtsstaat hat in den letzten Jahren seine Ausgaben für Sozialleistungen immer weiter reduziert und entwickelt sich in der Familienpolitik stärker in Richtung eines liberalen Adult-Worker-Modells. Universitäten treten zunehmend in die dadurch entstandene Lücke bei der Versorgung mit Kinderbetreuungsangeboten und konkurrieren damit um exzellente Akademiker_innen. Seit 2001 können sich Universitäten um das „audit familiengerechte hochschule" bewerben, um dieses Engagement nach außen zu demonstrieren. Im Bundesland Nordrhein-Westfalen ist das Audit mittlerweile weit verbreitet und obwohl die Zahl der Kinderbetreuungsplätze an Universitäten des Landes zwischen 2003 und 2013 um 56 % zugenommen hat, ist der Gesamtbedarf bei Studierenden und Universitätsbeschäftigten jedoch (noch) nicht gedeckt (Kortendiek et al. 2013, S. 244 ff.).

Das österreichische Wissenschaftssystem war traditionell durch ein hohes Maß an staatlicher Regulierung geprägt; Universitäten waren Korporationen und staatliche Anstalten zugleich (Schimank 2002, S. 40). Die gesetzliche Grundlage für die Implementierung von Prinzipien des New-Public-Managements wurden erst relativ spät durch das Universitätsgesetz von 2002[6] geschaffen, auf dessen Basis sich Universitäten als autonome Organisationen konstituieren konnten. Ähnlich wie in Schweden ist der staatlich-bürokratische Einfluss trotzdem noch immer sehr stark, vor allem über die budgetrelevanten Ziel- und Leistungsvereinbarungen zwischen dem zuständigen Ministerium und den Rektoraten. Die Universitäten finanzieren sich noch immer großteils über staatliche Mittel; im Jahr 2012 lag deren Anteil an den universitären Budgets bei 73,6 % (BMWFW 2014, S. 23; zum Vergleich: Studienbeiträge machten 4,9 % aus).

Im Rahmen der staatlichen Gleichstellungspolitik werden die Universitäten mittels staatlich-bürokratischer und managerialer Instrumente als Organisation adressiert. Das Universitätsgesetz von 2002 verpflichtet die Universitäten, sich für die Gleichbehandlung von Frauen und Männern einzusetzen und entsprechende Organisationseinheiten zu schaffen, sogenannte Koordinationsstellen, Schiedskommissionen und Arbeitskreise für Gleichbehandlung (AKG). Zudem müssen universitäre Kollegialorgane aus mindestens 40 % weiblichen Mitgliedern bestehen. Gleichzeitig mit der Einführung dieser Frauenquote verlieren jedoch genau diese Gremien an Entscheidungskompetenzen. Es gibt nur wenige Maßnahmen, die auf Wettbewerb setzen, um Gleichstellung an den Universitäten voranzutreiben. Das Exzellentia-Programm, das Neuberufungen von Professorinnen an Universitäten finanziell honorierte, wurde 2010 wieder eingestellt. Daneben werden ‚neue' Steuerungsinstrumente wie Ziel- und Leistungsvereinbarungen und das

---

[6]Bundesgesetz über die Organisation der Universitäten und ihre Studien vom 9. August 2002, Bundesgesetzblatt für die Republik Österreich I Nr. 120/2002.

Evaluationsverfahren „Wissensbilanz" zwar genutzt, um zu prüfen, ob gleichstellungspolitische Ziele erreicht wurden, allerdings zweifeln Gleichstellungsakteur_innen aufgrund bisher fehlender Sanktionen im Falle der Nicht-Erreichung der Ziele die Durchschlagskraft der Ziel- und Leistungsvereinbarungen an.

In Österreich, das im Rahmen seiner wohlfahrtsstaatlichen Konzeption eine explizite familialistische Orientierung aufweist (Leitner 2013), setzen sich ähnlich wie in Deutschland an den Universitäten vermehrt ‚familienfreundliche' Maßnahmen durch. Unterstützt durch staatliche Anreize, wie das 2011 eingeführte Audit ‚hochschuleundfamilie', schaffen Universitäten eigene Organisationseinheiten, um die unzureichende staatliche Kinderbetreuung durch eigene Angebote zu ergänzen und als Arbeitgeber für exzellente Wissenschaftler_innen attraktiv zu sein. Gleichzeitig wird die ‚familienfreundliche' Orientierung durch, für Österreich relativ neue, Exzellenzanforderungen nach räumlicher Mobilität herausgefordert bzw. konterkariert.

Im Vergleich zu Großbritannien und Schweden nehmen deutsche wie auch österreichische Universitäten Vereinbarkeitsanliegen auf, indem sie ihren Mitarbeiter_innen und Studierenden universitätsinterne Kinderbetreuungsangebote ermöglichen, wenn auch nicht bedarfsdeckend. In Hinblick auf die Gleichstellungspolitik insgesamt zeigen sich zwischen den Universitäten in Deutschland und Österreich Unterschiede vor allem darin, wie Wettbewerb, Staat und Profession jeweils akzentuiert werden. Mit der Etablierung von Gleichstellungspolitik als Vergabekriterium in der Exzellenzinitiative hat Deutschland im Gegensatz zu Österreich den Weg eingeschlagen, den staatlich gesteuerten Wettbewerb mit Logiken der akademischen Profession und Gleichstellungspolitik zu verbinden. In Österreich überwiegt noch immer die zentrale Regulierung über den Staat, der über Ziel- und Leistungsvereinbarungen Einfluss nimmt, dessen Vorgaben im akademischen Arbeitsalltag jedoch häufig erfolgreich umgangen werden können.

4 Fazit: Gleichstellungspolitische Varianten mit je eigenem Chancen- und Risikoprofil

Die Analyse der Länderbeispiele hat gezeigt, dass sich das Wissenschaftssystem und damit auch die Gleichstellungsarbeit gegenwärtig in einem Restrukturierungsprozess befinden, der sich zwar primär an Markt- und Wettbewerbsprinzipien orientiert, auf den aber auch andere Handlungslogiken etwa aus den Feldern der Gleichstellungspolitik, der Familie, der Organisation, der Profession und des Staates einwirken. Es wurde deutlich, wie die geschlechterkulturell unterschiedlich eingebettete Ökonomisierung der Universitätsfelder je eigene Varianten in der Umsetzung von Gleichstellungspolitik hervorbringt, sich nichtsdestotrotz aber auch einige Parallelen zwischen Großbritannien und Schweden auf der einen sowie zwischen Deutschland und Österreich auf der anderen Seite feststellen lassen. Die festgestellten länderspezifischen Konstellationen verweisen darauf, mit welchen möglichen Risiken und Chancen die Verkopplung von markt- und betriebswirtschaftlichen Maßnahmen mit Gleichstellungszielen gegenwärtig behaftet ist.

Das Beispiel Großbritannien spiegelt eine starke Gewichtung von Markt- und Wettbewerbsprinzipien wider und zeigt, dass deren Verknüpfung mit gleichstellungspolitischen Anliegen als äußerst zwiespältig zu beurteilen ist: Einerseits öffnen sich über Markt und Wettbewerb Opportunitätsstrukturen für Gleichstellungspolitiken, weil mittels der Legitimierung über den Markt bzw. über die ‚Marktmacht' von Studierenden oder Wissenschaftler_innen Druck auf die Universitäten ausgeübt werden kann, Gleichstellungsangebote zu machen. Andererseits zeigt sich hier auch gleichzeitig die Prekarität von Gleichstellungspolitiken, wenn sie nur an Marktanforderungen ausgerichtet sind. Wie deutlich wurde, können sich universitäre Gleichstellungspolitiken auf einige wenige Ungleichheitsdimensionen beschränken und dem Streben nach Geschlechtergleichheit muss dabei im Verhältnis zu anderen Diskriminierungsdimensionen vonseiten der Universitäten nicht zwingend oberste Priorität eingeräumt werden. Bereits erreichte gleichstellungspolitische Errungenschaften werden gefährdet oder gar beseitigt. Gleichstellungsanliegen können in dieser marktorientierten Umsetzung ihr emanzipatorisches Potenzial verlieren.

Welche Chancen in der Koppelung von Exzellenz und Wettbewerb liegen, zeigt sich in Deutschland, wo Universitäten durch die Exzellenzinitiative und die forschungsorientierten Gleichstellungsstandards unter normativen Druck gesetzt wurden, sich gleichstellungsrelevanter Themen anzunehmen, um in dem Streben nach ‚Exzellenz' nicht ins Hintertreffen zu geraten. Der deutsche Fall demonstriert, dass die Ökonomisierung durchaus zum Vehikel von Gleichstellungsarbeit werden kann, wenn bestimmte Rahmenbedingungen erfüllt sind. Hier haben sowohl wissenschaftspolitische Akteure wie die Deutsche Forschungsgemeinschaft, aber auch professionelle Gleichstellungsakteur_innen, die in Deutschland über eine vergleichsweise lange Geschichte verfügen, für entsprechenden Veränderungsdruck gesorgt (Powell und DiMaggio 1991; Weber 2017). Darüber hinaus sind staatliche Anreizstrukturen bedeutsam, die mit Kontroll- und Sanktionsmechanismen gekoppelt sind. Wichtig ist, dass Gleichstellungsanliegen mit Bezug zu feldspezifischen Professionslogiken artikuliert und so gewissermaßen in die Sprache des Feldes ‚übersetzt' werden, wie dies gegenwärtig im Rahmen der Exzellenzinitiativen geschieht. Allerdings produziert diese Verquickung von

Wettbewerbsprinzipien mit Gleichstellungszielen auch blinde Flecken: So werden vor allem die hoch angesehenen Professor_innen mit Programmen und Initiativen gefördert und der Professorinnenanteil dient häufig als gleichstellungspolitischer Maßstab; für den wissenschaftlichen Mittelbau – der sich ja meistens zudem noch in der Familiengründungsphase befindet – bleibt die Lage prekär oder sie verschärft sich sogar noch.

An den Ländern Großbritannien und Schweden zeigen sich Prekaritätsmomente quasi ‚spiegelbildlich' zueinander: In Großbritannien können der starke Fokus auf die Regulationsebene der Organisation und die fehlenden verbindlichen Vorgaben vonseiten des Staates zu einer starken Beliebigkeit in der Umsetzung von Gleichstellungspolitik führen, sodass sich organisationsungleiche Voraussetzungen für Gleichstellungspolitiken herausbilden. In Schweden wiederum wird sichtbar, dass die starke Orientierung der Gleichstellungsarbeit am Staat dazu beitragen kann, Inaktivität seitens der Universitäten zu legitimieren, wie am Beispiel des geringen Engagements der schwedischen Universitäten in Sachen Vereinbarkeitspolitiken deutlich wird.

Wie die Länderanalysen veranschaulichen, ist die Frage, ob Ökonomisierungstendenzen in der Wissenschaft Chancen oder Risiken für die Gleichstellungsarbeit bereithalten, nur mit Blick auf die politisch-kulturelle Gesamtkonstellation im jeweiligen Land zu beantworten. Die Folgen der Umstrukturierungen für die Gleichstellungspolitiken zeigen sich erst im Zusammenwirken der verschiedenen Handlungsorientierungen, die auf den Prozess an den Universitäten einwirken. Wie diese Handlungsorientierungen im Hinblick auf Gleichstellungspolitiken gewichtet werden, wie auf sie Bezug genommen wird und ob zum Beispiel bestimmte Logiken, wie die Markt- und Wettbewerbslogik, durch andere neutralisiert oder verstärkt werden, hängt wiederum eng mit den jeweiligen nationalen politisch- kulturellen Rahmenbedingungen zusammen und bringt länderspezifische Schwerpunkte der Gleichstellungsarbeit hervor. So ist beispielsweise in Österreich und Deutschland, die – wenn auch in unterschiedlichem Ausmaß – noch immer als konservativ gelten können, bei den neueren gleichstellungspolitischen Maßnahmen eine deutliche Fokussierung auf familienpolitische Vereinbarkeitsfragen festzustellen. Damit gehen auch Engführungen einher, etwa indem Maßnahmen an traditionellen, heteronormativen Familienleitbildern ausgerichtet werden.

Im Hinblick auf die Ausgangsfrage, ob sich durch die Ökonomisierung des Wissenschaftssystems (neue) Unsicherheiten oder Chancen für die Gleichstellungsarbeit ergeben, lässt sich resümierend sagen: Die mit der Ökonomisierung verbundenen Umstrukturierungen führen nicht zwangsläufig zu einem Abbau von

Gleichstellungspolitik an den Universitäten. Welche Folgen sie für die Gleichstellungsarbeit haben, hängt unter anderem von den wohlfahrtsstaatlichen Rahmenbedingungen und der gleichstellungspolitischen Kultur im jeweiligen Land ab.

Literatur

Acker, J. (1990). Hierarchies, Jobs, Bodies. A Theory of Gendered Organizations. *Gender & Society* 4 (2), 139–158.
Acker, J. (2010). Geschlecht, Rasse und Klasse in Organisationen – Die Untersuchung von Ungleichheit aus der Perspektive der Intersektionalität. *Feministische Studien* 28 (1), 86–98.
Acker, J. (2012). Joan Acker's Review of the Contributing Papers. *Equality, Diversity and Inclusion* 31 (3), 208–213.
Åkerblom, A. (2003). Geschlechterpolitik im schwedischen Hochschulwesen. *Die Hochschule* 2, 131–143.
Andresen, S., Koreuber, M., & Lüdke, D. (Hrsg.) (2009). *Gender und Diversity: Albtraum oder Traumpaar? Interdisziplinärer Dialog zur „Modernisierung" von Geschlechter- und Gleichstellungspolitik*. Wiesbaden: VS Verlag für Sozialwissenschaften.
Appelt, E. & Fleischer, E. (2014). Familiale Sorgearbeit in Österreich. Modernisierung eines konservativen Care-Regimes? In B. Aulenbacher, B. Riegraf, & H. Theobald (Hrsg.), *Sorge: Arbeit, Verhältnisse, Regime – Care: Work, Relations, Regimes* (S. 397–418). Baden-Baden: Nomos.
Aulenbacher, B., Binner, K., & Kubicek, B. (2013). Sicherheit durch Leistung ... und die Frage der Geschlechtergleichheit. AssistenzprofessorInnen im Wandel der österreichischen Universitäten und als GrenzmanagerInnen zwischen Wissenschaft und Familie. In K. Binner, B. Kubicek, A. Rozwandowicz, & L. Weber (Hrsg.), *Die unternehmerische Hochschule aus der Perspektive der Geschlechterforschung: Zwischen Aufbruch und Beharrung* (S. 171–192). Münster: Westfälisches Dampfboot.
Aulenbacher, B., Binner, K., Riegraf, B., & Weber, L. (2012). Wissenschaft in der Entrepreneurial University: Feminisiert und abgewertet? *WSI Mitteilungen* 65 (6), 405–411.
Aulenbacher, B., Binner, K., Riegraf, B., & Weber, L. (2015). Wandel der Wissenschaft und Geschlechterarrangements. Organisations- und Steuerungspolitiken in Deutschland, Österreich, Großbritannien und Schweden. *Beiträge zur Hochschulforschung* 37 (3), 22–39.
Aulenbacher, B., Binner, K., Riegraf, B., & Weber, L. (2016). Unternehmerische Universitäten im Wohlfahrtsstaat. Wissenschaftliches Arbeiten, prekäre Beschäftigung und soziale Ungleichheiten in Großbritannien, Schweden, Deutschland und Österreich. In N. Bauer, C. Besio, M. Norkus, & G. Petschick (Hrsg.), *Wissen-Organisation-Forschungspraxis. Der Makro-Meso-Mikro-Link in der Wissenschaft* (S. 122–154). Weinheim, Basel: Beltz Verlag.
Barry, J., Berg, E., & Chandler, J. (2012). Movement and Coalition in Contention: Gender, Management and Academe in England and Sweden. *Gender, Work and Organization* 19 (1), 52–70.
Bergman, S. (2013). *The Nordic Region – A Step Closer to Gender Balance in Research? Joint Nordic Strategies and Measures to Promote Gender Balance among Researchers in Academia*. Kopenhagen.

Binner, K., Kubicek, B., Rozwandowicz, A., & Weber, L. (Hrsg.) (2013). *Die unternehmerische Hochschule aus der Perspektive der Geschlechterforschung: Zwischen Aufbruch und Beharrung*. Münster: Westfälisches Dampfboot.
BMWFW [Bundesministerium für Wissenschaft, Forschung und Wirtschaft] (2014). Wissenschaft in Österreich/Statistiken. http://wissenschaft.bmwfw.gv.at/fileadmin/user_upload/wissenschaft/publikationen/BM_WFW_Wissenschaft_2014_web.pdf. Zugegriffen: 10. Oktober 2016.
Boer, H. F. de, Enders, J., & Schimank, U. (2008). Comparing Higher Education Governance Systems in Four European Countries. In N. C. Soguel, & P. Jaccard (Hrsg.), *Governance and Performance of Education Systems* (S. 35–54). Dordrecht: Springer.
Bogumil, J., Heinze, R. G., Grohs, S., & Gerber, S. (2007). *Hochschulräte als neues Steuerungsinstrument? Eine empirische Analyse der Mitglieder und Aufgabenbereiche. Abschlussbericht der Kurzstudie.* http://www.boeckler.de/pdf_fof/S-2007-981-5-1.pdf. Zugegriffen: 10. Oktober 2016.
Clark, B. R. (1998). *Creating Entrepreneurial Universities. Organizational Pathways of Transformation.* Oxford: Pergamon.
Engwall, L. (2007). Universities, the State and the Market. Changing Patterns of University Governance in Sweden and Beyond. *Higher Education Management and Policy* 19 (3), 87–104.
Engwall, L. & Nybom, T. (2006). Leistung und Wettbewerb. Die Entwicklung des schwedischen Hochschul- und Forschungssystems seit 1945. *Nordeuropaforum* 1, 49–73.
Esping-Andersen, G. (1990). *The Three Worlds of Welfare Capitalism*. Cambridge: Polity Press.
European Commission (2016). *She Figures 2015. Gender in Research and Innovation*. Brüssel: European Commission. https://data.europa.eu/euodp/de/data/dataset/she-figures-2015-gender-in-research-and-innovation. Zugegriffen: 05. Februar 2018.
GWK [Gemeinsame Wissenschaftskonferenz] (2015). Chancengleichheit in Wissenschaft und Forschung. 19. Fortschreibung des Datenmaterials (2013/2014) zu Frauen in Hochschulen und außerhochschulischen Forschungseinrichtungen. Bonn: Gemeinsame Wissenschaftskonferenz.
Holland-Cunz, B. (2003). *Die alte neue Frauenfrage*. Frankfurt a. M.: Suhrkamp.
Kahlert, H. (2005). Beratung zur Emanzipation? Gender Mainstreaming unter dem Vorzeichen von New Public Management. In U. Behning, & B. Sauer, (Hrsg.), *Was bewirkt Gender Mainstreaming? Evaluierung durch Policy-Analysen* (S. 45–62). Frankfurt a. M.: Campus.
Kortendiek, B., Hilgemann, M., Niegel, J., & Hendrix, U. (2013): *Gender-Report 2013. Geschlechter(un)gerechtigkeit an nordrhein-westfälischen Hochschulen. Hochschulentwicklungen, Gleichstellungspraktiken, Wissenschaftskarrieren*. Netzwerk Frauen- und Geschlechterforschung NRW. http://www.wissenschaft.nrw.de/fileadmin/Medien/Dokumente/Hochschule/Gleichstellung/Gender_Report_2013.pdf. Zugegriffen: 10. Oktober 2016.
Kreckel, R. & Zimmermann, K. (2014). *Hasard oder Laufbahn. Akademische Karrierestrukturen im internationalen Vergleich*. Leipzig: Akademische Verlagsanstalt.

Lange, S. & Schimank, U. (2007). Zwischen Konvergenz und Pfadabhängigkeit: New Public Management in den Hochschulsystemen fünf ausgewählter OECD-Länder. In K. Holzinger, H. Jörgens, & C. Knill (Hrsg.), *Transfer, Diffusion und Konvergenz von Politiken. Sonderheft 38 der Politischen Vierteljahresschrift* (S. 522–548). Wiesbaden: VS Verlag für Sozialwissenschaften.

Leitner, S. (2013). Varianten von Familialismus. *Eine historisch vergleichende Analyse der Kinderbetreuungs- und Altenpflegepolitiken in kontinentaleuropäischen Wohlfahrtsstaaten*. Berlin: Duncker & Humblot.

Lewis, J. & Ostner, I. (1994). *Gender and the Evolution of European Social Policies*. Bremen: Universität Bremen, Zentrum für Sozialpolitik.

Marquardt, W. (2011). Neuere Entwicklungen der Hochschulfinanzierung in Deutschland. Berlin: Wissenschaftsrat. http://www.wissenschaftsrat.de/download/archiv/VS_Bericht_Juli_2011.pdf. Zugegriffen: 10. Oktober 2016.

Mayring, P. (2008). *Qualitative Inhaltanalyse. Grundlagen und Techniken*. Weinheim, Basel: Beltz Verlag.

Meuser, M. (2004a). Gender Mainstreaming: Festschreibung oder Auflösung der Geschlechterdifferenz? Zum Verhältnis von Geschlechterforschung und Geschlechterpolitik. In M. Meuser, & C. Neusüß (Hrsg.), *Gender-Mainstreaming. Konzepte, Handlungsfelder, Instrumente* (S. 322–336). Bonn: Bundeszentrale für politische Bildung.

Meuser, M. (2004b). Von Frauengleichstellungspolitik zu Gender Mainstreaming. Organisationsveränderung durch Geschlechterpolitik? In U. Pasero, & B. P. Priddat (Hrsg.), *Organisationen und Netzwerke. Der Fall Gender* (S. 93–112). Wiesbaden: VS Verlag für Sozialwissenschaften.

Meuser, M. (2009). Humankapital Gender. Geschlechterpolitik zwischen Ungleichheitssemantik und ökonomischer Logik. In S. Andresen, M. Koreuber, & D. Lüdtke (Hrsg.), *Gender und Diversity: Albtraum oder Traumpaar? Interdisziplinärer Dialog zur „Modernisierung" von Geschlechter- und Gleichstellungspolitik* (S. 95–109). Wiesbaden: VS Verlag für Sozialwissenschaften.

Meuser, M. (2013). Diversity Management – Anerkennung durch Vielfalt? In L. Pries (Hrsg.), *Zusammenhalt durch Vielfalt? Bindungskräfte der Vergesellschaftung im 21. Jahrhundert* (S. 167–181). Wiesbaden: Springer VS Verlag.

Meyer, J. W., & Rowan, B. (1977). Institutionalized Organizations. Formal Structure as Myth and Ceremony. *American Journal of Sociology* 83 (2), 340–363.

Müller, U. (2010). Institutional Thematization of Gender and Individual De-Thematization of Discrimination. In B. Riegraf, B. Aulenbacher, E. Kirsch-Auwärter, & U. Müller (Hrsg.), *GenderChange in Academia. Re-mapping the Fields of Work, Knowledge, and Politics from a Gender Perspective* (S. 305–318). Wiesbaden: VS Verlag für Sozialwissenschaften.

Noble, D. F. (1992). *A World Without Women. The Christian Clerical Culture of Western Science*. New York: Alfred A. Knopf.

Powell, Walter W. & DiMaggio, Paul J. (1991): *The New Institutionalism in Organizational Analysis*. Chicago: The University of Chicago Press.

Riegraf, B. (2007a). Der Staat auf dem Weg zum kundenorientierten Dienstleistungsunternehmen? New Public Management geschlechtsspezifisch analysiert. In B. Aulenbacher, M. Funder, H. Jacobsen, & S. Völker (Hrsg.), *Arbeit und Geschlecht im Umbruch der modernen Gesellschaft. Forschung im Dialog* (S. 78–94). Wiesbaden: VS Verlag für Sozialwissenschaften.

Riegraf, B. (2007b). New Public Management und Geschlechtergerechtigkeit. *Sozialer Fortschritt* 9 (10), 259–263.

Riegraf, B. (2013). Kommentar. In U. Müller, B. Riegraf, & S. M. Wilz (Hrsg.), *Geschlecht und Organisation* (S. 17–22). Wiesbaden: Springer VS Verlag.

Riegraf, B., Aulenbacher, B., Kirsch-Auwärter, E., & Müller, U. (Hrsg.) (2010). *Gender-Change in Academia. Re-mapping the Fields of Work, Knowledge, and Politics from a Gender Perspective*. Wiesbaden: VS Verlag für Sozialwissenschaften.

Riegraf, B. & Weber, L. (2013a). Exzellenz und Geschlecht in der unternehmerischen Hochschule. In K. Binner, B. Kubicek, A. Rozwandowicz, & L. Weber (Hrsg.), *Die unternehmerische Hochschule aus der Perspektive der Geschlechterforschung: Zwischen Aufbruch und Beharrung* (S. 67–85). Münster: Westfälisches Dampfboot.

Riegraf, B. & Weber, L. (2013b). Governance in der Wissenschaft unter einer Gender-Perspektive. In E. Grande, D. Jansen, O. Jarren, A. Rip, U. Schimank, & P. Weingartner (Hrsg.), *Neue Governance der Wissenschaft. Reorganisation – externe Anforderungen – Medialisierung* (S. 235–253). Bielefeld: Transcript.

Schimank, U. (2002). Neue Steuerungssysteme an den Hochschulen. Expertise für die Förderinitiative Science Policy Studies des BMBF. http://sciencepolicystudies.de/publikation/expertise.htm. Zugegriffen: 27. September 2015.

Schimank, U. (2005). Die akademische Profession und die Universitäten. „New Public Management" und eine drohende Entprofessionalisierung. In T. Klatetzki, & V. Tacke (Hrsg.), *Organisation und Profession* (S. 143–166). Wiesbaden: VS Verlag für Sozialwissenschaften.

Thornton, P. H., Ocasio, W., & Lounsbury, M. (2012). *The Institutional Logics Perspective: A New Approach to Culture, Structure, and Process*. Oxford: Oxford University Press.

Weber, L. (2017). *Die unternehmerische Universität. Chancen und Risiken für Gleichstellungspolitiken in Deutschland, Großbritannien und Schweden*. Weinheim: Beltz Juventa.

Frauenförderung versus ‚Gerechtigkeit'? Verhandlungen von Gleichstellungspolitik in außeruniversitären Forschungseinrichtungen

Martina Erlemann

In wissenschaftlichen Forschungs- und Bildungsinstitutionen gibt es seit Jahrzehnten Gleichstellungsbeauftragte, eine Vielzahl von Maßnahmen und Initiativen zur Chancengleichheit im Wissenschaftssystem wurde umgesetzt und auf Bundesebene existieren Förderprogramme zur Erforschung und Implementierung von Gleichstellung. Dennoch hat das Wissenschaftssystem nach wie vor das Problem, dass die Chancen auf eine erfolgreiche Laufbahn in Forschung und Wissenschaft unter seinen Akteur_innen ungleich verteilt sind.

Ob Gleichstellungspolitik zu mehr Geschlechtergerechtigkeit führt, hängt nicht nur von der ihr zugrunde liegenden politischen Programmatik und dem politischen Willen ab, für die Umsetzung von Gleichstellungsmaßnahmen zu sorgen. Der Erfolg von Gleichstellungsmaßnahmen ist auch darauf angewiesen, dass in den Hochschulen und außeruniversitären Forschungseinrichtungen, in denen Gleichstellung erreicht werden soll, ein Bewusstsein dafür besteht, dass Gleichstellung noch nicht erreicht ist, und dass Gleichstellungsinitiativen auf eine entsprechende Resonanz und Akzeptanz stoßen. Gleichstellung wird nicht nur in politischen Kontexten, sondern auch unter dem wissenschaftlichen Personal in Hochschulen und Forschungseinrichtungen diskursiv verhandelt. Ob Gleichstellungsmaßnahmen in den wissenschaftlichen Institutionen auf die erwünschte Resonanz stoßen, wird wiederum von den politischen Diskursen um Gleichstellungspolitik mitbeeinflusst,

---

M. Erlemann (✉)
Berlin, Deutschland
E-Mail: martina.erlemann@fu-berlin.de

© Springer Fachmedien Wiesbaden GmbH 2018
M. Laufenberg et al. (Hrsg.), *Prekäre Gleichstellung*,
https://doi.org/10.1007/978-3-658-11631-6_3

spätestens dann, wenn konkrete Gleichstellungsmaßnahmen in die einzelne Forschungsinstitution hineingetragen und dort umgesetzt werden.

Die Verflechtung zwischen den politisch initiierten Diskursen um Gleichstellungspolitik und ihrer Verhandlung an den Orten der Forschung legt die Frage nahe, welches Bewusstsein über Chancengerechtigkeit unter den Forschenden vorherrscht und welche Positionierungen zum Thema Gleichstellungspolitik zirkulieren. Was wird imaginiert, wenn es um das Thema Gleichstellung geht? Wie und wo kommen Mitarbeiter_innen von Forschungsinstitutionen mit Gleichstellung in Berührung? Wie verhalten sich Institutsangehörige zu den Initiativen und Maßnahmen der Gleichstellung? Welche Meinungen gibt es in Bezug auf die Notwendigkeit solcher Maßnahmen?

In diesem Beitrag sollen einige Schlaglichter auf diese Fragen geworfen und einzelne Ausschnitte aus den Diskursen um Gleichstellung unter den Forschenden erörtert werden.

Die dazu vorgestellten Daten stammen aus Interviews mit Forschenden aus außeruniversitären Forschungseinrichtungen, die im Rahmen eines ethnografischen Projekts entstanden sind. Bei den interviewten Forschenden handelt es sich um Physiker_innen oder Forscher_innen physikverwandter Fachrichtungen.[1]

Im Folgenden soll zunächst die Entwicklung der politischen Programmatik nachvollzogen werden, die der Gleichstellungspolitik zugrunde liegt. Das zweite Kapitel skizziert die derzeitige Geschlechterverteilung in Hochschule und Forschungseinrichtungen und die Gleichstellungspolitiken der außeruniversitären Forschungseinrichtungen. Daran anschließend werden einige Vorschläge

---

[1]Die Daten wurden im Rahmen des an der Technischen Universität Berlin und der Freien Universität Berlin angesiedelten Forschungsprojektes „genderDynamiken. Fallstudien zur Verschränkung von Fachkulturen und Forschungsorganisationen am Beispiel der Physik" erhoben. Das Verbundvorhaben wurde aus Mitteln des Bundesministeriums für Bildung und Forschung und des Europäischen Sozialfonds der Europäischen Union unter dem Förderkennzeichen 01FP1235/36/37/38 gefördert. Eines von drei Teilprojekten beschäftigte sich mit außeruniversitären Forschungseinrichtungen. In diesem Teilprojekt wurden im Zeitraum von 2012 bis 2015 vier ethnografische Fallstudien in außeruniversitären Einrichtungen, in denen zu physikalischen Themen geforscht wird, durchgeführt. Die diesem Beitrag zugrunde liegenden Daten stammen aus leitfadengestützten Interviews sowie Feldnotizen, in denen Beobachtungen aus jeweils mehrwöchigen Feldaufenthalten in vier Forschungsgruppen verschriftlicht wurden. Die begleiteten Arbeitsgruppen gehörten zu Institutionen der Helmholtz-Gemeinschaft, der Max-Planck-Gesellschaft sowie der Fraunhofer-Gesellschaft und deckten verschiedene physikalische Fachrichtungen der experimentellen, theoretischen und angewandten Physik ab. Für weitere Details über das Teilprojekt zu außeruniversitären Forschungseinrichtungen im Rahmen des Verbundvorhabens *genderDynamiken* siehe Erlemann (2014, 2015).

diskutiert, wie sich Diskurse um Gleichstellungspolitik und Vorstellungen von Geschlechterverhältnissen begrifflich fassen lassen. Das vierte Kapitel schließlich stellt die Befunde zu der Frage vor, wie Gleichstellung in den beforschten Instituten diskursiv verhandelt wird.

1 Der Wandel gleichstellungspolitischer Programmatiken

Zentral in den politischen Diskursen um Gleichstellung sind die Argumente, mit denen die Bedeutung von Gleichstellung in der Wissenschaft begründet wird. Vorgebracht werden einerseits Gerechtigkeitsargumente, die sich auf Grundrechte berufen, andererseits dominiert in der Debatte immer mehr eine ökonomische Rationalität, die Gleichstellung zum Faktor für die Sicherung des Wirtschaftswachstums deklariert. Der Bedeutungszuwachs dieser ökonomischen Logik geht dabei Hand in Hand mit der politisch intendierten verstärkten Ökonomisierung der Hochschulen und Forschungseinrichtungen.

Wissenschaftspolitische Gremien wie der Wissenschaftsrat beschäftigen sich seit zwei Dekaden mit dem Problem mangelnder Chancengleichheit (Wissenschaftsrat 1998, 2007, 2012, 2014). In seinen frühen Dokumenten identifizierte der Wissenschaftsrat mangelnde Chancengleichheit vor allem entlang der Kategorie Geschlecht. So hatte er 1998 in seinen *Empfehlungen zur Chancengleichheit von Frauen in Wissenschaft und Forschung* den Handlungsbedarf für Maßnahmen zur Gleichstellung noch damit begründet, dass „öffentliche Hochschulen und Forschungseinrichtungen eine besondere Verantwortung für die Umsetzung des Verfassungsgrundsatzes der Gleichstellung von Frauen und Männern" hätten, und daraus die Verpflichtung abgeleitet, „dem Anspruch und dem Wunsch von Männern und Frauen, wissenschaftlich zu arbeiten und Forschungsleistungen zu erbringen, in gleicher Weise zu entsprechen" (Wissenschaftsrat 1998, S. 4). Die Verwirklichung dieses Grundrechts verbinde sich mit der Notwendigkeit, das Kreativitäts- und Innovationspotenzial der Gesellschaft für die Forschung zu maximieren und in allen seinen Facetten auszuschöpfen. Frauen würden „das Kreativitätspotential der Wissenschaft bereichern" und so würde „die Kompetenz vermehrt, die eine Gesellschaft zur Lösung vielfältiger Probleme in Gegenwart und Zukunft benötigt" (ebd., S. 4–5). Wurde hier das Gerechtigkeitsargument schon Seite an Seite mit ökonomischen Argumenten angeführt, so steht heute eher die ökonomische Rationalität im Mittelpunkt, die in der geringeren Teilhabe von Frauen an Forschung und Lehre ein verschenktes Potenzial sieht, das nicht länger „brachliegen" dürfe (Wissenschaftsrat 2012, S. 22). Das Gerechtigkeitsargument rückt in den Hintergrund, dafür wird Chancengleichheit zum Erfolgsfaktor für die „Leistungsfähigkeit des deutschen Wissenschaftssystems" (Wissenschaftsrat 2012, S. 7) erklärt.

Dass die „Verwirklichung von Chancengleichheit nicht nur eine Frage des Geschlechts, sondern ein Thema für alle Lebensphasen wie für verschiedene Zielgruppen (Diversität z. B. durch Alter, Behinderung, ethnische, regionale oder soziale Herkunft)" ist (ebd., S. 6), wird erstmals 2012 angemerkt. Andere Kategorien mangelnder Chancengleichheit gelangen auf diese Weise in das Blickfeld, werden allerdings nicht eingehender diskutiert. Die Kategorie Geschlecht dominiert weiterhin die wissenschaftspolitische Agenda zu Gleichstellungsmaßnahmen, und dies obwohl Akteur_innen verschiedenster sozialer, nationaler und ethnischer Herkunft in den Wissenschaftsinstitutionen lehren und forschen und sich hier Diskriminierungen abzeichnen (vgl. auch Gutiérrez Rodríguez, Möller, Petschick sowie Thompson und Vorbrugg in diesem Band).

Auch bei den Programmen und Maßnahmen, die bisher ins Leben gerufen wurden, um Chancengerechtigkeit herzustellen, geht es in erster Linie darum, den Frauenanteil in den oberen Rängen der akademischen Hierarchie zu erhöhen, und weniger darum, Benachteiligungen etwa von Wissenschaftler_innen mit Migrationshintergrund oder aus nicht-akademischen Familien zu beseitigen.

Im sogenannten MINT-Bereich kommt noch ein weiterer Aspekt hinzu, der der Gleichstellung der Geschlechter entgegensteht: Insbesondere die Physik und die Ingenieurswissenschaften sowie einige andere MINT-Fächer verzeichnen schon auf der Ebene des Studienbeginns einen geringen Frauenanteil. Weil aber gerade diese Fächer als entscheidend für ein technologiegetriebenes Wirtschaftswachstum gelten, läuft die politische Agenda zur Erhöhung des Frauenanteils in diesen Fächern noch zugespitzter auf die ökonomische Rationalität hinaus. Im Sinne der „Sicherung des Wirtschaftswachstums" gelte es, Frauen als noch nicht genutztes „Potenzial" für diese Bereiche zu gewinnen und ihre Karrieren zu fördern, um „in Deutschland auch künftig einen Innovationsvorsprung im MINT-Bereich zu sichern" (BMBF 2008, S. 3). Vor dem Hintergrund, dass darüber hinaus viele MINT-Fächer grundsätzlich Nachwuchsprobleme haben, erscheint der verstärkte Fokus auf Frauen zudem wie ein Rückgriff auf die ‚Reservebank', die man nun aktivieren müsse. Auch hier lässt sich also beobachten, dass die Bemühungen, den Frauenanteil in den MINT-Fächern auf allen Ebenen zu erhöhen, in der Regel nicht auf Gerechtigkeitsargumente rekurrieren, nämlich darauf, dass auch Frauen das Recht haben, unter gleichen Chancen und zu gleichen Anteilen an gut dotierten, angesehenen und einflussreichen Positionen der Ingenieurs- und Naturwissenschaften teilzuhaben.

Die Mehrzahl der Gleichstellungsmaßnahmen wird über regelmäßige Erhebungen der Frauenanteile und Evaluierungen der umgesetzten Maßnahmen einer Art Erfolgskontrolle unterzogen (GWK 2011, 2016a, 2016b; HRK 2012), um dann – eventuell in an die Evaluierungsergebnisse angepasster Form – gegebenenfalls weitergeführt zu werden. Ein Grundtenor der Evaluierungen ist, dass sich die Anteile der Frauen auf Professuren und in Leitungspositionen insgesamt zwar erhöht haben, dieser Zuwachs aber nicht deutlich genug ausfällt (Wissenschaftsrat 2012, S. 20; GWK 2016a), und dass die Frauenanteile in den männerdominierten Fächern zudem kaum eine Steigerung erfahren haben (GWK 2011).

Die Wirksamkeit von Gleichstellungsmaßnahmen wird in der Regel lediglich daran gemessen, ob sich entsprechende numerische Veränderungen des Frauenanteils in Hochschule und Forschung nachweisen lassen. Die betreffenden Daten werden regelmäßig vom Statistischen Bundesamt erhoben und von der Gemeinsamen Wissenschaftskonferenz ausgewertet, in der Regel mit dem Ergebnis, dass Gleichstellungsmaßnahmen nur mäßig erfolgreich seien: Die Frauenanteile steigen zwar, bleiben jedoch hinter den Erwartungen der politischen Akteure zurück. Zudem sagen Zahlen allein wenig über die qualitative Situation von Wissenschaftlerinnen aus; über andere benachteiligte Gruppen gibt es kaum oder gar keine Informationen.

2 Geschlechterverteilungen und Gleichstellungspolitik in der außeruniversitären Forschung: Prekäre Postdoc-Phase

Frauen in der Wissenschaft haben in den letzten 20 Jahren aufgeholt: Die Frauenanteile nehmen zwar weiterhin mit jeder Qualifizierungsstufe der akademischen Leiter ab, jedoch nicht mehr ganz so drastisch wie zuvor (GWK 2016b, S. 10). Dennoch sind Frauen in der Wissenschaft nach wie vor unterrepräsentiert; mit einem Anteil von 22 % auf Professuren an Hochschulen machen sie noch nicht einmal ein Viertel aus, auf C4/W3-Besoldungsstufe sind es sogar lediglich circa 18 % (ebd., S. 18 f.). Der Frauenanteil an Führungspositionen in den außeruniversitären Forschungseinrichtungen beträgt derzeit 16,7 % (ebd., S. 13 sowie Tab. 7.1).

Nahm der Frauenanteil vormals schon in den Passagen zwischen Studium und Promotion stark ab, so verringert er sich nunmehr in vielen Fächergruppen tendenziell erst nach der Promotion, also in der Postdoc-Phase (GWK 2014; Konsortium Bundesbericht Wissenschaftlicher Nachwuchs 2013; Lind und Löther 2007). Insbesondere in den Naturwissenschaften bricht der Frauenanteil erst nach der Promotion im Laufe der Postdoc-Phase ein, in den außeruniversitären

Forschungseinrichtungen gilt dies sogar unabhängig von der Fachdisziplin (Graf et al. 2011, S. 25). In der Physik, aus der die in diesem Beitrag diskutierten Daten stammen,[2] halbiert sich der Frauenanteil während der Postdoc-Phase von derzeit etwa 20 % bei den Promotionen auf etwa 10 % auf der Ebene der Professuren und Leitungspositionen (Langfeldt und Mischau 2015a, S. 82; Baur et al. 2015, S. 9). An den Hochschulen sind derzeit immer noch nur rund 11 % der Professuren mit Frauen besetzt (Statistisches Bundesamt 2016, S. 98), obwohl die Zahl der Professorinnen in den letzten 20 Jahren kontinuierlich gestiegen ist.

Wie auch in einigen anderen MINT-Fächern, kommen in der Physik dabei zwei Problemkomplexe zusammen: Zum einen verringern sich auch in der Physik mit jeder Karrierestufe die Frauenanteile. Allerdings ist diese vertikale Segregation nach Geschlecht weniger stark ausgeprägt als etwa in Geistes- und Sprachwissenschaften (Langfeldt und Mischau 2015a, S. 82). Zum anderen entscheiden sich von vornherein sehr wenige Frauen für ein Studium dieser MINT-Fächer. Diese horizontale Segregation ist in der Physik ausgeprägt: Mit einem Frauenanteil unter den Studierenden von etwa 20 % zählt die Physik zu den männerdominierten Fächern.

In der Karrierephase nach der Promotion sind Wissenschaftlerinnen in außerhochschulischen Forschungseinrichtungen stärker von Prekarisierung betroffen als Männer, da sie häufiger befristete Stellen und Verträge mit kürzeren Laufzeiten haben (Hüttges und Fay 2013b, S. 233). Auch sind Professorinnen an Hochschulen im Vergleich zu ihrem Anteil an den Professuren überproportional häufig befristet und in Teilzeit beschäftigt (GWK 2016b, S. 12). Ferner ist der formale Status ihrer Stellen im Durchschnitt schlechter, was sich in ihrer Ausgestaltung als Teilzeitstelle oder Stipendium oder in ihrer geringeren Ausstattung mit Ressourcen äußern kann (Zimmer et al. 2007; Graf und Schmid 2011). Stipendien und Stellen mit kurzer Befristungsdauer beeinträchtigen die Planungssicherheit für die weitere Karriere und erschweren mittelfristige Entscheidungen über die persönlichen Lebensverhältnisse. Für viele Wissenschaftler_innen stellen Karriereoptionen unterhalb der Professur, etwa eine dauerhafte Forschungsstelle in einer außeruniversitären Einrichtung oder eine Dauerstelle an einer Universität, eine attraktive Berufsperspektive dar (Hüttges und Fay 2013a, S. 47; Langfeldt und Mischau 2015b, S. 43). Gerade an diesen Stellenformaten mangelt es jedoch. Als Gründe für den Ausstieg aus der Wissenschaft wird denn mitunter auch die

---

[2]Zur Notwendigkeit, Fragen zur Chancengerechtigkeit der Geschlechter in der Wissenschaft für die jeweiligen Fächer differenziert anzugehen, siehe Erlemann (2014, S. 15) sowie Langfeldt und Mischau (2015b, S. 37).

geringe Planbarkeit von Berufslaufbahnen in der Wissenschaft genannt. Diese Aussagen zeigen, dass ein Ausstieg nicht mit der Leistungsfähigkeit und -bereitschaft der Forschenden zusammenhängt (Dautzenberg et al. 2013). Selbst der Wissenschaftsrat sowie die Deutsche Forschungsgemeinschaft haben angemerkt, dass ein offensiver wettbewerbsorientierter Leistungsdruck, den zu erzeugen die Befristungspolitik seinerzeit angetreten ist, in Widerspruch zu den Qualitätsanforderungen wissenschaftlicher Arbeit geraten kann (DFG 2013).

Nicht nur die Hochschulen, sondern auch die außeruniversitären Forschungseinrichtungen haben in den letzten Jahren verschiedene Maßnahmen ergriffen, um den Anteil von Wissenschaftlerinnen in ihren Institutionen insbesondere auf den höheren Statusebenen zu steigern. Insgesamt liegen die Frauenanteile dort noch niedriger als im hochschulischen Bereich, mit Ausnahme der W2-Professuren, deren höherer Anteil auf Neuberufungen zurückgeführt wird (Graf et al. 2011, S. 22 f.). Die Anteile in Leitungspositionen bewegen sich zwischen rund 22 % bei der Max-Planck-Gesellschaft (MPG), etwa 21 % bei der Leibniz-Gemeinschaft (WGL), circa 17 % bei der Helmholtz-Gemeinschaft (HGF) und 5 % bei der Fraunhofer-Gesellschaft (FhG) (GWK 2016b, S. 27, Tab. 7.1). Die großen Unterschiede zwischen den Forschungsorganisationen sind auf die Heterogenität der außeruniversitären Forschungslandschaft zurückzuführen, insbesondere im Hinblick auf die in ihnen vertretenen Fächer und die Breite des von ihnen jeweils abgedeckten Fächerspektrums. Die vier Dachorganisationen Fraunhofer-Gesellschaft, Helmholtz-Gemeinschaft Deutscher Forschungszentren, Max-Planck-Gesellschaft und Leibniz-Gemeinschaft[3] umfassen eine große inhaltliche Bandbreite, die von Grundlagenforschung in der Max-Planck-Gesellschaft bis hin zu industrienaher Forschung in der Fraunhofer-Gesellschaft reicht. Die Organisationsstrukturen sind recht unterschiedlich, dementsprechend verschieden sind auch die Autonomiebefugnisse und Entscheidungsspielräume der einzelnen Mitgliedsinstitute. Die oberste Ebene der Dachorganisationen stellt eine Gesellschaft, ein Verbund oder eine Gemeinschaft dar, deren Mitglieder Institute oder Zentren sind. Die Binnenstruktur der Forschungseinrichtungen teilt sich in Bereiche, Abteilungen, Teams oder Forschungsgruppen auf.

Die Dachorganisationen unterscheiden sich auch in ihrer inhaltlichen Programmatik: In den Grundlagenforschung betreibenden Max-Planck-Instituten ist die Förderung und Etablierung wissenschaftlicher Exzellenz das zentrale Anliegen.

---

[3]Auf die Leibniz-Gemeinschaft wird im Folgenden nicht weiter eingegangen, da die in diesem Beitrag diskutierten empirischen Daten in Instituten der drei anderen Forschungsorganisationen (MPG, HGF, FhG) gewonnen wurden.

Ihre Organisation wird von den Direktor_innen der Institute geprägt, die nicht im Rahmen eines öffentlichen Ausschreibungsverfahrens, sondern von einem Gremium gefunden, ausgewählt und ernannt werden. Sie besitzen weitreichende Entscheidungskompetenzen und geben die inhaltliche Ausrichtung der Institute oder Abteilungen vor. Leitlinie für diese Art der Besetzung der Direktor_innenposten ist das sogenannte Harnack-Prinzip, das auf dem Gedanken basiert, exzellenten Personen der Forschung größtmöglichen inhaltlichen Freiraum in der Gestaltung ihrer Institute oder Abteilungen zu bieten, um eine hohe Forschungsqualität zu gewährleisten. Wissenschaftliche Leistung wird damit sehr stark personalisiert und als durch einzelne Forscherpersönlichkeiten geprägt angenommen.

Die Fraunhofer-Institute sind deutlich technologie- und anwendungsorientiert ausgerichtet. Mit ihrer vergleichsweise starken Marktorientierung stehen sie institutionell zwischen Unternehmen und staatlich geförderter Forschungsorganisation. Ihre Forschung besteht zu einem hohen Anteil aus industrieller Vertragsforschung für private Auftraggeber und die öffentliche Hand (vgl. Hohn 2010, S. 461). Die Qualifizierung ihrer Mitarbeiter_innen für die weitere wissenschaftliche Laufbahn, die bei der Max-Planck-Gesellschaft eine große Rolle spielt, steht in den Fraunhofer-Instituten weniger im Vordergrund. Maßgeblich für die Ausrichtung der Forschung sind eher die Bedarfe der Kunden, also der Auftraggeber (vgl. Wimbauer 1999, S. 53). Dies ist auch darauf zurückzuführen, dass schon seit den 1970er-Jahren die Grundfinanzierung durch Bund und Länder jährlich in Relation zu den eigenen Erträgen über die Auftragsforschung festgelegt wird.

Die rechtlich selbstständigen Forschungszentren der Helmholtz-Gemeinschaft sind für die staatliche Vorsorge- und Nachhaltigkeitsforschung in den Bereichen Materialien, Energie und Klimaforschung zuständig, zu ihnen zählen aber auch Großforschungseinrichtungen mit hochtechnologisierten Geräteinfrastrukturen. Ihre Forschung ist zweckgebunden, sie sollen an das in der Grundlagenforschung erzeugte Wissen anknüpfen und den Transfer bis zur Anwendungsreife übernehmen (vgl. Hohn 2010, S. 460).

Obwohl auch die außeruniversitären Institute Doktorand_innen und Postdocs beschäftigen und auch Nachwuchsförderung betreiben, fällt die formale Ausbildung von Akademiker_innen nicht in ihren Aufgabenbereich. Eine den Hochschulen vergleichbare gleichstellungspolitische Infrastruktur haben die außeruniversitären Forschungsorganisationen bisher nicht aufzuweisen (Matthies und Zimmermann 2010). Die meisten Institute oder Zentren haben zwar Gleichstellungsbeauftragte eingesetzt. Deren Mitspracherechte, Einbindung und Kompetenzen sind jedoch sehr unterschiedlich, weil es keine verbindende Rahmenrichtlinie gibt, die anzuwenden wäre. Zudem fallen die meisten Institute aufgrund der Doppelfinanzierung durch Bund und Länder aus den Regelungsbereichen sowohl des

Bundesgleichstellungsgesetzes als auch der analogen Landesgleichstellungsgesetze heraus (Matthies et al. 2003, S. 11). Die Institute der bundesweit organisierten Forschungsinstitutionen wie Max-Planck-Institute und einige Zentren der Helmholtz-Gemeinschaft sind daher nicht in die länderbezogenen Gleichstellungsprogramme integriert und die Institutionen können nur über Umwege, zum Beispiel über gemeinsame Berufungen mit Universitäten, von den Landesprogrammen profitieren. Die Umsetzung von Gleichstellungsmaßnahmen bleibt daher weitgehend den Organisationen oder gar den einzelnen Zentren überlassen. In einigen Gesellschaften werden Fragen der Gleichstellung bei Einstellungen zentral geregelt, in anderen werden sie der einstellenden Organisationseinheit überlassen (vgl. Graf und Schmid 2011, S. 75). Vorgaben, Frauen bei gleicher Eignung zu bevorzugen, sogenannte ‚weiche' Quotierungen, werden in der Regel nicht angewendet und mitunter explizit abgelehnt (ebd.).

Diese Lücke sollte mit dem seit 2005 bestehenden „Pakt für Forschung und Innovation"[4] zwischen Bund, Ländern, den außeruniversitären Forschungsorganisationen und der Deutschen Forschungsgemeinschaft geschlossen werden. In dessen Erklärungen wurden gemeinsame forschungspolitische Ziele abgesteckt, darunter die Erhöhung des Frauenanteils in den Leitungspositionen der außeruniversitären Forschungsorganisationen nach dem sogenannten Kaskadenmodell. Danach sind von den Institutionen organisationsspezifische Zielquoten der Frauenanteile für jede Karrierestufe festzulegen, die jeweils aus dem Frauenanteil der vorhergehenden Qualifikationsstufe abgeleitet werden. Die am Pakt beteiligten Organisationen definieren diese Zielquoten für Frauenanteile auf allen Karrierestufen jeweils für einen Zeitraum von einigen Jahren und entwickeln Maßnahmen, um diese Ziele zu erreichen. Dazu gehören nur Frauen vorbehaltene Förderprogramme (z. B. Mentoring-Programme in HGF, MPG und FhG), befristete W2/W3-Professuren (z. B. in der HGF und dem W2-Minerva-Programm der MPG) und Quotierungen für Frauen in Nachwuchsförderprogrammen (z. B. Postdoktorandenprogramme an HGF-Instituten). Die im Pakt beschlossenen Ziele stellen Selbstverpflichtungen dar. Jährlich wird in sogenannten Monitoring-Berichten der Erfolg der Maßnahmen im Hinblick auf die Erreichung der Gleichstellungsziele ausgewertet und kommentiert. Im zuletzt veröffentlichten Bericht

---

[4]Der „Pakt für Forschung und Innovation" soll für mehr Wettbewerb und Kooperation im deutschen Forschungssystem sorgen. Die Forschungsorganisationen erstellen jährlich Berichte über ihre Aktivitäten, die von der Gemeinsamen Wissenschaftskonferenz (GWK) evaluiert werden. Dazu zählt auch die Evaluierung der Gleichstellungssituation in den Forschungsorganisationen.

haben sich die Organisationen verpflichtet, ihre Aktivitäten weiter zu verstärken, um chancengerechte und familienfreundliche Strukturen und Prozesse zu gewährleisten (GWK 2016a, 2016b), denn trotz dieser Initiativen und Maßnahmen konstatierte der Wissenschaftsrat in den Jahren 2012 und 2014, dass sich die Chancengleichheit von Wissenschaftlerinnen und Wissenschaftlern nicht hinreichend verbessert hat (Wissenschaftsrat 2012, 2014). Der Wissenschaftsrat empfiehlt zwar, dass sich Erfolge und Misserfolge bei der Zielerreichung wettbewerbsorientiert in der Mittelvergabe niederschlagen sollten. Derzeit sind jedoch weder eindeutige Anreizstrukturen noch Sanktionsmöglichkeiten vorhanden, wenn die Zielquoten verfehlt werden.

3 Gleichstellungskulturen, Geschlechterbilder und Gleichstellungsdiskurse

In zahlreichen Analysen über die Situation von Frauen in Wissenschaft und Forschung[5] wurden zum einen die Mechanismen erforscht, die es Frauen, aber auch anderen benachteiligten Menschen erschweren, eine wissenschaftliche Laufbahn einzuschlagen.[6] Zum anderen wurden auch die Einbettung und Umsetzung von Gleichstellungspolitik und -arbeit in Hochschulen (Binner und Weber sowie Riegraf in diesem Band; Striedinger et al. 2016) und in außeruniversitären Einrichtungen (Matthies et al. 2003) untersucht. Angesichts der zunehmenden Ökonomisierung der Hochschulen haben insbesondere die Arbeiten zur unternehmerischen Hochschule festgestellt, dass die Ökonomisierung für die Durchsetzung von Gleichstellung eine durchaus ambivalente Rolle spielt (Binner und Weber in diesem Band). Die – nicht immer konfliktfreien – Beziehungen zwischen Gleichstellungspolitik und Geschlechterforschung (vgl. Andresen et al. 2009) schließlich, die in wissenssoziologischer Perspektive diskutiert werden (Wetterer 2009; Riegraf und Vollmer 2014; Vollmer 2016), erweisen sich als Arena, in denen verschiedene Formen von Geschlechterwissen relevant werden und aufeinandertreffen.

---

[5]Vgl. für viele Lind (2004). Die Foki dieser Analysen decken verschiedene Bereiche ab und reichen von Exzellenzeinrichtungen (Beaufaÿs et al. 2012) über außeruniversitäre Forschungseinrichtungen (Dautzenberg et al. 2011, 2013) bis zu einzelnen Fächergruppen (Langfeldt und Mischau 2014 für den MINT-Bereich).
[6]Vgl. für viele Matthies et al. (2001); Beaufaÿs (2003); Lind und Löther (2007); Kahlert (2013); Rusconi und Kunze (2015) für einen einführenden Überblick.

Neben den Blickwinkeln der (gleichstellungs-)politischen Akteur_innen sowie der Geschlechterforscher_innen wurde allerdings die Perspektive der Wissenschaftler_innen, denen die gleichstellungspolitischen Maßnahmen an den jeweiligen Orten der Forschung zugute kommen sollen, bisher noch wenig beleuchtet.

Um die Diskurse über Gleichstellung und Geschlechterverhältnisse in den jeweiligen Organisationen fassen zu können, wurden verschiedene Begrifflichkeiten vorgeschlagen. Brigitte Liebig spricht in einer Untersuchung von Dienstleistungs- und Industrieunternehmen von „Gleichstellungskulturen" (Liebig 2013), ein Terminus, den sie im Rahmen der Organisationskulturforschung aus dem etwas umfassender auf das Geschlechterverhältnis bezogenen Begriff der Geschlechterkulturen entwickelt. Geschlechterkulturen versteht sie dabei als „kollektive Auffassungen zu Geschlecht und Geschlechterbeziehung" (ebd., S. 294). Dieser Ansatz der kollektiv gedachten Kulturen einer Organisation ist einerseits in der Lage, die Wechselwirkungen und gegenseitige Beeinflussung der einzelnen Akteur_innen einer Organisation mitzudenken, was ihn für die Erforschung von betrieblichen Organisationen geeignet macht. Andererseits läuft der Ansatz kollektiver Vorstellungen von Geschlecht und Gleichstellung Gefahr, Unterschiede, die möglicherweise auf verschiedenen Ebenen der institutionellen Hierarchie und zwischen verschiedenen Altersgruppen in der Institution zu beobachten sind, zu stark zu glätten oder gar zu übersehen.

Für wissenschaftliche Organisationsformen, in diesem Fall außeruniversitäre Forschungseinrichtungen, haben Ellen Kuhlmann und ihre Kolleginnen Geschlechterbilder von Forscher_innen untersucht und ihre Wirkmächtigkeit für die Umsetzung von Gleichstellungspolitiken diskutiert (Kuhlmann 2001, 2003; Matthies und Simon 2004). Unter Geschlechterbildern verstehen die Autorinnen „die in einer Organisation verankerten Annahmen zum Geschlechterverhältnis" (Matthies und Simon 2004, S. 293). Sie fassen sie als

> überindividuelle Wahrnehmungen und Interpretationen, die sich von individuellen Deutungen gleichsam ‚abgelöst' haben und als objektive Wirklichkeit gesetzt werden. […] Es geht um Sichtweisen, bei denen die Objektivitätsannahme sich bereits derartig in den Köpfen der Subjekte verfestigt hat, dass sie keines empirischen Belegs mehr bedarf (ebd.).

In den Deutungen ihrer Ergebnisse bringen sie den in den untersuchten Forschungsinstitutionen diagnostizierten gleichstellungspolitischen „Modernisierungsrückstand" und die Zurückhaltung dieser Institutionen im gleichstellungspolitischen Engagement in Zusammenhang mit den vorgefundenen zentralen normativen Orientierungen zum Geschlechterverhältnis, welche wenig gleichstellungspolitischen Gestaltungsbedarf beinhalten (ebd., S. 293, 305).

Beide Ansätze gehen davon aus, dass Geschlechterbilder bzw. Gleichstellungskulturen auch durch organisationale Rahmungen vorstrukturiert werden (Liebig 2013; Kuhlmann 2001, 2003) und dass sie im Falle wissenschaftlicher Organisationen darüber hinaus auch mit den am jeweiligen Forschungsinstitut vorherrschenden epistemischen Kulturen verknüpft sind (Kuhlmann 2003).

Ob angesichts der verstärkten Personalfluktuation von Forschungsinstitutionen, der damit verbundenen verstärkten Durchlässigkeit von verschiedenen Forschungsorganisationstypen und der zunehmenden Transnationalisierung von Karriereverläufen von Forschenden (vgl. Bauschke-Urban 2011; Bouffier und Wolfram 2012) auch heute noch im gleichem Maße von dieser Verschränkung von organisationalen Rahmungen mit den Vorstellungen über und den Auffassungen zu Gleichstellungspolitik, den Erklärungs- und Deutungsmustern zu Geschlechtern und Geschlechterverhältnissen ausgegangen werden kann, muss zumindest vorerst offen bleiben.

Die im Folgenden vorgestellten Ausschnitte aus den Diskursen über Chancengleichheit und Gleichstellungspolitik wurden aus Interviews und Feldnotizen gewonnen, die im Rahmen des ethnografischen Projektes *genderDynamiken*[7] geführt und aufgezeichnet wurden. Es wurden vier Institute beforscht, die zur Helmholtz-Gemeinschaft, zur Fraunhofer-Gesellschaft oder zur Max-Planck-Gesellschaft gehören und zu deren zentralen Forschungsgebieten verschiedene Felder der Physik zählen. Die Frauenanteile unter den Physiker_innen entsprachen in allen Instituten etwa dem bundesweiten Durchschnitt.

4 Gleichstellungspolitik in der Kritik: Beobachtungen aus der außeruniversitären physikalischen Forschung

4.1 Gleichstellungsmaßnahmen im Institutsalltag: Zwischen Unwissenheit, Optimismus und Skepsis

Ein maßgeblicher Faktor, der die Gleichstellungsdiskurse beeinflusst, ist das Wissen um konkrete Maßnahmen, die an den Institutionen umgesetzt worden sind. An einzelnen Instituten wurden Gleichstellungsmaßnahmen in den regelmäßig stattfindenden Sitzungen angekündigt, zu denen alle Institutsangehörigen eingeladen waren. Insbesondere öffentlichkeitswirksame Aktionen, die auf die Kooperation

---

[7]Vgl. Fußnote 1.

und Teilnahmebereitschaft der Forschenden am Institut angewiesen sind, wie etwa der ‚Girls' Day' wurden dabei beworben. In der Regel wurden die Institutsangehörigen über die vor Ort implementierten Maßnahmen der Gleichstellungsprogramme oder Fördermöglichkeiten für Wissenschaftlerinnen jedoch nicht systematisch informiert. So kommen die meisten Forschenden lediglich über die vorbereitende Organisation und Bewerbungen zur Teilnahme an den Aktionen in Kontakt mit gleichstellungspolitischen Maßnahmen. Ob und wie sie sich einen Überblick über die am Institut implementierten Maßnahmen verschaffen, gegebenenfalls über die Kontaktaufnahme zu den Gleichstellungsbeauftragten, bleibt den Einzelnen selbst überlassen.

Gleichstellung ist kein alltägliches Gesprächsthema in den untersuchten Instituten. Gleichwohl war in den untersuchten Instituten zu beobachten, wie in informellen Settings wie Kantinengesprächen und Kaffeepausen über Gleichstellungsmaßnahmen geredet und diskutiert wurde. Die Thematisierung erfolgte zumeist anlassbezogen. Solche Anlässe konnten konkrete Veranstaltungen oder Maßnahmen zur Gleichstellung sein, sie boten sich aber auch, wenn sich das Gespräch der Unterrepräsentanz von Frauen am Institut zuwendete. Dabei ist davon auszugehen, dass meine Anwesenheit als Vertreterin eines Projektes, das sich mit Geschlechterkulturen in Forschungseinrichtungen auseinandersetzt, die Hinwendung von Gesprächen zu den Themen Geschlechterverteilung und Gleichstellung zumindest mit ausgelöst hat. Schon die Vorstellung meiner Person und Rolle als Geschlechterforscherin hat meine Gegenüber dazu angeregt, mir ihren eigenen Standpunkt zur Gleichstellung und zur Situation von Frauen in der Physik darzulegen und von ihren diesbezüglichen Erfahrungen zu erzählen.

Die Diskussionen über Gleichstellungspolitiken und die nominellen Frauenanteile wurden allerdings nicht unter dem Gesichtspunkt der Geschlechtergerechtigkeit geführt, sondern es wurde vielmehr problematisiert, wie mit der politischen Vorgabe umzugehen sei, den Frauenanteil zu erhöhen. In den Alltagsgesprächen der Forscher_innen spiegelte sich das Wissen um das politische Ziel wider, den Frauenanteil in den Forschungsinstitutionen mithilfe von Gleichstellungsmaßnahmen zu steigern. Ich hatte allerdings den Eindruck, dass es eher meine Anwesenheit war, die dazu anregte, das Thema aufzugreifen. Für sich genommen hatte Gleichstellung keinen prominenten Stellenwert in den informellen Gesprächen der Forscher_innen. Die Mehrheit der Forscher_innen schien davon auszugehen, dass wir in unserem Projekt der politischen Agenda folgen und dementsprechend untersuchen wollen, ob der Frauenanteil an den Instituten gestiegen ist. Infolgedessen musste ich immer wieder auf die Vorstellung reagieren, dass ich in erster Linie mit den Physikerinnen vor Ort sprechen möchte. So kam es mehrmals zu

Situationen, in denen ich mit Frauen am Institut bekannt gemacht werden sollte, von denen angenommen wurde, dass sie mich besonders interessieren würden. Darüber hinaus wurde unsere Studie mit einer weiteren Vorannahme konfrontiert, die die Beobachtung bestätigt, wonach es nach Ansicht vieler Forscher_innen bei Gleichstellungspolitik nur darum geht, wie man die Frauenquote erhöht: die Vorstellung, unser Projekt würde eine nicht näher beschriebene Art der Evaluierung nach Geschlechterkategorien vornehmen. Dies kann ebenfalls als Indiz dafür gedeutet werden, dass einige Institutsangehörige unterstellten, es gebe ein Interesse seitens politischer Akteure, als deren Vertreterin ich bisweilen gesehen wurde, den Stand der Gleichstellung der Geschlechter in ihrer Einrichtung zu prüfen oder unter Umständen sogar zu kontrollieren.

Die Wahrnehmung, dass das Thema, mehr Frauen in Natur- und Technikwissenschaften zu bringen, den Forschungsinstituten in erster Linie durch die Politik auferlegt worden sei, kommt auch in den Interviews zum Ausdruck. Ein Postdoc meint zu dieser Frage:

> Man liest ja immer oder man hört, dass der Frauenanteil gestärkt werden soll. […] Es gibt ja auch viele Initiativen und allgemein die Bestrebung, dass [das Geschlechterverhältnis, M.E.] ausgeglichen werden soll. Und ich habe auch das Gefühl, dass mehr und mehr Frauen in den letzten Jahren dabei sind (Interview mit Postdoc Wigmar W., TI 2).[8]

Seiner Einschätzung nach sind die Initiativen erfolgreich, wobei er weder Genaueres über konkrete Frauenförderprogramme weiß noch über Zahlen zur Repräsentanz von Frauen in der Forschung verfügt, sondern lediglich sein Gefühl schildert.

Auch in folgender Aussage einer Gleichstellungsbeauftragten wird Frauenförderung tendenziell als erfolgreich eingestuft:

> Das Pushen von Frauen in Führungspositionen trägt auch Früchte. Da habe ich das Gefühl, dass wir eine Sensibilisierung [unter den Institutsangehörigen, M.E.] erreicht haben, um verstärkt zu gucken: Wie können wir Frauen in unsere Laufbahn reinziehen? (Interview mit Gleichstellungsbeauftragter Betty B., SI 4).

Sie beurteilt hier nicht konkrete Maßnahmen der Gleichstellungspolitik, sondern meint eine allgemeine Sensibilisierung für die Notwendigkeit einer Erhöhung der

---

[8]Bei sämtlichen Namen handelt es sich um Pseudonyme. Die Institute werden durch Kürzel dargestellt. SI steht für anwendungsnah forschende Institute, TI für Institute mit Schwerpunkt in der Grundlagenforschung. Aus Gründen der Anonymisierung wird nicht kenntlich gemacht, zu welcher Dachorganisation die Institute gehören.

Frauenanteile zu erkennen, die ihrer Einschätzung nach zu mehr Wissenschaftlerinnen in Führungspositionen geführt hat.

Zugleich wird von anderen Interviewten, hier einem Gruppenleiter, das Ziel einer nominellen Gleichverteilung von Männern und Frauen als unrealistisches Ziel angesehen:

> Krampfhaft dafür zu sorgen, dass es genauso viele Männer wie Frauen oder entsprechend des prozentualen Anteils im Studium [gibt, M.E.], das ist ein Ding der Unmöglichkeit (Interview mit Gruppenleiter Kai K., TI 3).

Dass Maßnahmen der Gleichstellungspolitik umgesetzt werden und damit auch einer politischen Agenda Genüge tun, scheint in den beforschten Instituten hinlänglich bekannt zu sein. Jedoch gibt es bei den interviewten Institutsangehörigen kaum Kenntnisse über einzelne Maßnahmen am eigenen Institut, etwa, ob sie auf die Erhöhung des Frauenanteils in Führungspositionen abzielen oder mehr Frauen für ein Studium gewinnen wollen. Auch welche Strategien der Umsetzung in den einzelnen Instituten dahinterstehen, ist wenig bekannt.

Die Heterogenität der Gleichstellungsprogramme der verschiedenen außeruniversitären Forschungseinrichtungen und deren organisationale Einbettung in die jeweilige Institutspolitik, die Graf und Schmid (2011, S. 75 f.) beobachtet haben, spiegelt sich in den Aussagen der Interviewten über Gleichstellungsmaßnahmen am eigenen Institut nicht wider. Gleichwohl wird Gleichstellungspolitik, die in der Physik als Frauenförderung zur Erhöhung der Frauenanteile auf allen Ebenen gedacht wird, die erwünschte Wirkung zugeschrieben.

4.2 Einstellungspolitik im Zeichen der Gleichstellung: Sorge um die Benachteiligung von Männern

Vor dem Hintergrund, dass Gleichstellungspolitik von vielen Interviewten als erfolgreich im Sinne der Erhöhung des Frauenanteils eingeschätzt wird, allerdings ohne die konkrete Geschlechterverteilung der Institutsangehörigen zu kennen, kommt immer wieder die Sorge zum Ausdruck, Frauen würden bevorzugt.

Darauf bezieht sich die folgende Aussage einer Gleichstellungsbeauftragten, die aus ihrer Erfahrung berichtet, dass Wissenschaftlerinnen, die im Rahmen von Frauenfördermaßnahmen auf eine Führungsposition gelangen, mit dem negativ belegten Begriff der „Quotenfrau" in Verbindung gebracht werden und diese Art der Stellenvergabe für sich selbst ablehnen:

Selbst bei Frauen in den technischen Bereichen und auch in den naturwissenschaftlichen Bereichen hat es immer noch diesen Beigeschmack einer Quotenfrau, sich promoten zu lassen. Eine Position zu kriegen, weil man eine Frau ist, will keine der Frauen (Interview mit Gleichstellungsbeauftragter Betty B., SI 4).

Wissenschaftlerinnen zu „promoten", verweist auf Prozesse der Fürsprache und Parteinahme für die betreffenden Frauen im Vorfeld der Entscheidungen. Auch im weiter oben erwähnten Zitat, in dem das Bemühen, Stellen mit qualifizierten Wissenschaftlerinnen zu besetzen, als „Pushen von Frauen in Führungspositionen" umschrieben wird und ‚Frauen in die Laufbahn hineingezogen' werden, entsteht ein Bild, in dem die Betreffenden eher passiv erscheinen, als ob sie in die Positionen ‚geschoben' oder ‚gezogen' und ihre Leistungen und Passfähigkeit beworben werden müssten. Der Gedanke, dass hier Frauen um ihrer Kompetenz und Leistungen willen auf die entsprechenden Stellen gelangen, tritt dabei in den Hintergrund. Dieser Eindruck einer passiv erfahrenen Förderung kann der Vorstellung Vorschub leisten, den Wissenschaftlerinnen werde qua Geschlecht eine Sonderbehandlung zuteil, weil an sie geringere Leistungs- und Kompetenzanforderungen gestellt würden.

Die Vorstellung, Frauenförderung setze Geschlecht anstelle von fachlicher Eignung und Leistungsfähigkeit als Einstellungskriterium, zeigt auch die folgende Äußerung eines bereits pensionierten Institutsangehörigen. Nur wenn zwei Bewerber_innen gleich leistungsstark seien, könne man der Frau den Vorzug geben: „Alles andere können wir uns nicht leisten" (Feldnotiz SI 1, 26.10.2012), so sein Resümee. Das Statement impliziert, dass unter der von ihm imaginierten Frauenbevorzugung die wissenschaftliche Qualität des Instituts leiden würde.

Diese Sorgen kommen immer wieder in den Diskussionen um das Kaskadenmodell und die darin festgelegten Zielquoten zum Ausdruck. Den Befürchtungen, im Rahmen von Frauenfördermaßnahmen in der Wissenschaft würden Stellen nicht nach meritokratischen Prinzipien vergeben, liegt implizit die Annahme zugrunde, dass ohne gleichstellungsrechtliche Regularien Entscheidungen über Stellenbesetzungen quasi geschlechtsneutral getroffen würden und immer dem Prinzip der ‚Bestenauslese' folgen und das Geschlecht der Forscher_innen dabei gänzlich irrelevant sei.[9]

---

[9]Zahlreiche Studien zeigen jedoch, dass von einer solchen Neutralität von Besetzungsverfahren nicht ausgegangen werden kann, vgl. für viele Beaufaÿs und Krais (2005); Beaufaÿs et al. (2012). Zum Konzept der wissenschaftlichen Leistung und dem Glauben an das Prinzip der ‚Bestenauslese' vgl. Beaufaÿs und Krais (2007), S. 79 f.

Die Befürchtung, dass Frauen im Rahmen von Gleichstellungsprogrammen bessere Chancen erhielten als Männer, gepaart mit der Vorstellung, dass ohne diese Programme bei der Vergabe von Stellen Chancengleichheit herrsche, lässt sich auch unter jüngeren Physiker_innen beobachten.[10] Dazu eine Doktorandin:

> Was Gleichberechtigung angeht, bin ich oftmals sehr erstaunt. Auf der einen Seite wollen Frauen gleichberechtigt werden, aber auf der anderen Seite läuft Gleichberechtigung, oder vermeintliche Gleichberechtigung, darauf hinaus, dass Frauen irgendwie Vorteile bekommen. Das finde ich nicht okay. Natürlich sollte eine Frau die gleichen Chancen bekommen, aber auch nicht bessere. Wenn es heißt „Bei gleicher Eignung sollte die Frau bevorzugt werden", ist das etwas, worüber ich mir Gedanken machen würde. Wenn es so ist, dass bei gleicher Eignung immer der Mann genommen wird, dann muss man sich da etwas überlegen. Aber dann ist es auch wieder in die andere Richtung keine Gleichberechtigung (Interview mit Doktorandin Marianne M., SI 1).

Die Interviewte spricht nicht von „Gleichstellung" oder „Chancengleichheit", sondern von „Gleichberechtigung" und umschreibt das Ziel, dass Frauen Männern gleichgestellt werden und gleiche Chancen haben sollten, sinngemäß mit dem Streben nach „Gleichberechtigung". Gleichberechtigung darf ihrer Meinung nach jedoch nicht mit einer Bevorzugung von Frauen einhergehen, was aus ihrer Sicht aber de facto der Fall ist, wenn Gleichberechtigung im Sinne einer Gleichstellung verstanden und praktiziert wird. Das stellt für sie eine Form der „vermeintlichen Gleichberechtigung" dar, weil sie Männer zum Nachteil gereichen würde. Ihr ist es zwar wichtig, dass Männer und Frauen gleiche Chancen erhalten, also gleichgestellt werden; sie geht jedoch nicht davon aus, dass Männer vormals bessere Chancen hatten oder derzeit haben. Gleichzeitig räumt sie ein, dass Männer womöglich doch bessere Chancen haben, und sähe in diesem Fall dann auch Handlungsbedarf. Aber Frauen bei gleicher Eignung zu bevorzugen, etwa um vorangegangene Zeiten der Privilegierung von Männern zu kompensieren, scheint ihrem Gerechtigkeitsempfinden zu widersprechen. Selbst dann, wenn nach meritokratischen Prinzipien beide Bewerber_innen gleiches Anrecht auf eine Stelle hätten, dürfen ihrer Ansicht nach gleichstellungspolitische kompensatorische Argumente nicht in Anschlag gebracht werden. Welche Kriterien

---

[10]Die Wahrnehmung von Frauen und Männern als gleichgestellt haben auch Matthies und Kolleginnen in ihren Interviews mit Naturwissenschaftler_innen eines außeruniversitären Forschungsinstituts der Leibniz-Gemeinschaft ausgemacht (vgl. Kuhlmann 2001; Matthies und Simon 2004).

zur Anwendung kommen sollten, wenn Männer und Frauen gleich geeignet sind, führt sie jedoch nicht aus.

Ihr Gerechtigkeitsempfinden, das sie hier zum Ausdruck bringt und das sich in ihrer Rede von „Gleichberechtigung" wiederfindet, rekurriert auf individuelle Leistungsgerechtigkeit (vgl. Meuser 2005), wonach die individuelle Leistung und Qualifikation einer Person entscheidend für ihre Einstellung ist, ihre Zugehörigkeit zu einer sozialen Gruppe jedoch nicht als weiteres Kriterium mit herangezogen werden darf. Der „Gleichstellung" im Sinne der Herstellung der faktisch nicht vorhandenen Chancengleichheit liegt eine kompensatorisch-redistributive Kollektivgerechtigkeit oder „ausgleichende Gruppengerechtigkeit" (Pfarr 1985, S. 94 nach Meuser 2005, S. 152) zugrunde. Nach diesem Modell wird Gleichstellung durch eine vorübergehende Ungleichbehandlung erreicht, nämlich wenn Frauen bei gleicher Eignung der Vorzug gegeben wird (Meuser 2005).[11] Meuser und Riegraf zufolge liegt ihr eine systemische Logik zugrunde,

> welche die soziale Lage von Personengruppen miteinander vergleicht und auf Basis dieses Vergleichs Maßnahmen zugunsten einzelner Mitglieder der gesellschaftlich benachteiligten Personengruppe ergreift, welche wiederum auf Kosten einzelner Mitglieder der gesellschaftlich bevorzugten Personengruppe gehen (Meuser und Riegraf 2010, S. 195).

In Institutionen, in denen gemäß des jeweiligen Landesgleichstellungsgesetzes Frauen bei „gleicher Eignung" männlichen Bewerbern gegenüber bevorzugt werden sollen, sofern im betroffenen Bereich mehr Männer als Frauen beschäftigt sind, kann diese systemische Logik mit der Logik der Individualgerechtigkeit in Konkurrenz treten.[12] Wie bereits erwähnt, fallen die außeruniversitären Forschungseinrichtungen von wenigen Ausnahmen abgesehen jedoch nicht in den Geltungsbereich der Landesgleichstellungsgesetze (vgl. auch Graf und Schmid

---

[11]In diesem Modell ist noch nicht einmal berücksichtigt, dass der Begriff der ‚Eignung' immer auch Aushandlungssache ist und keine eindeutig oder objektiv feststellbare Eigenschaft von Bewerber_innen beschreibt. Insbesondere bei der Besetzung von Professuren findet ein Aushandlungsprozess unter den Entscheider_innen darüber statt, welche Fähigkeiten und inhaltlichen Schwerpunkte für die jeweilige Stelle unabdingbar oder wünschenswert sein sollten und welche Leistungsnachweise hierfür erbracht werden müssen. Dass Geschlecht in diesen Prozessen keine unerhebliche Rolle spielt, haben etwa Beaufaÿs et al. (2012) und Zimmermann (2000) gezeigt.

[12]Meuser hat diese verschiedenen Gerechtigkeitslogiken im Rahmen einer Untersuchung über Personalentscheidungen im öffentlichen Dienst herausgearbeitet (vgl. Meuser 2005).

2011, S. 75). Insofern sind die Einrichtungen, an denen die in dieser Studie Interviewten tätig waren, gerade von jenen gleichstellungsgesetzlichen Regelungen, die ihnen Sorge bereiten, gar nicht betroffen.

Die Befürchtung einer Bevorteilung von Frauen zeigt sich auch in der Reaktion auf konkrete Aktionen der Gleichstellung, die exklusiv Frauen oder Mädchen fördern sollen und an denen sich die beforschten Institute beteiligt haben. Für Mädchen angesetzte Schülerinnentage im Rahmen des sogenannten ‚Girls' Day' würden mit einer Benachteiligung von Jungen einhergehen, da sich Jungen genauso wie Mädchen für einen Einblick in Forschungsinstitute interessieren würden (Feldnotiz SI 1, 06.11.2012), hieß es unter einigen Diplomanden.

Besonders virulent wird dieses Unbehagen, wenn es um konkrete Fälle der Einstellung und Postenvergabe geht. Einige Wissenschaftler in den untersuchten Instituten haben das Gefühl, dass sie bei Stellenvergaben benachteiligt werden und dass ihr Geschlecht ein Ausschlusskriterium bei der Konkurrenz um ausgeschriebene Stellen sei.

Nach einer informellen Diskussion unter Institutsmitgliedern um frei werdende Stellen bemerkt ein Senior Scientist, der eine befristete Anstellung hat, mir gegenüber:

[Auf die ausgeschriebene Stelle] brauche ich mich nicht zu bewerben, da habe ich das falsche Geschlecht. So macht es hier auch die Runde im Institut (Feldnotiz SI 1, 26.11.2012).

Ein Postdoc, dessen Stelle in naher Zukunft auslaufen sollte, teilt diesen Eindruck. Ihm zufolge erfahren Frauen eine exklusive Förderung, die er bei Männern in dieser Form vermisst. Durch entsprechende Äußerungen seiner Kollegen sieht er sich in seiner Wahrnehmung bestätigt:

Man kriegt schon mit, oder es ist mein Eindruck, dass es im Nachwuchsgruppenleiterbereich eine verstärkte Frauenförderung gibt, die sogar gefühlt eine leichte Überproportionalität ist. [...] Ich höre immer so dieses: „Na ja, es ist klar, dass du hier keine Perspektive hast – du hast das falsche Geschlecht" [...] Das ist in gewisser Weise tatsächlich so (Interview mit Postdoc Klaus K., SI 1).

Er meint, die Institutsleitung eröffnet eher institutsangehörigen Frauen die Option auf eine Leitungsposition innerhalb des Hauses, in diesem Fall die Leitung einer Nachwuchsgruppe. Männern würde dieser interne Karrieresprung nicht ermöglicht:

> Es ist von der Geschäftsführungsebene schon der Trend zu sagen: „Okay, die Frau Brigitte B. fördern wir." Sie hat sicherlich gute Arbeit gemacht, das ist völlig unbestritten. Ich glaube aber persönlich, dass man ansonsten eher kein Eigengewächs gefördert hätte […] (Interview mit Postdoc Klaus K., SI 1).

Sein Ausdruck „Eigengewächs" bezieht sich darauf, dass seiner Einschätzung nach die Beförderung von Institutsangehörigen auf eine höherwertige Stelle innerhalb der eigenen Organisation eher unüblich ist. In seiner Stellungnahme bezieht er sich auf den Fall von Brigitte B., der die Gründung einer Nachwuchsgruppe ermöglicht wurde. Zwar erkennt er ihre Leistungsfähigkeit an, er führt ihre Beförderung zur Nachwuchsgruppenleiterin aber nicht darauf zurück. Die seiner Ansicht nach vorhandene Bevorzugung von Frauen bei der Nachwuchsförderung macht er an der speziellen Konstellation fest, dass Frauen eher als Männern nach einem Auslandsaufenthalt eine Anschlussstelle zugesichert würde. Dem Interviewten zufolge würden von Postdocs nach der Promotion generell zunächst mindestens zwei verschiedene Auslandsaufenthalte erwartet, ehe sie in Deutschland die Chance auf Nachwuchsförderung in Form einer Stelle hätten. Bei bestimmten Frauen an seinem Institut, unter anderem bei Brigitte B., sei das aber nicht der Fall gewesen; ihnen sei schon bei Verlassen des heimischen Instituts in Richtung Ausland eine Stelle für den Zeitpunkt ihrer geplanten Rückkehr informell zugesichert worden, „mit direkter Rückkehrperspektive":

> Sie hat ihre Zeit im Ausland gemacht, allerdings von hier aus eingetütet und so nach dem Motto: „Da gehst du jetzt ein halbes Jahr hin und dann kommst du wieder" (Interview mit Postdoc Klaus K, SI 1).

Hier besteht die wahrgenommene Bevorzugung von Frauen darin, dass bestimmte implizite Normen bei der Stellenvergabe an Frauen nicht angewendet würden und ihnen so die Karriere ‚ungerechterweise' erleichtert würde.

Der Interviewte beschreibt noch den weiteren Fall einer Physikerin, der eine unbefristete Stelle im Mittelbau angeboten wurde. Eine Gruppenleiterin erhielt die Position eines Laborleiters, der mehrere, darunter auch größere Projekte einwerben konnte, dann aber an ein anderes Institut wechselte. Dass gerade sie die Dauerstelle gemeinsam mit den von ihrem Vorgänger eingeworbenen Projekten übernehmen konnte, erklärt sich der Interviewte aus ihren privaten Umständen: Ihr Mann habe auch am Institut gearbeitet und sie habe Kinder zu versorgen gehabt.

> Und das hat sie jetzt übernommen. Ich denke, bei ihr kam dazu, dass sie ein Kind hat und daher, vielleicht nicht offiziell vom Gesetz her, aber mindestens im Haus gesagt wurde: „Okay, dann wollen wir auch versuchen, die Familie ein bisschen

zusammenzuhalten", – denn ihr Mann arbeitet auch hier – damit man die Familie dann nicht auseinanderreißt. Also aus einer gewissen freiwilligen Fürsorge heraus, könnte ich mir denken, hat sie das Projekt erhalten (Interview mit Postdoc Klaus K., SI 1).

Den Grund, warum die Stelle an die betreffende Frau vergeben wurde, verortet er nicht in einer gesetzlichen Regelung, sondern in einem Entgegenkommen der Institutsleitung vor dem Hintergrund der sozialen Lage der Kandidatin. Als ausschlaggebendes Kriterium vermutet er soziale Fürsorge. Die fachliche Eignung der Kandidatin stellt er nicht in Abrede, rückt sie aber auch nicht in den Vordergrund. Wie um zu betonen, dass soziale Fürsorge in diesem Fall maßgeblich war, berichtet er im Weiteren von einem Gegenbeispiel. Ein anderer (männlicher) Institutsangehöriger habe sich vergeblich um eine Entfristung bemüht und dabei gegenüber der Leitung in erster Linie mit seinen fachlichen Leistungen argumentiert:

> Aber ich habe es bei anderen auch anders erlebt: Ein Kollege von Sarah S., der auch einige Jahre hier war und der sicherlich auch sehr gut war, hatte keine Chance auf eine permanente Stelle. Er hat versucht, etwas Permanentes zu bekommen und ist damit durchgegangen bis zur [Leitung]. Er musste vorm Aufsichtsrat einen Vortrag halten und seine Pläne darlegen und alles Mögliche. Es war ein Prozess, der sich mindestens über ein halbes Jahr hingezogen hat. Und am Ende gab es nix [keine Entfristung, Anm. M.E.] (Interview mit Postdoc Klaus K., SI 1).

Für den Interviewten ist soziale Fürsorge ein legitimes Kriterium, darum scheint ihm dieser Fall auch weniger Unbehagen zu bereiten als die Stellenbesetzung mit der Nachwuchsgruppenleiterin. Das zugrunde liegende Gerechtigkeitsempfinden in diesem zweiten Fall folgt keiner kompensatorisch argumentierten Kollektivgerechtigkeit, sondern einer „einzelfallbezogenen Bedürfnisgerechtigkeit" (Meuser 2005, S. 151), das dem Kriterium der fachlichen Eignung nachgeordnet wird.[13]

Abschließend nimmt der Befragte die zunächst als Tatsache präsentierte Bevorzugung von Frauen wieder etwas zurück, indem er sie nun als eher subjektive Wahrnehmung darstellt. Er resümiert seine Einschätzung aber dahin gehend, dass er „gewisse Geschlechterseilschaften" auszumachen glaubt, denen er aber keine gezielte Benachteiligung von Männern unterstellen möchte:

---

[13] Auch in Meusers Studie über den öffentlichen Dienst hat sich das Kriterium als weitestgehend konsensfähig herausgestellt.

Also, ich weiß nicht, ob es wirklich eine überproportionale Förderung von Frauen momentan gibt, was den Nachwuchsbereich angeht. Man könnte den Eindruck haben. Ich denke mir aber auch, dass es eine gewisse „Geschlechterseilschaft" in Anführungsstrichen da schon auch gibt. Das ist in den meisten Fällen wahrscheinlich nicht mal böse gemeint (Interview mit Postdoc Klaus K, SI 1).

In den Interviews hat diese Person als einzige derart ausführlich konkrete Stellenbesetzungsverfahren und ihre eigene Bewertung der Verfahren geschildert. Vor dem Hintergrund, dass die Stelle dieses Postdocs in naher Zukunft auslaufen sollte und er sich daher in einer prekären Lage befand, liegt es für ihn nahe, genau zu verfolgen, wer wann mit welcher Argumentation auf Stellen gelangt, die auch für ihn attraktiv sind: die Leitung einer Nachwuchsgruppe oder eine unbefristete Mittelbaustelle. Beide Stellenformate sind bei Nachwuchsforscher_innen begehrt, wobei nur das erstgenannte mit einem klassischen Aufstieg verbunden ist, das andere dagegen wegen seiner die Berufslaufbahn stabilisierenden Wirkung attraktiv ist.[14] Wenig verwunderlich, wird die Konkurrenz um die wenigen Stellen dieser Formate daher auch zu einem Wettbewerb, der entlang der Kategorie Geschlecht ausgetragen wird.

Die Wahrnehmung und Bewertung von Gleichstellungspolitik und Gleichstellungsmaßnahmen konzentriert sich in erster Linie auf die Kritik an der vermeintlichen Bevorzugung von Frauen in Stellenvergabeverfahren. Durch die zunehmende Prekarisierung in den Wissenschaften scheint die Kritik an Gleichstellungsbestrebungen einen bitteren Beigeschmack zu bekommen, weil mit ihr auch Existenzängste verbunden sind. Es ist dabei nicht ohne Ironie, dass dieser Diskurs auch in denjenigen Institutionen zu beobachten ist, in denen die gleichstellungsgesetzlichen Regelungen, welche die Grundlage der Befürchtungen bilden, nicht nur kaum bekannt sind oder falsch verstanden werden, sondern darüber hinaus gar nicht erst zur Anwendung kommen. Die mangelnde Informiertheit zeigt sich besonders in der falschen Annahme, Gleichstellungsgesetze sorgten angeblich dafür, dass Frauen auch dann bevorzugt werden, wenn sie im Vergleich mit ihren männlichen Mitbewerbern als weniger qualifiziert beurteilt werden. Diese Beobachtungen zeigen, dass der Diskurs relativ losgelöst ist von den tatsächlichen organisationalen Rahmungen, in die die Gleichstellungspolitiken an den außeruniversitären Instituten eingebettet sind.

---

[14]Vgl. hierzu bereits oben Kap. 2 sowie Hüttges und Fay 2013a, S. 75 und Langfeldt und Mischau 2015b.

4.3 Erwartungen und Ansprüche an Gleichstellungspolitik: Delegation der Verantwortung nach außen

Die an den Instituten Forschenden sehen Gleichstellungspolitik eher skeptisch bis kritisch und nehmen sie fast ausschließlich als Frauenförderung wahr, die dem politisch motivierten Ziel dient, den Frauenanteil in den Führungsebenen der MINT-Fächer durch eine Bevorzugung von Frauen bei der Stellenvergabe zu erhöhen. Mehrere Befragte äußern jedoch auch ihre Ansicht dazu, worauf sich Gleichstellungspolitik stattdessen konzentrieren solle. Insbesondere Leitungspersonen führen beim Gesprächsthema Gleichstellung an, dass man früher ansetzen müsse, wenn man den Frauenanteil in der Physik erhöhen wolle:

> Wir müssen gesellschaftlich an anderer Stelle und zwar schon in den Schulen angreifen (Interview Gruppenleiterin Birgit B., TI 3).

Auch ein anderer Institutsangehöriger meint, man müsse schon in der Schule beginnen und dort gezielt mehr Mädchen anwerben. Erst in der Forschung selbst mit Gleichstellungsmaßnahmen anzusetzen, sei zu spät. Das eigentliche Problem sei der fehlende Nachwuchs. So könne auch kein Frauenanteil von 50 % in der Führungsebene der Forschungseinrichtungen erwartet werden (Feldnotiz SI 1, 26.10.2012).

In der Regel wissen Institutsangehörige, dass der Frauenanteil in der Physik bereits zu Studienbeginn gering ist, und sehen darin ein relevantes Problem. Für die meisten liegt der Grund dafür in gesellschaftlichen Vorurteilen: Jungen Frauen werde nach wie vor vermittelt, sie seien für die Physik weniger geeignet als Männer, da es ihnen an mathematischer Begabung fehle.

> Ich glaube, dass immer noch Vorurteile bestehen, dass Jungen in der Mathematik mehr gefördert werden als Mädchen oder automatisch angenommen wird, dass Jungen mehr Talent haben für Mathematik als Mädchen. Diese Einstellung gibt es immer noch und es wäre ein erster Schritt, dass das mal geändert werden müsste (Interview mit Gruppenleiter Luis L., TI 2).

Wie einige andere Interviewte folgert auch dieser Gruppenleiter daraus die Notwendigkeit von Maßnahmen, die noch vor Studienbeginn in der Schulzeit ansetzen sollten. Allerdings führen viele der Wissenschaftler_innen die Unterrepräsentanz von Frauen in der Forschung ausschließlich auf die horizontale Segregation, also den geringen Frauenanteil zu Studienbeginn zurück, und sehen daher nur hier einen Bedarf an gleichstellungspolitischen Maßnahmen. Dass etliche Forscherinnen während der Berufslaufbahn ‚verloren gehen', nehmen sie dagegen nicht wahr oder sie führen diesen Effekt der vertikalen Segregation auf individuelle Entscheidungen zurück. Es wird nicht zwischen horizontaler und vertikaler Segregation unterschieden und der geringe Frauenanteil nicht als Ergebnis des Ineinanderwirkens dieser beiden Prozesse betrachtet. Die fehlende Differenzierung zwischen beiden Mechanismen in der Diskussion um Gleichstellungspolitik trägt dazu bei, dass Gleichstellungsmaßnahmen in den Instituten insgesamt eine geringere Relevanz zugeschrieben wird. Dass es auf den hohen Statusebenen nur wenige Frauen gibt, wird mit dem geringen Frauenanteil zu Beginn des Studiums begründet; entsprechend wird keine Notwendigkeit für Gleichstellungsmaßnahmen gesehen, die dem Problem der vertikalen Segregation in den Instituten entgegenwirken sollen. In dieser Argumentation wird die Verantwortung der eigenen Institution für die Unterrepräsentanz von Frauen in den oberen Hierarchieebenen unter anderem an das Elternhaus oder die Schule und damit nach außen delegiert. Der Umwelt die Zuständigkeit für die Steigerung des Frauenanteils in der Physik zuzuschreiben, hat nicht nur den ‚Vorteil', sich nicht fragen zu müssen, was man an den Instituten selbst zu einer Verbesserung der Situation beitragen könnte, sondern liegt auch deshalb nahe, weil die schon zu Studienbeginn tatsächlich relativ geringe Anzahl an Frauen unter den Physiker_innen stärker ausfällt als der Rückgang während der weiteren wissenschaftlichen Qualifizierungsphasen. Dieses Zusammenwirken einer ausgeprägten horizontalen mit der vertikalen Segregation ist für die Physik, wie auch für einige andere MINT-Fächer, spezifisch. Sie zeigt, dass die Art und Weise, wie Gleichstellung in Forschungsinstitutionen diskursiv verhandelt wird, je nach Fach unterschiedlich ist und auch von den Frauenanteilen im jeweiligen Fach bzw. von den im untersuchten Institut vertretenen Fachdisziplinen abhängt.

Die konkret am Institut implementierte Gleichstellungspolitik und ihre organisationale Rahmung, die durch die Zugehörigkeit zur jeweiligen Dachorganisation mit vorgegeben wird, spielt für die Gleichstellungsdiskurse vor Ort eine relativ geringe Rolle. Dies fällt umso mehr ins Auge, als die Gleichstellungspolitiken in der außeruniversitären Forschung sehr heterogen sind, nicht zuletzt aufgrund ihrer fehlenden rechtlichen Regulierung. Die Diskurse werden dafür stärker vom in der jeweiligen Fachkultur vorherrschenden Frauenanteil mitbeeinflusst.

5 Fazit: Die Wahrnehmung von Gleichstellung als Bevorzugung von Frauen

In den beforschten außeruniversitären physikalischen Forschungsinstituten wird unter Gleichstellungspolitik großteils eine Frauen fördernde Stellenpolitik imaginiert: Frauen würden bei der Stellenvergabe per Gesetz und Quotierung bevorzugt und die Voraussetzung gleicher Eignung für die zu besetzende Position würde umgangen. Auch Riegraf und Meuser konstatieren, dass die

> öffentliche Wahrnehmung von Frauengleichstellungspolitik […] weitgehend auf die Auseinandersetzung um die Angemessenheit und Gerechtigkeit von Quoten fokussiert war und ist (Meuser und Riegraf 2010, S. 194).

Die meisten Institutsangehörigen wissen um die politische Agenda im Hintergrund der Gleichstellungspolitik, den Frauenanteil in den Natur- und Technikwissenschaften zu erhöhen. Einerseits äußern viele Forscher_innen den Wunsch nach mehr Frauen in den Instituten, andererseits ist die Sorge, dass damit Männer benachteiligt würden, im Institutsalltag sehr präsent. Sogar bei gleicher Eignung widerspricht eine bevorzugte Einstellung von Frauen dem Gerechtigkeitsempfinden vieler Forschender. Dementsprechend findet die Idee einer kollektiv-kompensatorischen Gerechtigkeit als legitime Basis des Strebens nach Gleichstellung kaum Zustimmung, von wenigen Ausnahmen wie der folgenden abgesehen:

> Das ist […] für Frauen wichtig, dass die über Programme ganz strikt gefördert werden. Das ist schon so, dass dann teilweise so kleine Nachteile entstehen [für Männer]. Aber ich denke, das [dass Frauen gefördert werden, Anm. M.E.] wiegt es auf (Interview mit Gruppenleiter Michael M., TI 3).

Die kritische Haltung gegenüber der Bevorzugung von Frauen qua Geschlecht bei gleicher Eignung speist sich auch aus dem Glauben daran, dass Geschlecht für die wissenschaftliche Berufslaufbahn keine Rolle spiele, sowie aus dem Widerstand gegen die Vorstellung, dass Geschlecht eben doch eine Rolle spielen könnte, und zwar zum Nachteil von Frauen. Dass es in der Wissenschaft geschlechtergerecht zugehe, wird zwar nicht explizit ausgesprochen, implizit jedoch vorausgesetzt, wie die in den Interviews ausgeführten Argumentationen zeigen. Die meisten Institutsangehörigen haben keine detaillierten Kenntnisse über die jeweiligen Frauenanteile auf unterschiedlichen Hierarchiestufen und ihre Entwicklungen in den letzten Jahren und Jahrzehnten. Auch wissen sie kaum etwas über die impliziten Barrieren, die die wissenschaftliche Karriere für Frauen über lange Zeit erschwert haben und zum Teil immer noch erschweren.

Aus dieser Perspektive erscheint es dann auch folgerichtig, sich den geringen Frauenanteil auf Leitungspositionen in den physikalischen Studienrichtungen mit der schon zu Beginn des Studiums niedrigen Anzahl an Frauen zu erklären, wie es in den beforschten Instituten zu beobachten war. Von gleichstellungspolitischen Maßnahmen wird erwartet, dass sie für mehr weiblichen Nachwuchs zu Studienbeginn sorgen, und nicht, dass sie Physikerinnen zu gleichen Chancen zu einer erfolgreichen Karriere verhelfen. Durch die Problematisierung der horizontalen Segregation bei gleichzeitiger Nichtbeachtung der vertikalen Segregation wird die Zuständigkeit für die Problemlösung aus der Wissenschaft hinaus in die Schule und in die nicht näher konkretisierte ‚Gesellschaft' verlagert.

Das fehlende Bewusstsein für die mangelnde Chancengleichheit in den Instituten lässt Gerechtigkeitsargumente in den Hintergrund treten und als irrelevant erscheinen. Dieses Zurücktreten von Gerechtigkeitsfragen hat die in den Instituten vorherrschende Sicht mit der politischen Programmatik gemein, die Gleichstellung vor allem aus einer ökonomischen Rationalität heraus und ebenfalls nurmehr peripher aus Gründen der Geschlechtergerechtigkeit vorantreibt. Die Erhöhung des Frauenanteils in Natur- und Technikwissenschaften wird weder damit begründet, es gelte die bis dato besseren Chancen von Männern zu kompensieren, noch werden Gerechtigkeitsargumente wie Chancengleichheit für Männer und Frauen in gut ausgestatteten und einflussreichen Berufsfeldern in Anschlag gebracht. Ökonomisch argumentierende Gleichstellungsprogramme prallen mit dem Gerechtigkeitsempfinden der Wissenschaftler_innen aufeinander, da es am gemeinsamen Nenner fehlt, nämlich Geschlechtergleichstellung aus Gerechtigkeitsgründen herstellen zu wollen. Das politisch proklamierte Ziel, Frauen aus ökonomischen Gründen fördern zu wollen, findet in den Instituten keine Resonanz. Im Gegenteil, Frauenförderung wird eher als ökonomisch riskant angesehen.

Es verwundert nicht, dass Gleichstellungspolitik ohne detailliertes Wissen über die Gründe für die Implementierung von Gleichstellungsmaßnahmen und ohne Kenntnisse über die dahinter stehenden konkreten Maßnahmen und Zielsetzungen nicht gut angenommen und Gleichstellungsgesetzgebung generell als unnötig oder gar ungerecht empfunden wird. Vor dem Hintergrund der zunehmenden Prekarisierung in den Wissenschaften und der damit verbundenen erhöhten Konkurrenz um die seltenen attraktiven Stellen ist es zudem wenig erstaunlich, dass verstärkt Gefühle der Benachteiligung entstehen.

Solange Maßnahmen zur Steigerung des Frauenanteils in natur- und technikwissenschaftlichen vor allem ökonomisch begründet und Gerechtigkeitsargumente nicht ausgeführt werden, läuft Gleichstellungspolitik in der vorliegenden Form Gefahr, vergeblich auf den erwünschten Erfolg zu hoffen, da sie verstärkt auf Konkurrenz setzt und eine zunehmende Prekarisierung riskiert, die die Akzeptanz von Gleichstellungsbemühungen eher erschwert als befördert.

Der Rekurs auf Gerechtigkeit ist aber auch bezüglich anderer Kategorien sozialer Ungleichheit noch nicht hinreichend in das Blickfeld der Gleichstellung geraten. Forschende aus nicht-akademischen Elternhäusern oder People of Colour werden zunehmend als ‚Potenzial' für die Sicherstellung der Leistungsfähigkeit der Wissenschaft nachgefragt. Unter dem Stichwort des Managing Diversity hält deren Integration als Wirtschaftsfaktor immer mehr Einzug in die politische Programmatik, allerdings noch nicht mit der derselben Vehemenz und in der derselben Breite wie im Bereich der Geschlechtergleichstellung. Angesichts dieser Entwicklung, wie sie in der Debatte um Gleichstellung für die Kategorie Geschlecht zu beobachten ist, ist eine derartige Dominanz der ökonomischen Rationalität für die Gleichstellungspolitik bezüglich anderer Kategorien mangelnder Chancengleichheit alles andere als wünschenswert.

Literatur

Andresen, S., Koreuber, M., & Lüdke, D. (Hrsg.) (2009). *Gender und Diversity: Albtraum oder Traumpaar? Interdisziplinärer Dialog zur „Modernisierung" von Geschlechter- und Gleichstellungspolitik.* Wiesbaden.
Baur, N., Erlemann, M., Hark, S., Laufenberg, M., Lucht, P., Norkus, M., Petschick, G. & Scheich, E. (2015). *Geschlechtergerechtigkeit in der Wissenschaft. Forschungsbasierte Handlungsempfehlungen am Beispiel der Physik.* Berlin. http://www.genderdynamiken. de/fileadmin/user_upload/Downloads/Broschuere_final.pdf. Zugegriffen: 21.06.2017.
Bauschke-Urban, C. (2011). Mobile Wissenschaftlerinnen: transnationale Verortungen und biographische Perspektiven. *Gender. Zeitschrift für Geschlecht, Kultur und Gesellschaft* 1, 81–98.
Beaufaÿs, Sandra (2003). *Wie werden Wissenschaftler gemacht? Beobachtungen zur wechselseitigen Konstitution von Geschlecht und Wissenschaft.* Bielefeld.
Beaufaÿs, S., & Krais, B. (2005). Doing Science – Doing Gender. Die Produktion von Wissenschaftlerinnen und die Reproduktion von Machtverhältnissen im wissenschaftlichen Feld. *Feministische Studien* 23 (1), 82–99.
Beaufaÿs, S., & Krais, B. (2007). Wissenschaftliche Leistung, Universalismus und Objektivität. Professionelles Selbstverständnis und die Kategorie Geschlecht im sozialen Feld Wissenschaft. In R. Gildemeister & A. Wetterer (Hrsg.), *Erosion oder Reproduktion geschlechtlicher Differenzierungen?* (S. 76–98). Münster.
Beaufaÿs, S., Engels, A., & Kahlert, H. (Hrsg.) (2012). *Einfach Spitze? Neue Geschlechterperspektiven auf Karrieren in der Wissenschaft.* Frankfurt a.M.
BMBF [Bundesministerium für Bildung und Forschung] (2008). *Memorandum zum nationalen Pakt für Frauen in MINT-Berufen.* Berlin.
Bouffier, A., & Wolffram, A. (2012). Welcher Weg führt zum Ziel? Migrations- und Karrierewege von Ingenieurinnen und Naturwissenschaftlerinnen aus osteuropäischen Staaten an deutschen Universitäten. In S. Beaufaÿs, A. Engels, & H. Kahlert (Hrsg.), *Einfach Spitze? Neue Geschlechterperspektiven auf Karrieren in der Wissenschaft.* (S. 145–173). Frankfurt a.M.
Dautzenberg, K., Fay, D., & Graf, P. (Hrsg.) (2011). *Frauen in den Naturwissenschaften. Ansprüche und Widersprüche.* Wiesbaden.
Dautzenberg, K., Fay, D., & Graf, P. (Hrsg.) (2013). *Aufstieg und Ausstieg. Ein geschlechterspezifischer Blick auf Motive und Arbeitsbedingungen in der Wissenschaft.* Wiesbaden.

DFG [Deutsche Forschungsgemeinschaft] (2013). *Sicherung guter wissenschaftlicher Praxis.* Denkschrift. Bonn: Deutsche Forschungsgemeinschaft.

Erlemann, M. (2014). genderDynamiken in der außeruniversitären Forschung der Physik. In B. Langfeldt, & A. Mischau (Hrsg.), *Strukturen, Kulturen und Spielregeln. Faktoren erfolgreicher Berufsverläufe von Frauen und Männern in MINT* (S. 13–35). Baden-Baden.

Erlemann, M. (2015). Geschlecht in physikalischen Fachkulturen: Ethnographische Sondierungen. In T. Paulitz, B. Hey, S. Kink, & B. Prietl (Hrsg.), *Akademische Wissenskulturen und soziale Praxis. Geschlechterforschung zu natur-, technik- und geisteswissenschaftlichen Fächern im Vergleich* (S. 156–174). Münster.

Graf, P., & Schmid, S. (2011). Organisationsstrukturen und ihr Einfluss auf die Karriereentwicklung von Wissenschaftlerinnen. In K. Dautzenberg, D. Fay, & P. Graf (Hrsg.), *Frauen in den Naturwissenschaften. Ansprüche und Widersprüche* (S. 59–96). Wiesbaden.

Graf, P., Dautzenberg, K., Büttner, N., & Schmid, S. (2011). Frauenkarrieren in der Wissenschaft. Eine vergleichende Analyse des Status quo. In K. Dautzenberg, D. Fay, & P. Graf (Hrsg.), *Frauen in den Naturwissenschaften. Ansprüche und Widersprüche* (S. 19–33). Wiesbaden.

GWK [Gemeinsame Wissenschaftskonferenz] (2011): *Frauen in MINT-Fächern. Bilanzierung der Aktivitäten im hochschulischen Bereich.* Bonn. http://www.gwk-bonn.de/dokumentepublikationen/materialien-der-gwk/. Zugegriffen: 21. Juni 2017.

GWK (2014). *Chancengleichheit in Wissenschaft und Forschung. 18. Fortschreibung des Datenmaterials (2012/2013) zu Frauen in Hochschulen und außerhochschulischen Forschungseinrichtungen.* Bonn. http://www.gwk-bonn.de/dokumentepublikationen/materialien-der-gwk/. Zugegriffen: 25. Mai 2017.

GWK (2016a). *Pakt für Forschung und Innovation. Monitoring-Bericht 2016.* Bonn. http://www.gwk-bonn.de/dokumentepublikationen/materialien-der-gwk/. Zugegriffen: 25. Mai 2017.

GWK (2016b). *Chancengleichheit in Wissenschaft und Forschung. 20. Fortschreibung des Datenmaterials (2014/2015) zu Frauen in Hochschulen und außerhochschulischen Forschungseinrichtungen.* Bonn. http://www.gwk-bonn.de/dokumentepublikationen/materialien-der-gwk/. Zugegriffen: 25. Mai 2017.

Hohn, H.-W. (2010). Außeruniversitäre Forschungseinrichtungen. In D. Simon, A. Knie, & S. Hornbostel (Hrsg.), *Handbuch Wissenschaftspolitik* (S. 457–477). Wiesbaden.

HRK (2012). *Auswertung der Evaluation Frauen-Förderung an Hochschulen.* Berlin. https://www.hrk.de/fileadmin/redaktion/hrk/02-Dokumente/02-06-Hochschulsystem/Gleichstellung/Evaluation_-_Frauen_foerdern_-_.pdf. Zugegriffen: 25. Mai 2017.

Hüttges, A., & Fay, D. (2013a). Ausstieg aus der Wissenschaft – eine Frage fehlender weiblicher Motivation? In K. Dautzenberg, D. Fay, & P. Graf (Hrsg.), *Aufstieg und Ausstieg. Ein geschlechtsspezifischer Blick auf Motive und Arbeitsbedingungen in der Wissenschaft.* (S. 43–53). Wiesbaden.

Hüttges, A., & Fay, D. (2013b). Karrierebedingungen weiblicher und männlicher Postdocs in der außerhochschulischen Forschung. *Arbeit* 22 (3), 224–235.

Kahlert, H. (2013). *Riskante Karrieren: Wissenschaftlicher Nachwuchs im Spiegel der Forschung.* Opladen.

Konsortium Bundesbericht Wissenschaftlicher Nachwuchs (2013). *Bundesbericht Wissenschaftlicher Nachwuchs 2013. Statistische Daten und Forschungsbefunde zu Promovierenden und Promovierten in Deutschland*. Bielefeld.

Kuhlmann, E. (2001). Geschlechterbilder im Wissenschaftssystem zwischen Gleichheits- und Differenzkonstruktion. In H. Matthies, E. Kuhlmann, M. Oppen, & D. Simon (Hrsg.), *Karrieren und Barrieren im Wissenschaftsbetrieb* (S. 163–185). Berlin.

Kuhlmann, E. (2003). Fragile Balancen – professionelle Identitäten, Geschlechterbilder und Gleichstellungspolitik. In H. Matthies, E. Kuhlmann, M. Oppen & D. Simon (Hrsg.), *Gleichstellung in der Forschung* (S. 89–103). Berlin.

Langfeldt, B., & Mischau, A. (Hrsg.) (2014). *Strukturen, Kulturen und Spielregeln. Faktoren erfolgreicher Berufsverläufe von Frauen und Männern in MINT*. Baden-Baden.

Langfeldt, B., & Mischau, A. (2015a). Die akademische Laufbahn in der Mathematik und Physik. Eine Analyse fach- und geschlechterbezogener Unterschiede bei der Umsetzung von Karrierewissen. *Beiträge zur Hochschulforschung* 37 (3), 80–99.

Langfeldt, B., & Mischau, A. (2015b). MathematikerInnen und PhysikerInnen an Hochschulen: Repairing or Redesigning the Leaky Pipeline? In T. Paulitz, B. Hey, S. Kink, & B. Prietl (Hrsg.), *Akademische Wissenskulturen und soziale Praxis. Geschlechterforschung zu natur-, technik- und geisteswissenschaftlichen Fächern im Vergleich* (S. 37–57). Münster.

Liebig, B. (2013). Organisationskultur und Geschlechtergleichstellung. Eine Typologie betrieblicher Gleichstellungskulturen. In U. Müller, B. Riegraf, & S. Wilz (Hrsg.), *Geschlecht und Organisation* (S. 292–316). Wiesbaden (erstmals erschienen 2000 in Zeitschrift für Frauenforschung und Geschlechterstudien 18, 47–66).

Lind, I. (2004). *Aufstieg oder Ausstieg? Karrierewege von Wissenschaftlerinnen. Ein Forschungsüberblick*. Bielefeld.

Lind, I., & Löther, A. (2007). Chancen für Frauen in der Wissenschaft – eine Frage der Fachkultur? – Retrospektive Verlaufsanalysen und aktuelle Forschungsergebnisse. *Schweizerische Zeitschrift für Bildungswissenschaften* 29 (2), 249–272.

Matthies, H., Kuhlmann, E., Oppen, M., & Simon, D. (2001). *Karrieren und Barrieren im Wissenschaftsbetrieb. Geschlechterdifferente Teilhabechancen in außeruniversitären Forschungseinrichtungen*. Berlin.

Matthies, H., Kuhlmann, E., Oppen, M., & Simon, D. (Hrsg.) (2003). *Gleichstellung in der Forschung. Organisationspraktiken und politische Strategien*. Berlin.

Matthies, H., & Simon, D. (2004). Wissenschaft im Wandel – Chancen für ein neues Leitbild der Gleichstellungspolitik? In M. Oppen, & D. Simon (Hrsg.), *Verharrender Wandel. Institutionen und Geschlechterverhältnisse* (S. 281–309). Berlin.

Matthies, H., & Zimmermann, K. (2010). Gleichstellung in der Wissenschaft. In D. Simon, A. Knie, & S. Hornbostel (Hrsg.), *Handbuch Wissenschaftspolitik* (S. 193–209). Wiesbaden.

Meuser, M. (2005). Organisationsveränderung durch Geschlechterpolitik? In D. Lüdke, A. Runge, & M. Koreuber (Hrsg.), *Kompetenz und/oder Zuständigkeit. Zum Verhältnis von Geschlechtertheorie und Gleichstellungspraxis* (S. 147–162). Wiesbaden.

Meuser, M., & Riegraf, B. (2010). Geschlechterforschung und Gleichstellungspolitik. Von der Frauenförderung zum Managing Diversity. In B. Aulenbacher, M. Meuser, & B. Riegraf (Hrsg.), *Soziologische Geschlechterforschung. Eine Einführung* (S. 189–210). Wiesbaden.

Pfarr, H. (1985). Quotierung und Rechtswissenschaften. In H. Däubler-Gmelin, H. Pfarr, & M. Weg (Hrsg.), *Mehr als nur gleicher Lohn. Handbuch zur beruflichen Förderung von Frauen.* (S. 86–97). Hamburg.

Riegraf, B., & Vollmer, L. (2014). Professionalisierungsprozesse und Geschlechter-Wissen. In C. Behnke, D. Lengersdorf, & S. Scholz (Hrsg.), *Wissen – Methode – Geschlecht: Erfassen des fraglos Gegebenen* (S. 33–48). Wiesbaden.

Rusconi, A., & Kunze, C. (2015). Reflexionen zu Geschlechterverhältnissen in der Wissenschaft. Einführung in das Themenheft. *Beiträge zur Hochschulforschung* 37 (3), 8–21.

Statistisches Bundesamt (2016). *Bildung und Kultur. Personal an Hochschulen.* Fachserie 11, Reihe 4.4. Wiesbaden.

Striedinger, A., Sauer, B, Kreissl, K., & Hofbauer, J. (2016). Feministische Gleichstellungsarbeit an unternehmerischen Hochschulen: Fallstricke und Gelegenheitsfenster. *Feministische Studien* (16) 1, 9–22.

Vollmer, L. (2016). Keine Professionalisierung ohne Genderwissen. Zum Wandel der Gleichstellungsarbeit im hochschulischen Reformprozess. *Feministische Studien* (16) 1, 56–71.

Wetterer, A. (2009). Gleichstellungspolitik im Spannungsfeld unterschiedlicher Spielarten von Geschlechterwissen. Eine wissenssoziologische Rekonstruktion. *Gender. Zeitschrift für Geschlecht, Kultur und Gesellschaft* 1, 45–60.

Wimbauer, C. (1999). *Organisation, Geschlecht, Karriere. Fallstudien aus einem Forschungsinstitut.* Opladen.

Wissenschaftsrat (1998). *Empfehlungen zur Chancengleichheit von Frauen in Wissenschaft und Forschung.* Köln. https://www.wissenschaftsrat.de/download/archiv/3534-98.pdf. Zugegriffen: 25. Mai 2017.

Wissenschaftsrat (2007). *Empfehlungen zur Chancengleichheit von Wissenschaftlerinnen und Wissenschaftlern.* Köln. https://www.wissenschaftsrat.de/download/archiv/8036-07.pdf. Zugegriffen: 25. Mai 2017.

Wissenschaftsrat (2012). *Fünf Jahre Offensive für Chancengleichheit von Wissenschaftlerinnen und Wissenschaftlern – Bestandsaufnahme und Empfehlungen.* Bremen. https://www.wissenschaftsrat.de/download/archiv/2218-12.pdf. Zugegriffen: 25. Mai 2017.

Wissenschaftsrat (2014). *Empfehlungen zu Karrierezielen und -wegen an Universitäten.* Dresden. https://www.wissenschaftsrat.de/download/archiv/4009-14.pdf. Zugegriffen: 25. Mai 2017.

Zimmer, A., Krimmer, H., & Stallmann, F. (2007). *Frauen an Hochschulen: Winners among Losers. Zur Feminisierung der deutschen Universität.* Opladen.

Zimmermann, K. (2000). *Spiele mit der Macht in der Wissenschaft. Paßfähigkeit und Geschlecht als Kriterien für Berufungen.* Berlin.

Rassismuskritik an der Hochschule: Mit oder trotz Diversity-Policies?

Vanessa Eileen Thompson und Alexander Vorbrugg

In den letzten Jahren haben rassismuskritische Initiativen und Interventionen auch im deutschsprachigen Hochschulkontext an Aufmerksamkeit gewonnen. Im Fokus der Kritik steht die Reproduktion der vielschichtigen kolonialen Kontinuitäten und des institutionellen Rassismus an der Hochschule, ob in Curricula und der Dynamik in Seminarräumen, in Bibliotheksbeständen und Repräsentationspolitiken, in Einstellungspraktiken und Zugangsregelungen oder auf der Ebene alltäglicher Interaktionen. Die mannigfaltigen Interventionen zeigen, dass die Reproduktion von institutionellem Rassismus auch in Zeiten von Diversity-Politiken und anderen Gleichstellungspolitiken Konjunktur hat. Dabei lässt sich ein Zusammenhang zwischen der Reproduktion von institutionellem Rassismus und den Grenzen und Fallstricken gleichstellungspolitischer Maßnahmen, die selbst auf institutionellen Widerstand stoßen, beobachten. Diversity-Politiken stellen zum einen oft nur symbolische Verpflichtungen dar, die die Wirkweisen von institutionellem Rassismus und intersektionalen sozialen Ungleichheiten verdecken und damit auch zu deren Perpetuierung beitragen. Zudem zielen gleichstellungspolitische Maßnahmen größtenteils auf die individuelle Inklusion marginalisierter Subjekte, deren (zugeschriebene) Differenzen für die Institution nutzbar und verwertbar gemacht werden, anstatt soziale Partizipation und den Abbau institutioneller Diskriminierung zu fördern.

V. E. Thompson (✉) · A. Vorbrugg
Frankfurt am Main, Deutschland
E-Mail: thompson@em.uni-frankfurt.de

A. Vorbrugg
E-Mail: vorbrugg@geo.uni-frankfurt.de

Im Folgenden möchten wir das transformative Potenzial von Diversity-Politiken und anderen aktuellen Gleichstellungspolitiken kritisch beleuchten. Der Beitrag skizziert das Spannungsverhältnis zwischen dem Bestreben nach Antidiskriminierung und den Grenzen und strukturellen Lücken von Diversity-Politiken. Es geht uns dabei um die Analyse und Kritik der Reproduktion von institutionellem Rassismus und intersektionalen sozialen Ungleichheiten. Mit Bezug auf Audre Lordes Gedanken „The Master's Tools will Never Dismantle the Master's House" (1983) und Gayatri Chakravorty Spivaks Konzept der „affirmative sabotage" (2012, S. 116, 510 u. a.) gehen wir der Frage nach, ob und wie Diversitätspolitiken im Sinne von subversiven Strategien angeeignet werden können. Dabei ist es nicht unser Anspruch, Diversitätspolitiken umfassend zu diskutieren, sondern aus postkolonial-feministischer Perspektive dominante Effekte sowie die (Un-)Möglichkeiten von Diversitätspolitiken zu erörtern. Dies dient einer Kritik dieser Ansätze, wo sie denn zu kurz greifen oder gar in ihr Gegenteil umschlagen, eröffnet aber auch Perspektiven für mögliche Umgangsweisen mit Diversitätspolitiken.

1 Decolonize the University!

In den letzten Jahren haben sich an verschiedenen Hochschulen des globalen Nordens und Südens vermehrt rassifizierte Studierende, Wissenschaftler*innen aus dem Mittelbau und Professor*innen zusammengeschlossen, Hochschulgruppen und Initiativen gegründet sowie transnational verknüpfte Kampagnen, Konferenzen, Workshops und Tagungen organisiert, um die Artikulationen von institutionellem Rassismus und vergeschlechtlichten kolonialen Kontinuitäten in den jeweiligen universitären Kontexten zu benennen und zu kritisieren.

Im März 2014 fand am University College London (UCL) ein Roundtable-Gespräch zu dem Thema ‚Why isn't my Professor Black?' statt. Unter anderem wurden hier erschütternde Umfrageergebnisse über die Erfahrungen mit Rassismus an Universitäten in Großbritannien präsentiert. Bei einer Umfrage der Organisation Black British Academics unter Studierenden und Wissenschaftler*innen der Black und Ethnic Minority (BME) gaben 58 % der Befragten an, dass sie an der Universität offen rassistische Erfahrungen machen; zwei Drittel bewerteten die vorhandenen Regelungen für die Gleichberechtigung von rassistisch marginalisierten Gruppen als nicht ausreichend.[1] Die im Anschluss an den

---

[1] https://blogs.ucl.ac.uk/events/2014/03/21/whyisntmyprofessorblack/ (zugegriffen: 28. Februar 2017).

Roundtable gegründete Kampagne ‚Why is my curriculum white?' verknüpft die Kritik an einer rassistischen Alltagskultur innerhalb der Universität, den institutionellen Zugangsbarrieren für rassifizierte Studierende, Forschende und Beschäftigte in der Verwaltung sowie den Wirkweisen von epistemischem Rassismus (vgl. hierzu Maldonado-Torres 2004; Grosfoguel 2013). Im Rahmen von Campus-Aktivitäten und durch Kampagnen, auf T-Shirts und in Themen- und Musikvideos[2] wurde darüber informiert, dass von 18.510 Professor*innen im Hochschulsystem Großbritanniens lediglich 85 Schwarz sind, darunter gerade einmal 17 Schwarze Frauen*.[3] Zugleich legte die Kampagne offen, wie sehr sich epistemischer Rassismus in Curricula sowie alltäglicher Rassismus in Seminarräumen und auf dem Campus (auch in Form von Racial Profiling[4]) auf die davon negativ betroffenen Studierenden, Forschenden sowie nichtwissenschaftlichen Beschäftigten auswirkt.

2015 riefen Schwarze Studierende der Universität im südafrikanischen Kapstadt die ‚#RhodesMustFall'-Kampagne ins Leben. Sie forderten die Beseitigung der Statue von Cecil John Rhodes, einem führenden Architekten früher Apartheidsysteme und Vertreter des britischen Kolonialismus und Imperialismus sowie Namensgeber der Kolonien Nordrhodesien und Südrhodesien, vom Campus der Universität. Innerhalb weniger Wochen schlossen sich Studierende anderer südafrikanischer Universitäten der Kampagne an und es entstand eine breite Bewegung, die den institutionellen wie auch epistemischen Rassismus an den Universitäten des Post-Apartheid-Südafrika kritisierte und eine Dekolonisierung des Hochschulsystems einforderte. Nach einer entsprechenden Entscheidung der Universitätsleitung wurde die Rhodes-Statue schließlich im April 2015 vom Campus entfernt.

Eine Rhodes-Statue befindet sich auch über einem Tor auf dem Campus des Oriel Colleges der renommierten Universität Oxford, die im Jahr 2015 nur 24 Schwarze Studierende neu aufnahm und an der lediglich eine Schwarze Person eine Professur innehat. Rassifizierte und weiße Studierende übertrugen die ‚#RhodesMustFall'-Kampagne noch im selben Jahr auf den britischen Kontext.

---

[2]https://www.youtube.com/watch?v=TdJyRooGkTM (zugegriffen: 10. Januar 2017).
[3]https://www.theguardian.com/education/2013/jul/23/teaching-students-higher-education-networks (zugegriffen: 28. Februar 2017).
[4]Racial Profiling bezeichnet Identitätskontrollen und Durchsuchungen ohne konkrete Indizien auf Grundlage von Zuschreibungen wie (unterstellter) nationaler Herkunft, die an Konstruktionen von rassifzierten phänotypischen Merkmalen (Hautfarbe) oder auch Sprache anknüpfen.

Die beiden genannten Kampagnen verdichteten dabei die Kritik an kolonialen Kontinuitäten in öffentlichen und semi-öffentlichen Räumen im Hinblick auf Architekturen, Curricula und Wissensproduktion sowie Einstellungs- und Zugangsstrukturen von postkolonialen Wissenschafts- und Bildungsinstitutionen. Im Fokus stehen also keineswegs lediglich Statuen, sondern vielmehr das Fortwirken von „colonial knowledges" (Spivak 2010) und deren verschränkter symbolischer, epistemischer und institutioneller Implikationen.[5]

Der University-of-Color-Zusammenschluss aus den Niederlanden zeigt in besonderer Weise, dass gegenwärtige studentische transnationale Dekolonisierungskampagnen zugleich auch für die Demokratisierung und gegen Austeritätspolitiken und die unternehmerische Umgestaltung der Hochschule mobilisieren. Unter dem Motto ‚No Democratization without Decolonization' wurden im März 2015 die institutionellen Ausschlüsse, Marginalisierungen und Diskriminierungen von Frauen*, People of Color (PoC), LGBT*IQ, mittellosen Personen, von der Gesellschaft behinderten Menschen, undokumentierten Migrant*innen und geflüchteten Menschen benannt und mit Forderungen nach einer Demokratisierung der Universität verbunden. Auch die Ausweitung der südafrikanischen ‚#RhodesMustFall'- zur ‚#FeesMustFall'-Kampagne Ende des Jahres 2015 verweist auf die Intersektion von Forderungen nach einer Dekolonisierung und gegen die Ökonomisierung von Bildung.

In Deutschland gründete sich in Berlin im Jahre 2009 der Arbeitskreis ‚UniWatch. Gegen Rassismus in unseren Räumen', um rassistische Vorfälle und Ereignisse an der Humboldt-Universität zu dokumentieren und Betroffene zu unterstützen. Mitte des Jahres 2015 entstand die People-of-Color-Hochschulgruppe Mainz und bald danach eine rassismuskritische Hochschulgruppe (bestehend aus PoC-Studierenden) in Frankfurt am Main. Mit dem von beiden Gruppen im Dezember 2015 initiierten ‚#CampusRassismus' wurden alltägliche Erfahrungen von Rassismus an deutschen Hochschulen sichtbar und über soziale Medien dokumentiert. Die bundesweite Aktion verweist darauf, dass Rassismus an deutschen Hochschulen keine Ausnahme, sondern vielmehr eine alltägliche Erfahrung ist. Selbstverständlich sind diese Mobilisierungen und Kämpfe

---

[5]Viele dieser Kampagnen fordern Transformationen in der Tradition postkolonialer und dekolonialer Kritik. Dabei wird aber nicht nur auf das Fortwirken kolonialer Diskurse und Praktiken in gesellschaftlichen Strukturen, Wissensfeldern und Alltagspraxen hingewiesen, sondern es werden *gleichzeitig* auch Binärismen, kulturelle Partikularismen und Essenzialisierungen in den Blick genommen. Zu einer wichtigen Lesart der Forderung ‚Decolonize the University' siehe Mbembe (2016).

nicht zu trennen von ihren spezifischen postkolonialen Kontexten; jedoch verweisen sie auf Dimensionen von (institutionellem) Rassismus an Hochschulen, die vielerorts zu beobachten sind und auch im deutschsprachigen Raum eine wesentliche und strukturelle Rolle spielen.

Neben solchen studentischen Initiativen, von denen wir nur einige genannt haben, gab es in den letzten Jahren auch in Deutschland etliche Konferenzen und Tagungen zu institutionellem Rassismus an Hochschulen und es entstanden Dossiers zu diesem Thema (Ha et al. 2018; Kuria 2015). Seit 2013 organisiert das Antirassismus-Referat an der Humboldt-Universität zu Berlin beispielsweise die jährliche Tagung ‚Rassismus im deutschen Bildungssystem' und 2015 fand in Anlehnung an die Debatten in Großbritannien auf der fünften Konferenz des Afroeurope Studies Network an der Universität Münster eine Podiumsdiskussion mit dem Titel ‚Why is my professor not black?' statt. Auf dem 38. Kongress der Deutschen Gesellschaft für Soziologie 2016 in Bamberg thematisierte ein von den Sektionen Frauen- und Geschlechterforschung und Biografieforschung gemeinsam veranstaltetes Panel erstmals in der Geschichte dieser Jahrestagungen institutionellen Rassismus im bundesdeutschen Hochschulsystem.

Diese Initiativen, Kampagnen und Tagungen rücken die Frage in den Fokus, in welchem Verhältnis institutioneller Rassismus auf der einen und die seit den späten 1990er-Jahren zunehmende Implementierung und Institutionalisierung von Diversitätspolitiken an Hochschulen auf der anderen Seite zueinander stehen. Welchen Beitrag zum Abbau struktureller Diskriminierung können gleichstellungsfördernde Maßnahmen und Diversitätspolitiken in der unternehmerischen Hochschule leisten? Wo stoßen sie an Grenzen oder ziehen diese selbst?

2 Die Universität als Master's House

Institutioneller Rassismus an der Universität fällt historisch nicht erst mit der wirtschaftskonformen Umgestaltung der Hochschule in jüngerer Zeit zusammen. Vielmehr ist dieser von Beginn an konstitutiver Teil der frühneuzeitlichen und dann westlich-modernen bürgerlichen Universität, wie sie sich im 19. Jahrhundert herausgebildet hat. Als Ort eigenständigen Denkens und Wissens ist die Universität zugleich auch ein von Macht- und Herrschaftsstrukturen durchzogener Ort. Eng verknüpft mit der Formation von Nationalstaaten als imaginierten Gemeinschaften (Anderson 2006) und dem Entstehen westlich-moderner Marktwirtschaften produzierte und reproduzierte die bürgerliche Universität stets auch institutionelle Ausschlüsse, national-kulturelle vergeschlechtlichte Hegemonien und soziale Ungleichheiten (Bourdieu 1988). Die dem westlich-aufklärerischen

Projekt inhärenten epistemischen, physischen, diskursiven und materiellen Gewaltformen verlaufen entlang einer kolonialen vergeschlechtlichten Matrix (Spivak 1999; Lugones 2007), die innerhalb wie auch außerhalb europäischer Nationalstaaten intersektionale Differenzen und Hierarchien hervorbringt. Die westlichen Universitäten spielten in diesem Prozess wie auch bei der Produktion von kolonial-rassistischem Macht/Wissen (Foucault 1980) eine konstitutive Rolle. Wie viele postkoloniale Theoretiker*innen verweist auch Stuart Hall auf die wesentliche Bedeutung, die dem Verhältnis von Wissen, Macht und Repräsentation im Rahmen der europäischen kolonialen Projekte der mörderischen Ausbeutung, strukturellen Gewalt und Dehumanisierung zukam. Die Konstruktionen und die Einschreibung von Bedeutungen, die rassifizierte Gruppen als minderwertig markierten, waren stets mit der Produktion von Wissen über diese Gruppen verknüpft (Fanon 1967; Hall 1992; Wynter 2003). Dieses Wissen über die vergeschlechtlichten kolonisierten Anderen des kolonialen Selbst wurde maßgeblich in den universitären Disziplinen erzeugt, von der Anthropologie über Medizin, Geografie und Philosophie bis hin zu Literatur- und Kunstwissenschaften. Nach Hall sind die Projekte europäischer Versklavung und Kolonisation daher zuallererst „knowledge projects" (1992). Auch die dekoloniale Philosophin Sylvia Wynter (2003) konzeptualisiert die Kolonialität von „Being/Power/Truth/Freedom" als epistemische Ordnung der „Over-Representation of Man".

Mit dem strukturellen und kulturellen Wandel europäischer Universitäten gegen Ende des 20. Jahrhunderts vor dem Hintergrund von Internationalisierung, Austeritätspolitiken und der Ökonomisierung und Vermarktlichung von Bildung (Ball 2012) haben sich auch die Konfigurationen von vergeschlechtlichter und rassifizierter Differenz innerhalb dieser Institution gewandelt (Gutiérrez Rodríguez 2016 und in diesem Band). Gender Mainstreaming sowie Programme und Konzepte des Diversity Management, die erklärtermaßen das Ziel der Gleichstellung und der Nichtdiskriminierung verfolgen, haben in den letzten Jahrzehnten zunehmend an Bedeutung gewonnen und sind derzeit dominante Strategien und Instrumente der Gleichstellungspolitik an Hochschulen.

Wir haben bisher die Verzahnung des Hochschulsystems mit institutionellem Rassismus auf zwei Ebenen skizziert: Zum einen reflektiert und reproduziert die moderne Universität durch ihre Zugangsregelungen und Ausschlussmechanismen intersektionale Ungleichheiten. Zum anderen ist sie einer der wesentlichen Produktionsorte postkolonial vergeschlechtlichter Macht/Wissenskomplexe. Vor diesem Hintergrund wollen wir uns der Frage widmen, inwieweit Diversity-Politiken dem erklärten Ziel der Antidiskriminierung gerecht werden können oder ob hier nicht Zweifel angebracht sind, die sich mit Audre Lordes bekannter Formulierung „The Master's Tools Will Never Dismantle the Master's House" (1983) auf den Punkt bringen lassen.

Unter der genannten Überschrift hatte Lorde auf einer Konferenz, die 1979 in New York anlässlich des 30. Jahrestags des Erscheinens von Simone de Beauvoirs Buch *Le Deuxième Sexe* stattfand, die Kompliz*innenschaft weißer Feminist*innen in der Reproduktion von Rassismus auf der Tagung und darüber hinaus kritisiert.[6] Lorde nimmt in ihrer Kritik westlich-liberale Feminismen in den Blick und befragt sie nach der Reproduktion kolonialer Kontinuitäten und der Partizipation an intersektionalen Ausschlussmechanismen. Ihre Kritik verweist dabei jedoch auch auf die Frage, ob sich Kategorien und Instrumente dominanter Diskurse emanzipatorisch aneignen lassen und so transformativ genutzt werden können. Wir wollen Lordes Kritik und Frage im Folgenden als heuristische Hilfsmittel in unserer Diskussion von Diversity-Politiken in der unternehmerischen Hochschule anwenden.

(Wie) Können Diversity-Politiken einen Beitrag dazu leisten, institutionalisierten Macht- und Herrschaftsverhältnissen an der Universität etwas entgegenzusetzen? Oder sind diese Instrumente selbst schon zu sehr Teil dieser Institution, demnach also Master's Tools, die eher „master words" (Spivak 2010, S. 272) reproduzieren, als das Haus ins Wanken zu bringen?

3 Diversity Management an der unternehmerischen Hochschule

Im Unternehmenskontext bezeichnet Diversity Management Strategien der Gleichstellung und der ökonomischen Nutzbarmachung von Differenz angesichts globalisierter Märkte sowie diversifizierter Belegschaften, die zunächst im US-amerikanischen Raum entstanden sind. Differenz gilt hier zum einen als eine Gegebenheit, die Unternehmen anerkennen müssen, um möglichst uneingeschränkt Mitarbeiter*innen rekrutieren zu können und gleichzeitig Konflikte zu vermeiden, und zum anderen als Potenzial, das sich aktiv nutzen lässt, wenn beispielsweise verschiedene Erfahrungshintergründe und Perspektiven als förderlich für Kreativität und die Erschließung neuer Marktsegmente verstanden werden. Seit den späten 1980er-Jahren hat Diversifizierung als eine Strategie der Inwertsetzung von Vielfalt auch in vielen europäischen Kontexten Eingang gefunden.

---

[6]In ihrem Kommentar auf dem Panel ‚The Private and the Political' verwies Lorde darauf, dass es nicht nur jeder feministischen Analyse und Diskussion schadet, wenn ausschließlich weiße Frauen anwesend sind und Sprecher*innenpositionen einnehmen, während Schwarze Frauen* und Frauen* of Color ausgeschlossen bleiben, sondern dass Feminismus auf diese Weise hegemoniale Herrschaftsstrukturen stabilisiert.

Beschränkte sich Diversity Management im deutschsprachigen Raum in den 1990er-Jahren noch vorwiegend auf die Privatwirtschaft und ging von Unternehmen aus,[7] so hat es sich in den letzten Jahren auch auf andere gesellschaftliche Bereiche und Handlungsfelder (wie beispielsweise städtische Verwaltungen oder Universitäten) ausgeweitet.

Mit Differenz als gewinnbringender Vielfalt werden im hiesigen Diskurs auch die bisherige Präferenz für Assimilation und die relativ kurze Hinwendung zu liberalem Multikulturalismus zu einem neuen Hegemonialdiskurs amalgamiert (Thompson und Zablotsky 2017). Zielten dominante Versionen des Multikulturalismus noch auf die Wertschätzung von ‚kultureller Differenz' und generalisierten und reifizierten diese dadurch, so greifen aktuelle Diversitätsansätze weitere Differenzdimensionen wie sexuelle Orientierung, Geschlecht und Alter mit dem Ziel der Wertschöpfung und Kommodifizierung affirmativ auf (Kosnick 2014). Auf diese Weise wird (eine bestimmte) Vielfalt nicht mehr als etwas wahrgenommen, das assimiliert oder ausgegrenzt werden muss, sondern als eine Chance und Ressource im unternehmerischen Wettbewerb wertgeschätzt. Aus dieser Sicht stellt die Vielfalt der Mitarbeiter*innen Kapital dar, das einen besseren Umgang mit den Herausforderungen globalisierter Märkte ermöglicht und so die Wettbewerbsfähigkeit der Unternehmen steigert. Gleichzeitig soll Vielfalt neue Märkte erschließen, neue Kund*innen generieren und das Image verbessern. Im Rahmen der sogenannten Exzellenzinitiative des Bundes und der Länder seit 2005 (vgl. Beaufaÿs sowie Riegraf in diesem Band) hat sich der Diversitätsdiskurs auch im deutschen Hochschulsystem etabliert (Eggers 2011; Hark 2016).

Wir skizzieren den *turn* zu Diversity-Politiken und Management innerhalb der Hochschule entlang von drei miteinander verschränkten Dimensionen:

1. Mit dem im letzten Drittel des 20. Jahrhunderts einsetzenden Strukturwandel hat sich die Universität von einer liberalen humanistischen und zugleich national-staatlichen hin zu einer Organisation globalen (Bildungs-)Wettbewerbs gewandelt (Apple 2010; Ball 2012; Hark 2016; Mbembe 2016). Dabei haben

---

[7]In diesem Zusammenhang entstand beispielsweise 2006 die sogenannte ‚Charta der Vielfalt'. Sie wurde unter Schirmherrschaft der Bundesregierung von vier deutschen Großunternehmen (Deutsche Bank, Deutsche Telekom, Deutsche BP, Daimler Chrysler) unterzeichnet, die sich unter der Überschrift ‚Diversity als Chance' zur Förderung von Vielfalt verpflichten und dabei auf die wirtschaftlichen Vorteile der Anerkennung von Vielfalt hinweisen (http://www.charta-der-vielfalt.de/charta-der-vielfalt/die-charta-im-wortlaut.html; zugegriffen am 17.03.2017). Die Charta wird von der Europäischen Kommission unterstützt, ihre Umsetzung basiert jedoch nach wie vor lediglich auf Freiwilligkeit.

vor allem solche Reformen Diversitätsmanagementansätze befördert, die auf eine Transformation von Bildung hin zu ‚Innovation' für internationale Wettbewerbszwecke und Märkte zielen (Gutiérrez Rodríguez 2016; Pusser und Marginson 2013). Unter dem Stichwort ‚Internationalisierung der Hochschulen' setzt das Hochschulsystem nun auf Vielfalt als Kriterium für internationale Wettbewerbsfähigkeit. Differenzen werden als ökonomische Ressourcen verhandelt (Kosnick 2014) und dementsprechend hängt ihre Anerkennung von ihrer Verwertbarkeit und ihren gewinnbringenden Potenzialen ab.

2. Diversitätspolitiken implizieren nicht nur die Anerkennung von Differenzen als wirtschaftlichem Potenzial, sondern sie setzen gleichzeitig auf die Einbindung diskriminierter Gruppen, um ‚Gleichheit' herzustellen. Neben internationalisierenden Intentionen wurde die Grammatik der Diversität nämlich zugleich durch Inklusions- und Gleichheitsbestrebungen geformt. Durch die Anerkennung von Differenzen sollen also auch Diskriminierungen abgebaut und es soll Chancengleichheit hergestellt werden. Diversity als ‚Chance zur Gleichheit' wird so auch im Rahmen von rechtlichen Maßnahmen und Gleichstellungspolitiken aufgerufen und ist seit 2000 wesentlicher Teil einer der vier Gleichbehandlungsrichtlinien der Europäischen Union,[8] die 2006 durch das Allgemeine Gleichbehandlungsgesetz (AGG) in deutsches Recht umgesetzt wurden.[9] Hatte sich das europäische Antidiskriminierungsrecht

---

[8]Die EU-Gleichbehandlungsrichtlinien können auf der Homepage der Antidiskriminierungsstelle des Bundes abgerufen werden, vgl. http://www.antidiskriminierungsstelle.de/ DE/ThemenUndForschung/Recht_und_gesetz/EU-Richtlinien/eu-Richtlinien_node.html (zugegriffen: 24. Januar 2017).

[9]Obwohl die Verhandlungen der Gleichbehandlungsrichtlinien auf EU-Ebene bereits in den späten 1990er-Jahren begonnen hatten, wurde das Allgemeine Gleichbehandlungsgesetz erst 2006, nach mehrfachen Ermahnungen durch die Europäische Kommission, verabschiedet (Lewicki 2014). Die Europäische Kommission wie auch Critical-Race-Forscher*innen betonen die Reformbedürftigkeit des Gesetzes und Deutschland wurde vonseiten der EU auch nach der Verabschiedung bereits mehrmals wegen seiner ungenügenden Intervention gegen Rassismus kritisiert. Dass das im Allgemeinen Gleichbehandlungsgesetz angelegte Rassifizierungsverbot im hiesigen Kontext alltäglich verletzt wird (Barskanmaz 2008), zeigen die Dimensionen des Alltagsrassismus (Kilomba 2008) sowie die andauernde Produktion und Reproduktion von institutionellem Rassismus auf dem Arbeits- und Wohnungsmarkt (Peucker 2010), in öffentlichen Darstellungen (Eggers et al. 2009), bei Polizei und Justiz (Loick 2016; KOP 2016) und im Bildungssystem (Gutiérrez Rodríguez 2016; Ha 2016; Kuria 2015; Fereidooni 2016; Karakayali und zur Nieden 2013) und nicht zuletzt der starke Anstieg rassistischer Gewalt gegen Personen of Color und geflüchtete Menschen.

zuvor lediglich auf Geschlechtergerechtigkeit auf dem Arbeitsmarkt bezogen, so verabschiedete die EU-Kommission in den frühen 2000er-Jahren weitere Richtlinien in Bezug auf Geschlecht, rassistische Zuschreibungen, ethnische Herkunft, Religion, Alter und sexuelle Orientierung sowie ‚Behinderung' (auffällig ist hier die Abwesenheit von klassenspezifischer Diskriminierung; siehe Sauer 2012).[10] Was das Spannungsverhältnis zwischen der Verwertung von Differenzen im Zusammenhang mit dem unternehmerischen Wandel der Hochschule auf der einen Seite und der Institutionalisierung und Professionalisierung von Gleichstellungsarbeit auf der anderen Seite angeht, weist Diversity Management als neue Gleichstellungsstrategie an Hochschulen Parallelen zu Gender Mainstreaming auf. Auf der Grundlage diverser internationaler und EU-weiter Erklärungen avancierte Gender Mainstreaming zu einer der dominanten Strategien von Gleichstellungsarbeit. Es ist für alle Mitgliedsstaaten der Europäischen Union verpflichtend und wird seit 1999 für die Umsetzung des Leitprinzips der Gleichstellung der Geschlechter durch die Bundesregierung gefordert. Damit ist Gleichstellungspolitik zu einem Querschnittsthema geworden und durch ihre Professionalisierung und Institutionalisierung seit Beginn bzw. Mitte 2000 zu einem hochschulpolitischen Top-Down-Aufgabenbereich avanciert, der integraler Bestandteil des Hochschulwesens auf allen Ebenen geworden ist (Blome et al. 2013, S. 15). An vielen Hochschulen wurde Gender Mainstreaming durch Ansätze des Diversity Management erweitert und ergänzt. Die Zusammenführung dieser beiden Strategien lässt sich neben ökonomischen Argumentationen und Logiken auf sinkende Studierendenzahlen und hohe Abbruchquoten wie auch auf Politiken der Gleichstellung zurückführen (ebd., S. 130). Gleichzeitig ist das Verhältnis von Gender Mainstreaming und Diversity Policies auch durch Konfliktlinien um die Gewichtigkeit von bestimmten Differenzkategorien (Gender, Race, soziale Klasse, etc.) bei Fragen um Antidiskriminierung geprägt.
3. Die rechtliche Verankerung von Gleichstellung und Antidiskriminierung hängt auch mit politischen Auseinandersetzungen zusammen, an denen vor allem feministische, antirassistische, PoC- und migrantische Bewegungen beteiligt waren (Eggers 2011; Purtschert 2007; Sauer 2012). Anders als in den USA, wo Diversitätspolitiken zu einem großen Teil mit den politischen Kämpfen marginalisierter Gruppen zusammenhängen, sind diese Politiken im hiesigen Kontext nicht vor allem aus einer Institutionalisierung der

---

[10]Für eine Diskussion zu Antidiskriminierungsrichtlinien im Spannungsverhältnis von liberalen Rechtsdiskursen und ökonomischer Verwertbarkeit siehe u. a. Sauer (2012).

Forderungen sozialer Bewegungen hervorgegangen[11] (Blome et al. 2013), sie sind aber dennoch auch mit politischen Auseinandersetzungen und Forderungen marginalisierter Gruppen verknüpft. Deren Interventionen lassen sich dabei als *erfolgreich und nicht erfolgreich zugleich* beschreiben: Die Verschränkungen der unterschiedlichen Dimensionen von Differenz, auf die vor allem Schwarze, PoC und migrantische Feminist*innen hingewiesen hatten, wurden zwar in Diversitätsdiskursen anerkannt und in Rechtsgrammatiken übersetzt; die Herrschafts- und Unterdrückungsverhältnisse, die diese Differenzdimensionen hervorbringen – Rassismus, Klassenverhältnisse, Geschlechterverhältnisse, Heteronormativität -, wurden dabei jedoch oft ausgespart (Erel et al. 2008; Kosnick 2014; Mohanty 2003; Sauer 2012).

Dieses Spannungsverhältnis zwischen der politischen Dimension von Differenzen und ihrem ökonomischen Wert (Purtschert 2007) ist komplex und ambivalent. Das liegt nicht nur daran, dass Diversitätspolitiken durch eine Vielzahl von Richtlinien, Programmatiken, Regelungen und Praktiken geprägt sind, deren Effekte stets unterschiedlich ausfallen können. Vielmehr resultiert die Komplexität auch daraus, dass von marginalisierten Gruppen ausgehende Anerkennungskämpfe und Forderungen nach Zugang zu Ressourcen und Partizipation einen entscheidenden Anteil an der Formulierung von Antidiskriminierungsrichtlinien und -politiken hatten. Allerdings lässt sich empirisch beobachten, dass das ökonomisch verwertbare Potenzial in den Vordergrund tritt und so die Forderungen nach sozialer Gerechtigkeit nicht nur in den Hintergrund gerückt werden, sondern durch die Gleichsetzung von Antidiskriminierung mit individueller Gleichstellung auch aus dem Blick geraten (siehe Ahmed 2012). Sofern gesellschaftliche Dominanz auf ein Problem individueller Marginalisierung oder Privilegien reduziert wird, derer es sich lediglich (auf unterschiedliche Weisen) bewusst zu werden gelte, läuft der Diversitätsdiskurs Gefahr, in eine entpolitisierende und individualisierende Identitätspolitik zu münden (Thompson und Zablotsky 2017).

---

[11]In den USA wurden Affirmative-Action-Policies als kompensatorische Diversitätspolitiken im Bildungssystem und auf dem Arbeitsmarkt vor allem durch die Kämpfe der Bürger*innenrechtsbewegung institutionalisiert. Die Verbreitung von Diversity Management führt jedoch auch im US-Kontext zu einer zunehmenden Verdrängung dieser Policies (denen oft ebenfalls ein individualisierendes Verständnis von Gleichstellung anhaftete) zugunsten einer Vermarktung von Vielfalt (siehe u. a. Wynter 2006; Mitchell 2011).

4 Effekte und Fallstricke dominanter Diversitätspolitiken

Feministische, postkoloniale und antirassistische Kritik zeigen, dass die Verhandlung von Nichtdiskriminierung als Diversitätsmanagement meist die Problematik institutionalisierter Ungleichheitsverhältnisse verfehlt und so die Reproduktion intersektionaler Herrschaftsverhältnisse im Rahmen von Gleichheitsregimen (Ahmed 2012) verschleiert (Alexander 2005; Davis 1996; Eggers 2011; Gutiérrez Rodríguez 2016; Haritaworn 2012; Mohanty 2003; Purtschert 2007; Puwar 2004; Sauer 2012).[12]

In ihrer empirischen Studie zu Diversitätspolitiken und -praktiken an britischen und australischen Hochschulen zeigt Sara Ahmed auf beeindruckende Weise die Nicht-Performativität von Diversity-Programmen und -Dokumenten, die gerade nicht das machen, was sie vorgeben zu tun – die Praxis stimmt also nicht mit dem Diskurs überein (Ahmed 2012, 2016). So verweist Ahmed beispielsweise darauf, dass Diversity-Beauftragte oft mit starker Abwehr und Disqualifizierung konfrontiert sind, wenn sie in konkreten Situationen auf Antidiskriminierungsrichtlinien sowie Regelungen in Aktionsplänen und Fördermaßnahmen verweisen. Diversity-Sensibilisierungen aller Hochschulangehörigen und diversitätssensible Rahmenbedingungen stehen zwar als Ziele in Aktionsplänen und sind Teil der Policies, ihre Umsetzung ist jedoch oft nicht verbindlich, sondern freiwillig. Häufig tragen zudem auch Diversity-Stellen selbst zu dieser Nicht-Performativität bei, wenn beispielsweise das Informationsmaterial zu den entsprechenden Kampagnen Differenz symbolisch festschreibt und reifiziert. Dass diese Nicht-Performativität von Antidiskriminierung mit dem Pochen auf Antidiskriminierung in Programmen und Steuerungsmaßnahmen zusammenfällt, nimmt dem Anliegen gleichsam den Wind aus den Segeln: Das Gleichheitsversprechen wird zwar nicht eingelöst, aber der Anschein erweckt. Dadurch wird ein Platz besetzt, den sich ernsthaftere Anläufe erst wieder erkämpfen müssen.

Weil sie eine hegemoniale Selbstzufriedenheit erzeugen, bezeichnet Ahmed Diversitätspolitiken ironisch als „happy diversity" (2012, S. 72). Diese Diagnose und Kritik lässt sich auch auf die Implementierung von Diversitätspolitiken an vielen bundesdeutschen Hochschulen und darüber hinaus übertragen (Dhawan und

---

[12]Feminist*innen of Color haben hervorgehoben, wie akademische Debatten selbst um Intersektionalität vor dem Hintergrund postkolonialer/neoliberaler Gouvernementalität entpolitisiert werden können. Siehe hierzu u. a. Erel et al. (2008), Dhawan und Castro Varela (2010, 2017) sowie Bilge (2013).

Castro Varela 2017). Einige der analytischen und politischen Fallstricke sowie der vielschichtigen Effekte von Diversitätspolitiken im deutschen Hochschulkontext werden gerade dann deutlich, wenn die Frage gestellt wird, was sie verschweigen. Thompson und Zablotsky (2017) betonen hier besonders die Effekte einer ‚Festschreibung und gleichzeitigen Verflachung' von Differenz. Da wir alle ja angeblich irgendwie ‚divers' sind (siehe auch Eggers 2011), wird Differenz *arbiträr*. So werden Differenzachsen gleichgesetzt und zugleich bestimmte Formen von ‚Anders-Sein' aus der Kategorie der Diversität ausgeschlossen. Dies führt zur Konstruktion von ‚Anderen der Diversität', also jenen, die als nicht markttauglich oder sogar als bedrohlich empfunden werden (ebd.). Gerade in Deutschland lässt sich aber auch beobachten, dass im Namen der Diversität (oftmals internationale) ‚Diversity-Figuren' eingeladen und vereinnahmt werden und sich so eine ‚Disartikulation lokaler Kritiken' (vor allem von intersektionalen Kritiken von Schwarzen Menschen und PoCs) vollzieht (ebd.).[13]

Diversitätspolitiken, -programme und -veranstaltungen übergehen oft die wesentlichen im Wissenschaftsbetrieb institutionalisierten Praktiken und Dynamiken, wie sie sich in der Lehre und in Seminarräumen, in Curricula, in Bibliotheksbeständen, in der Architektur und Symbolökonomie der universitären Gebäude, in Stellenbesetzungen, Zugangsregelungen, Ausschlussmechanismen und in Prekarität entlang von rassifizierten, klassenspezifischen, vergeschlechtlichten und dis/ableisierten Dimensionen sowie Migrationskontrollregimen zeigen (Gutiérrez Rodríguez 2016 und in diesem Band). Mit der Betonung von ‚individueller Inklusion' instrumentalisieren Diversitätspolitiken so Vielfalt und übergehen die Tiefendimension institutionalisierter intersektionaler Herrschaftsverhältnisse, die innerhalb konsequenter Antidiskriminierungspolitiken unbedingt Beachtung finden müssten.

Tatsächlich gibt es an den meisten deutschen Hochschulen keine Anlaufstellen für Studierende, Lehrende und Verwaltungsangestellte, die rassistischen, queer- und/oder transphoben Gewalterfahrungen ausgesetzt sind. Auch in Bezug auf einen gleichberechtigten Zugang zur Universität als Bildungsort und Arbeitsplatz verfehlen Diversitätspolitiken oft institutionalisierte Ausschlussmechanismen. Auch wenn es vergleichsweise wenige Personalstatistiken und Erhebungen in Bezug auf rassistische Diskriminierung an deutschen Hochschulen gibt (Ha 2016), zeigen doch erste Pilotstudien, dass Schwarze Menschen und Personen

---

[13]Als Beispiel sei hier die Konferenz ‚Future(s) of Black Studies' an der Universität Bremen im April 2014 genannt, auf der renommierte internationale Wissenschaftler*innen aus den Black Studies, jedoch kein*e Schwarzen Wissenschaftler*innen aus dem deutschen Kontext referierten.

of Color als Professor*innen stark unterrepräsentiert sind. So belegt beispielsweise die Untersuchung von Aylâ Neusel et al. eine zunehmende Internationalisierung der Professor*innenschaft in Deutschland und einen steigenden Anteil von Professor*innen nicht-deutscher Staatsangehörigkeit (sie machten 2005 1800 von 37.865 und 2012 2777 von 43.782 Professor*innen aus) (Neusel et al. 2014, S. 1; siehe auch Gutiérrez Rodríguez in diesem Band). In ihrer Diskussion dieser Studie hat Encarnación Gutiérrez Rodríguez hervorgehoben, dass die Ergebnisse zwar auf eine zunehmende Internationalisierung verweisen, aus einer rassismuskritischen Perspektive aber die rassifizierenden und klassenspezifischen Stratifizierungen in deutschen Hochschulen intakt belassen. Mehr als die Hälfte der befragten Professor*innen stammen aus der Mittelschicht und 80 % von ihnen sind weiße Europäer*innen.

Gerade die massive Unterrepräsentation von rassistisch und klassistisch marginalisierten Gruppen verweist nicht nur darauf, dass der Zugang zur Universität durch intersektionale rassifizierte und klassenspezifische Diskriminierung strukturiert ist, sondern wirft auch die Frage auf, inwiefern dominante Diversitätsdiskurse Ausschlüssen von Schwarzen Menschen, Menschen of Color und Migrant*innen mit und ohne sicheren Aufenthaltsstatus etwas entgegensetzen können. Die Implementierung liberaler Gleichstellungsdiskurse in wissenschaftlichen Institutionen produziert zudem eine spaltende Rivalität eigentlich verschränkter Differenzdimensionen, was vor allem Mehrfachdiskriminierungen unsichtbar macht (Kosnick 2014). In diesem Zusammenhang fällt auf, dass Diversity Management und Gender Mainstreaming an der Hochschule hauptsächlich weißen Frauen* aus der Elite oder Mittelschicht den Zugang zu Professuren sowie unbefristeten Stellen ermöglicht haben. Damit soll keinesfalls geleugnet werden, dass auch diese Frauen* im Hochschulkontext nach wie vor unterrepräsentiert sind. Allerdings lässt sich daran zeigen, dass auf diese Weise Spaltungen und Konflikte zwischen marginalisierten Gruppen befördert werden können, da eben nur bestimmte marginalisierte Gruppen Zugang erhalten und Mehrfachdiskriminierung oft außen vor bleibt. Dass Differenzen nicht nur verflacht, sondern gegeneinander in Stellung gebracht werden, führt zu Konflikten zwischen Achsen der Differenz: Einer bestimmten Differenzkategorie wird mehr Bedeutung zugesprochen oder Frau gegen Race oder soziale Klasse ausgespielt (Kosnick 2014). Gerade solche Konflikte und Verflachungen wurden von Schwarzen Feminist*innen und Feminist*innen of Color an intersektionalen Herrschaftsformationen kritisiert. Damit stellen sich Fragen nach intersektionaler Solidarität und der Subversion oder Sabotage von dominanten Diversitätspolitiken in der Universität und darüber hinaus.

5 With and against the Master's Tools

> My aim is not to suggest that we should stop doing diversity, but that we need to keep asking what we are doing (Sara Ahmed 2012, S. 17).

Wie lässt es sich „outside in the teaching machine" (Spivak 1993) manövrieren und welchen Spielraum lässt Diversity hierfür? Ist Rassismuskritik mit oder trotz Diversity-Politiken möglich? Mit welchen (Un-)Möglichkeiten sind kritische postkoloniale/feministische/antirassistische Wissenschaftler*innen im Spannungsfeld von ökonomischer Inwertsetzung von Differenz einerseits und (liberalen) Gleichstellungspolitiken und Antidiskriminierungsrichtlinien andererseits konfrontiert?

Zwar halten wir das Diversitätsparadigma für größtenteils verunmöglichend. Dennoch wollen wir auch die ermöglichenden Implikationen betrachten[14] und im Folgenden unter Bezug auf Lordes Diktum „The Master's Tools Will Never Dismantle the Master's House" (1983) sowie Spivaks Konzept der „affirmative sabotage" (2012; vgl. auch Dhawan 2014a) reflektieren. Dabei kommt Lordes Gedanken eine doppelte Bedeutung zu: *With the Master's Tools* meint die Aneignung der Instrumente dominanter Diskurse, um sie zur Kritik und Dekonstruktion eben dieser Diskurse einzusetzen; *against the Master's Tools* bezeichnet eine Taktik, die sich zudem auch gegen die machtvollen Effekte der Spaltung und problematischen Gegenüberstellung von Differenzachsen richtet, die Mehrfachdiskriminierungen unsichtbar macht.

Gayatri Spivak, die koloniale Diskurse sowie Dekolonisierungspolitiken entlang ihrer Widersprüchlichkeiten analysiert, verweist in diesem Zusammenhang auf das Ausloten der Möglichkeiten von „enabling violations" („befähigende Verletzungen") und betont, „the enablement must be used, even if the violence is renegotiated" (2004, S. 524). Sie bezieht sich damit auf befähigende Verletzungen durch dominante Diskurse und ermutigt dazu, sich dennoch deren Instrumente als Werkzeuge der Kritik anzueignen.[15] Spivak bezeichnet dieses Vorgehen auch

---

[14]Dieses Dilemma zeigt sich auch in anderen gesellschaftlichen Bereichen sowie in sozialen Bewegungszusammenhängen und wurde diesbezüglich bereits ausführlicher diskutiert (Haritaworn 2015; Davis 1996; Kosnick 2014; für den US-Kontext in Bezug auf hochschulpolitische Debatten siehe Wynter 1994 sowie Michtell 2011).

[15]Frantz Fanon beschreibt dies anhand der Rolle des Radios, das ein wichtiges Instrument bei der Etablierung von kolonialer Kontrolle und ‚Superioritäts'-Diskursen war und von vielen kolonisierten Subjekten abgelehnt, dann im Rahmen des antikolonialen Widerstands jedoch angeeignet wurde (Fanon 1969). Fanon wie Spivak sabotieren solche Befähigungen aber auch in Bezug auf die Paradigmen der europäischen Aufklärung, die sie durch ihre postkolonialen Interventionen ihres eurozentrischen Universalismus' entkleiden, ohne dabei einen Partikularismus zu befürworten, sehen sie sie doch als Normen, die wir – um mit Spivak zu sprechen – nicht nicht wollen können (Spivak 1999).

als „affirmative sabotage" (2012), als eine Strategie also, die sich der Master's Tools bedient *(with)*, um das Master's House von innen zu entkleiden (siehe auch Dhawan 2014b). Diese Form der Sabotage ist Spivak zufolge insofern positiv, als die Aneignung der Master's Tools anderen Zwecken dient als ihre Verwendung in dominanten Diskursen. Affirmative Sabotage funktioniert jedoch niemals außerhalb dominanter Diskurse und ist zudem stark kontextabhängig sowie durch die Handlungsspielräume ihrer Akteur*innen geprägt (ebd.). Somit handelt es sich bei affirmativer Sabotage nicht um eine immer gleiche, eindeutige Strategie, sondern um ein Ausloten von ermöglichenden Spielräumen innerhalb eines bestimmten Kontextes.

So können Diversity-Programme beispielsweise angeeignet und genutzt werden, um feministische/postkoloniale/rassismuskritische Wissenschaftler*innen zu Veranstaltungen einzuladen, in denen es explizit um die konsequente Durchsetzung von Forderungen nach Antidiskriminierung und Gleichstellung sowie um die Berücksichtigung und Stärkung lokaler kritischer Positionen und Stimmen geht. Die Organisation von Anti-Rassismus-Workshops mithilfe der institutionellen Ressourcen von Gleichstellungs- und Diversity-Büros ist ein weiteres Beispiel für affirmative Sabotage in diesem Sinne. Damit wird ein Stück weit verwirklicht, was Diversity-Politiken vorgeben zu tun, und gleichzeitig ihren unsichtbar machenden Effekten begegnet. Diesem Verständnis zufolge bieten Diversity-Politiken Instrumente, die sich für unterschiedliche Zwecke – und damit auch gegen dominante Diversity-Diskurse – einsetzen lassen.

Vor dem Hintergrund eines solchen Verständnisses von Master's Tools werden feministische/postkoloniale/rassismuskritische Wissenschaftler*innen und Studierende, welche die unternehmerische Hochschule von innen unterwandern, auf eine ganz andere Weise zu ‚native informants'.

Affirmative Sabotage an dominanten Diversitätspolitiken zu begehen, meint für uns, die Kommodifizierung und Inwertsetzung (bestimmter) Differenzen ebenso wie die Herstellungsmechanismen dieser Differenzen als postkoloniale soziale Ungleichheiten zu kritisieren. *Gleichzeitig* steht sie für die konsequente Einforderung von Gleichstellung und Antidiskriminierung sowie die Transformation bestehender Machtverhältnisse. Diversitätspolitiken von den Ausschlüssen her zu denken, die sie re-produzieren, ermöglicht solche Formen der Kritik und des Einforderns.

Neben der affirmativen Sabotage von Diversitätspolitiken (*with* the Master's Tools) möchten wir noch einen zweiten bedeutsamen Aspekt im Zusammenhang mit Audre Lordes Gedanken hervorheben. Hier ist Lordes Kritik an Desolidarisierungslinien leider höchst aktuell, sind es doch die solidarischen Momente und Haltungen zwischen marginalisierten Gruppen und Subjektpositionen, die affirmative Sabotage ermöglichen. Lordes Intervention, die sich gegen die Kompliz*innenschaft weißer akademischer Feminist*innen bei der Reproduktion von Rassismus und klassenspezifischer Exklusion richtete, ist gerade auch für die Debatten um Diversity Management und Gender Mainstreaming im Hochschulkontext wichtig, sofern es um Spaltungen und ein Gegeneinander-Ausspielen von Differenzdimensionen geht: Sie kritisierte Inklusionsforderungen bei gleichzeitiger Ausblendung von verschränkten Unterdrückungs- und Differenzdimensionen als eindimensional und sah darin eine bloße Reproduktion der Master's Tools, die zur Stabilisierung von The Master's House beiträgt. *Against* the Master's Tools meint in diesen Fällen also Formen der intersektionalen Kritik an den machtvollen Effekten der problematischen Gegenüberstellung von Differenzachsen.

> Those of us who stand outside the circle of this society's definition of acceptable women; those of us who have been forged in the crucibles of difference – those of us who are poor, who are lesbians, who are Black, who are older – know that survival is not an academic skill. It is learning how to stand alone, unpopular and sometimes reviled, and how to make common cause with others identified as outside the structures in order to define and seek a world in which we all can flourish. It is learning how to take our differences and make them strengths. For the master's tools will never dismantle the master's house (Lorde 1983, S. 26).

Lorde lehnt die Master's Tools nicht *per se* ab, sondern sie kritisiert deren Verwendung im Rahmen der Komplizenschaft mit verschränkten Formen der Exklusion und Marginalisierung. Wenn Diversität nur als individuelle gewinnbringende Ressource gesehen wird, dann bilden sich schnell Momente der Entsolidarisierung heraus, wie zumeist an der Reproduktion von Rassismus und ökonomischsozialen Ungleichheiten deutlich wird (Kosnick 2014). Es gilt zu fragen, was wir tun, wenn wir Diversity fordern, Diversity-Konzepte entwickeln oder umsetzen, aber auch wen und welche Ungleichheiten wir mit der Kritik an Diversity unsichtbar machen. Nötig ist hierfür eine Kritik an der unternehmerischen Hochschule, die feministisch, rassismuskritisch und postkolonial ist. Dabei geht es sowohl um die Intersektionalität von Subjektpositionen als auch um die Verschränkungen unserer kritischen Interventionen innerhalb sowie außerhalb der Hochschule.

Literatur

Ahmed, S. (2012). *On Being Included. Racism and Diversity in Institutional Life*. Durham, London: Duke.
Ahmed, S. (2016). How Not to Do Things with Words. *Wagadu. A Journal of Transnational Women's and Gender Studies* 16, 1–8.
Alexander, J. M. (2005). *Pedagogies of Crossing. Meditations on Feminism, Sexual Politics, Memory, and the Sacred*. Durham, London: Duke University Press.
Anderson, B. (2006). *Imagined Communities. Reflections on the Origin and Spread of Nationalism*. London: Verso.
Apple, M. (2010). *Global Crisis, Social Justice, and Education*. New York: Routledge.
Ball, S. (2012). *Global Education Inc*. New York: Routledge.
Barskanmaz, C. (2008). Rassismus, Postkolonialismus und Recht – Zu einer deutschen *Critical Race Theory*? *Kritische Justiz* 41 (3), 296–302.
Bilge, S. (2013). Intersectionality Undone. Saving Intersectionality from Feminist Intersectionality Studies. *Du Bois Review* 10 (2), 405–424.
Blome, E., Erfmeier, A., Gülcher, N., & Smykalla, S. (2013). *Handbuch zur Gleichstellungspolitik an Hochschulen. Von der Frauenförderung zum Diversity Management?* Wiesbaden: VS Verlag.
Bourdieu, P. (1988). *Homo Academicus*. Stanford: Stanford University Press.
Davis, A. Y. (1996). Gender, Class, and Multiculturalism: Rethinking „Race" Politics. In A. F. Gordon, & C. Newfield (Hrsg.), *Mapping multiculturalism* (S. 40–48). Minneapolis, London: University of Minnesota Press.
Dhawan, N. (2014a). Affirmative Sabotage of the Master's Tools. The Paradox of Postcolonial Enlightenment. In N. Dhawan (Hrsg.), *Decolonizing Enlightenment. Transnational Justice, Human Rights and Democracy in a Postcolonial World* (S. 19–78). Opladen, Berlin, Toronto: Barbara Budrich.
Dhawan, N. (2014b). Deutsch. Lieben. Lernen. Interview mit Nikita Dhawan. *Migrazine*. Online Magazin von Migrantinnen für alle. http://www.migrazine.at/artikel/deutsch-lieben-lernen. Zugegriffen: 7. November 2016.
Dhawan, N., & Castro Varela, M. d. M. (2010). Mission Impossible? Postkoloniale Theorie im deutschsprachigen Raum. In J. Reuter, & P.-I. Villa (Hrsg.): *Postkoloniale Soziologie. Empirische Befunde, theoretische Anschlüsse, politische Intervention* (S. 239–260). Bielefeld: Transcript.
Dhawan, N., & Castro Varela, M. (2017). ‚What Difference Does Difference Make?': Diversity, Intersectionality and Transnational Feminist Politics. *Wagadu: A Journal of Transnational Women's and Gender Studies* 16, 9–43.
Eggers, M. M. (2011). Diversity/Diversität. In S. Arndt, & N. Ofuatey-Alazard (Hrsg.), Wie Rassismus aus Wörtern spricht. (K)Erben des Kolonialismus im Wissensarchiv deutsche Sprache. Ein kritisches Nachschlagewerk (S. 254–261). Münster: Unrast.
Eggers, M. M., Kilomba, G., Piesche, P., & Arndt, S. (2009). *Mythen, Masken und Subjekte. Kritische Weißseinsforschung in Deutschland*. Münster: Unrast.
Erel, U., Haritaworn, J., Gutiérrez Rodríguez, E., & Klesse, C. (2008). On the Depoliticisation of Intersectionality Talk: Conceptualising Multiple Oppressions in Critical Sexuality Studies. In A. Kuntsman, & E. Miyake (Hrsg.), *Out of Place: Interrogating Silences in Queerness/Raciality* (S. 265–292). New York: Raw Nerve Books.

Fanon, F. (1967). *Black Skin, White Masks*. New York: Grove Press.
Fanon, F. (1969). *Aspekte der algerischen Revolution*. Frankfurt a.M.: Suhrkamp.
Fereidooni, K. (2016). *Diskriminierungs- und Rassismuserfahrungen im Schulwesen. Eine Studie zu Ungleichheitspraktiken im Berufskontext*. Wiesbaden: Springer VS.
Foucault, M. (1980). *Power/Knowledge. Selected Interviews and Other Writings 1972–1977*. Hrsg. von C. Gordon. New York: Pantheon Books.
Grosfoguel, R. (2013). The Structure of Knowledge in Westernized Universities. Epistemic Racism/Sexism and the Four Genocides/Epistemicides of the Long 16th Century. *Human Architecture. Journal of the Sociology of Self-Knowledge* 11 (1), 73–90.
Gutiérrez Rodríguez, E. (2016). Sensing Dispossession. Women and Gender Studies between Institutional Racism and Migration Control Policies in the Neoliberal University. *Women's Studies International Forum* 54, 167–177.
Ha, K. N. (2016). Weiße Parallelgesellschaft oder wie rassistisch ist die Universität? *Migazin*. http://www.migazin.de/2016/05/10/weisse-parallelgesellschaft-oder-wie-rassistisch-ist-die-universitaet/. Zugegriffen: 10. Januar 2017.
Ha, K. N., Ha, N., Meshgana, M. (Hrsg.) (2018). Geschlossene Gesellschaft? Exklusion und rassistische Diskriminierung an deutschen Universitäten. Dossier. *Heimatkunde*. Migrationspolitisches Portal der Heinrich Böll Stiftung. https://heimatkunde.boell.de/geschlossene-gesellschaft-universitaet. Zugegriffen: 27. Oktober 2017.
Hall, S. (1992). The West and the Rest. Discourse and Power. In S. Hall, & B. Gieben (Hrsg.), *Formations of Modernity* (S. 185–225). Cambridge: Polity Press.
Hark, S. (2016). Contending Directions. Gender Studies in the Entrepreneurial University. *Women's Studies International Forum* 54, 84–90.
Haritaworn, J. (2012). *The Biopolitics of Mixing. Thai Multiracialities and Haunted Ascendancies*. Farnham, UK: Ashgate.
Haritaworn, J. (2015). *Queer Lovers, Hateful Others. Regenerating Violent Times and Places*. Chicago: University of Chicago Press.
KOP [Kampagne für Opfer Rassistischer Polizeigewalt] (Hrsg.) (2016). *Alltäglicher Ausnahmezustand. Institutioneller Rassismus in deutschen Strafverfolgungsbehörden*. Münster: Edition Assemblage.
Karakayali, J., & zur Nieden, B. (2013). Rassismus im Klassen-Raum. Segregation nach Herkunft an Berliner Grundschulen. *sub/urban. zeitschrift für kritische stadtforschung* 2, 61–78.
Kilomba, G. (2008). *Plantation Memories. Episodes of Everyday Racism*. Münster: Unrast.
Kosnick, K. (2014). Nach dem Multikulturalismus. Aspekte des aktuellen Umgangs mit Diversität und Ungleichheit in der Bundesrepublik Deutschland. In H. Drotbohm, & B. Nieswand (Hrsg.), *Kultur, Gesellschaft, Migration. Die reflexive Wende in der Migrationsforschung* (S. 297–323). Wiesbaden: Springer VS.
Kuria, E. N. (2015). *Eingeschrieben: Zeichen setzen gegen Rassismus an deutschen Hochschulen*. Berlin: w_orte und meer Verlag.
Lewicki, A. (2014). Allgemeines Gleichbehandlungsgesetz: Zwischenbilanz eines brüchigen Konsenses. *Aus Politik und Zeitgeschichte* 64 (13–14), 21–27. http://www.bpb.de/apuz/180859/allgemeines-gleichbehandlungsgesetz-zwischenbilanz-eines-bruechigen-konsenses?p=all. Zugegriffen: 7. November 2016.

Lorde, A. (1983). The Master's Tools Will Never Dismantle the Master's House. In C. Moraga, & G. Anzaldúa (Hrsg.), *This Bridge Called My Back. Writings by Radical Women of Color* (S. 25–27). New York: Kitchen Table Press.

Loick, D. (2016). We Look Out For Each Other. Für eine Welt ohne Polizei. In *Prager Frühling* 24. https://www.prager-fruehling-magazin.de/de/article/1270.we-look-out-for-each-other.html#_ftn6. Zugegriffen: 10. Januar 2017.

Lugones, M. (2007). Heterosexualism and the Colonial/Modern Gender System. *Hypatia* 22 (1), 186–209.

Maldonado-Torres, N. (2004). The Topology of Being and the Geopolitics of Knowledge. Modernity, Empire, Coloniality. *City* 8 (1), 29–56.

Mbembe, A. (2016). Decolonizing the University. New Directions. *Arts and Humanities in Higher Education* 15 (1), 29–45.

Mitchell, N. (2011). *Disciplinary Matters: Black Studies and the Politics of Institutionalization*. Dissertation. Santa Cruz: University of California.

Mohanty, C. T. (2003). *Feminism without Borders. Decolonizing Theory, Practicing Solidarity*. Durham, NC: Duke University Press.

Neusel, A., Wolter, A., Engel, O., Kriszio, M., & Weichert, D. (2014). *Internationale Mobilität und Professur. Karriereverläufe und Karrierebedingungen von Internationalen Professorinnen und Professoren an Hochschulen in Berlin und Hessen*. Abschlussbericht an das Bundesministerium für Bildung und Forschung. Berlin. https://www.erziehungswissenschaften.hu-berlin.de/de/mobilitaet/projektergebnisse/abschlussbericht-1/abschlussbericht-internationale-mobilitaet-und-professur.pdf. Zugegriffen: 6. Juni 2017.

Peucker, M. (2010). Arbeitsmarktdiskriminierung von MigrantInnen – Zwischen strukturellen Barrieren und interpersoneller Ausgrenzung. Dossier. *Heimatkunde*. Migrationspolitisches Portal der Heinrich Böll Stiftung. https://heimatkunde.boell.de/2010/04/01/arbeitsmarktdiskriminierung-von-migrantinnen-zwischen-strukturellen-barrieren-und. Zugegriffen: 10. Januar 2017.

Purtschert, P. (2007). Diversity Management. Mehr Gewinn durch weniger Diskriminierung? Von der Differenz im Umgang mit Differenzen. *Femina Politica* 1, 88–96.

Pusser B., & Marginson, S. (2013). University Rankings in Critical Perspective. *The Journal of Higher Education* 84 (4), 544–568.

Puwar, N. (2004). *Space Invaders: Race, Gender and Bodies Out of Place*. London, UK: Berg Publishers.

Sauer, B. (2012). *Intersektionalität und Staat. Ein staats- und hegemonietheoretischer Zugang zu Intersektionalität*. http://portal-intersektionalitaet.de/theoriebildung/ueberblickstexte/sauer/. Zugegriffen: 10. Januar 2017.

Spivak, G. Ch. (1993). *Outside in the Teaching Machine*. New York: Routledge.

Spivak, G. Ch. (1999). *A Critique of Postcolonial Reason*. Cambridge: Harvard University Press.

Spivak, G. Ch. (2004). Righting Wrongs. *The South Atlantic Quarterly* 103 (2/3), 523–581.

Spivak, G. Ch. (2010 [1988]). Can the Subaltern Speak? In R. C. Morris (Hrsg.), *Can the Subaltern Speak? Reflections on the History of an Idea* (S. 21–78). New York: Columbia University Press.

Spivak, G. Ch. (2012). *An Aesthetic Education in the Era of Globalization*. Cambridge: Harvard University Press.

Thompson, V. E., & Zablotsky, V. (2017). Rethinking Diversity in Academic Institutions - For a Repoliticization of Difference as a Matter of Social Justice'. *Wagadu: A Journal of Transnational Women's and Gender Studies* 16, 77–95.

Wynter, S. (1994). No Humans Involved. An Open Letter to my Colleagues. *Forum H.H.I. Knowledge for the 21st Century* 1 (1): 42–73.

Wynter, S. (2003). Unsettling the Coloniality of Being/Power/Truth/Freedom. Towards the Human, after Man, Its Overrepresentation – an Argument. *The New Centennial Review* 3 (3), 257–337.

Wynter, S. (2006). On How We Mistook the Map for the Territory, and Reimprisoned Ourselves in Our Unbearable Wrongness of Being, of Desêtre. Black Studies Toward the Human Project. In L. R. Gordon, & J. A. Gordon (Hrsg.), *A Companion to African-American Studies* (S. 107–118). Oxford: Blackwell Publishing Ltd.

Institutioneller Rassismus und Migrationskontrolle in der neoliberalen Universität am Beispiel der Frauen- und Geschlechterforschung

Encarnación Gutiérrez Rodríguez

Bereits 1994 machte die Weltbank den Bildungssektor als einen zukunftsträchtigen Investitionsbereich aus und empfahl die Einführung von Studiengebühren sowie eines Kreditsystems für Studierende (vgl. Hartmann 2003). Allerdings war zu diesem Zeitpunkt noch nicht absehbar, mit welcher Schnelligkeit diese Empfehlung Eingang in Hochschulreformen finden würde. Seitdem expandiert die kapitalistische Logik im Bildungsbereich weltweit. Zu den ersten Hochschulen, die dieser Entwicklung folgten, zählen privat finanzierte Universitäten in den USA und öffentliche Universitäten in Großbritannien (Pusser und Marginson 2013). Die eigentliche Aufgabe der Hochschule – mündige Bürger*innen auszubilden – wird zunehmend durch eine Dienstleistungslogik ersetzt, die Studierende als Kund*innen behandelt (Apple 2006, 2010). Bildung ist zur Ware geworden, ein Konsumgut in einem von Wettbewerb und Prekarität charakterisierten Arbeitsmarkt (Burch 2009). Basierend auf der neoliberalen Überzeugung, dass eine gute Ausbildung nur privat finanziert werden könne und dass freie Bildung

---

Dieser Beitrag ist eine übersetzte und überarbeitete Fassung des Artikels „Sensing dispossession. Women and Gender Studies between institutional racism and migration control policies in the neoliberal university", der im *Women's Studies International Forum* 54 (2016), 167–177 erschienen ist.

E. Gutiérrez Rodríguez (✉)
Gießen, Deutschland
E-Mail: e.gutierrez-rodriguez@sowi.uni-giessen.de

ein Relikt des überholten europäischen Wohlfahrtsstaates sei, wird diese Entwicklung durch eine wettbewerbsorientierte Agenda im globalen Hochschulbildungsmarkt vorangetrieben (Ball 2012).

Vor diesem Hintergrund können Internationalisierungsbestrebungen an Hochschulen nicht mehr jenseits der Ökonomisierung von Bildung diskutiert werden. Universitäten in den USA, in Großbritannien, in Australien und auch in Frankreich, den Niederlanden, den skandinavischen Ländern sowie in lateinamerikanischen Ländern wie Brasilien, Mexiko, Kolumbien, Chile und Ecuador orientieren sich immer stärker an einem global agierenden Hochschulbildungsmarkt – in Deutschland ist dieser Prozess aktuell ebenfalls zu beobachten. Insbesondere für US-amerikanische und britische Universitäten stellen internationale Studierende in diesem Zusammenhang eine Einnahmequelle dar (King und Raghuram 2013). Migrationsforscher*innen weisen auf die zunehmenden Mobilitäts- und Migrationsbewegungen von internationalen Studierenden hin, die aus dieser Entwicklung resultieren (Bhandari und Laughlin 2009; Brooks und Waters 2011; Byram und Dervin 2008). Unter dem Stichwort „international student migration/mobility" untersuchen zum Beispiel Russell King und Parvathi Raghuram (2013, S. 129) das Wechselspiel von Migrationsgesetzgebung und der Rekrutierung von internationalen Studierenden in den USA und Großbritannien. Während diese Hauptanwerbeländer ihre Aufenthalts-, Einreise- und Niederlassungsbestimmungen für internationale Studierende in den 1990er-Jahren zunächst gelockert hatten, wurden sie nach den Terroranschlägen vom 11. September 2001 in New York und vom 7. Juli 2004 in London wieder verschärft.

Ausgehend von diesen Entwicklungen behandelt der vorliegende Aufsatz die Internationalisierung der Hochschule im Rahmen von Politiken der Migrationskontrolle und institutionellem Rassismus. Der Fokus liegt dabei auf der Geschlechterforschung und den Gender Studies. Weil sie internationale postgraduierte Studierende und Wissenschaftler*innen rekrutieren, stellen sich auch für Lehr- und Forschungseinrichtungen in der Geschlechterforschung und den Gender Studies Fragen nach dem Umgang mit institutionellen Rassismus und Politiken der Migrationskontrolle. Deshalb diskutiert der Beitrag zunächst die Rolle der Geschlechterforschung und der Gender Studies innerhalb der neoliberalen Universität. In einem zweiten Schritt werden rassismuskritische Debatten behandelt, die Universitäten als Orte hegemonialen *Weiß*-Seins in Deutschland und Großbritannien thematisieren. Anschließend werden die diskriminierenden Effekte von Migrationspolitiken an Universitäten in einem breiteren Kontext diskutiert. In einem vierten Schritt wird die Affektökonomie dieser Politiken untersucht. Der Blick auf Affekte verdeutlicht, dass Politiken nicht nur soziale Räume und Beziehungen regieren und regulieren, sondern sich in Form von erfahrenen emotionalen Verletzungen auch körperlich materialisieren, an Körpern ‚kleben' (Ahmed 2004). In diesem Sinne erkundet der Artikel durch Politiken der Migrationskontrolle vermittelte und erzeugte Gefühle der Aberkennung. Er schließt mit einigen Gedanken, wie Geschlechterforschung und Gender Studies zum Projekt einer antirassistischen Universität beitragen können.

Theoretische Bezugspunkte dieses Artikels sind Studien, die Geschlechterforschung und Gender Studies in der neoliberalen Universität untersuchen (vgl. Ahmed 2012; Aulenbacher et al. 2015; Aulenbacher und Riegraf 2012; Baird 2010; Campbell und McCready 2014; Hark 2005, 2014; Kahlert 2007; Liinason 2011; Nash 2013; Newson 2012; Pereira 2015; Probyn 2004; Riegraf et al. 2010), aber auch Anibal Quijanos Konzept der Kolonialität der Macht (Quijano 2000, 2008) sowie Analysen zu institutionellem Rassismus in der Hochschule (Cole 2009; Law et al. 2004).

1 Geschlechterforschung: Innerhalb/Außerhalb der neoliberalen Universität

Die Forschung zur Ökonomisierung der Bildung und insbesondere zur Vermarktlichung der sekundären und tertiären Bildung (Kauppinen 2012; Massey 2004; Santos 2010) hat auf die Entwicklung eines akademischen Kapitalismus aufmerksam gemacht (Education Commission 2012; Rhoades und Slaughter 2004; Slaughter und Leslie 1997, 2001; Slaughter und Rhoades 2000). Um die Auswirkungen dieser Entwicklung aufzuzeigen, konzentriert sich die Forschung in diesem Feld auf Curricula (Apple 2006, 2014), die Implementierung neoliberaler Politiken (Ball 2007), das Zusammenspiel von Wirtschaft und Bildung (Pusser et al. 2012), den institutionellen Einfluss von Evaluations- und Qualitätsmanagement (Shore und Wright 1999) und die Produktion neoliberaler akademischer Subjektivität (Ball 2012).

Wenngleich diese Forschung unser Wissen über die Verwobenheit von Bildung, Politik und Wirtschaft vertieft hat, schenkte sie der Reproduktion von vergeschlechtlichter und rassifizierter Ungleichheit zu wenig Beachtung. Um diese Frage anzugehen, ist es wichtig, die Etablierung von Geschlechterforschung und Gender Studies im Rahmen der Entstehung der neoliberalen Universität zu verorten. Für diesen Prozess waren drei Elemente bestimmend: erstens die Einführung eines gemeinsamen europäischen, auf drei Jahre angelegten modularisierten Bachelor-Abschlusses, um im Rahmen des Bologna-Vertrags vergleichbare EU-weite Qualitätsstandards für höhere Bildungsabschlüsse zu schaffen (Alesi und Kehm 2010), zweitens die Kürzungen öffentlicher Mittel an den Hochschulen im Zuge der staatlichen Sparmaßnahmen in Reaktion auf die Finanzkrise 2008 sowie drittens die in den 1990er-Jahren initiierte zunehmende Vermarktlichung öffentlicher Bildung (Ball 2007; Hartmann 2003; Kauppinen 2014; Sappey 2005). In diesem Rahmen sind marktbasierte Lernformate, Evaluationsmanagementkonzepte und -strategien sowie Markenbildung (Branding) vorangetrieben worden (Maskovsky 2012; Sayer 2014; Spivak 2012). Zusätzlich haben internationale Ranglisten zur wissenschaftlichen und ökonomischen Leistungsfähigkeit von Hochschulen Eingang in die Hochschulstrategieplanung gefunden. Diese Ranglisten haben eine doppelte Funktion, denn einerseits werden über sie Kriterien für Forschungsqualität und institutionelle Reputation bestimmt und auf der anderen Seite werden diese Kriterien auf der Grundlage der Outputs der führenden Universitäten festgelegt. Angeführt werden die Ranglisten von privaten und öffentlichen Eliteuniversitäten aus den USA und Großbritannien (Pusser und Marginson 2013), die über hohe Einnahmen, Drittmittel und gesellschaftliches Ansehen verfügen. Diese Institutionen sind durch selektive Zulassungsverfahren, eine internationale Zusammensetzung ihrer Fachbereiche und Studierendenschaft, hohe Forschungseinnahmen und eine erhebliche Anzahl an Publikationen in international renommierten Fachzeitschriften, bestehend vor allem aus 167 Zeitschriften aus den USA und Großbritannien, gekennzeichnet. Außerdem sind sie führend bei der Etablierung von elitären Business, Management und Law Schools und sie tätigen hohe Investitionen im naturwissenschaftlichen und technischen Bereich. Diese Universitäten belegen die einhundert ersten Plätze in globalen Ranglisten und dienen somit als Maßstab für andere Universitäten weltweit (Pusser und Marginson 2013). In Großbritannien etwa hängt staatliche Förderung von der Position in den globalen Hochschulrankings ab, was in einigen Fällen zu starken Einschnitten in Bereichen führt, die als weniger finanzstark gelten. Das betrifft vor allem geisteswissenschaftliche Disziplinen (Lynch 2010; Spivak 2012) und teilweise auch die stärker explorativ, ethnografisch und qualitativ ausgerichteten Sozialwissenschaften (Chatterton et al. 2010; MacGregor 2012; Rice 2011).

Angesiedelt an der Schnittstelle von Geistes- und Sozialwissenschaften, stehen Geschlechterforschung und Gender Studies ambivalenten Entwicklungen gegenüber. Denn auf der einen Seite können insbesondere Gender Studies in Diversity-freundlichen Institutionen infrastrukturelle Unterstützung im Sinne einer Konsolidierung oder eines Ausbaus erfahren. Auf der anderen Seite sind sie von Restrukturierungsmaßnahmen betroffen. So haben zum Beispiel einige Universitäten in Großbritannien und in Deutschland in den letzten fünf Jahren die

Entstehung von Programmen und Zentren für Postgraduierte im Bereich Gender Studies gefördert. Oft jedoch besteht diese Förderung aus befristeten Mitteln und Stellen. Zudem ist dieser Bereich unter dem Stichwort ‚Interdisziplinarität' in vielen Fällen amorph, weil ohne disziplinäre institutionelle Anbindung organisiert. Dieser Mangel an Institutionalisierung führt zu einem begrenzten Zugang zu entfristeten Stellen, Räumen und sonstigen Ressourcen. Aufgrund dieser prekären Infrastruktur werden Seminare oftmals von Lehrpersonal aus anderen Disziplinen und immer mehr von Lehrbeauftragten angeboten, die nur kurzzeitig eingestellt werden – dabei handelt es sich hauptsächlich um feminisierte, rassifizierte, einheimische und internationale befristet Lehrende und Forschende auf der untersten Einkommensstufe.

Gender Studies und Geschlechterforschung nehmen in der neoliberalen Universität demnach eine ambivalente Position ein. Auf der einen Seite werden Forschungs- und Lehrschwerpunkte in den Gender Studies an einigen Universitäten verankert und ausgebaut, wenn sie als ertragreich und zukunftsträchtig gelten, was wiederum von politischen und ökonomischen Konjunkturen abhängig ist. Auf der anderen Seite sind Gender Studies zum Angriffsziel misogyner und homophober Attacken geworden, wie die anti-Gender und antifeministischen Anfeindungen von Gender-Forscher*innen in den Medien in den skandinavischen Ländern und in Deutschland in den letzten Jahren zeigen.[1] Inzwischen findet eine breite Auseinandersetzung mit Anti-Genderismus statt; in den letzten fünf Jahren sind zahlreiche Publikationen zu diesem Thema erschienen (vgl. Baird 2010; Campbell und McCready 2014; Hark und Villa 2015; Kahlert 2007; Nash 2013; Newson 2012; Pereira 2015). Bei näherer Betrachtung fällt jedoch auf, dass eine kritische Auseinandersetzung mit der Universität als Ort der Reproduktion hegemonialer nationaler weißer Eliten in dieser Literatur kaum Beachtung findet.

---

[1] Attacken gegen Wissenschaftler*innen, die zu sexualisierter Gewalt, Geschlechterungerechtigkeit sowie geschlechtsspezifischen, sexualisierten und rassifizierten Machtverhältnissen arbeiten, wurden vor Kurzem in Deutschland in liberalen und vorgeblich neutralen Zeitungen und Zeitschriften wie *Die Zeit* und *Lehre & Forschung* veröffentlicht. Artikel in diesen Medien drücken offen antifeministische und homophobe Haltungen aus (für weitere Informationen und Kritik siehe: http://dasendedessex.de/ueberlick-angriffe-gegen-geschlecherforscher_innen-und-sexualpädagog_innen-und-die-positionierung-von-fachgesellschaften/- (zugegriffen: 23. Mai 2016). Auch in skandinavischen Ländern wurde diese Entwicklung in den letzten Jahren beobachtet und von einigen feministischen Wissenschaftler*innen als rechtspopulistische und migrationsfeindliche Rhetorik kritisiert (vgl. Eriksson 2013; Johansson und Lilja 2013; Keskinen 2013).

Eine kritische Beschäftigung mit institutionellem Rassismus erscheint daher notwendig (vgl. Christian 2012; Kuria 2015; Mählck 2013; Mohammad et al. 2012; Smith 2013; Sow 2014).

2 Weiße nationale (männliche) Eliten und institutioneller Rassismus

In den letzten Jahren haben Debatten über die neoliberale Universität die Aufmerksamkeit auf institutionellen Rassismus in der Wissenschaft gelenkt (Ahmed 2012; Christian 2012; Lee und Cantwell 2012). Wie Mike Cole (2009) bemerkt, bleibt die Analyse von institutionellem Rassismus nicht bei den Strukturen stehen, sondern beleuchtet besonders das Zusammenspiel von alltäglichen und institutionellen Praxen. Institutionellen Rassismus zu analysieren, impliziert daher eine Untersuchung von

> collective acts and/or procedures in an institution or institutions (locally, nationwide, continent-wide or globally) that intentionally or unintentionally have the effect of racializing, via ‚common sense', certain populations or groups of people. This racialization process cannot be understood without reference to economic and political factors related to developments and changes in national, continental-wide and global capitalism (Cole 2009, S. 91–92).

Die Analyse von institutionellem Rassismus an Universitäten wirft Fragen nach Exklusions- und Inklusionsmechanismen auf. Diese Mechanismen operieren im Rahmen der Kolonialität der Macht.[2] Das Konzept der Kolonialität der Macht des peruanischen Soziologen Anibal Quijano (Quijano 2000, 2008) beschreibt das Aufkommen eines Denksystems, das auf einer rassifizierten Betrachtung von Welt und Menschen basiert. Wie Quijano feststellt, wurde mit Beginn der Moderne im Rahmen des von Spanien und Portugal angeführten europäischen

---

[2]Während des spanischen und portugiesischen Kolonialismus im 16. Jahrhundert wurde ein rassistisches soziales Zuordnungssystem etabliert, das vom 18. bis 20. Jahrhundert durch andere europäische Kolonialmächte wie Holland, England, Frankreich, Belgien, Deutschland und Italien weiterentwickelt wurde. Trotz der Dekolonialisierung in den *Américas* im 19. Jahrhundert und in Asien und Afrika in der zweiten Hälfte des 20. Jahrhunderts bleibt das koloniale Muster der Rassifizierung, modifiziert durch spezifische historische und regionale Kontingenzen, einer der wichtigsten Stratifizierungsmechanismen in gegenwärtigen Gesellschaften.

Kolonialismus im 16. Jahrhundert ein koloniales Denkmuster universalisiert, das Bevölkerungsgruppen anhand von homogenen Rassenkonstruktionen ordnete. Diese Rassifizierung der Bevölkerung ging mit einer sozialen Hierarchisierung einher, die Positionen der Überlegenheit und Unterlegenheit entlang der Skala Mensch – ‚Ding' zuschrieb. Diese rassistische Logik der Differenzierung und Hierarchisierung artikuliert sich heute, wenn auch unter veränderten Vorzeichen, im Feld aktueller Rassifizierungsprozesse an der Hochschule.

Als Orte der Institutionalisierung von Wissensproduktion sind Universitäten strategische *loci* für die Etablierung kultureller und politischer Hegemonie (Bourdieu 1988; Pusser und Marginson 2013). Wie ich an anderer Stelle (Gutiérrez Rodríguez 2010b) in Bezug auf Bourdieus *Homo Academicus* diskutiert habe, spiegeln Universitäten tief verwurzelte, durch Klasse, ‚race', Behinderung, Geschlecht, Sexualität und Migration markierte soziale Ungleichheiten wider. Folglich zeigen sich an Universitäten die vor Ort vorhandenen sozialen Ungleichheitslagen. Was an deutschen und britischen staatlichen Universitäten auffällt, ist die durch Klasse, Nationalität und ‚race' bestimmte Schichtung dieser Institutionen. Weil sie ihr Personal hauptsächlich aus der weißen nationalen Mehrheitsgesellschaft rekrutieren, sind diese Institutionen bevorzugte Orte für die Reproduktion weißer nationaler Eliten (Pusser und Marginson 2013).

Dementsprechend kann sich eine Analyse der Restrukturierung der Universität nicht auf ökonomische Fragen beschränken. Vielmehr offenbaren die Verhandlungen um öffentliche Ausgabenkürzungen und Sparmaßnahmen eine ideologische Dimension (Apple 2010). Das heißt, den Restrukturierungsmaßnahmen der neoliberalen Universität könnten politische Interessen zugrunde liegen, die an ideologische Projekte anknüpfen (Apple 2012; Ball 2012; Maskovsky 2012). In diesem Zusammenhang verdienen Diskussionen über Gender und Diversity[3] einige Aufmerksamkeit (Ahmed 2012). Programme zu Diversity bilden bereits Kernelemente in Qualitätssicherungs- und Personalmanagementstrategien an britischen wie auch an deutschen Universitäten. Im britischen Kontext schreibt das Prinzip Diversität ein institutionelles Ziel vor. Es erlaubt eine symbolische Repräsentation von weißen Frauen und Angehörigen sogenannter ‚Black and Minority

---

[3]Im vorliegenden Text wird der englische Begriff Diversity verwendet, wenn Programme an Universitäten gemeint sind, die unter dieser Bezeichnung laufen. Ansonsten wird im Text der deutsche Begriff Diversität benutzt, um die Konzeptualisierung der Universität als Ort vielfältiger sprachlicher, religiöser und kultureller Begegnungen zu thematisieren.

Ethnic'-Gruppen (BME).[4] Trotzdem hat die ansatzweise Berücksichtigung von Frauen und rassifizierten sowie ethnisierten Minderheiten in führenden Management- und Forschungspositionen die strukturell geschlechtsspezifische und rassifizierte Arbeitsteilung an Universitäten kaum verändert.

Demzufolge sollte die Frage gestellt werden, wie die Benachteiligung von ökonomisch schwachen Bevölkerungsgruppen im Bildungssystem mit Prozessen der Vergeschlechtlichung und der Rassifizierung zusammenhängt. Dies wird auch deutlich, wenn wir Kürzungsvorgaben an den Hochschulen im Zeichen von Sparpolitiken betrachten. Hinter einem Diskurs, der das Argument vermittelt, es werde aus einer gesellschaftlichen Notwendigkeit heraus ökonomisch rational gehandelt, verbirgt sich eine ideologische Dimension (Apple 2012; Ball 2012; Maskovsky 2012). Denn diese Sparmaßnahmen operieren auf der Grundlage eines hegemonialen Konsenses, der nicht nur Bildung zu einem kostspieligen Gut erklärt, den sich nur ökonomisch wohlgestellte Haushalte leisten können. Vielmehr findet in diesem Rahmen eine Neuordnung vergeschlechtlichter und rassifizierter Hierarchien im höheren Bildungssystem statt.

In den letzten Jahrzehnten haben Gleichstellungsmaßnahmen an deutschen und britischen Universitäten zu einem moderaten Anstieg der Anzahl von cis-Frauen in Professuren geführt, die jedoch meist *weiß* und Angehörige der nationalen Eliten oder der Mittelschicht sind. Trans und People of Colour (POC) und Angehörige von BME- und post/migrantischen Gruppen sind auf der Ebene der Professuren kaum vertreten. Wie ein aktueller Bericht der University and College Union (UCU) zeigt, sind lediglich 85 der 18.500 Professor*innen im Vereinigten Königreich Schwarz, darunter nur 17 Schwarze cis-Frauen (UCL 2014; UCU 2013).

In Deutschland zeigen Untersuchungen über die Internationalisierung der Forschung ähnliche Ergebnisse (Bakshi-Hamm 2008; Bakshi-Hamm und Lind 2008; Lind und Löther 2008; Neusel 2010, 2012; Neusel et al. 2014). Allerdings sind

---

[4]Die Verwendung der Begriffe Schwarz, People of Colour (POC), post/migrantisch und Black and Minority Ethnic entspringt politischen Verwendungen dieser Begriffe in Deutschland und dem Vereinigten Königreich. Während im Vereinigten Königreich BME und Black als Bezeichnungen für politische Identitäten benutzt wurden, entstand in Deutschland in den 1980er-Jahren der Ausdruck Schwarz, um die politische Identität Schwarzer Deutscher und anderer Schwarzer Menschen zu bezeichnen (Oguntoye et al. 1992, orig. 1986). In den 1990er-Jahren tauchte der Begriff Migrant*in als politische Kategorie auf (FeMigra 1994). Aktuell werden die Begriffe Schwarz (Community Statement 2015), POC und postmigrantisch als politische Kategorien in antirassistischen und dekolonialen Interventionen an deutschen Universitäten verwendet. Ich benutze in diesem Artikel Schwarz, POC und post/migrantisch, um Auslassungen zu vermeiden. Dennoch bin ich mir der geopolitisch kontextualisierten Bedeutungen dieser politischen Identitäten bewusst.

präzise statistische Aussagen aufgrund der ungenügenden Datenlage nicht möglich. Seit 2005 erfasst der Mikrozensus die Kategorie „Personen mit Migrationshintergrund".[5] In der Personalstatistik des Statistischen Bundesamtes wird ab dem Berichtsjahr 2005 die Staatsangehörigkeit der Hochschulangehörigen ausgewiesen. Friedhelm Maiworm hat im Rahmen einer vom Deutschen Akademischen Austauschdienst und anderen beauftragten Studie Kennzahlen zur Internationalität an deutschen Hochschulen berechnet. Diese Berechnung „erfolgte zum einen auf der Basis des gesamten wissenschaftlichen und künstlerischen Personals – Professoren, Dozenten und Assistenten, wissenschaftliche und künstlerische Mitarbeiter, Lehrkräfte für besondere Aufgaben, Gastprofessoren und Emeriti, Lehrbeauftragte und wissenschaftliche Hilfskräfte – und zum anderen nur für die Gruppe der Professoren" (DAAD 2017, S. 61). Die Studie hält fest, dass im Zeitraum von 2006 bis 2014 „der Anteil des wissenschaftlichen und künstlerischen Personals mit ausländischer Staatsangehörigkeit zunächst von zehn Prozent in 2006 auf 9,5 Prozent im Jahr 2008 zurückgegangen [ist]. Seit 2009 ist dann wieder ein Anstieg bis auf 10,8 Prozent im Jahr 2014 festzustellen. Der Anteil ausländischer Professoren ist seit 2006 von 5,5 Prozent auf 6,6 Prozent im Jahr 2014 angestiegen […]" (ebd., S. 64). Mit Verweis auf die Hochschulpersonalstatistik des Statistischen Bundesamtes gehen Neusel et al. davon aus, dass der Anteil von cis-Frauen in Professuren mit nicht-deutscher Staatsangehörigkeit im Zeitraum von 2005 bis 2010 von 4,8 % auf 6,1 % gestiegen ist (Neusel et al. 2014, S. 15). Um den aktuellen Stand zu eruieren, arbeiteten die Autor*innen dieser Studie mit fünf Datengrundlagen: einer Sonderauswertung der Hochschulpersonalstatistik des Statistischen Bundesamts für das Jahr 2010, einer Sonderauswertung der Daten aus dem Mikrozensus 2011, einer Internetrecherche, einer Erhebung mittels Erfassungsbogen durch die Hochschulen selbst sowie einer Online-Befragung von cis-Frauen in Professuren (ebd., S. 9–13). Auf dieser Basis schätzten Neusel et al. die Gesamtzahl der internationalen Professorinnen zu Beginn der 2010er-Jahre in Berlin und Hessen

---

[5]„Eine Person hat einen Migrationshintergrund, wenn sie selbst oder mindestens ein Elternteil nicht mit deutscher Staatsangehörigkeit geboren wurde. Im Einzelnen umfasst diese Definition zugewanderte und nicht zugewanderte Ausländerinnen und Ausländer, zugewanderte und nicht zugewanderte Eingebürgerte, (Spät-)Aussiedlerinnen und (Spät-)Aussiedler sowie die als Deutsche geborenen Nachkommen dieser Gruppen. Die Vertriebenen des Zweiten Weltkrieges und ihre Nachkommen gehören nicht zur Bevölkerung mit Migrationshintergrund, da sie selbst und ihre Eltern mit deutscher Staatsangehörigkeit geboren sind." Vgl. Statistisches Bundesamt, Glossar, https://www.destatis.de/DE/ZahlenFakten/ GesellschaftStaat/Bevoelkerung/MigrationIntegration/Migrationshintergrund/Migrationshintergrund.html. Zugegriffen am 21. Juli 2017.

auf eine Zahl zwischen 600 und 800 (ebd., S. 14). Der Hochschulpersonalstatistik des Statistischen Bundesamts zufolge betrug der Anteil der cis-Frauen an den Professuren im Jahr 2016 23 % (Statistisches Bundesamt 2017). Dies stellt eine Zunahme von 4 % dar im Vergleich zum Jahr 2010, in dem der Anteil bei 19 % lag; im selben Jahr stellen cis-Frauen ein Viertel aller Professor*innen, die keine deutsche Staatsangehörigkeit besaßen (Neusel et al. 2014, S. 20).

Die Untersuchung von Neusel et al. wurde in den Medien als Beleg für die zunehmende Rekrutierung von post/migrantischen Forscher*innen und eine Internationalisierung der deutschen Universitäten diskutiert (Bauer 2013; Dernbach 2014). Bei genauerer Betrachtung zeigt sich jedoch ein komplexeres Bild: 64 % aller befragten cis-Frauen in Professuren hatten einen Mittelschichtshintergrund mit einem Elternteil mit Universitätsabschluss, 80 % waren weiße europäische cis-Frauen, von denen 9.1 % bzw. 6.2 % aus der Schweiz bzw. Österreich kamen (Neusel et al. 2014, S. 40).[6] Schwarze cis-Frauen und cis-Frauen mit einer migrantischen Arbeiterklassenbiografie waren als Professorinnen unterrepräsentiert.

Obwohl die Studie von Neusel et al. nur Näherungswerte für die Zahl internationaler cis-Frauen in Professuren an deutschen Hochschulen in Berlin und Hessen ermittelt hat, können wir davon ausgehen, dass diese ersten Daten eine Tendenz an deutschen Hochschulen andeuten. Wir können daher auf dieser Grundlage annehmen, dass deutsche Universitäten in der letzten Dekade einen

---

[6]Soziale Ungleichheit im deutschen Bildungswesen ist in dessen dreigliedrigem Schulsystem verankert (Fereidooni 2010; Gomolla und Radtke 2007; Wolter 2011). Es führt dazu, dass Grundschüler*innen bereits im Alter von 9 bis 10 Jahren eingeteilt und dem Gymnasium, der Realschule oder der Hauptschule zugeordnet werden. Diese Zuordnung gibt vor, ob ihr Weg zu zukünftiger Beschäftigung oder Studium von Mobilität oder Stagnation gekennzeichnet ist. Verschiedene Schulsysteme stellen die Weichen für den Zugang zum Arbeitsmarkt und die Möglichkeit, Abitur zu machen. Zwei Drittel der Haupt- und Realschüler*innen sind Kinder aus Migrationshaushalten, lediglich ein Drittel von ihnen erlangt Zugang zum Gymnasium. Auch wenn die Anzahl der Kinder von migrantischen Eltern in Gymnasien in den letzten Jahren zugenommen hat, stagniert ihr prozentualer Anteil (Autorengruppe Bildungsberichterstattung 2014). Dieser Selektionsprozess strukturiert die Möglichkeiten sozialer Mobilität und Leistungen vor. Der Zugang zur Universität wird durch das Abitur über den Gymnasialzweig erreicht. Etliche Studien haben sich damit beschäftigt, wie der soziale Hintergrund der Schüler*innen und das Bildungsniveau der Eltern diesen Prozess vorbestimmt (Fereidooni 2010; Roketti 2012). Kinder mit einem Migrationshintergrund stammen meist aus der Arbeiterklasse und sind oft institutioneller Diskriminierung ausgesetzt. Sehr oft werden post/migrantischen Schüler*innen durch die Bildungsinstitutionen mangelnde Deutschkenntnisse zugeschrieben, was zu einer Abwertung ihrer intellektuellen Fähigkeiten führt (vgl. Gomolla und Radtke 2007; Fereidooni 2010).

Internationalisierungsschub auf professoraler Ebene erfahren haben. Die Analyse dieser Entwicklung muss jedoch um eine rassismuskritische Perspektive erweitert werden. Denn die Internationalisierung von Professuren ist nicht gleichzusetzen mit einer stärkeren Präsenz von Schwarzen, POC und post/migrantischen Professor*innen an deutschen Hochschulen.

Bereits 2008 wiesen Inken Lind, Andrea Löther und Parminder Bakshi-Hamm auf die Mehrfachdiskriminierung von cis-Frauen mit ‚Migrationshintergrund' in wissenschaftlichen Professionen hin (Bakshi-Hamm und Lind 2008; Lind und Löther 2008). Die Frage nach Mehrfachdiskriminierung oder der Simultaneität von ineinander verschränkten Verhältnissen sozialer Ungleichheit ist auch für den Bereich der Geschlechterforschung und der Gender Studien relevant, denn auch hier spiegelt sich die übliche personelle Zusammensetzung an deutschen Universitäten wider, obwohl cis-Frauen im Berufsfeld Wissenschaft bei der Stellenbesetzung mehr Berücksichtigung finden. Wie bereits erwähnt, werden Professuren mehrheitlich mit Angehörigen der weißen nationalen Mittelschichten besetzt. Auch in Forschungs- und Lehrzentren der Geschlechterforschung und der Gender Studies sind es überwiegend Mitglieder der weißen nationalen Mittel- und Oberschicht, die professorale und unbefristete akademische Positionen innehaben. Schwarze, POC und post/migrantische Forscher*innen finden sich hingegen weit häufiger auf temporären und prekären Stellen. Diese prekäre Beschäftigung wird, wie wir sehen werden, durch Migrationskontrollpolitiken an der Hochschule verstärkt.

3 Grenzkontrollen auf dem universitären Campus

Rassismus und Migrationskontrollpolitiken machen vor den Toren der Universität nicht Halt. Als staatliche Institutionen werden Universitäten durch Vorgaben der nationalen Migrationskontrolle und des Migrationsmanagements reguliert. Entsprechend ist die Universität nicht frei von der Exklusionslogik, die diesen Politiken innewohnt. Wenn Migrationspolitiken die Schwellen der neoliberalen Universität überschreiten, wird erkennbar, welche nationale rassifizierende Matrix der Regierungslogik und -praxis des Nationalstaates zugrunde liegt. Auch wenn Migrationspolitiken nicht direkt mit einem rassifizierenden Diskurs operieren, hat die ihnen immanente Technologie der Schaffung einer von der Nation abgegrenzten Gruppe als *die ‚Anderen' der Nation* eine rassifizierende Wirkmächtigkeit, die sich an der Herstellung konkreter rassifizierter Subjekte festmacht. Wie bereits erwähnt, stehen Migrationspolitiken in der Logik der Kolonialität der Macht (Quijano 2000, 2008).

Internationale Studierende und Wissenschaftler*innen sehen sich genau wie nichtakademisches Personal mit Visaanforderungen und Regelungen zur Migrationskontrolle konfrontiert. Dabei wirken sich die Restriktionen im Aufenthalts- und Niederlassungsrecht je nach nationalem, regionalem, religiösem und ökonomischem Hintergrund unterschiedlich aus. Denn wie Parvathi Raghuram (2013) bemerkt, sind internationale Studierende keine homogene, sondern eine kulturell, ökonomisch, geografisch, politisch und sozial heterogen zusammengesetzte Gruppe.[7] Jenny Lee und Charles Rice (2007) stellen in ihrer Studie über rassistische Diskriminierung internationaler Studierender in den USA fest, dass Studierende aus dem Mittleren Osten, Afrika, Ost- und Südasien sowie Lateinamerika Formen von Diskriminierung erleben, die Lee (2007) als Neo-Rassismus bezeichnet. Anknüpfend an den bereits vorgestellten Begriff des institutionellen Rassismus, unterscheidet Lees Analyse des Neo-Rassismus an Universitäten in den USA zwischen direkten und indirekten Formen rassistischer Diskriminierung. Als direkte Formen von Diskriminierung benennt sie die „detention without limit, denial of due process, and violations of personal freedoms of some individuals; cumbersome foreign student tracking procedures; new hurdles for obtaining visas to enter the United States; and fingerprinting and profiling procedures in the name of maintaining national security" (ebd., S. 28). Diskriminierung auf der indirekten Ebene geschieht durch ungleiche Behandlung, zum Beispiel „in the form of less-than objective academic evaluations; loss of employment or an inability to obtain a job; difficulty in forming interpersonal relationships with instructors, advisors, and peers; negative stereotypes and inaccurate portrayals of one's culture; negative comments about foreign accents; […]" (ebd.).

Im europäischen Kontext sind Migrationsüberwachung und Kontrolltechnologien an der Universität nicht nur durch politische Regulationen, Richtlinien und Maßnahmen vermittelt, sondern besonders durch Alltagsrassismen und Vorurteile. Auf diesen beiden Ebenen wird institutioneller Rassismus erfahren. Basierend auf der Unterscheidung zwischen ‚Bürger*in' und ‚Migrant*in', produzieren Migrationspolitiken verschiedene legale Kategorien des Zugangs zu Bürgerrechten.

---

[7]Wie King und Raghuram (2013) feststellen, deckt der Begriff ‚international' eine Reihe von geografischen und politischen Orten ab, wie auch der Begriff ‚Studierende' sowohl Studierende in Austausch- und Einjahres- bis hin zu ganzen Studienprogrammen wie auch in verschiedenen Studiengängen von Bachelor über Master bis hin zu Postgraduierten und Forschungsstudierenden umfasst. Auch der Begriff ‚Akademiker*in' schließt verschiedene Positionen von Professor*innen bis zu prekär beschäftigtem Hilfspersonal oder Lehrbeauftragten ein, wie ich zeigen werde.

Fragen der Niederlassungs- und Bewegungsfreiheit, der politischen Teilhabe, der Familienzusammenführung, des Zugangs zum Arbeitsmarkt, zu Bildung, zur Krankenversicherung und zu Sozialleistungen werden auf dieser Grundlage geregelt.[8] Der legale Status der Migrant*innen bestimmt die Möglichkeiten oder Hindernisse, denen Individuen oder Gruppen begegnen, die als Migrant*innen, geflüchtete Menschen oder Asylsuchende markiert werden. So haben zum Beispiel undokumentierte Migrant*innen, Menschen mit Fluchtgeschichte ohne Aufenthaltsstatus und Asylsuchende keinen Zugang zu höherer Bildung. Auch wenn sie individuell die formalen Voraussetzungen für die Anerkennung als Studierende erfüllen, verhindert ihr legaler Status ihre Teilhabe an Arbeit und/oder Studium. Dabei haben wir es im Falle von internationalen Studierenden und Wissenschaftler*innen bereits mit einer Gruppe von Migrant*innen zu tun, die aufgrund ihrer finanziellen Mittel oder professionellen Kompetenz in der Lage waren, einen temporären Aufenthaltsstatus in Europa zu erlangen. Doch wie ich im Folgenden zeigen werde, ist diese Gruppe trotz ihrer privilegierten Position in Bezug auf den legalen Status nicht frei von diskriminierenden Übergriffen, die durch Anti-Migrations-Rhetorik und Migrationskontrollpolitiken hervorgerufen werden.

Das Ausmaß, in dem rassifizierte internationale Wissenschaftler*innen und Studierende Kontrollen ausgesetzt sind, hängt von den verschiedenen bilateralen und transnationalen Abkommen zwischen dem Einreise- und dem Herkunftsland ab. So benötigen beispielsweise Studierende aus den USA, Kanada oder Japan kein Visum, um nach Deutschland einreisen zu können, während Studierende aus Osteuropa und den meisten Ländern Lateinamerikas, Afrikas und Asiens ein Visum beantragen müssen (Amjahid 2011). Diese internationalen Studierenden brauchen in Deutschland zunächst ein Studienvisum, das dann auf Grundlage des Nachweises eines Studienplatzes um einen Aufenthaltstitel zu Studienzwecken erweitert wird. Zudem müssen internationale Studierende die Bescheinigung einer Bank vorlegen, dass sie über ein Jahreseinkommen von etwa 8000 EUR verfügen. Der Aufenthaltsstatus wird für einen festgelegten Zeitraum erteilt, der

---

[8]Die Position der*s Non-Citizen/Migrant*in bezieht sich auf undokumentierte Migrant*innen und geflüchtete Menschen. Wie die Refugee-Proteste in Deutschland und Österreich in den vergangenen fünf Jahren gezeigt haben, werden Menschen mit Fluchtgeschichte während des Asylverfahrens Technologien der Dehumanisierung unterworfen (Atac 2013; Khan 2013; McGuaran und Hudig 2014; Muhammad 2013). Sie dürfen zudem nicht das zugewiesene Gebiet verlassen und auch ihr Zugang zum Arbeitsmarkt wird eingeschränkt oder verhindert. Undokumentierten Migrant*innen wird der Zugang zu jeglichem legalen Schutz verwehrt (Gutiérrez Rodríguez 2010a).

an die jeweilige Regelstudienzeit gebunden ist und ‚Integrationsbereitschaft' insofern voraussetzt, als internationale Studierende Deutschkurse besuchen und Nachweise über Anwesenheit und Leistung erbringen müssen, wenn sie eine Verlängerung des Aufenthaltsstatus beantragen. Der Grad der Kontrolle und die restriktive Dimension dieser Vorgaben können je nach nationalen ökonomischen und politischen Interessen variieren. Beispielsweise hat der Bedarf an hoch qualifizierten Kräften in Deutschland in den letzten Jahren dazu geführt, dass Migrationskontrollverordnungen im Falle von hoch ausgebildeten Migrant*innen in von der Wirtschaft besonders nachgefragten Bereichen liberalisiert wurden. So wurde, obwohl die Aufenthaltserlaubnis zu Studienzwecken auf die Zeit des Studiums begrenzt ist, die Aufenthaltserlaubnis für Absolvent*innen auf 18 Monate verlängert. Absolvent*innen können in Deutschland bleiben, solange sie ein monatliches Einkommen nachweisen können. In dieser Zeit können sie sich auf Stellen innerhalb ihres Qualifikationsprofils bewerben. Einen anderen Zugang zum Arbeitsmarkt für hoch qualifizierte Arbeitskräfte bietet der Erwerb einer ‚Blue Card'[9] auf EU-Ebene.

Diese Migrationssteuerungsmaßnahmen haben dazu beigetragen, dass sich hoch qualifizierte Absolvent*innen insbesondere aus den MINT[10]-Fächern leichter in Deutschland niederlassen können. Im Kontrast hierzu hat die zunehmende rassistische nationalistische Stimmungsmache, angeführt von rechtspopulistischen Parteien, zu einer Verschärfung von Migrationskontrolle und Restriktionsmaßnahmen geführt, die die Aufenthalts- und Niederlassungsmöglichkeiten von internationalen Studierenden und Wissenschaftler*innen drastisch beschneiden.

Zusammenfassend lässt sich festhalten, dass deutsche Migrationskontrollpolitiken nachteilige Folgen für internationale Studierende haben. Nur internationale Studierende, die keine finanziellen Sorgen haben, können studieren, da sie ein regelmäßiges monatliches Einkommen nachweisen müssen und in der Vorlesungszeit nicht mehr als 20 h im Monat neben dem Studium arbeiten können. Wenn sie sich entscheiden, das Studienfach zu wechseln, dürfen sie das zudem nur einmal, und zwar nur in den ersten 18 Monaten und nur dann, wenn diesem Wechsel offiziell zugestimmt wird. Andere persönliche Umstände wie beispielsweise Krankheit, Schwangerschaft oder Pflegeverantwortungen, die zu einer

---

[9]Der Erwerb dieser ‚Blue Card' soll die Rekrutierung von hoch qualifizierten Arbeitskräften in der EU fördern, für nähere Informationen siehe: http://www.bamf.de/EN/Infothek/FragenAntworten/BlaueKarteEU/blaue-karte-eu-node.html (Zugegriffen: 5. Juni 2017).
[10]MINT ist eine zusammenfassende Bezeichnung für Unterrichts- und Studienfächer sowie Berufe aus den Bereichen Mathematik, Informatik, Naturwissenschaft und Technik.

Unterbrechung des Studiums führen könnten, werden ebenfalls überprüft. Diese Lebenssituationen können ausländische Studierende in einen prekären legalen Status versetzen. So droht ihnen unter Umständen der Verlust ihres Aufenthaltsstatus zu Studienzwecken.

4 Migrationspolitiken und internationale Wissenschaftler*innen

Wie andere Angehörige des akademischen Mittelbaus betreten auch internationale Absolvent*innen den Arbeitsmarkt als Forschungsassistent*innen, wissenschaftliche Mitarbeiter*innen oder Lehrkräfte für besondere Aufgaben. Dabei handelt es sich um prekäre, temporäre Jobs. Prekäre Arbeitsbedingungen bedeuten, dass es zwischen den Anstellungsverhältnissen Phasen der Arbeitslosigkeit gibt. Diese Phasen sind für internationale Akademiker*innen riskant, da die Verlängerung ihrer Visa an einen Arbeitsvertrag gebunden ist. Um dieses Problem zu veranschaulichen, möchte ich kurz auf meine ethnografische Pilotstudie mit internationalen und POC- sowie post/migrantischen cis-Frauen im Berufsfeld Wissenschaft in Großbritannien und Deutschland eingehen.

Beispielsweise erzählte uns Caroline,[11] die in einem Gender-Studies-Programm an einer englischen Universität arbeitete, dass sie sich nun, nach dem Abschluss ihrer dreijährigen Promotion (PhD), aufgrund ihrer Herkunft aus einem englischsprachigen karibischen Land auf ein Studiums- und Arbeitsvisum bewerben müsse. Dieser Umstand stelle in ihrer wissenschaftlichen Karriere eine Unterbrechung dar, da sie gleich nach Abschluss ihrer Promotion ein einjähriges Post-Doc-Stipendium erhielt und danach für zwei Jahre eine Stelle innehatte. Der Arbeitsvertrag im Rahmen der *Lectureship* an britischen Hochschulen kann befristet sein oder eine mögliche Entfristung bei erfolgreicher Absolvierung einer dreijährigen Probezeit vorsehen. Letzteres war bei Carolines Arbeitsvertrag der Fall. Nach Auslaufen ihres *Lectureship*-Arbeitsvertrages befand sich Caroline nicht nur in einer prekären Arbeitssituation, sondern sie sah sich vor allem mit einer unsicheren aufenthaltsrechtlichen Situation konfrontiert. Ihre Aufenthaltserlaubnis war an ihren Arbeitsvertrag gekoppelt, der Verlust ihrer Arbeit implizierte den Verlust ihres legalen Aufenthaltsstatus. In diesem Rechtsvakuum bewarb sich Caroline unermüdlich um eine Anstellung. Als ihr Visum bereits abgelaufen war, wurde sie bei einer zufälligen polizeilichen Kontrolle in der Stadt, in der

---

[11]Die Namen der Forschungsteilnehmer*innen wurden durchgängig anonymisiert.

sie lebte, als ‚undokumentierte Migrantin' festgenommen. Die Polizei forderte sie auf, sofort das Land zu verlassen. Trotz des von ihrem Anwalt eingereichten Widerspruchs und des großen politischen Protests ihrer Kolleg*innen gegen den Abschiebungsbescheid wurde Caroline zur Ausreise gezwungen. Carolines Fall macht deutlich, dass Migrationspolitiken nicht vor den Toren der Universität Halt machen.

Die Probezeit, die in Großbritannien im Rahmen einer *Lectureship* auf drei Jahre begrenzt ist, stellt zunächst die Grundlage für den Erhalt eines Arbeitsvisums dar. Das Arbeitsvisum ist daher zunächst auf drei Jahre befristet. In der Probezeit werden als *Lecturer* eingestellte Personen in Hinblick auf Lehre und Forschung, ihre Tätigkeit in der Hochschulverwaltung und/oder Hochschulgremien sowie Kollegialität begutachtet. Bestehen sie diese Probezeit nicht, droht internationalen Akademiker*innen der Verlust ihrer Aufenthaltserlaubnis. So erzählte mir Rita, eine Befragte aus Lateinamerika, die Gender Studies an einer englischen Universität unterrichtet, dass sie sich um eine Anstellung außerhalb Großbritanniens bemüht hatte, da sie im Falle von negativen Evaluationsergebnissen damit rechnen musste, nicht nur ihre *Lectureship,* sondern auch ihren legalen Aufenthaltsstatus zu verlieren, der an ihren Arbeitsvertrag gekoppelt war. Andere Befragte äußerten sich ähnlich. Bemerkenswert an diesen Erfahrungen ist, dass sie meist verschwiegen werden, da die Betroffenen befürchten, ihrer wissenschaftlichen Karriere zu schaden und vor allem ihren Aufenthaltsstatus vollends zu verlieren. Doch in einigen Fällen hat der kollektive Protest gegen die Eingriffe der Migrationsbehörde Druck auf die universitäre Verwaltung ausgeübt und einen Kompromiss zum Wohle der internationalen Akademiker*in erwirkt.

Auch wenn die Situation internationaler Wissenschaftler*innen mit derjenigen undokumentierter Migrant*innen nicht gleichzusetzen ist (Gutiérrez Rodríguez 2010a), zeigen diese Beispiele, dass das durch Migrationskontrollpolitiken erzeugte Gefühl der Degradierung und Aberkennung von beiden gleichermaßen geteilt wird. Der Raum des*der undokumentierten Migrant*in stellt eine Überwachungszone dar, in welcher den dort lebenden Subjekten auf legaler Ebene ihre Lebenserfolge, ihre Bildungserfahrungen und ihre Berufswege aberkannt werden. Wenn wir die Rassismuserfahrung internationaler Wissenschaftlerinnen mit diesem Gefühl der Aberkennung in Verbindung bringen, gerät ihre privilegierte Position als Akademikerinnen ins Wanken.

Mira, eine Wissenschaftlerin aus Südostasien, berichtete mir beispielsweise über die Erfahrung, die sie mit der britischen Migrationsbehörde machen musste, nachdem die Universität sich zunächst geweigert hatte, die Verlängerung ihres Arbeitsvertrages zu bestätigen. Während sie auf die Bearbeitung ihrer Aufenthaltspapiere wartete, realisierte sie, wie ihre Position als erstklassige internationale Wissenschaftlerin zunehmend unsicherer wurde. Mit anderen Migrant*innen aus Südostasien im Saal der Migrationsbehörde sitzend, wurde ihr bewusst, dass ihre Privilegien als gut ausgebildete Wissenschaftlerin hier nicht mehr galten. In der Migrationsbehörde wurde sie wie eine weitere Akte behandelt, ihre Lebensgeschichte, ihre beruflichen Erfolge verschwanden in der migrationsregulatorischen Verwaltungsmaschinerie. Für die Bürokratie der Migrationsbehörde war sie lediglich ein weiterer Fall, den es zu bescheiden galt. Einem Klassifikationsregister folgend, werden so Menschen im Rahmen der Migrationsverwaltung in Kategorien der Aufenthaltsgenehmigung und Visaregularien sortiert. Ähnlich wie Caroline organisierte Mira kollektiven Protest gegen die migrationsbehördlichen Eingriffe. Gemeinsam mit ihren Kolleg*innen brachte sie die Univerwaltung dazu, sich für sie einzusetzen und die Verlängerung ihres Aufenthaltsstatus zu erwirken.

In den Erzählungen von Caroline, Rita und Mira wird das bürokratische Eindringen von Migrationskontrolle in das Alltagsleben von internationalen Wissenschaftler*innen in Großbritannien deutlich. Diese Erfahrungen sind getragen von Gefühlen der Fassungslosigkeit, Wut und Angst. In diesem Zusammenhang wird die Diskussion um Affekt im Arbeitsalltag der Hochschule relevant. Wie Shirley Anne Tate (2012, 2014) in Bezug auf die Situation von Schwarzen Wissenschaftler*innen an britischen Universitäten aufzeigt, gehen Rassismuserfahrungen unter die Haut, indem sie affektiv wirksam werden. Auch für die Untersuchung der subjektiven Wirkmächtigkeit von restriktiven Migrationspolitiken an der Hochschule ist die Betrachtung von Affekt und institutionellem Rassismus entscheidend.

5 Aberkennung spüren: Affekt und institutioneller Rassismus

Rassistische Diskriminierung findet nicht nur auf der Verwaltungsebene statt. Denn der Einfluss von Migrationskontrolle auf den Alltag von internationalen Studierenden und Wissenschaftler*innen wird nicht nur in Bezug auf administrative Maßnahmen wirksam, sondern auch auf der affektiven Ebene. Shirley Anne Tate (2014) zeigt in ihrem Artikel über Rassismuserfahrungen Schwarzer Wissenschaftler*innen in England, dass die Alltäglichkeit von Rassismus an der Hochschule diesen Ort für die Betroffenen ‚unbewohnbar' macht. Die Universität versteht sich zwar als ein Ort der Toleranz und der Diversität. Toleranz wird dabei jedoch auf der Grundlage eines liberalen Verständnisses als Respekt für die

Freiheit des Individuums verstanden. Diese Perspektive lenkt unseren Blick auf das Recht auf individuelle Integrität und körperliche Unversehrtheit, thematisiert aber nicht die strukturelle Verankerung sozialer Ungleichheit. Um jedoch strukturelle Diskriminierung und Benachteiligung zu verstehen, bedarf es einer Analyse von Herrschaftsverhältnissen und Machtbeziehungen, konkret: des institutionellen Rassismus.

Die Analyse des institutionellen Rassismus verweist auf die historisch-materielle Verankerung von Rassismus in der modernen Gesellschaft. Durch eine Rhetorik der Toleranz jedoch, wie Tate argumentiert, wird das Sprechen über Rassismuserfahrungen *ad acta* gelegt, da Toleranz Diversität proklamiert, ohne die Herrschaftsbedingungen der strukturellen Benachteiligung zu thematisieren. Das Sprechen über Diversität verdeckt somit die differenziellen Ungleichheitslagen, die die Universität als gesellschaftliche Institution strukturell prägen. Das Schweigen in Bezug auf Rassismus ist symptomatisch für die an der Universität vorherrschende Kultur, die Tate als „culture of disattendability" (2014, S. 2481) bezeichnet – eine Kultur der Unaufmerksamkeit in Bezug auf rassistische Vorfälle und Angriffe auf Studierende, Mitarbeiter*innen, Dozent*innen und Professor*innen. Für die von rassistischer Diskriminierung und Gewalt Betroffenen ist dieses Schweigen unerträglich.

In der Gewöhnlichkeit alltäglicher Begegnungen, Kommentare, Blicke und Gesten wird Angehörigen von minorisierten und rassifizierten Gruppen affektiv vermittelt, dass sie in der Wissenschaft unangemessen und fehl am Platz sind (Gutiérrez y Muhs et al. 2013; Kilomba 2010). Im Rahmen von gesellschaftlichen Verhältnissen und Machtbeziehungen zirkulieren Gefühle und werden subjektiv wirkmächtig. Sie übertragen soziale Bedeutungen und erlangen Bedeutung – werden signifikant – in Relation zu einer gesellschaftlichen Wertungslogik (Gutiérrez Rodríguez 2010a). Affekte werden nicht nur in einem gesellschaftlichen Kontext produziert, sondern sind selbst Ausdruck eines gesellschaftlichen Kontextes. Affekte stellen demnach eine Dimension des Sozialen dar. Unsere alltäglichen Interaktionen, sozialen Beziehungen und speziell Arbeitsverhältnisse und Arbeitsbeziehungen sind in einer gesellschaftlichen affektiven Matrix eingewoben. Gefühle der Missachtung wie zum Beispiel Ekel, Verachtung, Vermeidung, Ignoranz, Schweigen und Geringschätzung übertragen gesellschaftliche Bedeutungen. Dabei handelt es sich um „hässliche Gefühle", wie Sianne Ngai (2007) in Bezug auf Affekt und Rassismus schreibt. Diese Gefühle entstehen in asymmetrischen Beziehungen und markieren sie. In diesem Sinne bezeichnet Ngai Ekel als agonistisches Gefühl (ebd., S. 335). Einem ähnlichen Gedanken folgend spricht Teresa Brennan (2004) von der animierenden oder ‚des-animierenden' Wirkung der Übertragung von Gefühlen. Zum Beispiel können wir uns durch Zuneigung angespornt fühlen, während Gefühle der Abneigung eher lähmend oder demotivierend wirken können. Am Arbeitsplatz und in Arbeitsbeziehungen stellen sich Gefühle in der gesamten Bandbreite von Zuneigung bis Abneigung ein. Entsprechend treffen Gefühle, die in alltäglichen Gesten, Kommentaren, Blicken oder Bemerkungen zum Ausdruck kommen, den Körper tief und hinterlassen Spuren, die auf eine gesellschaftliche normative Auf- und Abwertungslogik verweisen.

Um dies zu veranschaulichen, möchte ich erneut auf die bereits erwähnte ethnografische Pilotstudie mit internationalen und POC- sowie post/migrantischen Wissenschaftler*innen in Großbritannien und Deutschland zurückkommen. Im Gespräch mit Tania, einer als Gastprofessorin an einer deutschen Universität tätigen Wissenschaftlerin, wurde die subtile Ebene des alltäglichen Rassismus an der Hochschule deutlich. Tania machte eine unerwartete unerfreuliche Erfahrung an ihrem Arbeitsplatz. Während eines Evaluationstreffens äußerte eine weiße deutsche Kollegin, die eine übergeordnete Position innehatte, am Rande, dass es für Tania eine Herausforderung darstellen müsse, Deutsch zu sprechen. Tania, die in Deutschland studiert hat, bereits seit 25 Jahren dort lebt und fließend Deutsch spricht, ging diese Bemerkung unter die Haut. Anscheinend hatte diese Kollegin ihren Akzent als defizitäres Deutsch interpretiert. Dieser Vorfall ist nicht nur symptomatisch für den monolingualen Imperativ, der an deutschen Hochschulen vorherrscht. Vielmehr wird Tania durch die Zuschreibung ‚defizitäres Deutsch' zur Anderen gemacht. Zudem verweist die Markierung als Andere auf die Unangemessenheit, die der Präsenz von Tania als Gastprofessorin an der Hochschule zugemessen wird. Thematisiert wird die Anwesenheit der ‚Anderen' der Nation in einem Arbeitsbereich, der Wissenschaft, in dem sie zwar als Untersuchungsgegenstand auftaucht, jedoch als forschende Akteurin, also als Wissenschaftlerin, nicht vorgesehen ist. Über die Unterstellung beziehungsweise Zuschreibung ‚fehlender' oder ‚ungenügender' Sprachkenntnisse werden internationalen, POC- oder post/migrantischen Wissenschaftler*innen ihre Qualifikationen und Kompetenzen für den wissenschaftlichen Beruf streitig gemacht. Dabei ist die Zuschreibung ‚mangelndes Deutsch' an die Vorstellung vom ‚Anderen' der Nation gekoppelt. Rassistische Stereotypen operieren hier weiterhin auf der Ebene der Herstellung eines Anderen der Nation als ‚defizitär'. Für diejenigen, die solche Formen der Verletzung, Herabwürdigung und Aberkennung erfahren, funktioniert der Hinweis auf die ‚deutsche Sprache' als Imperativ des Ausschlusses. Denn über dieses Kriterium kann ein Ausschluss aus dem nationalen normativen gesellschaftlichen Gefüge erfolgen. Ein Akzent oder eine hybride Artikulation der Sprache wird zum Ausschließungsmerkmal in einem als monolingual imaginierten sozialen Raum. Die Erfahrung der Verfehlung, des Bruches mit der Zugehörigkeit zur Normgemeinschaft hinterlässt eine affektive Spur der Abwertung bei der Person, die als ‚unpassend' adressiert wird.

Die Äußerung über Tanias Sprachkompetenz rief bei ihr ein Gefühl von Unsicherheit hervor. Indem ihre Deutschkenntnisse problematisiert wurden, erlebte Tania eine Infragestellung ihrer wissenschaftlichen Kompetenz, Expertise und Laufbahn, die wiederum die Grundlage ihrer Qualifikation als Gastprofessorin bilden. Wie Lee (2007) für die USA festhält, sind Kommentare zum Akzent oder auch parteiische Evaluationen und fachliche Bewertungen Elemente der indirekten rassistischen Diskriminierung, die internationale Studierende erfahren. Auch internationale, Schwarze, POC- und post/migrantische Wissenschaftler*innen sind diesen nur schwer greifbaren Formen der Diskriminierung ausgesetzt. In diesem Sinne findet institutioneller Rassismus nicht nur durch explizite und direkte Diskriminierung statt, die ausdrücklich Mitglieder aus rassifizierten und ethnisierten Gruppen von gesellschaftlicher Teilhabe ausschließt, sondern auch über subtile interpersonale Interaktionsformen, die in alltägliche Routinen, Praktiken, Kommentare und Gesten eingebunden sind. Kommentare über vermeintlich defizitäre Deutschkenntnisse werden in diesen alltäglichen Routinen normalisiert und operieren mit dem stillschweigenden Konsens der Mehrheitsgesellschaft. Tanias Kollegin äußerte sich öffentlich über Tania, doch die anderen anwesenden Kolleg*innen protestierten weder gegen die abwertende Bemerkung, noch reagierten sie überhaupt darauf. Ihr Schweigen bestätigte die Norm und beförderte die Normalisierung dieser diskriminierenden Praxis.

Alltägliche Sprechakte oder Interaktionen, die direkt oder indirekt den Anderen als unterlegen adressieren, hinterlassen bei der adressierten Person das Gefühl der Aberkennung. Das Gefühl der Aberkennung ist eine des-animierende Kraft, sie verursacht Verunsicherung und Selbstzweifel. Die alltäglichen Interaktionen des Schweigens oder der Zustimmung in Bezug auf den Imperativ der Sprache führen zu einer Normalisierung von Rassismus, denn sie wirken konsensherstellend. Diejenigen, die diese Verletzungen erleben, sind oft in einer Minderheitenposition. Wenn sie die erfahrene Diskriminierung publik machen, riskieren sie, sich bei den Kolleg*innen unbeliebt zu machen. Auch kann die öffentliche Thematisierung von Diskriminierung dazu führen, dass sie aus sozialen und professionellen Netzwerken und von Fördermöglichkeiten ausgeschlossen werden, was sich nachteilig auf die professionelle Karriere auswirkt. Sowohl auf der persönlichen wie auch der institutionellen Ebene hat das öffentliche Aussprechen von Diskriminierungserfahrungen negative Folgen für die Betroffenen. Aus Angst vor Sanktionierung werden daher die subtilen alltäglichen Diskriminierungserfahrungen und Rassismen kaum öffentlich gemacht. Dieser Umgang mit Rassismuserfahrungen an der Hochschule verweist erneut auf die von Tate (2014) beschriebene institutionelle Kultur der Unaufmerksamkeit. Tates Konzept der Kultur der Unaufmerksamkeit thematisiert das Schweigen der Mehrheitsgesellschaft gegenüber ritualisierten und

normalisierten Formen subtiler rassistischer Diskriminierung im Alltag. Wie Tate notiert, erfahren Schwarze Wissenschaftler*innen – und wir können hier POC- und post/migrantische Wissenschaftler*innen, die rassistische und anti-migrantische Diskriminierungen erfahren, hinzufügen – die Hochschule als einen paradoxen Arbeitsplatz. Denn einerseits ist ihre Anwesenheit erforderlich, um der Managementrhetorik von Diversity Glaubwürdigkeit zu verleihen. Auf der anderen Seite wird die Legitimität ihrer Anwesenheit infrage gestellt, indem Kolleg*innen häufig ihre wissenschaftliche Befähigung und Passung in Zweifel ziehen.

Rassismus wird erst in diesem Zusammenhang affektiv wirksam. Bemerkungen zu Qualifikationen, wie zum Beispiel zur Sprachkompetenz, stellen nicht einfach eine objektive Beurteilung dar, sondern sind in einem gesellschaftlichen Rahmen einer vergeschlechtlichten und rassifizierten Arbeitsteilung zu verorten. Die Anwesenheit von Schwarzen, POC- oder post/migrantischen Wissenschaftler*innen an der Hochschule ist weiterhin keine Selbstverständlichkeit; sie ziehen deshalb Aufmerksamkeit auf sich, wenn sie als Wissenschaftler*innen auftauchen. In Verbindung mit Rassismus bedeutet dies, dass die Aufmerksamkeit sich darauf richtet, ihre Anwesenheit zur Ausnahme zu erklären oder sie auf ‚mögliche Defizite' hin zu überprüfen.

Rassistische verletzende Äußerungen, Gesten und Blicke werden so normalisiert und nur zum Thema, wenn die angegriffene Person die Gewalt anspricht. Der institutionelle Umgang damit besteht in einer Individualisierung respektive Personalisierung des Vorfalls. Denn zumeist wird entweder das Verhalten der Verursacher*innen als Einzelfall dargestellt oder die Thematisierung der Angriffe durch die Betroffene als unsachlich und übertrieben emotional diskreditiert. In beiden Fällen wird die strukturelle Verankerung von Rassismus ignoriert. Um diesem institutionellen Schweigen über rassistische Diskriminierung an der Hochschule zu begegnen, müssen wir über die Notwendigkeit der Schaffung einer antirassistischen Universität nachdenken.

6 Ausblick: Einige Gedanken zum Aufbau einer antirassistischen Universität

Bei näherer Betrachtung der Auswirkungen von Rassismus und Politiken der Migrationskontrolle, denen internationale Studierende und Wissenschaftler*innen an der Hochschule ausgeliefert sind, kommen wir nicht umhin, über institutionellen Rassismus nachzudenken. In diesem Zusammenhang gilt es, auf neue Prozesse der Rassifizierung des Sozialen durch Migrationspolitiken zu achten. Das Konzept des institutionellen Rassismus bietet uns hier einige Anhaltspunkte, um alte und neue Mechanismen des Ausschlusses und der Unterwerfung in den Blick zu nehmen. Diese Mechanismen operieren und gestalten sich an der Schnittstelle widersprüchlicher Interessen, die im Rahmen von Austerität, Migration, Rassismus und Geschlecht artikuliert werden. In diesem Zusammenhang geht es darum, bestimmte praktische Ansätze fortzuführen und zu erweitern:

1. die Rolle der Geschlechter- und Frauenforschung im Ausbau von Gleichstellungs- und Diversity-Maßnahmen zu überdenken und zu stärken;
2. Schwarze, POC- und post/migrantische Wissenschaftler*innen zu fördern;
3. Racial Profiling und andere Formen der rassifizierenden Diskriminierung an der Hochschule öffentlich zu thematisieren;
4. internationale Studierende und Wissenschaftler*innen im Hinblick auf ihre rechtliche Situation und ihre Zukunftsperspektiven zu unterstützen;
5. die Universität zu einem Ort des Schutzes für Menschen auf der Flucht und für undokumentierte Migrant*innen im Sinne eines ‚sanctuary campus' zu machen;
6. Projekte des transkulturellen Lernens institutionell zu verankern.

Um der beschriebenen Entwicklung entgegenzutreten, muss die Kritik der neoliberalen Universität die Rekonfiguration des institutionellen Rassismus miteinbeziehen. In diesem Sinne gilt es, Rassismuskritik an der Hochschule zu fördern und den Aufbau einer inklusiven antirassistischen Universität voranzutreiben.

Literatur

Ahmed, Sara (2004). *The cultural politics of emotion*. Edinburgh: Edinburgh University Press.
Ahmed, Sara (2012). *On being included. Racism and diversity in institutional life*. Durham: Duke University Press.
Alesi, Bettina, & Kehm, Barbara M. (2010). *Internationalisierung von Hochschule und Forschung*. Düsseldorf: Hans-Böckler-Stiftung. http://www.boeckler.de/pdf/p_arbp_209.pdf. Zugegriffen: 23. Mai 2017.
Amjahid, Mohamed (2011). Kritische Übergänge. Hürdenläufe internationaler StudienbewerberInnen und AbsolventInnen. In: Öffnung der Hochschule. Chancengerechtigkeit, Diversität, Integration. Dossier. *Heimatkunde*. Migrationspolitisches Portal der Heinrich Böll Stiftung. http://www.migration-boell.de/web/integration/47_2786.asp. Zugegriffen: 23. Mai 2017.
Apple, Michael W. (2006). *Can education change society?* New York: Routledge.
Apple, Michael W. (2010). *Global crisis, social justice and education*. New York: Routledge.
Apple, Michael W. (2012). *Educating the „right" way*. New York: Routledge.

Apple, Michael W. (2014). Creating democratic education in neoliberal and neoconservative times. *Praxis Educativa* XVII (2), 48–55.

Atac, Ilker (2013). Die Selbstkonstituierung der Flüchtlingsbewegung als politisches Subjekt. *Transversal Texts* 3 (flee erase territorialize). http://eipcp.net/transversal/0313/atac/de. Zugegriffen: 23. Mai 2017.

Aulenbacher, Brigitte, & Riegraf, Birgit (2012). Economical Shift und demokratische Öffnungen. Uneindeutige Verhältnisse in der unternehmerischen und geschlechtergerechten Universität. *Die Hochschule: Journal für Wissenschaft und Bildung* (2): 291–303. http://www.hof.uni-halle.de/journal/texte/12_2/dhs_2_2012.pdf. Zugegriffen: 23. Mai 2017.

Aulenbacher, Brigitte, Binner, Kristina, Riegraf, Birgit, & Weber, Lena (2015). Wandel der Wissenschaft und Geschlechterarrangements. Organisations- und Steuerungspolitiken in Deutschland und Österreich, Großbritannien und Schweden. *Beiträge zur Hochschulforschung* 37 (3), 22–39.

Autorengruppe Bildungsberichterstattung (2014). *Bildung in Deutschland 2014. Ein indikatorengestützter Bericht mit einer Analyse zur Bildung von Menschen mit Behinderungen*. Bielefeld: Bertelsmann Verlag.

Baird, Barbara (2010). Ambivalent optimism: Women's and gender studies in Australian universities. *Feminist Review* 95 (1), 111–126.

Bakshi-Hamm, Parminder (2008). Wissenschaftlerinnen mit Migrationshintergrund und ihre Erfahrungen. In Inken Lind & Andrea Löther (Hrsg.), *Wissenschaftlerinnen mit Migrationshintergrund* (S. 61–74). Bonn: GESIS – Leibniz-Institut für Sozialwissenschaften. http://nbn-resolving.de/urn:nbn:de:0168-ssoar-233429. Zugegriffen: 23. Mai 2017.

Bakshi-Hamm, Parminder, & Lind, Inken (2008). Migrationshintergrund und Chancen an Hochschulen: Gesetzliche Grundlagen und aktuelle Statistiken. In Inken Lind, & Andrea Löther (Hrsg.), *Wissenschaftlerinnen mit Migrationshintergrund* (S. 11–24). Bonn: GESIS – Leibniz-Institut für Sozialwissenschaften. http://nbn-resolving.de/urn:nbn:de:0168-ssoar-233429. Zugegriffen: 23. Mai 2017.

Ball, Stephen J. (2007). *Education plc*. London: Routledge.

Ball, Stephen J. (2012). *Global Education Inc*. New York: Routledge.

Bauer, Tina (2013). Profs mit Migrationshintergrund: Ihre Herkunft macht sie begehrt. *Deutsche Universitätszeitung (duz) Magazin* 11/13 vom 25. Oktober 2013. http://www.duz.de/duz-magazin/2013/11/ihre-herkunft-macht-sie-begehrt/205. Zugegriffen: 23. Mai 2017.

Bhandari, Rajika, & Laughlin, Shepherd (2009). *Higher education on the move. New developments in global mobility*. New York: Institute of International Education.

Bourdieu, Pierre (1988). *Homo Academicus*. Stanford: Stanford University Press.

Brennan, Teresa (2004). *The transmission of affect*. Ithaca: Cornell University Press.

Brooks, Rachel, & Waters, Johanna L. (2011). *Student mobilities. Migration and the internationalization of higher education*. Basingstoke: Palgrave Macmillan.

Burch, Patricia (2009). *Hidden markets. The new education privatization*. New York: Routledge.

Byram, Mike, & Dervin, Fred (2008). *Students, staff and academic mobility in higher education*. Newcastle: Cambridge Scholars Publishing.

Campbell, Mary Ellen, & McCready, A. L. (2014). Issue Introduction: Materialist feminism against neoliberalism. *Politics and Culture.* http://politicsandculture.org/issue/materialistfeminisms-against-neoliberalism/. Zugegriffen: 23. Mai 2017.

Chatterton, Paul, Hodkinson, Stuart, & Pickerill, Jenny (2010). Strategic interventions inside and outside the neoliberal university. *ACME: An International E-Journal for Critical Geographies* 9 (2), 245–275.

Christian, Mark (2012). *Integrated but Unequal. Black Faculty in Predominantly White Spaces.* Trenton: AfricaWorld Press.

Cole, Mike (2009). *Critical Race theory and education. A Marxist response.* New York: Palgrave Macmillan.

Community Statement (2015). „Black" studies at the University of Bremen. Present_Tense Scholars Network: Black Perspectives and Studies Germany. https://blackstudiesgermany.wordpress.com/statementbremen/. Zugegriffen: 23. Mai 2017.

DAAD [Deutscher Akademischer Austauschdienst] (2017). Internationalität an deutschen Hochschulen. Siebte Erhebung von Profildaten 2016. Bonn: Deutscher Akademischer Austauschdienst. https://www.daad.de/medien/der-daad/analysen-studien/profildaten/profildaten_2016.pdf. Zugegriffen: 23. August 2017.

Dernbach, Andrea (2014). Die entgrenzte Uni: Internationale Professoren an deutschen Hochschulen. *Der Tagesspiegel* vom 19. Februar 2014. http://www.tagesspiegel.de/wissen/internationale-professoren-andeutschen-hochschulen-die-entgrenzte-uni/9501862.html. Zugegriffen: 23. Mai 2017.

Education Commission (2012). Foot in the Door: Profit and Public Education. Report No. 1. http://www.scribd.com/doc/114024345/UKEducation-Commission-Report-1. Zugegriffen: 23. Mai 2017.

Eriksson, Mia (2013). „Wronged white man". The performativity of hate in feminist narratives about anti-feminism in Sweden. *Nora – Nordic Journal of Feminist and Gender Research* 21 (4), 249–263.

FeMigra (1994). Wir, die Seiltänzerinnen. In Cornelia Eichhorn, & Sabine Grimm (Hrsg.), *Gender Killer: Texte zu Feminismus und Politik* (S. 39–63). Berlin: ID-Verlag. http://www.nadir.org/nadir/archiv/Feminismus/GenderKiller/gender_5.html. Zugegriffen: 23. Mai 2017.

Fereidooni, Karim (2010). *Schule, Migration, Diskriminierung: Ursachen der Benachteiligung von Kindern mit Migrationshintergrund im deutschen Schulwesen.* Wiesbaden: VS Verlag.

Gomolla, Mechtild, & Radtke, Frank Olaf (2007). *Institutionelle Diskriminierung.* Wiesbaden: VS Verlag.

Gutiérrez Rodríguez, Encarnación (2010a). *Migration, domestic work and affect.* New York: Routledge.

Gutiérrez Rodríguez, Encarnación (2010b). Decolonizing postcolonial rhetoric. In Encarnación Gutiérrez Rodríguez, Manuela Boatcă, & Sérgio Costa (Hrsg.), *Decolonizing European sociology. Transnational approaches* (S. 49–67). Farnham: Ashgate.

Gutiérrez y Muhs, Gabriella, Flores Niemann, Yolanda, González, Carmen, & Harris, Angela P. (2013). *Presumed incompetent. The intersections of race and class for women in academia.* Boulder: University Press of Colorado.

Hark, Sabine (2005). *Dissidente Partizipation. Eine Diskursgeschichte des Feminismus.* Frankfurt a. M.: Suhrkamp.

Hark, Sabine (2014). Kontigente Fundierungen: Über Feminismus, Gender und die Zukunft der Geschlechterforschung, In Anne Fleig (Hrsg.), *Die Zukunft von Gender. Begriff und Zeitdiagnose* (S. 51–75). Frankfurt a. M., New York: Campus.

Hark, Sabine, & Villa, Paula-Irene (Hrsg.) (2015). *Anti-Genderismus. Sexualität und Geschlecht als Schauplätze aktueller politischer Auseinandersetzung.* Bielefeld: Transcript.

Hartmann, Eva (2003). The transnationalization of tertiary education in a global civil society. In Gabriele Kreutzner, & Heidi Schelhowe (Hrsg.), *Agents of change. Virtuality, gender, and the challenge to the traditional university* (S. 25–42). Opladen: Leske & Budrich.

Johansson, Eveline, & Lilja, Mona (2013). Understanding power and performing resistance: Swedish feminists, civil society voices, biopolitics and „angry" men. *Nora – Nordic Journal of Feminist and Gender Research* 21 (4), 264–279.

Kahlert, Heike (2007). Emanzipatorisches Wissen im Schatten des Neoliberalismus: Ökonomisierung der Kritik oder Kritik der Ökonomisierung? In E. Borst und R. Casale (Hrsg.), *Jahrbuch der Frauen- und Geschlechterforschung in der Erziehungswissenschaft* (S. 45–60). Opladen & Farmington Hills: Verlag Barbara Budrich.

Kauppinen, Ilkka (2012). Towards transnational academic capitalism. *Higher Education* 64 (4), 543–556.

Kauppinen, Ilkka (2014). Different meanings of ‚knowledge as commodity' in the context of higher education. *Critical Sociology* 40 (3), 393–409.

Keskinen, Suvi (2013). Antifeminism and white identity politics: Political antagonisms in radical right-wing populist and anti-immigration rhetoric in Finland. *NJMR – Nordic Journal of Migration Research* 3 (4), 225–232.

Khan, Adalat (2013). Die Forderung nach einem normalen Leben. Interview mit Adalat Khan geführt von Niki Kubaczek. *Transversal Texts* 3 (flee erase territorialize). http://eipcp.net/transversal/0313/Khan/de. Zugegriffen: 23. Mai 2017.

Kilomba, Grada (2010). *Plantation memories.* Münster: Unrast.

King, Russell, & Raghuram, Parvati (2013). International student migration: Mapping the field and new research agendas. *Population, Space and Place* 19, 127–137.

Kuria, Emily Ngubia (2015). *eingeschrieben. Zeichen setzen gegen Rassismus an deutschen Hochschulen.* Berlin: w_orten & meer.

Law, Ian, Turney, Laura, & Phillips, Deborah (2004). *Institutional racism in higher education.* Stoke-on-Trent: Trentham Press.

Lee, Jenny J. (2007). Neo-racism towards international students. *About Campus* 11 (6), 28–30.

Lee, Jenny J., & Rice, Charles (2007). Welcome to America? International student perceptions of discrimination. *Higher Education* 53, 381–409.

Lee, Jenny J., Cantwell, Brendan (2012). The global sorting machine. An examination of racism among international students and postdoctoral researchers. In Brian Pusser (Hrsg.), *Universities and the public sphere. Knowledge creation and state building in the era of globalization* (S. 47–64). New York: Routledge.

Liinason, Mia (2011). *Feminism and the academy: Exploring the politics of institutionalization in gender studies in Sweden.* Dissertation. Lund University: Centre for Gender Studies. http://portal.research.lu.se/portal/files/6315937/1776392.pdf. Zugegriffen: 23. Mai 2017.

Lind, Inken, & Löther, Andrea (Hrsg.) (2008). *Wissenschaftlerinnen mit Migrationshintergrund*. Bonn: GESIS – Leibniz-Institut für Sozialwissenschaften. http://nbn-resolving. de/urn:nbn:de:0168-ssoar-233429. Zugegriffen: 23. Mai 2017.
Lynch, Kathleen (2010). Carelessness: A hidden doxa of higher education. *Arts and Humanities in Higher Education* 9 (54), 54–67.
MacGregor, Emily (2012). Whoever pays the piper calls the tune: Pressure on academic freedom and the discipline of music in the UK. *Critical Quarterly* 54 (4), 54–73.
Mählck, Paula (2013). Academic women with migrant background in the global knowledge economy: Bodies, hierarchies and resistance. *Women's Studies International Forum* 36, 65–74.
Maskovsky, Jeff (2012). Beyond neoliberalism. Academia and activism in a nonhegemonic moment. *American Quartely* 64 (4), 819–822.
Massey, Doreen (2004). Geographies of responsibility. *Human Geography* 86 (1), 5–18.
McGuaran, Katrin, & Hudig, Kees (2014). Refugee protest in Europe: Fighting for the right to stay. *Statewatch Journal* 23 (3/4), 28–33.
Mohammad, Tamdgidi H., Boidin, Capucine, Cohen, James, & Grosfoguel, Ramon (Hrsg.). (2012). Decolonizing the university. Practicing pluriversality. Special Issue, *Human Architecture. Journal of the Sociology of Self-Knowledge* X (1).
Muhammad, Nurman (2013). Das Land ist für uns alle gleich. Gespräch mit Numan, geführt von Bue Rübner Hansen. *Transversal Texts* 3 (flee erase territorialize). http://eipcp.net/transversal/0313/numan/de. Zugegriffen: 23. Mai 2017.
Nash, Meredith (2013). Reflections on teaching gender to Australian sociology undergraduates in the neoliberal postfeminist classroom. *Journal of Sociology* 49 (4), 411–425.
Neusel, Aylâ (2010). Was müssen wir alles wissen? Beitrag zum Workshop „Chancengerechtigkeit in der Wissenschaft?". Halle-Wittenberg: Institut für Hochschulforschung (HoF). http://www.hof.uni-halle.de/dateien/workshop%2018_19_11_2010/Neusel_ Nachwuchs_Migrationshintergrund.pdf. Zugegriffen: 23. Mai 2017.
Neusel, Aylâ (2012). Untersuchungen der inter- und transnationalen Karrieren von WissenschaftlerInnen an deutschen Hochschulen. *Die Hochschule* 1, 20–35.
Neusel, Aylâ, Wolter, Andrä, Engel, Ole, Kriszio, Marianne Kriszio & Weichert, Doreen (2014): *Internationale Mobilität und Professur Karriereverläufe und Karrierebedingungen von Internationalen Professorinnen und Professoren an Hochschulen in Berlin und Hessen. Abschlussbericht an das Bundesministerium für Bildung und Forschung.* https://www.erziehungswissenschaften.hu-berlin.de/de/mobilitaet/projektergebnisse/ abschlussbericht-1/abschlussbericht-internationale-mobilitaet-und-professur.pdf. Zugegriffen 5. Juni 2017.
Newson, Janice (2012). Academic feminism's entanglements with university corporation. *Topia. Canadian Journal of Cultural Studies* 28, 41–63. http://topia.journals.yorku.ca/ index.php/topia/article/download/36199/32828. Zugegriffen: 23. Mai 2017.
Ngai, Sianne (2007). *Ugly feelings*. Cambridge: Harvard University Press.
Oguntoye, Katharina, Ayim, May, & Schultz, Dagmar (1992). *Showing our colors: Afro-German women speak out*. Amherst: University of Massachusetts Press.
Pereira, Maria do Mar (2015). Higher education cutbacks and the reshaping of epistemic hierarchies: An ethnographic study of the case of feminist scholarship. *Sociology* 49 (2), 287–304.

Probyn, Elspeth (2004). Teaching bodies: Affects in the classroom. *Body & Society* 10 (4), 21–43.
Pusser, Brian, Kempner, Ken, Marginson, Simon, & Ordorika, Imanol (2012). *Universities and the public sphere. Knowledge creation and state building in the era of globalization*. New York: Routledge.
Pusser, Brian, & Marginson, Simon (2013). University rankings in critical perspective. *The Journal of Higher Education* 84 (4), 544–568.
Quijano, Anibal (2000). Colonialidad del Poder y Clasificación Social. *Journal of World-Systems Research* VI (2), 342–386.
Quijano, Anibal (2008). Coloniality of power, eurocentrism, and social classification. In Mabel Moraña, Enrique Dussel, & Carlos A. Jáuregui (Hrsg.), *Coloniality at large. Latin America and the postcolonial debate* (S. 181–224). Durham u. a.: Duke University Press.
Raghuram, Parvati (2013). Theorising the spaces of student migration. *Population, Space and Place* 19, 138–154.
Rhoades, Gary, & Slaughter, Sheila (2004). *Academic capitalism in the new economy. Challenges and choices*. Baltimore, MD: The John Hopkins University Press.
Rice, Gareth (2011). The ‚browning' of public higher education in England. *Transactions of the Institute of British Geographers* 36, 333–337.
Riegraf, Birgit, Aulenbacher, Brigitte, Kirsch-Auwärter, Edit, & Müller, Ursula (Hrsg.) (2010). *GenderChange in Academia. Re-mapping the Fields of Work, Knowledge, and Politics from a Gender Perspective*. Wiesbaden: VS Verlag für Sozialwissenschaften. http://www.springer.com/de/book/9783531168326. Zugegriffen: 23. Mai 2017.
Roketti, Rico (2012). *Studierende mit Migrationshintergrund und Interkulturalität im Studium*. Düsseldorf: Hans-Böckler-Stiftung. https://www.boeckler.de/pdf/p_arbp_248.pdf. Zugegriffen: 23. Mai 2017.
Santos, Boaventura de Sousa (2010). The university in the twenty-first century. Towards a democratic and emancipatory university reform. In Michael W. Apple, Stephen. J. Ball, & Luis Armando Gandin (Hrsg.), *The Routledge International Handbook of the Sociology of Education* (S. 274–282). London, New York: Routledge.
Sappey, Jennifer (2005). The commodification of higher education. Flexible delivery and its implications for the academic labour process. Proceedings of the 19th Conference of the Association of Industrial Relations Academics of Australia and New Zealand (AIRAANZ), February 9–11, Sydney, 2005. http://airaanz.econ.usyd.edu.au/papers/sappey.pdf. Zugegriffen: 23. Mai 2017.
Sayer, Derek (2014). One scholar's crusade against the REF. *THE (Times Higher Education)*. https://www.timeshighereducation.com/features/one-scholars-crusade-against-the-ref/2017405.article. Zugegriffen: 23. Mai 2017.
Shore, Cris, & Wright, Susan (1999). ‚Audit' culture and anthropology: Neoliberalism in British education. *The Journal of the Royal Anthropological Institute* 5 (4), 557–575.
Slaughter, Sheila, & Leslie, Larry L. (1997). *Academic capitalism: Politics, policies and the entrepreneurial university*. Baltimore, MD: The John Hopkins University Press.
Slaughter, Sheila, & Leslie, Larry L. (2001). Expanding and elaborating the concept of academic capitalism. *Organization* 8 (2), 154–161.
Slaughter, Sheila, & Rhoades, Gary (2000). The neo-liberal university. *New Labor Forum* 6, 73–79.

Smith, Annie (2013). *It's not because you're black. Addressing issues of racism and underrepresentation of African Americans in Academia*. Lanham: University Press of America.
Sow, Noah (2014). The beast in the belly. Schwarze Wissensproduktion als angeeignete Profilierungsressource und der systematische Ausschluss von Erfahrungswissen aus Schwarzen Kulturstudien. Dossier. *Heimatkunde*. Migrationspolitisches Portal der Heinrich Böll Stiftung. http://heimatkunde.boell.de/2014/12/08/beast-belly. Zugegriffen: 23. Mai 2017.
Spivak, Gayatri Chakravorty (2012). *An aesthetic education in the era of globalization*. Cambridge: Harvard University Press.
Statistisches Bundesamt (2017). 1,2 % mehr hauptberufliches wissenschaftliches Personal an Hochschulen. Pressemitteilung Nr. 245 vom 14.07.2017. https://www.destatis.de/DE/PresseService/Presse/Pressemitteilungen/2017/07/PD17_245_213.html. Zugegriffen: 23. August 2017.
Tate, Shirley Anne (2012). „Supping it". Racial affective economies and epistemology of ignorance in UK universities. In Mark Christian (Hrsg.). *Integrated but unequal. Black faculty in predominantly white spaces* (S. 210–225). Trenton: Africa World Press.
Tate, Shirley Anne (2014). Racial affective economies, disalienation and „race" made ordinary. *Race and Ethnic Studies* 37 (13), 2475–2490.
UCL [University College London] (2014). Why isn't my professor black? UCL Event am 10. März 2014. http://events.ucl.ac.uk/event/event:xe-hobmesz1-pt3gqx/why-isnt-my-professor-black. Zugegriffen: 23. Mai 2017.
UCU [University and College Union] (2013). The position of women and BME staff in professorial roles in UK HEIs. http://www.ucu.org.uk/bmewomenreport. Zugegriffen: 23. Mai 2017.
Wolter, Andrä (2011). Hochschulzugang und soziale Ungleichheit in Deutschland. In Öffnung der Hochschule. Chancengerechtigkeit, Diversität, Integration. Dossier. *Heimatkunde*. Migrationspolitisches Portal der Heinrich Böll Stiftung. https://heimatkunde.boell.de/2011/02/18/hochschulzugang-und-soziale-ungleichheit-deutschland. Zugegriffen: 23. Mai 2017.

Professorinnen in der Exzellenzinitiative – Ungleichheit auf hohem Niveau?

Sandra Beaufaÿs

Führungspositionen in der Wissenschaft, namentlich Professuren und Dauerstellen im W2- und W3-Bereich, werden gewöhnlich mit dem Gegenteil von prekärer Existenz verbunden. So rar die Stellen im oberen Segment von Hochschulen und außerhochschulischen Organisationen sind, so sehr gelten sie als (selbstverständliches) Ziel einer wissenschaftlichen Karriere. Ein dauerhafter Verbleib in der Wissenschaft unterhalb dieser Ebene ist, jedenfalls in Deutschland, nur selten möglich. Damit ist allerdings ein wichtiger Geschlechteraspekt von Prekarität in der Wissenschaft benannt, denn noch immer sind gerade die sicheren und hohen Positionen zu 80 % von Männern besetzt. Auf ungesicherten und niedrigeren wissenschaftlichen Positionen ist der Frauenanteil dagegen höher: Wissenschaftlerinnen sind häufiger als ihre Kollegen befristet und in Teilzeit beschäftigt (Beaufaÿs und Löther 2017) und sie sind bei den (ebenfalls befristeten) Juniorprofessuren zu fast 40 %, bei den angesehenen W3/C4-Professuren jedoch nur zu 17 % vertreten (GWK 2015, S. 22/23). Diese Prestige-Ökonomie funktioniert auch Länder übergreifend, denn Frauen sind gerade in denjenigen Ländern zu einem vergleichsweise hohen Prozentsatz auf Professuren zu finden, in denen die Ausgaben für Forschung und Entwicklung gering sind (Morley 2014, S. 116).

Nach wie vor ist das Bemühen darum, Frauen bis zur Professur zu fördern und den Karriereweg bis dahin strukturell zu ebnen, ein wichtiges Ziel universitärer Gleichstellung. Da allein dieses Ziel der numerischen Gleichstellung auf Professur-Ebene in vielen Fächern noch in weiter Ferne liegt, wurde dem, was jenseits der ‚gläsernen Decke' geschieht, bislang noch wenig Aufmerksamkeit geschenkt.

S. Beaufaÿs (✉)
Essen, Deutschland

© Springer Fachmedien Wiesbaden GmbH 2018
M. Laufenberg et al. (Hrsg.), *Prekäre Gleichstellung*,
https://doi.org/10.1007/978-3-658-11631-6_6

Tatsächlich aber wäre ein genaueres Wissen um die Mechanismen, die auf der Top-Ebene erst wirksam werden, für ein besseres Verständnis der weitgehenden Abwesenheit von Frauen auf diesen Positionen hilfreich, wie bisherige Erkenntnisse aus anderen Sektoren, insbesondere der Wirtschaft, zeigen (Husu et al. 2010).

Dieser Beitrag untersucht, wie es im Rahmen der Exzellenzinitiative der ersten Förderphase[1] um die Gleichstellung auf der Ebene von Professuren sowie in herausgehobenen Funktionen in Leitungsgremien von Exzellenzeinrichtungen bestellt ist. Die Frage, worin das spezifische Verständnis von Führung im akademischen Kontext besteht und wie es sich auf Professur-Ebene unter Geschlechteraspekten auswirkt, verdient dabei insgesamt mehr Beachtung. Wie der bisherige Forschungsstand zeigt, ist die praktische Ausübung von Führung, also Management als Tätigkeit, im akademischen Kontext und auf dem Hintergrund der Reputationsregeln des wissenschaftlichen Feldes verhältnismäßig unattraktiv. Eine wichtige Frage ist daher, welcher symbolische Wert diesen Funktionen innerhalb der Wissenschaft zukommt. In meinem Beitrag behandele ich insbesondere diese symbolische Ebene, indem ich die Besetzung und Verkörperung von Führungsfunktionen innerhalb von Exzellenzeinrichtungen untersuche. Grundlage der empirischen Analyse sind zunächst statistische Daten, vorwiegend aber qualitative Interviewdaten aus der Studie „Frauen in der Spitzenforschung", einer Begleitforschung zur Exzellenzinitiative.[2] Die Daten, auf die ich mich insbesondere beziehe, wurden in Fallstudien zu vier Exzellenzeinrichtungen verschiedener

---

[1]Die Exzellenzinitiative ist eine Förderinitiative des Bundes und der Länder, bei der die deutschen Hochschulen in einem Wettbewerb zwischen 2005 und 2017 Anträge zu drei Bereichen einreichen konnten: Graduiertenschulen zur Förderung des wissenschaftlichen Nachwuchses, Forschungscluster zur Förderung wissenschaftlicher Vernetzung und Kooperation und Zukunftskonzepte zur Entwicklung einer langfristigen Strategie zur Förderung von Spitzenforschung und Nachwuchsförderung auf Universitätsebene. Die Aussagen in diesem Beitrag beziehen sich ausschließlich auf die erste Förderrunde ab 2006.

[2]Das Projekt „Frauen in der Spitzenforschung" wurde von 2007 bis 2013 aus Mitteln des Bundesministeriums für Bildung und Forschung und aus dem Europäischen Sozialfonds der Europäischen Union im Programm „Frauen an die Spitze" gefördert. An der Untersuchung waren zu Beginn 35, später 27 Graduiertenschulen und Exzellenzcluster sowie fünf Hochschulen mit Zukunftskonzepten beteiligt. Das Projekt begleitete die Einrichtungen der Exzellenzinitiative wissenschaftlich im Hinblick auf ihre Gleichstellungskonzepte und -praxis. Die Studie wurde unter der Leitung von Prof. Dr. Anita Engels an der Universität Hamburg durchgeführt. Eine Gesamtauswertung der Studie findet sich in Engels et al. (2015).

Wissenschaftsbereiche sowie durch qualitative Interviews mit Vertreter*innen von zwei weiteren Einrichtungen infolge einer Netzwerkbefragung[3] erhoben.

Für die Analyse nutze ich den Ansatz Bourdieus, der Wissenschaft als soziales Feld betrachtet. Diese konzeptionelle Sichtweise wurde andernorts schon mehrfach für die Geschlechterforschung fruchtbar gemacht (vgl. u. a. Krais 2000; Engler 2001; Beaufaÿs 2003). Kurz gesagt wird Wissenschaft (wie Kunst, Religion oder Politik) als ein im gesellschaftlichen Kontext relativ autonomer und abgegrenzter sozialer Bereich verstanden, der nach einer eigenen Logik funktioniert. Vermittelt wird diese Eigenlogik über die Akteure und ihre feldspezifische Praxis. Man kann auch sagen, die Akteure verkörpern den ‚sozialen Sinn' des jeweiligen Feldes und reproduzieren ihn darüber. Soziale Felder lassen sich mit einem ernsthaften Spiel vergleichen, in dem immer auch um die Positionen der Akteure im Feld gespielt wird. Einsatz bzw. Interessenobjekt in diesem Spiel ist die Kapitalsorte, die im Feld wichtig ist – um sie wird gespielt und sie wird gleichzeitig „als Waffe und als umkämpftes Objekt wirksam" (Bourdieu und Wacquant 1996, S. 128). Aus den ‚Spielpositionen', die über diese Kämpfe im Feld entstehen, ergibt sich eine Struktur des Feldes. Das bedeutet vor allem, dass Relationen hergestellt werden, aus denen auch bestimmte Relevanzen (etwa von Themen, Methoden und Theorien) folgen. Die Struktur des Feldes ist veränderlich, da sie immer neu ausgehandelt wird. Entscheidend für die Bedeutung der Akteure im Feld ist unter anderem, welche Bedeutung einzelnen Interessenobjekten zugemessen wird. Durch Akkumulation wichtiger Interessenobjekte mehren die Akteure ihr symbolisches Kapital, was sich in steigender Anerkennung und erhöhtem Prestige äußert und darüber wiederum die Position im Feld verbessert.

Der Beitrag gliedert sich in vier Abschnitte. Anhand einer Literaturübersicht wird zunächst das besondere Verhältnis von Führung, Wissenschaft und Geschlecht dargestellt (1). Im zweiten Abschnitt wird die quantitative Beteiligung von Professorinnen und Wissenschaftlerinnen in Exzellenzeinrichtungen der ersten Förderperiode beleuchtet (2). Anschließend werden Geschlechterarrangements auf der Ebene von Leitungspositionen in solchen Einrichtungen qualitativ analysiert (3). In einem letzten Abschnitt werden die empirischen Befunde daraufhin

---

[3]Teil der Studie war eine Netzwerkbefragung aller *principal investigators* in acht Exzellenzeinrichtungen (vgl. Kegen 2015), im Rahmen derer anhand eines speziellen Fragebogens die formalen und informalen Beziehungen der maßgeblich beteiligten Wissenschaftlerinnen und Wissenschaftler erhoben wurden. Im Anschluss an die quantitative Befragung wurden in zwei Einrichtungen Interviews mit ausgewählten *principal investigators* geführt.

befragt, inwiefern Führung und Geschlecht in der Wissenschaft eine spezifische symbolische und praktische Verbindung eingehen – und damit auch ein (neues) Thema für die Gleichstellungsarbeit sind (4). Es zeigt sich, dass Gleichstellung auch auf der Ebene, auf der sie positional erreicht ist, ein prekäres und gefährdetes Gut bleibt.

1 Führungsfunktionen, Wissenschaft und Geschlecht

Der dauerhafte Verbleib in der Wissenschaft ist in kaum einem anderen Land der Welt derart eng mit einer Professur verbunden wie in Deutschland (Kreckel und Zimmermann 2014). Die Professur – und damit eine Führungsposition – ist letztlich das Ziel und gleichzeitig die nahezu einzige (rare) Option einer wissenschaftlichen Karriere in Deutschland. Dennoch sind die Funktionen, die mit Führungspositionen generell verbunden werden, wie etwa (Personal-)Führung und Managementaufgaben, nicht genuin Teil des Selbstverständnisses von Wissenschaftlerinnen und Wissenschaftlern (vgl. Beaufaÿs 2012, 2015a; Schmidt und Richter 2009). Während sich die Forschung im angelsächsischen Sprachraum seit den 1990er-Jahren mit *leadership in academia* und der spezifischen Position der Professur auseinandersetzt (Middlehurst 1993; Tight 2002), ist das Verhältnis von Führung und Wissenschaft im deutschen Hochschulkontext nach wie vor praktisch kaum ausgelotet und theoretisch wenig bearbeitet. Hier wird erst zögerlich damit begonnen, praktische Konzepte (Dorando und Symanski 2013; Haller 2014) und theoretische Zugänge zu Führung in der Wissenschaft zu erörtern. Die wissenschaftlichen Arbeiten stammen dabei vorwiegend aus den Wirtschaftswissenschaften (Braun et al. 2016) oder der Psychologie (Peus et al. 2015). Soziologische Analysen gehen häufig auf die organisationale Perspektive ein und stellen Governance und Governanceregime an Hochschulen in den Mittelpunkt (Hüther und Krücken 2016; Schimanck 2005) oder beleuchten dezidiert die Professionalisierung des neuen Berufsfeldes Wissenschaftsmanagement (Blättel-Mink et al. 2013).

Der englischsprachigen Literatur zufolge, die hauptsächlich aus dem Kontext der bereits durchgehend neoliberalisierten australischen, neuseeländischen und englischen Hochschulen stammt, ist das Verhältnis zwischen Führung und Wissenschaft durch Konflikte gekennzeichnet, die sich aus dem Selbstverständnis von Wissenschaftler*innen sowie aus der Kultur wissenschaftlicher Gemeinschaft ergeben: Professor*innen an Hochschulen verstehen sich nicht als Manager*innen und betrachten sich selbst und ihresgleichen üblicherweise als Kolleg*innen mit einer eigenen intellektuellen Autorität und nicht als zu führendes Personal (Kligyte und Barrie 2014;

Juntrasook 2014). Auch ist die Bedeutung von Führung im akademischen Kontext vage und die Rolle von Professor*innen als „intellectual leaders" ist weitgehend ungeklärt (Macfarlane 2011). In der Wahrnehmung von Wissenschaftler*innen verhindern Managementaufgaben die eigene Forschungstätigkeit eher, als dass sie sie fördern. Da wissenschaftlicher Output als zentrale Voraussetzung für die Anerkennung im wissenschaftlichen Feld gelten kann, wird administrativen, organisierenden und leitenden Aufgaben wenig Bedeutung beigemessen.[4]

Wie sich das Führungsverständnis im Wissenschaftskontext insbesondere auf dem Hintergrund zunehmend ‚unternehmerisch' agierender Universitäten unter Geschlechteraspekten auswirkt, ist bislang ebenfalls noch wenig und vorwiegend in Studien aus dem angelsächsischen Sprachraum untersucht worden (Bagilhole und White 2011; O'Connor 2014). Die Ergebnisse lassen erkennen, dass es zu Spannungen zwischen dem akademischen kollegialen Selbstverständnis und der Management-Rolle kommt. Da Frauen die kollegialen Interaktionen oft bereits als wenig positiv erleben, sind sie nicht geneigt, durch die Übernahme von Führungsfunktionen innerhalb eines Kollegiums zusätzlichen Stress auf sich zu nehmen (O'Connor et al. 2014, S. 13). Gerade im deutschsprachigen Raum wird dieses Thema bislang kaum behandelt, das Forschungsinteresse gilt eher ‚Frauen in Führung' (z. B. Hendrix und Sagebiel 2014) und weniger der Frage nach ‚Führung und *Geschlecht* in der Wissenschaft'. Mehr Beachtung findet das Spannungsverhältnis von Governance bzw. Neoliberalisierung von Wissenschaft versus Gleichstellung (Aulenbacher et al. 2015; Binner et al. 2013). Arbeiten der Geschlechterforschung zur unternehmerischen Hochschule befassen sich vorwiegend mit der organisationalen Seite von Wissenschaft (z. B. Weber 2017). Sie weisen darauf hin, dass der Zusammenhang zwischen der Prestige-Abwertung der akademischen Profession und ihrer ‚Feminisierung', wie sie beispielsweise Zimmer et al. (2007) vertreten, in der unternehmerischen Hochschule und gerade im Kontext der Exzellenzinitiative „punktuell aufzubrechen scheint" (Weber und Riegraf 2013, S. 74). Würden „finanziell hoch attraktive Programme" wie die erste Förderphase der Exzellenzinitiative an die Forderung nach gleichstellungspolitischen Standards geknüpft, könne das „Reputationsrisiko" eines steigenden Wissenschaftlerinnen-Anteils als „Wettbewerbsvorteil" genutzt werden (ebd.).

---

[4]Dieses Selbstverständnis ist mit dem Aufkommen neuer Steuerungsmodelle freilich brüchig geworden. So zeigt sich eine erhebliche Diskrepanz zwischen dem eigenen Selbstverständnis von Professor*innen als vorwiegend Forschende und Lehrende und den organisationalen Ansprüchen und Erwartungen der Universitäten an sie, insbesondere in ihrer Rolle als Drittmittelakquisiteure (Macfarlane 2011, S. 63).

Von der Organisationsseite aus gedacht, ist dies sicher richtig. Doch wird in einer solchen Diagnose nicht bedacht, dass die Folgen für Wissenschaftlerinnen zweischneidig sind: Wo der Frauenanteil auf der Professur-Ebene gesteigert wird, um einen Wettbewerbsvorteil zu erzielen, können Wissenschaftlerinnen zu einem symbolischen Gut in einem Spiel werden, das sie selbst nicht unbedingt mitsteuern. Diese These lässt sich zunächst auf einer quantitativen Ebene ausführen.

2 Quantitative Beteiligung von Wissenschaftlerinnen auf der Führungsebene von Exzellenzeinrichtungen

Im Rahmen der Exzellenzinitiative entstandene Einrichtungen wie Exzellenzcluster oder Graduiertenschulen sind nicht vollständig in das universitäre Umfeld eingebettet, sondern bilden eigene Strukturen aus bzw. wirken ihrerseits strukturbildend auf die umgebende Organisation (Flink et al. 2012). Exzellenzeinrichtungen haben ein eigenes Management und die wissenschaftlichen Bereiche werden durch maßgeblich beteiligte Wissenschaftler und Wissenschaftlerinnen, sogenannte *principal investigators* (PI), vertreten. In die Entscheidungsgremien, der internationalen Ausrichtung gemäß als *steering committee, board of directors* oder *research board* bezeichnet, werden Vertreter und Vertreterinnen aller beteiligten Forschungsbereiche berufen. Die Sprecher und Sprecherinnen repräsentieren die Einrichtung nach außen. Zur Zeit der Begleitforschung wurden sechs der 39 Graduiertenschulen und zwei der 37 Exzellenzcluster durch eine Sprecherin repräsentiert. Bei den beiden Clustern handelte es sich um geistes- und sozialwissenschaftliche Einrichtungen, die darüber hinaus zu den wenigen, nämlich insgesamt drei Einrichtungen gehörten, die mehr als eine Hauptsprecher*in hatten. In einem Fall wurde der weiblichen eine weitere männliche Leitungsperson zur Seite gestellt, im anderen Fall waren es gar zwei Kollegen. Bereits an diesem ersten, sehr groben Überblick[5] lassen sich bestimmte Hierarchisierungen nach

---

[5]Die genannten Zahlen ergeben sich aus einer eigenen Auszählung auf Basis der Broschüre „Die Exzellenzinitiative auf einen Blick" von 2008 (DFG 2008). Seit der ersten Förderphase haben sich nur minimale Veränderungen hin zu mehr Professorinnen in sichtbaren Leitungsfunktionen ergeben: Von den ab 2012 geförderten 45 Graduiertenschulen haben sieben eine Sprecherin, in drei von 43 geförderten Exzellenzclustern amtiert eine Sprecherin alleine und ein Cluster wird von zwei Sprechern und einer Sprecherin gemeinsam repräsentiert (DFG 2013).

Geschlecht erkennen: Die der Lehre und dem wissenschaftlichen Nachwuchs verpflichteten Graduiertenschulen sind im Vergleich zu den forschungsnahen Clustern etwas häufiger mit Sprecherinnen besetzt, zudem stehen letztere eher den seltener geförderten geistes- und sozialwissenschaftlichen Einrichtungen vor und werden zudem noch von Kollegen flankiert, obgleich solche ‚Doppelspitzen' zum Zeitpunkt der Untersuchung nicht üblich waren.

Eigene Mitgliederzählungen bestätigen dieses Bild (vgl. Engels et al. 2015, S. 53 ff.). Zur Jahreswende 2009/2010 wurden die an der Studie beteiligten Einrichtungen um ihre Mitgliederlisten gebeten. Aus diesen Listen ging hervor, dass nur 13 % der Spitzenpositionen mit PI-Status von Frauen besetzt waren. Wie Auszählungen der ersten Anträge, eigene Erhebungen und Angaben der Deutschen Forschungsgemeinschaft (DFG) zum Antrag der zweiten Förderphase (2012) ergaben, stieg der Frauenanteil unter den PI von 11 % beim ersten auf 21 % beim zweiten Antrag. Diese deutliche Zunahme zeigt, dass sich die Partizipation von Wissenschaftlerinnen an Spitzenpositionen durchaus innerhalb kurzer Zeit steigern lässt. Dies ist auch deshalb bemerkenswert, weil die Steigerung ausschließlich auf Entscheidungen innerhalb der Wissenschaftseinrichtungen selbst zurückzuführen ist. Zu beachten ist allerdings, dass sich männliche und weibliche PI im Hinblick auf ihre Altersstruktur und den formalen Status unterscheiden. Die Frauen unter den PI sind durchschnittlich dreieinhalb Jahre jünger als ihre männlichen Pendants (46,3 gegenüber 49,9 Jahren). Sie haben seltener eine Professur inne (51 % gegenüber 65 %) und sie sind weniger oft habilitiert als ihre männlichen Kollegen (48,6 % gegenüber 61,4 %). Sie können deshalb als im Durchschnitt weniger wissenschaftlich etabliert gelten. Das lässt darauf schließen, dass die weiblichen PIs insbesondere aus neu Berufenen und dem jüngeren Kollegium rekrutiert wurden. Für die Wissenschaftlerinnen selbst bedeutet dies, dass sie über weniger akademische Erfahrung und deshalb vermutlich über weniger Einflussmöglichkeiten innerhalb der Einrichtungen verfügen. Eine der befragten Professorinnen beschreibt ihre Erfahrungen als frisch berufene PI folgendermaßen:

> Der Cluster [ist] mit einer ganz großen Chance verbunden, aber es ist auch gerade im Falle einer Erstberufung, wie bei mir, […] eine doppelte Bürde. Weil man sich nicht nur neu in einen Beruf hineinfinden muss, […], sondern auch austarieren muss, was jetzt an der Cluster-Struktur selbst den Charakter einer Briefkasten-Firma hat, dass es ein Etikett ist auf einer Struktur, die sich selber trägt und die nicht eigens bespielt werden muss, und wo aber auch wirklich noch Aktion erforderlich ist und das dann Konsequenzen hat für die Priorisierung seiner eigenen Forschungsinteressen. Dieses Entziffern der institutionellen Grammatik ist nicht ganz leicht (Professorin, Geistes- und Sozialwissenschaften).

Zusammenfassend lässt sich festhalten, dass innerhalb der Exzellenzeinrichtungen Frauenanteile auf Führungsebene zwar erheblich und schnell gesteigert wurden, der zahlenmäßige Anstieg allein aber kein Kriterium für tatsächliche Gleichstellung ist, weil damit noch nichts darüber ausgesagt wird, wie die praktische Beteiligung von und konkrete Unterstützung für Wissenschaftlerinnen auf einer qualitativen Ebene aussieht. Es wird auch nichts darüber ausgesagt, welche symbolischen Profite Wissenschaftlerinnen aus ihrer Beteiligung ziehen und ob dieser Mehrwert die Mehrarbeit zuungunsten der eigenen Forschung aufwiegt. Auch deshalb lohnt sich eine qualitative Annäherung an Führungspositionen in Exzellenzeinrichtungen.

3 Geschlechterarrangements in wissenschaftlichen Leitungsgremien

Im Weiteren frage ich zunächst danach, wie Professorinnen (im Vergleich zu Professoren) sich selbst ihre Rekrutierung als PI erklären (Abschn. 3.1). Dann geht es um die Aufgaben, die sie als PI übernehmen bzw. um ihre eigentliche Beteiligung an den Einrichtungen (Abschn. 3.2). Schließlich stelle ich dar, welches Bild die maßgeblich beteiligten Professorinnen von sich selbst als PI in Exzellenzeinrichtungen haben und wie sie sich dort positionieren (Abschn. 3.3). Bezüglich dieser drei Themen lassen sich wissenschaftsspezifische Geschlechterarrangements auf der Führungsebene herausarbeiten, hier am Beispiel von Exzellenzeinrichtungen.

3.1 Wie erklären Professorinnen sich ihre Beteiligung als *principal investigator?*

Um als *principal investigator* in den Antrag eines Exzellenzprojektes aufgenommen zu werden, müssen Wissenschaftler*innen bestimmte Voraussetzungen erfüllen. Diese Voraussetzungen werden jedoch nicht vonseiten der DFG als Mittelgeber und auch nicht durch gesetzliche Vorgaben von Bund und Ländern, sondern von den beantragenden Universitäten bzw. den initiierenden Wissenschaftlerinnen und Wissenschaftlern festgelegt. Dabei spielen unterschiedliche Kriterien eine Rolle, die unter anderem vom jeweiligen Fach abhängig sind. Ausschlaggebend kann schlicht die Position (also die Professur) sein, in vielen der im Projekt „Frauen in der Spitzenforschung" untersuchten Einrichtungen waren aber vor allem meritokratische Maßstäbe vordergründig wirksam. Was als Leistung zählt, unterliegt dabei üblichen messbaren Kriterien, wie Publikationsleistungen und Zitationshäufigkeit. Im Fall einer der befragten Professorinnen führte das beispielsweise dazu, dass sie im Antrag für ihr Exzellenzcluster nicht als PI benannt wurde, obgleich sie an der Antragstellung aktiv beteiligt war:

> Und ich bin dann in dem offiziellen Antrag, obwohl ich fast, also von Anfang an alles mitgemacht habe, nicht als PI genommen worden, weil ich kein *Nature*-Paper[6] habe (Professorin, Naturwissenschaften).

Eine Kollegin mit anderem fachlichen Hintergrund erklärt sich ihre Aufnahme als PI gerade aus ihrer bislang erworbenen, publikationsabhängigen Reputation und aus der Logik ihrer damals laufenden Berufungsverhandlung heraus:

> Also, ich weiß nicht, was meine Kollegen dazu bewogen hat, vielleicht auch, weil ich längere Zeit nicht wusste, ob ich jetzt wirklich hierhin kommen wollte, ich hatte noch einen zweiten Ruf. [...] Und dann wurde mir das in Aussicht gestellt, ich wurde auch früh eingebunden, ich konnte da [...] Ideen einspeisen, die dann aber [später] komischerweise [nicht aufgenommen wurden], aber das hängt damit zusammen, dass ich halt noch an der anderen Uni war [...] und da bin ich, glaube ich, über diese Berufungssituation da reingerutscht, dass man mir da etwas mehr anbieten wollte [...]. Die wussten dann schon, dann bin ich halt publikationsstark, also ich bin jetzt hier kein unbeschriebenes Blatt, also ich habe auch selber viel gemacht. [...] und dann ist das ja immer, also jetzt mal objektiv betrachtet, ein Mehrgewinn für einen Fachbereich, wenn man jemand drin hat, der sichtbar ist, das [...] auf jeden Fall. Ich glaube, das sind so die Beweggründe, warum die mich da reingewählt haben (Professorin, Geistes- und Sozialwissenschaften).

In beiden Fällen beteiligten sich die Wissenschaftlerinnen an der Antragstellung, diese Leistung übersetzt sich jedoch im ersten Beispiel – zumindest zunächst[7] – nicht in den sichtbaren Status als PI („nicht als PI genommen worden") und wird im zweiten Beispiel inhaltlich nicht aufgenommen („Ideen [...] (nicht aufgenommen wurden)"). Beide Professorinnen erklären ihre Wahl bzw. ihren Ausschluss über ihre Publikationsleistungen bzw. deren Fehlen. Es wird deutlich, dass sichtbare (Publikations-)Leistungen mehr zählen als die Ideenarbeit für den Antrag. Darüber hinaus wird aber auch spürbar, wie die Professorinnen sich selbst als

---

[6]*Nature* ist eine wissenschaftliche Zeitschrift, die insbesondere in den naturwissenschaftlichen Fächern höchstes Ansehen genießt.
[7]Die Interviewte wurde später als PI hinzugewählt, nachdem ein früher beteiligter Kollege ausgeschieden war und somit „fehlte halt in dem Steering Committee eine Person", wie sie es im Gespräch formulierte.

Objekte eines von anderen geführten Verhandlungsprozesses wahrnehmen. Sie stellen sich zwar als aktive Ideengeberinnen im Prozess der Antragstellung dar, gleichzeitig werden ihre Leistungen aber als reputierliche symbolische Güter präsentiert, die durch andere angeeignet und strategisch eingesetzt werden.

Diese Darstellung ist nicht selbstverständlich, wie der Vergleich mit der Erzählung eines ebenfalls kurz vor der Antragstellung neu berufenen Professors zeigt, der bereits in der Initiationsphase seiner Einrichtung als Sprecher avisiert wird:

> And then came this excellence initiative, there was some internal process at the university [...] we all were supposed to present an idea for excellence cluster, graduate schools. And I think at that point we discussed with [Initiator I] and [Initiator II] the idea of some either cluster or graduate school in this area [Forschungsschwerpunkt] and [...] it was always kind of understood, that I would be the one actually doing this, as I said [Initiator I] had already has a big, big responsibility with [Bereich] and [Initiator II] has a big responsibility [...] (Professor, Ingenieurwissenschaften).

Aus Sicht dieses neu berufenen Professors liegt der wesentliche Grund für seine Einsetzung als Sprecher darin, dass zwischen ihm und zwei anderen Professoren, die als Initiatoren der späteren Exzellenzeinrichtung auftraten, Verantwortlichkeiten („responsibility") verteilt werden müssen. Da diese beiden Initiatoren bereits bestimmte Felder besetzt halten und dort stark eingebunden sind, ist es unmissverständlich die Aufgabe des neuen Kollegen, hier einzusteigen. Dieser befindet sich dabei in einem Diskussionsprozess mit den anderen, die ihm die Rolle direkt übertragen. Einer der Mitinitiatoren bestätigt dieses Bild, indem er seinerseits im Interview über den jüngeren Kollegen sagt: „Wir haben ihn da quasi auch sehr, sehr gut, glaube ich, unterstützt, diese Startphase zu schaffen und ihn quasi auch an Position eins zu bringen" (Professor, Ingenieurwissenschaften).

Etablierte Professoren präsentieren sich häufig als Mitinitiatoren von Exzellenzeinrichtungen und führen dabei durchaus ihren Mehrwert als Forscher ins Feld. Anders als in dem Beispiel der publikationsstarken Professorin werden ihre Leistungen dabei aber nicht zum Faustpfand der Kollegen. Vielmehr verstehen sie sich selbst und das, was sie mitbringen, als Teil eines kollegialen Verbundes. Einer dieser Professoren erklärt, wie er zu seiner Leitungsfunktion in einem Exzellenzcluster gekommen ist:

> Ja, ich war von Anfang an dabei und, also ich denke, ich bin ein relativ aktiver Forscher und wenn sich so was an so einem Standort bildet, so ein Forschungsverbund, und man die kritische Masse sucht an Kolleginnen und Kollegen, dann muss man natürlich, dann hört man natürlich rum, wo sitzt wer und könnte der dazu passen. [...] Und das Gebäude ist vielleicht auch der Grund, zunächst mal, warum ich überhaupt dazu kam, weil die [Cluster-]Kolleginnen und Kollegen haben identifiziert,

dass man technische Plattformen zum Arbeiten und zum Bearbeiten von bestimmten Fragestellungen braucht [...]. Und dazu waren wir mehr oder weniger parallel dabei, hier ein Zentrum für [Forschungsrichtung] aus dem Boden zu stampfen mit diesem Gebäude. Das wird ein pures Technologiegebäude, ein pures Forschungsgebäude, da gibt es keine Hörsäle, kein gar nichts, das ist ein pures Laborgebäude, und dann kam der Wunsch, dass man dieses Gebäude als [Teilbereich X] [...] das ist [Teilbereich X] im [Cluster]. Und ich bin Sprecher der [Teilbereich X]. Also, das ist die eine Funktion (Professor, Naturwissenschaften).

In dieser Erzählung werden Wissenschaftler*innen eines Standorts auf der Suche nach der „kritische(n) Masse [...] an Kolleginnen und Kollegen" auf den Professor aufmerksam, weil er einerseits als „aktiver Forscher", andererseits als Hüter und Schaffer von interessanten technologischen Forschungsvoraussetzungen sichtbar wird. Die Beschreibung der Laborgebäude bietet einen Einblick in die Werteskala der naturwissenschaftlichen Fachkultur. Laborräume sind teuer, knapp und absolute Voraussetzung für erfolgreiche Forschung. Forschung wird der Lehre übergeordnet, sie ist für die Reputation in der Scientific Community wesentlich (Hilbrich und Schuster 2014). Indem er das Laborgebäude als „pures Forschungsgebäude, da gibt es keine Hörsäle" charakterisiert, unterstreicht der Interviewte den besonderen Wert seines Beitrags zum Exzellenzantrag. Der Professor identifiziert das neue „Technologiegebäude", an dessen Aufbau er beteiligt war, selbstverständlich als seinen Bereich, auf den die Kollegen Zugriff wünschen. Daraus ergibt sich wiederum quasi-natürlich seine Funktion als Sprecher eines wissenschaftlichen Teilbereichs des Clusters. Das Gebäude wird damit symbolisch zu einem Teil von ihm und seinem Forschungsbereich, wodurch sich sein eigener Wert als beteiligter Wissenschaftler erhöht. Im Unterschied zu den beiden oben erwähnten Professorinnen wird er jedoch nicht zu einem symbolischen Gut im Spiel der anderen. Seine Rolle ist in dieser Erzählung eindeutig die eines „aktiven" Mitspielers, eines *gatekeepers*, als der er sich auch selbst ausweist.

Mit diesem Beispiel ist bereits angedeutet, welche Funktionen *principal investigators* in einer laufenden Exzellenzeinrichtung einnehmen können. Diese Frage wird im Folgenden vertieft.

3.2 Funktionen von Professorinnen in Exzellenzeinrichtungen

Auch wenn sie als maßgeblich Beteiligte benannt sind, übernehmen Wissenschaftlerinnen und Wissenschaftler nicht automatisch Führungsfunktionen in Exzellenzeinrichtungen. Vielmehr setzen sich die Führungsgremien aus denjenigen zusammen, die wissenschaftliche Teilbereiche einer Einrichtung repräsentieren, Leitungspositionen in beteiligten, auch außeruniversitären Instituten besetzen oder für bestimmte Bereiche wie die Nachwuchsförderung oder die Vertretung der Nachwuchsgruppenleitungen und Ähnliches zuständig sind. Je nach Wissenschaftsbereich können auch Vertreter aus der Wirtschaft Mitglieder in den *steering committees* von Exzellenzeinrichtungen sein. Weitere Mitglieder der Exzellenzeinrichtung dürfen anwesend sein, sind aber nicht stimmberechtigt. In ähnlicher Weise wird auch die Ebene des Wissenschaftsmanagements beteiligt. Demnach sind es hauptsächlich die Vertreter*innen der Forschungsschwerpunkte und damit die Repräsentant*innen des wissenschaftlichen Teils der Einrichtung sowie in zweiter Linie Leiter*innen von Universitäten und beteiligten außeruniversitären Instituten, die wesentliche Leitungsfunktionen einnehmen können. In den von mir untersuchten Einrichtungen wurden solche Leitungsfunktionen auch von Professorinnen ausgefüllt. Im Falle einer Graduiertenschule amtierte eine Professorin als Sprecherin, bei zwei Exzellenzclustern hatte jeweils eine Professorin eine andere Funktion inne. Zur Zeit unserer Forschungstätigkeit fand sich in keiner Vorstandsgruppe mehr als eine Frau mit (Teil-)Leitungsfunktion. Die von den Wissenschaftlerinnen ausgeübten Funktionen waren in der akademischen Wertehierarchie zudem eher weiter unten angesiedelt.

Besonders die Gleichstellungsfrage wird schnell zum Gegenstand, für den Professorinnen in ihren Einrichtungen verantwortlich sein sollen, wie eine Gesprächspartnerin erfahren musste: „Und ja, also, mir wurde dann natürlich auch diese ganze Frage der Gleichstellung gleich zugeschoben" (Professorin, Geistes- und Sozialwissenschaften). Die Professorinnen an den untersuchten Einrichtungen übernahmen tendenziell Aufgaben, die nicht ihrer Interessenlage entsprachen und ihrer Reputation als Forscherin nichts hinzufügten. Das wird in der folgenden Erzählung besonders deutlich:

> Also der erste Ansatz war natürlich ein wissenschaftlicher, dass ich mich also dafür interessiert habe, dass man hier ein [Forschungsschwerpunkt]-Thema als Exzellenzcluster aufbaut. Und dann kamen die Fragen, wer übernimmt eigentlich solche allgemeinen übergreifenden Aufgaben wie Nachwuchsförderung oder aber auch wie Frauenförderung. Und ich habe dann mich stark gemacht in dem Bereich, dass ich also mich um diese Nachwuchsförderung gekümmert habe (Professorin)[8].

---

[8]Im Folgenden wird auch das Umfeld der Professorin mit einbezogen. Um die Identität der Beteiligten zu schützen, die durch diesen hergestellten Zusammenhang eventuell erkennbar werden, wird der Wissenschaftsbereich nicht genannt.

Diese Professorin kennzeichnet ihre eigenen Ambitionen bezüglich ihrer Beteiligung als PI eindeutig als forschungsgetrieben. Gleich im nächsten Satz verweist sie auf die anstehenden „allgemeinen übergreifenden Aufgaben". Offenbar stand die Frage im Raum, wer für diese Aufgaben zuständig sein soll. Ob ihr die Zuständigkeit als einziger Professorin im Gremium zugewiesen wird oder ob sie sie aus eigenem Antrieb übernimmt, lässt diese Darstellung offen. Rhetorisch wird suggeriert, dass die Wissenschaftlerin eine aktive Rolle einnimmt und sich für die Nachwuchs- und Frauenförderung „stark" macht. Damit setzt sie sich letztlich für Bereiche ein, die zwar eine(n) Verantwortliche(n) brauchen, für die sich aber offenbar niemand anderes gefunden hat. Denn sich für etwas „stark" zu machen, bedeutet auch, den ‚Schwachen' eine Stimme zu geben und die eigene Position dafür ins Feld zu führen.

Eine auf der Management-Ebene beschäftigte Wissenschaftlerin kommentiert diesen von ihr beobachteten Prozess kritisch. Ihrer Überzeugung nach waren soziale Mechanismen am Werk, durch die der international renommierten Professorin vor Ort eine marginalisierte Position zugewiesen wurde:

> (Sie) hat die klassische Rolle in unserem Institut angenommen, einer Frau, […] so nach dem Motto: Sie können die Lehre doch machen, nicht? Sie können jetzt unseren Studiengang organisieren und Sie können dies und jenes. […] Und sie hat eigentlich nie so richtig gewichtig Gehör gefunden. Und ähm dazu kam, dass sie in allen, allen Gremien so, so viel involviert war, heute ist sie [Leitungsposition] […] Und ähm damals [Pause 3 Sek.] hat, also mein, mein Lesen davon oder wie ich das erlebt hab: Sie hat sich einfach aus allem herausgezogen und hat auf einer anderen Ebene gehandelt (Wissenschaftsmanagerin).

Die Wissenschaftsmanagerin interpretiert die internationale Gremientätigkeit[9] der Professorin als Flucht aus der direkten Verhandlung mit den anderen beteiligten Kollegen, bei denen sie „nie […] Gehör gefunden" habe. Das Handeln auf einer „anderen Ebene" scheint dabei das Instrument gewesen zu sein, um sich für eine Leitungsposition andernorts zu qualifizieren. In dieser Darstellung wird der Professorin von den Kollegen keine Anerkennung als Forscherin zuteil, es werden ihr Aufgaben in Lehre und Verwaltung zugeschoben, wodurch sie in die „klassische Rolle […] einer Frau" gedrängt wird. Der Weggang der Professorin ist in dieser Erzählung die logische Konsequenz daraus, am eigenen Standort nicht

---

[9]Dass es sich um renommierte internationale Gremien handelt, wird an anderer Stelle des Interviews erwähnt.

weitergekommen zu sein.[10] Ein Kollege der Professorin, selbst ehemals an der Exzellenzeinrichtung beteiligt, sieht das anders:

> Sie wäre eigentlich gerne geblieben, die war auch gut etabliert und ist eben da auch wahrscheinlich mit die mächtigste Frau, die wir in der Wissenschaft haben, in den [X]–wissenschaften bestimmt. […] A.[11] ist jemand, die kann unheimlich gut moderieren, also A. hat das Talent, dass, wenn Leute mit divergierenden Interessen da sind, Gruppen da sind, sich um irgendwas streiten, die an einen Tisch zu kriegen und sie dazu zu bringen, dass sie irgendwie kooperieren. Das ist das, was A. eigentlich macht, den ganzen Tag. [lacht] Und das ist das, das kann sie natürlich als [Leitungsposition] super gut machen, und für sie war das, ehrlich gesagt, logisch, dass sie, dass die [Leitungsposition] macht. […] Und das war für sie sicherlich eine Herausforderung (Professor, ehem. Einrichtungssprecher).

Laut dieser Beschreibung handelt es sich bei der Professorin um „wahrscheinlich mit die mächtigste Frau" im Wissenschaftsschwerpunkt, sogar in der gesamten deutschen Wissenschaft. Dabei ist das Adjektiv „mächtig" durchaus nicht mit ‚leistungsstark' oder ‚exzellent' gleichzusetzen, sondern drückt genau ihre offenbar rege Tätigkeit in wichtigen Gremien und damit den Grad ihres wissenschaftspolitischen Einflusses aus. Neben dieser Qualität wird ihr eine weitere Fähigkeit zugesprochen, nämlich „moderieren", also andere Wissenschaftler und Wissenschaftlerinnen zu befriedigenden Kooperationslösungen führen zu können. Der Professorin werden somit eindeutig Führungsqualitäten attestiert. Allerdings sind diese vergeschlechtlicht: Sie wird erstens als „die mächtigste *Frau,* die wir in der Wissenschaft haben", bezeichnet – hier wird, und dies ist nur unter der Bedingung ihrer Kennzeichnung als ‚weiblich' möglich, nicht an Superlativen gespart; zweitens wird ihr ein besonderes „Talent" unterstellt, welches Frauen in Führungspositionen gern als weiblicher Stil zugeordnet wird, nämlich das Vermögen, Konflikte zwischen anderen zu schlichten und auf sachliche Zusammenarbeit hinzuwirken. Nicht die Rede ist hingegen von den Forschungsleistungen der Professorin. Die Leitungsposition, die sie nach ihrem Weggang eingenommen hat, wird

---

[10]Eine ähnliche Beobachtung macht eine Professorin aus einem anderen Fach an einem anderen Standort bei einer ihrer Kolleginnen, die national und international an mehreren Institutionen angebunden ist: „Sie lässt sich jetzt nicht irgendwie so andocken, sondern sie geht einfach dann weg, nach ((Stadt)) oder nach ((Stadt im Ausland)) und ist dann nicht greifbar. In ((Stadt im Ausland)) macht sie dann wahrscheinlich das Gleiche wie hier" (Professorin, Geistes- und Sozialwissenschaften).

[11]Der Professor bezieht sich auf den Vornamen seiner Kollegin, hier mit dem Initial A. bezeichnet, das nicht dem Anfangsbuchstaben des Klarnamens entspricht.

auf ihre (weiblichen) Führungsqualitäten und nicht darauf zurückgeführt, dass sie als exzellente Forscherin aufgetreten ist. Im Gegenteil: Es wird der Eindruck vermittelt, es handle sich um eine Wissenschaftlerin, die ihre Zeit nicht mit Forschung, sondern damit verbringt, andere „an einen Tisch zu kriegen". Im Wertekanon des wissenschaftlichen Feldes werden sowohl wissenschaftspolitischer Einfluss als auch Kooperationsbeziehungen durchaus als wichtige Voraussetzungen für Erfolg in der Wissenschaft gesehen; sie gelten aber nicht als wissenschaftliche Leistungen und sind damit auch nicht als Bedingungen kollegialer Anerkennung relevant. Insofern ist das geradezu überschwänglich erscheinende Loblied des Kollegen durchaus zweischneidig.

3.3 Wie verstehen sich Professorinnen als ‚maßgeblich Beteiligte'?

Angesichts ihrer im kollegialen Umfeld aufgrund ihres Geschlechts exponierten Position ist der Blick der Professorinnen auf sich selbst als ‚maßgeblich Beteiligte' in Exzellenzeinrichtungen ein wichtiges Puzzleteil, um die Qualität ihrer Beteiligung einschätzen zu können. Zunächst soll jedoch die Positionierung der Wissenschaftlerinnen in ihrer Scientific Community in den Blick genommen werden. Diese zweifache Sicht ist wichtig, weil die Beteiligung als Wissenschaftlerin innerhalb einer Forschungsgemeinschaft (im wissenschaftlichen Feld) und die konkrete praktische Beteiligung an der Strukturbildung von Exzellenzeinrichtungen und der lokalen Positionierung an Universitäten (also in der Organisation) stark divergieren können.

Die Positionierung in der eigenen Wissenschaftsgemeinschaft fällt bei den befragten Professorinnen sehr unterschiedlich aus. Während sich die einen eine eher marginale Position zuschreiben, sehen sich andere als zentrale Figuren, mindestens in ihrer engeren Community, wie die folgenden beiden Interviewpassagen beispielhaft zeigen:

Das Einzige, was ich habe, ist, ich bin publikationsstark. Ich bin nicht vernetzt, ich bin nicht wichtig, ich mache völlig abartige Dinge für die deutsche [Forschungsbereich]. Es ist mir auch egal, es ist auch gut so, nicht, ich muss ja mit dem leben, was ich mache, ich beklage mich überhaupt nicht darum, ich bin, was ich bin und das ist gut so (Professorin, Geistes- und Sozialwissenschaften).

Im Augenblick bin ich auch etwas überlastet mit Ämtern. Ich bin die Direktorin vom [X]-Institut, ich bin die Vorsitzende vom [X-Gremium] und ich bin auch noch die Vorsitzende von [X-Fachgesellschaft]. Das wollte ich eigentlich nicht. […] Also ich hab jetzt zurzeit sehr viele Ämter inne in der [X]-forschung, und äh, ja, das müssen wir jetzt schnell ändern, aber ja: Im Augenblick bin ich die wichtigste Frau in der [X]-forschung [lacht] in Deutschland. […] Nein, also, ich bin eigentlich gegen solche Ämterhäufung, aber es ist einfach so passiert (Professorin, Naturwissenschaften).

An beiden Aussagen fällt zunächst der fast entschuldigende Tonfall auf, mit dem die Professorinnen ihre Positionen im Feld rechtfertigen. Die erste verortet sich sowohl sozial wie epistemisch eher am Rand („ich bin nicht vernetzt"; „ich mache völlig abartige Dinge"), die andere zählt ihre Leitungsposition und ihre Ämter in den für ihren Bereich zentralen Wissenschaftsgremien auf und dokumentiert so gleichzeitig ihre zentrale Position wie auch ihre Überlastung durch „Ämterhäufung". Beide distanzieren sich von dem Standpunkt[12], den sie einnehmen. Während die Professorin aus der geistes- und sozialwissenschaftlichen Einrichtung ihren marginalen Standpunkt fast trotzig verteidigt („ist mir auch egal"; „ich bin, was ich bin, und das ist gut so") und sich in Relation zu den anderen in ihrem Feld als Außenseiterin betrachtet, grenzt sich die Professorin aus den Naturwissenschaften von den zentralen Positionen ab, die sie einnimmt, und spielt den Anteil herunter, den sie selbst an der Erlangung dieser Stellung hat („ich bin […] gegen solche Ämterhäufung, aber es ist einfach so passiert").

Die Beispiele zeigen, dass sich sowohl Professorinnen mit marginaler als auch solche mit zentraler Position in ihren Scientific Communities reflexiv zu ihren Standpunkten verhalten können. Auch wenn sich solche Ergebnisse aus qualitativen Daten nur eingeschränkt verallgemeinern lassen, fällt doch auf, dass Aussagen auch und gerade solcher Professorinnen, die sich in ihren Communities erfolgreich bewegen, sehr häufig durch diese reflexive Sichtweise bestimmt werden. Daraus lässt sich ableiten, dass sie – ungeachtet ihrer zentralen Positionen – ihren Minderheitenstatus als Mitspielerinnen im wissenschaftlichen Feld insofern spüren, als sie aufgrund eben jenes Minderheitenstatus nicht voll im Spiel aufgehen.[13]

---

[12]Der Begriff Standpunkt wird hier im Bourdieu'schen Sinne verwendet; er bezeichnet sowohl die Position im Feld als auch den bezogenen Standpunkt im Sinne einer Perspektive, aus der heraus geurteilt wird (vgl. Beaufaÿs 2015b, S. 47).

[13]Wie Beate Krais betont, ist „[d]ie eigene Person, das Ich, […] untrennbar verbunden mit den Aktivitäten im wissenschaftlichen Feld" (2000, S. 40). Der soeben beschriebene Effekt wird sicher nicht bei jeder Person wirksam, die sich als ‚Frau' im wissenschaftlichen Feld bewegt. Tritt er jedoch ein, müsste er eine weniger enge Verbindung des eigenen ‚Ich' mit der feldspezifischen Praxis zur Folge haben.

Dies hat möglicherweise Konsequenzen für die Position, die Professorinnen in Exzellenzeinrichtungen und innerhalb der jeweiligen lokalen Organisation einnehmen. Häufig lassen sich in den Interviews Schilderungen finden, in denen die Gesprächspartnerinnen das Geschehen eher von außen betrachten:

> Also ich weiß […], wie die miteinander umgehen und dass das langjährige Freundschaften, vielleicht Seilschaften sind. Ja, da kommt man halt nicht rein. Außerdem ist es ein bisschen so die Frage, möchte ich das eigentlich wirklich. Es sind auch Abhängigkeiten damit verbunden. Ich empfinde meine Arbeit hier als sehr, sehr frei. Und das wäre so nicht gegeben, wenn es so eine, ja, vor allen Dingen auch im informellen Bereich so eine enge Verbindung gäbe. […] In so im großen Netzwerk gibt es immer Leute, wo man so ein kleines bisschen reserviert ist, was die Validität der Daten, die publiziert werden, angeht und wenn man nicht in Abhängigkeiten ist, hat man einfach einen ganz anderen Stand und kann dann sagen, ja, hier mache ich gerne mit und da lieber nicht und fühlt sich nicht verpflichtet, in irgendeiner Richtung was zu tun (Professorin, Lebenswissenschaften).

Eine andere Professorin aus dem gleichen Wissenschaftsbereich betrachtet sich dagegen als vollständig in ihre Exzellenzeinrichtung integriert:

> Ich fühle mich eigentlich an jeder Initiative hier ganz gut beteiligt. Und das ist nicht, weil ich Mann oder Frau bin, man braucht mich, die Matrix ist überall. […] Und das Witzige dazu, ich habe, ich war eine von den Ersten in dem Gebiet, die gezeigt haben, dass […] (Professorin, Lebenswissenschaften).

Während in der ersten Interviewpassage betont wird, dass die Unabhängigkeit von informellen Bindungen vorteilhaft für die Forschung ist, rekurriert die zweite auf den Forschungsgegenstand, um zu unterstreichen, dass die eigene Integration unvermeidlich ist. Beide Professorinnen beziehen sich somit auf ihre Forschung, um die Einbindung in die Netzwerke in ihrer Exzellenzeinrichtung zu begründen. Der soziale Aspekt („langjährige Freundschaften, vielleicht Seilschaften") wird dabei entweder als eher forschungsavers (in Bezug auf „die Validität der Daten") oder als letztlich unerheblich ausgewiesen („nicht, weil ich Mann oder Frau bin"). Dieser Rekurs auf die Forschung, auf die wissenschaftliche Arbeit als zentrale Tätigkeit ist für Wissenschaftler*innen sicherlich naheliegend. Dennoch muss verwundern, dass sich die erstgenannte Gesprächspartnerin so deutlich von „informellen" Kontakten zu Kolleg*innen am Standort distanziert und dabei die Freiheit der Forschung hervorhebt, die sie zudem direkt mit einem wissenschaftlichen Wahrheitsanspruch verknüpft. Im zweiten Zitat wird der Forschungsgegenstand nicht nur aufgrund seiner Thematik zu einer „Matrix" – er schafft vielmehr automatisch Verbindungen, die zu der Wissenschaftlerin oder über sie führen.

Ihrer Darstellung zufolge sind ihre Netzwerke forschungsbegründet, sie ergeben sich aus ihrer Forschung und nicht etwa über persönliche Beziehungen.

Es spricht einiges dagegen, diese jeweils unterschiedliche Darstellung der Forschungszentriertheit sozialer Einbindung allein dem wissenschaftlichen Ethos der beiden Befragten zuzurechnen. Persönliche Beziehungen könnten auch auf andere Weise vom Forschungsgeschehen getrennt dargestellt werden. Auch scheinen männliche Kollegen in ihrer Selbstdarstellung als ‚maßgeblich beteiligter Wissenschaftler' nicht zu befürchten, sich als unlauterer Wissenschaftler zu desavouieren, wenn sie Forschung und soziale Beziehungen nicht scharf voneinander trennen. Ein Fachkollege der beiden oben zitierten Wissenschaftlerinnen eröffnet beispielsweise das Interview bereits nach der ersten Frage selbstverständlich mit der Schilderung persönlicher Kontakte:

> Wie ich überhaupt in das Konsortium reingekommen bin? In personam war das ganz sicher der [Name], der hier mehr oder weniger den Schwerpunkt der [X]-Forschung initiiert hat, der auch dafür gesorgt hat, dass ich [Jahreszahl] hierher berufen wurde, weil wir uns gemeinsam aus [Universitätsstadt] kennen. Daraufhin haben wir dann drei Jahre später den ersten SFB [Sonderforschungsbereich] zusammen gemacht. [...] Und als dann die Exzellenzinitiative ausgerufen wurde, war eigentlich klar, dass wir da mitmachen wollen. Es war uns aber auch damals klar, dass wir alleine im [X]-Bereich das nicht stemmen können [...] und deswegen kam uns dann gemeinsam die Idee, mit dem [Name] das zusammen zu machen, weil wir beide ihn kannten (Professor, Lebenswissenschaften).

Es mag eine gewisse Unbehaglichkeit hervorrufen, diese Zitate gegenübergestellt zu sehen, da ihre Konfrontation eine stereotype Auslegung förmlich herbeizusehen scheint. Dennoch muss festgehalten werden, dass die Äußerung des Professors vollkommen ohne Umschweife persönliche Beziehungen unter Wissenschaftlern offen legt, die dazu geführt haben, dass eine Professur besetzt, ein Sonderforschungsbereich gegründet und ein Exzellenzcluster beantragt wurde. Demgegenüber hat sich keine der insgesamt 14 befragten weiblichen PIs ähnlich geäußert. Das allein sagt noch nicht viel aus, es muss aber bedacht werden, dass es sich hier nicht um eine willkürlich zusammengesetzte Gruppe von Hochschullehrerinnen und Hochschullehrern handelt, sondern um Beteiligte an einem der renommiertesten und teuersten Drittmittelprogramme, die es zu der betreffenden Zeit in Deutschland gab. Somit kann davon ausgegangen werden, dass die beteiligten Wissenschaftlerinnen nicht zu denjenigen gehören, die ohnehin marginalisiert und eher ‚abgehängt' sind. Vielmehr dürften sie ebenso wie ihre männlichen Kollegen ein den jeweiligen fachlichen Standards entsprechendes Portfolio aufweisen.

4 Symbolischer Profit und/oder operativer ‚Verschleiß' – eine Geschlechterfrage?

Im wissenschaftlichen Feld zählt die Forschungsleistung, dokumentiert in Publikationen, als wichtigste Währung, um als Wissenschaftler*in anerkannt zu werden. Allerdings, so wurde bereits andernorts mehrfach ausgeführt, müssen diese wissenschaftlichen Leistungen Personen zugeschrieben, also mit der Person der Forschenden verbunden werden, um deren Reputation zu erhöhen (Beaufaÿs 2003; Engler 2001). Leistungen, die nicht als solche erkennbar sind, sind somit von geringerem Wert als solche, die sichtbar (gemacht) werden. Zudem trägt eine einmal erreichte Position im Feld, ein Standpunkt, dazu bei, dass kein Weg an der mit diesem Standpunkt verbundenen Akteur*in vorbeiführt. Ihre Reputation wird so zu symbolischem Profit, weil ihrem (auch epistemisch) bezogenen Standpunkt Rechnung getragen werden muss. Zieht man diese Mechanismen des sozialen Feldes Wissenschaft in Betracht, müssen die hier herausgearbeiteten empirischen Ergebnisse zur Exzellenzinitiative in mehrfacher Hinsicht zu denken geben.

Zunächst lässt sich festhalten, dass der Frauenanteil an Spitzenpositionen in der Exzellenzinitiative innerhalb kurzer Zeit signifikant erhöht werden konnte. Die als PI benannten Wissenschaftlerinnen waren im Vergleich zu ihren männlichen Kollegen jedoch häufig weniger etabliert. Möglicherweise nehmen gerade jüngere Professorinnen ihre Beteiligung deshalb teilweise eher als Bürde denn als Chance wahr. Ihre Rekrutierung als PI und ihre Wahl in Leitungsgremien deuten sie selbst häufig als Kalkül im universitären Wettbewerb. Diese Erfahrung lehrt sie ein weiteres Mal, dass ihre Anwesenheit im wissenschaftlichen Feld nicht selbstverständlich ist.

Professorinnen stellen sich selbst zwar als aktive Ideengeberinnen im Prozess der Antragstellung dar, doch werden ihre diesbezüglichen Leistungen entweder nicht aufgenommen oder tragen nicht zu ihrer Integration bei. Gleichzeitig sehen sich Professorinnen selbst bzw. ihre Leistungen als reputierliche symbolische Güter zum Nutzen anderer (im Rahmen des Drittmittelwettbewerbs). Professoren heben dagegen ihre aktiven Leistungen hervor und präsentieren sich selbst als *gatekeeper* symbolischer Güter und auch konkreter Ressourcen. Junge Professoren berichten davon, wie die notwendig auszufüllenden Funktionen im Forschungsschwerpunkt zwischen ihnen und den jeweiligen Kollegen aufgeteilt werden; dass sie überhaupt beteiligt werden, scheint nicht infrage zu stehen. Sie begreifen sich selbstverständlich als Teil des Kollegiums und werden auch entsprechend unterstützt. Jüngere Koleg*innen* scheinen hingegen selbst zusehen zu müssen, ob sie in der Lage sind, die ihnen neue „institutionelle(n) Grammatik" zu entziffern.

Das kann auch dazu führen, dass die Professorinnen ihre Energien für Bereiche einsetzen, die zwar eine(n) Verantwortliche(n) brauchen, aber wenig Reputation einbringen und die in der Hierarchie der wissenschaftlichen Werteskala relativ weit unten angesiedelt sind. Zu diesen Bereichen zählen insbesondere Nachwuchsförderung und Gleichstellung. Damit soll nicht gesagt werden, dass diese Aufgaben unwichtig sind, sondern dass es sich um Funktionen handelt, die nach herkömmlichem Verständnis die wissenschaftliche Reputation nicht befördern und gleichzeitig Energien binden, die die Professorinnen dann nicht für ihre Etablierung in der Scientific Community einsetzen können. Die Funktionen, die Wissenschaftlerinnen in Exzellenzeinrichtungen vielfach übernehmen, unterliegen zudem der Gefahr, vergeschlechtlicht und über ihre ‚Feminisierung' herabgestuft zu werden. Da sie als forschungsfern wahrgenommen und gleichzeitig mit weiblichen Eigenschaften assoziiert werden, sind sie in geringerem Maße mit dem verbunden, was als ‚exzellent' gilt. Die Zuständigkeit für solche Aufgaben bedeutet somit, weniger symbolischen Nutzen aus der Einbindung in die Exzellenzinitiative ziehen zu können.

Es ist aussichtslos und auch nicht sinnvoll, aus den zum größten Teil impliziten Äußerungen der Interviewpartnerinnen herauszulesen, ob den Professorinnen in den untersuchten Exzellenzeinrichtungen ihre Zuständigkeiten in Leitungsgremien zugewiesen oder ob sie aus eigenem Antrieb übernommen wurden. Unsere Aufmerksamkeit muss sich vielmehr darauf richten, dass sich offenbar in mehreren Fällen – und damit jeweils unter ganz unterschiedlichen Bedingungen – ähnliche Funktionszuweisungen ergeben, die dazu führen, dass sich Wissenschaftlerinnen in Exzellenzeinrichtungen in (zumindest im akademischen Bewertungsrahmen) eher marginalisierten Positionen finden.

Wie gezeigt, neigen sowohl Professorinnen, die sich als in ihren Communities integriert präsentieren, als auch solche, die sich eher eine Randposition zuschreiben, zu einer reflexiven Sichtweise auf sich selbst und die eigene Position in der Fachgemeinschaft wie auch im lokalen Kollegium. Daraus ließe sich schließen, dass sie ihren Minderheitenstatus als Mitspielerinnen im wissenschaftlichen Feld in ihre Wahrnehmungsschemata aufgenommen haben und aufgrund der daraus entstehenden Distanz nicht gänzlich am Spiel beteiligt sind. Ihr Spielsinn in Bezug auf den Wahrheitsanspruch und die Unpersönlichkeit wissenschaftlicher Forschung scheint jedoch gleichzeitig besonders stark zu sein. Sie scheinen es gewissenhaft zu vermeiden, ihre persönlichen Vernetzungen als informelle auszuweisen; ihre Verbindungen zu Kolleg*innen leiten sie aus thematischen Bezügen und Forschungserfolgen her. Damit beziehen sie sich stärker als ihre männlichen Kollegen auf die Sachebene der Wissenschaft und auf die ‚Neutralität' der Forschung. Es liegt nahe zu vermuten, dass ihr Minderheitenstatus als ‚Nicht-Männer' im Feld sie dazu zwingt, dessen Regeln ostentativ für sich zu behaupten, während ihre Kollegen sich auf Basis ihrer ‚Männlichkeit' und damit aufgrund der von ihnen verkörperten ‚Neutralität' (im Sinne von ‚Geschlechtslosigkeit') ohnehin als legitime Vertreter der Wissenschaft betrachten.

Anhand der analysierten Aussagen von maßgeblich beteiligten Professorinnen und Professoren werden Führungsfunktionen innerhalb der ersten Förderphase der Exzellenzinitiative als symbolisch aufgeladener und vergeschlechtlicher Status sichtbar. Professorinnen sind tendenziell mit Funktionen betraut, deren Wert in der akademischen Prestige-Ökonomie geringer ist. Sie selbst hingegen sehen sich mit ihrer symbolischen Auflladung als ‚Frauen' gleichzeitig als Ressource im Wettbewerb eingesetzt. Des Weiteren wird ihre Arbeitskraft auf der Ebene institutioneller Strukturbildung zwar integriert, jedoch nicht durch Anerkennung honoriert. Neu berufene Professorinnen sehen sich mit der Aufgabe konfrontiert, sich in die unbekannten institutionellen Strukturen einfinden zu müssen, während ihre männlichen Pendants von den älteren Kollegen integriert werden. Professorinnen erfahren also im Rahmen der Exzellenzeinrichtungen auch auf Spitzenpositionen weniger Anerkennung und Unterstützung als ihre Kollegen und haben daher geringere Chancen, ihre Beteiligung vorteilhaft für ihre eigene Karriere zu nutzen. Somit besteht gerade für jüngere Kolleginnen die Gefahr, dass ihre Beteiligung auf einer operativen Ebene bleibt, was hauptsächlich einen Zeitverlust für die eigene Forschung nach sich zieht. Die Kompensation durch symbolische Gewinne, wie sie ihre männlichen Kollegen für sich verbuchen können, tritt dann nicht ein.

Insofern bleibt die Beteiligung von Professorinnen in der Exzellenzinitiative auf hohem Niveau prekär, auch wenn ihre Existenz über eine Festanstellung gesichert ist. Nicht die Beschäftigungsbedingungen sind es in diesem Fall, die Wissenschaftlerinnen als Mitspielerinnen im Feld gefährden, sondern die Verteilung und die vergeschlechtlichte Logik symbolischen Kapitals.

Literatur

Aulenbacher, Brigitte, Binner, Kristina, Riegraf, Birgit & Weber, Lena (2015). Wandel der Wissenschaft und Geschlechterarrangements. Organisations- und Steuerungspolitiken und Geschlecht in Deutschland und Österreich, Großbritannien und Schweden. *Beiträge zur Hochschulforschung* 37 (3), 22–39.
Bagilhole, Barbara & White, Kate (2011). *Gender, Power and Management. A Cross-Cultural Analysis of Higher Education*. New York: Palgrave Mcmillan.
Beaufaÿs, Sandra (2003). *Wie werden Wissenschaftler gemacht? Beobachtungen zur wechselseitigen Konstitution von Geschlecht und Wissenschaft*. Bielefeld: transcript.

Beaufaÿs, Sandra (2012). Führungspositionen in der Wissenschaft. Zur Ausbildung männlicher Soziabilitätsregime am Beispiel von Exzellenzeinrichtungen. In Sandra Beaufaÿs, Anita Engels & Heike Kahlert (Hrsg.), *Einfach Spitze? Neue Geschlechterperspektiven auf Karrieren in der Wissenschaft* (S. 87–117). Frankfurt a. M.: Campus.

Beaufaÿs, Sandra (2015a). Führungspositionen in der Exzellenzinitiative. In Anita Engels, Sandra Beaufaÿs, Nadine V. Kegen & Stephanie Zuber, *Bestenauswahl und Ungleichheit. Eine soziologische Studie zu Wissenschaftlerinnen und Wissenschaftlern in der Exzellenzinitiative* (S. 95–139) Frankfurt a. M.: Campus.

Beaufaÿs, Sandra (2015b). Die Freiheit arbeiten zu dürfen. Akademische Laufbahn und legitime Lebenspraxis. *Beiträge zur Hochschulforschung* 37 (3), 40–59.

Beaufaÿs, Sandra & Löther, Andrea (2017). Exzellente Hasardeurinnen. Beschäftigungsbedingungen und Geschlechterungleichheit auf dem wissenschaftlichen Arbeitsmarkt. *WSI-Mitteilungen* 70 (5), 348–355.

Binner, Kristina, Kubicek, Bettina, Rozwandowicz, Anja & Weber, Lena (Hrsg.) (2013). *Die unternehmerische Hochschule aus der Perspektive der Geschlechterforschung. Zwischen Aufbruch und Beharrung.* Münster: Westfälisches Dampfboot.

Blättel-Mink, Birgit, Rau, Alexandra & Briken, Kendra (2013). Neue Berufe im Hochschul- und Wissenschaftsmanagement – Chancen und Hemmnisse aus feministischer Perspektive. In Kristina Binner, Bettina Kubicek, Anja Rozwandowicz & Lena Weber (Hrsg.), *Die unternehmerische Hochschule aus der Perspektive der Geschlechterforschung. Zwischen Aufbruch und Beharrung* (S. 86–104). Münster: Westfälisches Dampfboot.

Bourdieu, Pierre & Wacquant, Loïc (1996): Reflexive Anthropologie. Frankfurt a.M.: Suhrkamp.

Braun, Susanne, Peus, Claudia, Frey, Dieter & Knipfer, Kristin (2016). Leadership in Academia: Individual and Collective Approaches to the Quest for Creativity and Innovation. In Claudia Peus, Susanne Braun & Birgit Schyns (Hrsg.), *Leadership Lessons from Compelling Contexts* (S. 349–365). Bingley, UK: Emerald.

Deutsche Forschungsgemeinschaft (DFG) (Hrsg.) (2008). *Exzellenzinitiative auf einen Blick. Die Graduiertenschulen, Exzellenzcluster und Zukunftskonzepte zur Stärkung der universitären Spitzenforschung in Deutschland.* 2. Aufl., Bonn.

Deutsche Forschungsgemeinschaft (DFG) (Hrsg.) (2013). *Exzellenzinitiative auf einen Blick: Der Wettbewerb des Bundes und der Länder zur Stärkung der universitären Spitzenforschung. Die zweite Förderphase 2012 bis 2017. Graduiertenschulen – Exzellenzcluster – Zukunftskonzepte.* 5. Aufl. Bonn. http://www.dfg.de/download/pdf/dfg_im_profil/geschaeftsstelle/publikationen/exin_broschuere_de.pdf. Zugegriffen: 6. April 2016.

Dorando, Max & Symanski, Ute (Hrsg.) (2013). *Führungspraxis an Hochschulen.* Bonn: Lemmens.

Engels, Anita, Beaufaÿs, Sandra, Kegen, Nadine V. & Zuber, Stephanie (2015). *Bestenauswahl und Ungleichheit. Eine soziologische Studie zu Wissenschaftlerinnen und Wissenschaftlern in der Exzellenzinitiative.* Frankfurt a.M.: Campus.

Engler, Steffani (2001). *„In Einsamkeit und Freiheit"? Zur Konstruktion der wissenschaftlichen Persönlichkeit auf dem Weg zur Professur.* Konstanz: UVK Verlag.

Flink, Tim, Rogge, Jan-Christoph, Roßmann, Simon, Simon, Dagmar, Egeln, Jürgen, Rammer, Christian, Schiessler, Paula, Breitfuss, Marija, Dinges, Michael, Ecker, Brigitte, Niederl, Andreas, Reidl, Sybille, Brandt, Tasso, Daimer, Stephanie & Schubert, Torben (2012). Forschung an deutschen Hochschulen – Veränderungen durch neue Governance-Modelle und den Exzellenzdiskurs. In Fraunhofer-Institut für System- und Innovationsforschung (ISI), Joanneum Research, Zentrum für Wirtschafts- und Innovationsforschung (JR), Stifterverband für die Deutsche Wissenschaft/Wissenschaftsstatistik gGmbH, Wissenschaftszentrum Berlin (WZB), & Zentrum für Europäische Wirtschaftsforschung GmbH (ZEW) (Hrsg.), *Zur Situation der Forschung an Deutschlands Hochschulen – Aktuelle empirische Befunde. Studien zum deutschen Innovationssystem* (S. 3–205). Berlin: Expertenkommission Forschung und Innovation.

GWK (Gemeinsame Wissenschaftskonferenz) (2015). *Chancengleichheit in Wissenschaft und Forschung. 19. Fortschreibung des Datenmaterials (2013/2014) zu Frauen in Hochschulen und außerhochschulischen Forschungseinrichtungen.* http://www.gwk-bonn.de/fileadmin/Papers/GWK-Heft-45-Chancengleichheit.pdf. Zugegriffen: 14. Dezember 2015.

Haller, Reinhold (2014). *Mitarbeiterführung in Wissenschaft und Forschung. Grundlagen, Instrumente, Fallbeispiele.* Berlin: Berliner Wissenschafts-Verlag.

Hendrix, Ulla & Sagebiel, Felizitas (2014). Erfolg, Technik und Geschlecht – Führungsfrauen zwischen Anpassung und Diskontinuität. In Denis Hänzi, Hildegard Matthies & Dagmar Simon (Hrsg.), *Erfolg. Konstellationen und Paradoxien einer gesellschaftlichen Leitorientierung* (S. 280–295). Baden-Baden: Nomos.

Hilbrich, Romy & Schuster, Robert (2014). Theoretische Bezugspunkte für die Analyse universitärer Arbeitsteilung. In Romy Hilbrich, Karin Hildebrandt & Robert Schuster (Hrsg.), *Aufwertung von Lehre oder Abwertung der Professur?* (S. 43–60). Leipzig: Akademische Verlagsanstalt.

Husu, Liisa, Hearn, Jeff, Lämsä, Anna Maija & Vanhala, Sinnika (Hrsg.) (2010). *Leadership through the Gender Lens: Women and Men in Organizations.* Helsinki: Edita Publishing Oy.

Hüther, Otto & Krücken, Georg (2016). *Hochschulen. Fragestellungen, Ergebnisse und Perspektiven der sozialwissenschaftlichen Hochschulforschung.* Wiesbaden: Springer VS.

Juntrasook, Adisorn (2014). „You do not have to be the boss to be a leader": Contested Meanings of Leadership in Higher Education. *Higher Education Research & Development* 33 (1), 19–31.

Kegen, Nadine (2015). Die Einbindung von Spitzenforscherinnen und -forschern in formale und informelle Netzwerke in der Wissenschaft. In Anita Engels, Sandra Beaufaÿs, Nadine V. Kegen & Stephanie Zuber, *Bestenauswahl und Ungleichheit. Eine soziologische Studie zu Wissenschaftlerinnen und Wissenschaftlern in der Exzellenzinitiative* (S. 141–187). Frankfurt a. M.: Campus.

Kligyte, Giedre & Barrie, Simon (2014). Collegiality: Leading us into Fantasy – The Paradoxical Resilience of Collegiality in Academic Leadership. *Higher Education Research & Development* 33 (1), 157–169.

Krais, Beate (2000). Das soziale Feld Wissenschaft und die Geschlechterverhältnisse. Theoretische Sondierungen. In Beate Krais (Hrsg.), *Wissenschaftskultur und Geschlechterordnung. Über die verborgenen Mechanismen männlicher Dominanz in der akademischen Welt* (S. 31–54). Frankfurt a. M.: Campus.

Kreckel, Reinhard & Zimmermann, Karin (Hrsg.) (2014). *Hasard oder Laufbahn. Akademische Karrierestrukturen im internationalen Vergleich*. Leipzig: Akademische Verlagsanstalt.
Macfarlane, Bruce (2011). Professors as Intellectual Leaders: Formation, Identity and Role. *Studies in Higher Education* 36 (1), 57–73.
Middlehurst, Robin (1993). *Leading Academics*. Buckingham: The Society for Research into Higher Education & Open University Press.
Morley, Louise (2014). Lost Leaders: Women in the Global Academy. *Higher Education Research & Development* 33 (1), 114–128.
O'Connor, Pat (2014). *Management and Gender in Higher Education*. Manchester: Manchester University Press.
O'Connor, Pat, Carvalho, Teresa & White, Kate (2014). The Experiences of Senior Positional Leaders in Australian, Irish and Portuguese Universities: Universal or Contingent? *Higher Education Research & Development* 33 (1), 5–18.
Peus, Claudia, Welpe, Isabell, Weisweiler, Silke & Frey, Dieter (2015). Führung an Hochschulen. In Jörg Felfe (Hrsg.), *Trends der psychologischen Führungsforschung. Neue Konzepte, Methoden und Erkenntnisse* (S. 527–539). Göttingen: Hogrefe.
Riegraf, Birgit & Weber, Lena (2013). Exzellenz und Geschlecht in der unternehmerischen Hochschule. In Kristina Binner, Bettina Kubicek, Anja Rozwandowicz & Lena Weber (Hrsg.), *Die unternehmerische Hochschule aus der Perspektive der Geschlechterforschung. Zwischen Aufbruch und Beharrung* (S. 67–85). Münster: Westfälisches Dampfboot.
Schimank, Uwe (2005). Die akademische Profession und die Universitäten: „New Public Management" und eine drohende Entprofessionalisierung. In Thomas Klatetzki & Veronika Tacke (Hrsg.), *Organisation und Profession* (S. 143–164). Wiesbaden: VS Verlag für Sozialwissenschaften.
Schmidt, Boris & Richter, Astrid (2009). Zwischen Laissez-Faire, Autokratie und Kooperation. Führungsstile von Professorinnen und Professoren. *Beiträge zur Hochschulforschung* 31 (4), 8–34.
Tight, Malcolm (2002). What Does it Mean to be a Professor? *Higher Education Review* 34 (2), 15–32.
Weber, Lena (2017). *Die unternehmerische Universität. Chancen und Risiken für Gleichstellungspolitiken in Deutschland, Großbritannien und Schweden*. Weinheim: Beltz Juventa.
Zimmer, Annette, Krimmer, Holger & Stallmann, Freia (2007). *Frauen an Hochschulen. Winners among Losers. Zur Feminisierung der deutschen Universität*. Opladen, Farmington Hills: Barbara Budrich.

Nationalität und Geschlecht

Soziale Ungleichheiten unter Forschenden einer ‚exzellenten' deutschen Wissenschaftsinstitution

Grit Petschick

1 Mobilität und wissenschaftliche Karriere

Mobilität wird heute als wichtiger Bestandteil wissenschaftlicher Karrieren definiert. Ein entsprechend verbreiteter Mobilitätsimperativ stellt eine Vielzahl von Anforderungen, denen es nachzukommen gilt (Bouffier und Wolfram 2012, S. 167). Dabei treten neue Formen der Mobilität auf, die stark variieren. Hierdurch verwischen auch die diskursiven Grenzen zwischen ‚Migration' und ‚Mobilität', sodass anstelle von Migration auch von einem „mobility continuum" (Ackers 2010, S. 89 f.), von „brain drain", „brain gain" bzw. „brain circulation" (Hunger 2003) und „multiplen Mobilitäten" (Lanzendorf 2003, S. 290), von transnationalen Karrieren (Baier und Massih-Tehrani 2016) und neuen Typen transnationaler Wissenschaftlerinnen und Wissenschaftler (Bauschke-Urban 2010) sowie der Herausbildung transnationaler Lebens- und Bildungswelten (Mau 2007) gesprochen wird.

Als Motoren für die zunehmende Mobilität der Forschenden werden zum einen technische Fortschritte genannt, die Kommunikation und Zusammenarbeit in der Wissenschaft erleichtern (Weichhart 2010, S. 61 f.). Zum anderen wird auf diesbezügliche (förder-)politische Anreize hingewiesen, wie sie etwa vonseiten der Europäischen Kommission beispielsweise durch die Schaffung eines einheitlichen Hochschulrahmens im Zuge des Bologna-Prozesses (Leemann und Boes 2012; Kuhn und Remøe 2005), durch spezielle Förderprogramme für Auslandsaufenthalte wie das europaweite Marie-Curie-Stipendium (Ackers 2010, S. 92)

G. Petschick (✉)
Berlin, Deutschland
E-Mail: grit.petschick@tu-berlin.de

© Springer Fachmedien Wiesbaden GmbH 2018
M. Laufenberg et al. (Hrsg.), *Prekäre Gleichstellung*,
https://doi.org/10.1007/978-3-658-11631-6_7

der Deutschen Forschungsgemeinschaft oder die Bestrebungen der Exzellenzinitiative im proklamierten Wettkampf um die vermeintlich ‚besten Köpfe' und die Förderung von ‚internationalen Forschungskooperationen' (Münch 2007) gesetzt wurden.

Forschende erhoffen sich bessere Berufs- und Karriereaussichten, wenn sie sich mobil zeigen (Bonnet und Orain 2010). Darüber hinaus ist Mobilität mit dem Erwerb von spezifischem Wissen und besonderen Kompetenzen verbunden und verschafft Forschenden Zugang zu Netzwerken. Mobile Forschende können sich zudem als flexibel und nur der Wissenschaft verpflichtet darstellen (Leemann und Boes 2012; Becker und Tippel 2012). Durch Mobilität kann somit symbolisches und soziales Kapital im Sinne Bourdieus akkumuliert werden (Bourdieu 1983, 2005, S. 49–80).[1] Mobilität generiert aber auch „Mobilitätskosten" (Beck-Gernsheim 1995, S. 167; vgl. auch Könekamp 2007) und errichtet Barrieren (Becker und Tippel 2012; Leemann und Boes 2012). Einem Bericht des Europäischen Parlaments zufolge gehören dazu „costs of accommodation, related moving costs, employment of partners and spouses" (European Parliament 2009, S. 11). Zu diesen ökonomischen Kosten kommen noch andere hinzu, wie beispielsweise soziale Kosten durch den mit dem Ortswechsel verbundenen Verlust an sozialen Beziehungen und Netzwerken, die es insbesondere Sorgearbeit leistenden Frauen erschweren, Mobilitätsanforderungen zu erfüllen (Leemann und Boes 2012; Becker und Tippel 2012; Pettersson 2011).

Wissenschaftliche Internationalität und Mobilität werden zudem stark mit wissenschaftlicher Exzellenz gleichgesetzt:

> Länderübergreifende Forschungskooperationen, Publikationen in international ausgerichteten (englischsprachigen) Journals oder Forschungssemester an ausländischen Institutionen gehören heute mehr oder weniger unhinterfragt zum Standard einer als qualitativ hochstehend bewerteten Forschung und sind Teil der ‚politischen Konstruktion wissenschaftlicher Exzellenz' (Münch 2007, S. 11).

Über Rankings auf der Grundlage quantifizierbarer Leistungsindikatoren, zu denen insbesondere Publikationen und Forschungsgelder zählen, wird ein Status- und Positionswettbewerb ausgetragen (Münch 2006, 2007, 2008; Wieczorek und Schäfer 2016; Petschick 2016a). Auf diesem Wege ist mittlerweile ein globaler Markt für Hochschulbildungsgüter entstanden (Naidoo 2009). Vor allem durch Studiengebühren wird Bildung zu einer wichtigen Exportindustrie, wobei

---

[1] Kaufmann et al. (2004) sprechen sogar von Mobilität als einer eigenen Kapitalart.

der englischsprachige Raum hier führend ist (Krücken 2016, S. 165). Weil das US-amerikanische Wissenschaftssystem in Rankings meist vordere Plätze belegt und gemeinsam mit EU-Einrichtungen bei der Beteiligung an transnationalen Forschungsprojekten dominiert, gilt es als Vorbild, dem durch verschiedene Initiativen nachgeeifert wird (ebd., S. 160, 164–165). Für Deutschland ist hier zuallererst die Exzellenzinitiative zu nennen.

Neuere Konzepte wie *akademischer Kapitalismus* (Münch 2011) und *unternehmerische Hochschule* (Clark 1998) versuchen, die mit diesen Entwicklungen einhergehenden und sich am Leitbild der Ökonomisierung orientierenden Transformationen des Wissenschaftssystems begrifflich zu fassen. Nach Dörre und Rackwitz (in diesem Band) ist mit der Ausrichtung der Hochschule am Leitbild der unternehmerischen Hochschule eine neuartige Prekarisierung[2] von Arbeit, Beschäftigung und Lebensbedingungen eines erheblichen Teils der akademischen Arbeitskraft verbunden. Dabei ist Bildung zur Ware in einem von Wettbewerb und Prekarität charakterisierten Arbeitsmarkt geworden (Burch 2009). Nach Gutiérrez Rodríguez (in diesem Band) können vor diesem Hintergrund „Internationalisierungsbestrebungen an Hochschulen nicht mehr jenseits der Ökonomisierung von Bildung diskutiert werden", denn hinter den neoliberalen Internationalitätsbestrebungen des akademischen Kapitalismus verbirgt sich ein knallhart regulierendes Migrationsregime, bei dem Migrationskontrollpolitiken und institutioneller Rassismus eine entscheidende Rolle spielen (ebd.), was sich beispielsweise an den unterschiedlichen Visabestimmungen der Länder und den damit verbundenen Diskriminierungen zeigt (s. u.).

Obwohl inhaltlich weitgehend transnationalisiert, ist Wissenschaft gleichzeitig bis heute zum allergrößten Teil nationalstaatlich organisiert, finanziert und reguliert (Baier und Massih-Tehrani 2016, S. 170; Kerr 1991). Aufgrund der globalen Verteilung von wissenschaftlichen Machtpositionen wandern insbesondere die Erfolg versprechenden Forschenden aus dem globalen Süden in den globalen Norden ab, während es umgekehrt von Norden nach Süden keine oder nur wenig Mobilität gibt (Baier und Massih-Tehrani 2016, S. 170). In der Folge werden die Wissenschaftssysteme im Süden regelrecht abgeschöpft und destabilisiert. Baier und Massih-Tehrani konnten am Beispiel der Vergabe von Forschungsfördermitteln der Europäischen Union zeigen, dass bereits dominante Standorte durch den Erfolg zugewanderter Forschender weiter aufgewertet werden; eine Öffnung der

---

[2]Zum Begriff der Prekarisierung siehe unter anderem Dörre (2006a, b); Dörre und Neis (2008).

nationalen Wissenschaftssysteme findet zwar statt, sie beschränkt sich aber auf den Wettbewerb um die nützlichsten Ressourcen und lässt die zugrunde liegenden Machtstrukturen unverändert (ebd., S. 202).

Hieraus entsteht ein Spannungsfeld, das in dem vorliegenden Beitrag in den Blick genommen werden soll, denn insbesondere von sogenannten ‚exzellenten' Forschungsstandorten wird ein gewisser Grad an ‚Internationalität' erwartet: Die Institutionen, Forschungsgruppen und Forschenden müssen international sichtbar sein, internationale Kooperationen anstreben, in international renommierten Journalen veröffentlichen und um die renommiertesten Forschenden der Welt werben. Gleichzeitig sind sie jedoch auch immer in einem bestimmten, nationalen Forschungskontext verhaftet, der gegebenenfalls andere Anforderungen und Ansprüche stellt.[3] Die bisherige Debatte um Internationalität und Mobilität in der Wissenschaft wurde überwiegend auf der Policy- und Organisationsebene geführt. Der vorliegende Beitrag fragt dagegen, wie sich das genannte Spannungsfeld auf der Mikroebene niederschlägt. Sein Fokus liegt daher nicht auf der Beschreibung und begrifflichen Bestimmung unterschiedlicher Formen von Mobilität, sondern auf den alltäglichen Interaktionen der Forschenden. Welche Rolle spielt hierbei die nationale Herkunft der Forschenden und welche sozialen Ungleichheiten werden relevant? Dabei wird auch der oben bereits angesprochene Einfluss der Ökonomisierung der Hochschule thematisiert.

Die im Folgenden präsentierten und analysierten Daten[4] sind aus einer ethnografischen Studie hervorgegangen, in deren Rahmen Forschende aus zwei Arbeitsgruppen über einen Zeitraum von etwa drei Jahren (2012–2014) hauptsächlich mittels beobachtender Teilnahme (Petschick 2016b) in ihrem Arbeitsalltag begleitet wurden (Petschick 2015). Eine der Arbeitsgruppen ist der Physik, die andere der Chemie zuzuordnen; beide gehören zu Forschungseinrichtungen, die durch die Exzellenzinitiative gefördert wurden, sind in ihren Bereichen international ausgewiesen und betreiben grundlagenorientierte, experimentelle Forschung. Der Anteil an Forschenden ohne deutsche Staatsbürgerschaft liegt bei etwa 46 % in der Physik (bei einer Gruppengröße von über

---

[3]Durch dieses Spannungsfeld können Interessenkonflikte zwischen unterschiedlichen Akteuren entstehen, beispielsweise zwischen Nachwuchsforschenden, die eine Promotion anstreben, und Gruppenleitenden, die an Renommee und Sichtbarkeit auf internationaler Ebene ausgerichtet sind.

[4]Zur Anonymisierung der Personen wurden alle Namen durch Pseudonyme ersetzt und in den Zitaten gegebenenfalls auffällige Sprachmerkmale, wie Dialekte oder Akzente, verändert.

Nationalität und Geschlecht 157

100 Forschenden) und etwa 40 % in der Chemie (bei einer Gruppengröße von etwa 30 Forschenden). Die Forschenden kommen aus verschiedenen Ländern, die Gruppen sind daher sehr international zusammengesetzt. Einbezogen wurden nur diejenigen Daten, die insofern einen ‚nationalen' Bezug aufweisen, als sie Interaktionen in Bezug auf oder mit Personen anderer bzw. unterschiedlicher Nationalitäten betreffen. Diese Daten wurden mithilfe des „doing differences"-Ansatzes analysiert (Fenstermarker und West 2001; vgl. auch West und Fenstermaker 1995; Hirschauer 2001). Zudem wird auf den theoretischen Rahmen von Bourdieu zurückgegriffen, insbesondere auf seine Unterscheidung zwischen sozialem, ökonomischem und kulturellem Kapital (Bourdieu 2005, S. 49 ff.) und sein Konzept der *illusio*. Mit *illusio* bezeichnet Bourdieu den Glauben von Akteuren an ein spezifisches Feld[5] (2001, S. 287, 360, 1987, S. 123 ff., 1998, S. 140 ff.), das heißt alles, was von diesen als „wichtig, maßgeblich und selbstverständlich anerkannt ist" (Beaufaÿs 2003, S. 56).

2 Ungleiche Voraussetzungen für Mobilität

2.1 Der Glaube an Renommee und Mobilität

Zwar wird Mobilität grundsätzlich als ein wichtiger Bestandteil einer erfolgreichen wissenschaftlichen Karriere angesehen; Studien zeigen jedoch, dass hierbei zwischen verschiedenen Karrierephasen differenziert werden muss (Becker und Tippel 2012, S. 218). Viele der im Rahmen der vorliegenden Untersuchung begleiteten Forschenden, die in Deutschland aufgewachsen sind, zogen zu Beginn des Studiums und/oder der Promotion in eine andere Stadt, allerdings ausnahmslos innerhalb Deutschlands. Zudem haben nur wenige von ihnen ein Studienjahr im Ausland verbracht. Gleichzeitig wechseln jedoch einige Wissenschaftler*innen zu Beginn der Promotion das Land, was sich an der entsprechenden Zahl nicht-deutscher Promovierender in den begleiteten Gruppen ableiten lässt.

Für die Postdocs in den untersuchten Bereichen gilt es hingegen nicht nur als erstrebenswert, in eine andere Gruppe zu wechseln, die möglichst zu einem inhaltlich verwandten Thema arbeitet, sondern darüber hinaus wird einem Aufenthalt im Ausland eine große Bedeutung beigemessen. Er gilt in dieser Phase der

---

[5]Im vorliegenden Fall ist es der Glaube der Forschenden an das wissenschaftliche Feld.

Qualifikation als geradezu notwendig, wie die folgende Aussage einer Promovierenden exemplarisch zeigt:

> Also, wenn ich fertig bin mit der Promotion, bin ich auch schon Anfang 30. Wenn ich dann weiter in der Wissenschaft bleiben würde, kommt dann die Postdoc-Zeit. Dann muss ich am besten nochmal in die USA, vielleicht sogar zwei oder drei Postdoc-Stellen immer woanders (Interview mit Martina, Doktorandin, Physik).

Mit dieser Meinung ist Martina nicht alleine. Die Vorstellung, während der Postdoc-Zeit Ort und Land mehrfach wechseln zu müssen, um eine Professur erreichen zu können, ist Teil der *illusio* des Feldes. Dabei ist es wichtig, in ein Land zu gehen, das hervorragende wissenschaftliche Bedingungen bietet und über renommierte Institute verfügt, an denen in gut ausgestatteten Laboren mit spezieller Technik geforscht wird. Mit ‚big research' in diesem Sinne werden insbesondere die USA assoziiert.

Herausragende Forschung betreiben zu können, ist für die Forschenden gleichbedeutend mit der Möglichkeit, eine gute Ausbildung zu erhalten, sich spezielles Wissen anzueignen und außergewöhnliche Ergebnisse zu erzielen. Das jeweilige Institut fungiert als ‚Label', das als Qualitätsgarant der Arbeit der Forschenden ein zusätzliches Prädikat verleiht. Befunde aus anderen Studien bestätigen, dass wissenschaftliche Institutionen nicht nur Infrastrukturen „in materieller Hinsicht (Personal, Arbeitsplatz, Gerate, Daten etc.), sondern insbesondere auch durch ein forschungs- und kooperationsförderndes symbolisches Prestige [bereitstellen], welches *en passant* auf diejenigen übertragen wird, die legitimer Weise eine Mitgliedschaft in dieser Institution beanspruchen können" (Heiberger und Riebling 2016, S. 309, Hervorh. im Original; vgl. auch Burris 2004; Jones et al. 2008). Dabei wird das Renommee einer Institution – ebenso wie das der Forschenden – durch die wissenschaftlichen Publikationen (nach den Kriterien: Anzahl und Medium sowie der Position der Autor*innen) bestimmt (Münch und Baier 2009; Wieczorek und Schäfer 2016; Petschick 2016a).

2.2 Zur Bedeutung von Geschlecht und Gatekeepern

Doch welche Voraussetzungen müssen Forschende erfüllen, um an einem renommierten Institut im Ausland arbeiten zu können? Diese Frage wird im Folgenden exemplarisch an der Postdoc-Phase aufgezeigt, in der wie bereits erwähnt davon ausgegangen wird, dass Mobilität notwendig ist.

Arbeitsgruppen zu gleichen oder sehr ähnlichen Forschungsbereichen kooperieren häufig miteinander und es ist üblich, die eigenen Forschenden anderen Gruppenleitungen zu empfehlen. Brad, ein Physik-Postdoc aus den USA, beschreibt diese Situation recht anschaulich:

> And in the last two years before I graduated my advisor kept asking me: ‚What do you want to do when you grow up? What do you want to do when you're graduated?' So I said, the first thing I want to do is go and do a postdoc in Germany. And first he thought well this phase will pass, soon he will want to do something else. So he would keep asking me. After two years of hearing the same thing, he's like ‚OK I know some people in Germany'. So he sent some e-mails to several professors here, one of whom was [Professor], and at the time, [Professor] said one of my associates, [Name], is looking for a Postdoc in fact. So he put me in touch with [Name], and that's how I ended up here (Interview mit Brad, Postdoc, Physik).

Brads Betreuer fungierte als Gatekeeper. Ohne dessen symbolisches Kapital in Form von Kontakten und Netzwerken wäre ein Auslandsaufenthalt für Brad nicht ohne Weiteres möglich gewesen.

Diese Vorgehensweise ist insbesondere für das kleine, internationale Forschungsfeld der Physik-Gruppe typisch. Die in diesem Feld aktiven Gruppen reichen gut ausgebildetes Personal untereinander weiter, unterstützen sich somit gegenseitig. Dabei können sie auch auf Gelder zurückgreifen, zu denen sie sonst keinen Zugang hätten: Fördermittel, die speziell für Auslandsaufenthalte von Forschenden vorgesehen sind, meist in Form von Stipendien. Für die gastgebende Gruppe fallen keine Personalkosten an, denn die Gäste bringen ja ‚ihre' eigenen Gelder mit. Dabei entsteht ein Matthäus-Effekt (Merton 1968): Das Renommee dieser Gruppen gründet sich vor allem auf die besonderen Erfolge ihrer Mitglieder in Form von Publikationen und bei der Einwerbung von Drittmitteln; gleichzeitig wird das Renommee der Gruppe auf die jeweiligen Mitglieder übertragen (Burris 2004; Jones et al. 2008). Dieses Renommee erhöht wiederum die Erfolgsaussichten dieser Gruppen wie auch ihrer individuellen Mitglieder bei entsprechenden Anträgen. Dementsprechend sind Stipendien im Verhältnis zu sowohl befristeten als auch unbefristeten Stellen sehr häufig. Für die Postdocs scheint es einfacher, ein Auslandsstipendium zu bekommen als eine über Haushalts- oder Drittmittel finanzierte Stelle. Dementsprechend realisieren die meisten der Forschenden in den begleiteten Gruppen ihre Postdoc-Forschungsaufenthalte mit solchen Stipendien.

Im Hinblick auf das Geschlecht und die nationale Herkunft der Physik-Postdocs gibt es Ungleichverteilungen: Sie sind bis auf eine Ausnahme alle männlich und erst für die Postdoc-Phase aus dem Ausland in die Gruppe gekommen. Die einzige weibliche Postdoc hat dagegen ihre gesamte bisherige Ausbildung in Deutschland absolviert und besitzt einen deutschen Pass. Bei einer genaueren Betrachtung der Herkunftsländer fällt zudem auf, dass bis auf den einzigen unbefristeten Postdoc alle anderen Postdocs aus europäischen oder nordamerikanischen Ländern stammen. Dieser Befund steht im starken Kontrast zur Gruppe der Promovierenden, in der Nicht-Deutsche etwa 40 % ausmachen und zu über 50 % aus Osteuropa, Asien oder arabischen Ländern kommen. In der Chemie-Arbeitsgruppe ist das Bild ähnlich, allerdings gibt es hier keine einzige weibliche Postdoc.

Während meines Feldaufenthalts in den Gruppen gingen zudem zwei männliche deutsche Postdocs aus der Physik-Gruppe zu Forschungszwecken in die USA. Nach ihrer Rückkehr übernahmen sie als Subgruppenleiter Führungsaufgaben.

2.3 Prekäre Beschäftigungsverhältnisse

Nicht nur Postdocs werden über Stipendien finanziert. Aussagen im Feld zufolge wurden insbesondere für diejenigen Forschenden der Gruppe, die mit dem Ziel einer Promotion nach Deutschland gekommen waren, deshalb Stipendien und keine Stellen eingerichtet, weil sich so Steuern und Abgaben sparen ließen. Die Höhe eines Stipendiums liegt in etwa bei dem Gehalt einer halben Stelle, die Verträge mit den Stipendiat*innen sehen jedoch Anwesenheitszeiten vor, die einer Vollzeitbeschäftigung entsprechen. Da es für die Institution günstiger ist, wissenschaftliche Arbeitskräfte auf der Basis von Stipendien und nicht auf Stellen zu beschäftigen, werden mittlerweile sehr viele der Promovierenden über Stipendien finanziert, unabhängig davon, aus welchem Land sie stammen. Insbesondere die Forschenden aus Deutschland sind jedoch – meist erfolgreich – bemüht, nach den ersten ein bis zwei Jahren auf eine Stelle mit einem Stundenkontingent zu wechseln, das höher ist als das einer halben Stelle.

Die Finanzierung über Stipendien betrifft nicht nur die Höhe der Einkünfte, sondern wirkt sich auch auf die soziale Absicherung der Forschenden aus: Weil Stipendiat*innen in Deutschland nicht in die Sozialversicherung (Renten-, Kranken-, Pflege-, Unfall- und Arbeitslosenversicherung) einbezogen sind, müssen sich die Forschenden selbst versichern. Die Folge sind Lücken im Versicherungsschutz, beispielsweise im Falle von Schwangerschaften oder bei der Absicherung gegen spezielle Risiken von Laborarbeit. Die Beschäftigungssituation von Stipendiat*innen ist demnach von Prekarität gekennzeichnet. Dass Stipendien insbesondere für die international Forschenden eingerichtet wurden, verweist darauf, dass Mobilität des wissenschaftlichen Nachwuchses eng mit (prekären) Arbeitsbedingungen in den Zielländern verknüpft ist (vgl. hierzu auch Bauschke-Urban 2010, S. 227; Scheibelhofer 2006).

2.4 Ungleiche nationalstaatliche Einreisebestimmungen

Abhängig vom Herkunfts- und Zielland ist ein Visum mit Arbeitserlaubnis oftmals Voraussetzung für einen Forschungsaufenthalt im Ausland. So hatte sich beispielsweise der Beginn von Shirins Promotion verzögert, weil sie mehrere Monate lang auf ihr Visum warten musste, das sie als Staatsangehörige eines arabischen Landes für ihre Einreise nach Deutschland benötigte. Trotz dieser Erfahrung strebt Shirin wie viele andere Forschende auch eine Postdoc-Phase in den USA an, sieht aufgrund ihrer Nationalität dabei aber Probleme auf sich zukommen:

> For example, I really like to go to one of this big research places in the U.S. But – I mean when you are [Nationalität], everything is very complicated. [...] If you get the Visa, if you get the position, if they let you enter the lab (Interview mit Shirin, Doktorandin, Physik).

Auch Shirin glaubt, dass ein Postdoc in den USA einen wichtigen Schritt für ihre Karriere darstellt; insofern teilt sie die *illusio* des Feldes mit ihren Kolleg*innen. Aufgrund ihrer Herkunft hat sie jedoch nicht die gleichen Chancen wie beispielsweise Forschende aus westlichen Ländern, einen solchen Auslandsaufenthalt zu realisieren. Sie muss damit rechnen, dass es wieder zu zeitlichen Verzögerungen bei der Visaerteilung kommt oder ihr das Visum sogar verweigert wird. Es ist somit nicht unerheblich, wer wohin gehen will; nicht alle Forschenden haben bei einem Auslandsaufenthalt die gleichen Möglichkeiten bzw. die gleichen Schwierigkeiten, was den Karriereverlauf beeinflussen und somit unterschiedliche Karrierechancen zur Folge haben kann (vgl. hierzu auch Winker und Degele 2009, S. 48).

2.5 Ungleiche Laborausstattungen und (unterstellte) Ausbildungsunterschiede

Die Nationalität der Forschenden macht jedoch nicht nur im Hinblick auf Visaerfordernisse einen Unterschied. Ebenso wie die Möglichkeiten für herausragende Forschung in einigen Ländern als besser und damit in anderen Ländern als schlechter eingeschätzt werden, wird auch das Bildungssystem in diesen Ländern insgesamt als besser oder schlechter eingeschätzt. Diese Situation hat Auswirkungen auf die Zusammenarbeit der Forschenden, denn ein vermeintlich schlechteres Bildungssystem impliziert auch eine vermeintlich schlechtere (Schul- und Studien-)Ausbildung.

Beim gemeinsamen Mittagessen eines Teams, das aus Edmond und Tommy, zwei Postdocs aus europäischen Ländern, und dem asiatischen Doktoranden Sheng besteht, kommt es zu folgender Situation:

> Als Sheng wiederkommt, sagt Edmond zu ihm: „aber nur ein Parameter ändern, ok?" „Ja", meint dieser und grinst. „Nee, wirklich, nur einen, nicht alle", wiederholt Edmond. „Ja, ich habe es ja verstanden", antwortet Sheng. „Aber du machst es nicht immer", erwidert Edmond. „Ja, ich weiß. Es geht halt schneller", meint Sheng. „Nein", antwortet ihm Edmond, „es geht nicht schneller" (Feldnotizen vom 17.12.2013).

Forschende kommen zum Teil mit sehr unterschiedlichem Wissen und Arbeitsweisen in die Gruppe. Einige haben mehr Erfahrung und Geschick bei Experimenten, die anderen weniger. Da die Forschenden aber gemeinsam und gleichberechtigt an den Experimenten arbeiten, wirkt es sich negativ auf das gesamte Team aus, wenn jemand die hierfür als grundlegend erachteten Techniken nicht beherrscht. Macht eine Person einen Fehler, sind die Daten für alle unbrauchbar; sämtliche Team-Mitglieder müssen dann Zeit investieren, um den Fehler zu korrigieren bzw. neue Daten zu genieren. Zeit, bei der kein relevanter Output (insbesondere in Form von Daten) entsteht, wird im Folgenden als *leere Zeit* bezeichnet, weil das Feld der in ihr verrichteten Arbeit keinen Wert beimisst.

In der Gruppeninteraktion lassen sich immer wieder Verallgemeinerungen und Zuschreibungen beobachten, die auf die unterschiedlichen Herkunftsländer, ihre jeweiligen Bildungssysteme und (vermeintlichen) Bildungsniveaus Bezug nehmen. Die Aussage von Bine über einen Postdoc-Kollegen deutet diesen Zusammenhang an:

> Ja das is auch manchmal ein bisschen schwierig, weil die halt Leute schicken, die nicht ausreichend ausgebildet sind. Also der hat seine Doktorarbeit, glaub ich, in Korea gemacht beim Professor [Name] und ging dann nach Saudi-Arabien. Aber irgendwie – es gibt halt Leute, die könnens (lacht), und es gibt Leute, die könnens halt nicht (Interview mit Bine, Doktorandin, Physik).

Aufgrund seiner vermeintlich schlechten Ausbildung brauche dieser Kollege Anleitung und verursache somit leere Zeit, anstatt als zusätzliche Arbeitskraft die Ressourcen des Teams zu verstärken. Dass Bine bestimmte Länder explizit erwähnt, deutet darauf hin, dass sie von einem generell niedrigeren Ausbildungsniveau in diesen Ländern ausgeht. Gleichzeitig gibt es aus Bines Sicht Personen, die begabt und deshalb – trotz möglicherweise schlechter Ausbildung – gut sind.

Im Unterschied zu der begleiteten Gruppe, welche die für die Forschung erforderlichen Geräte entwickelt und herstellt, haben die Kooperationsgruppen aus dem globalen Süden keine entsprechende Laborausstattung. Da die finanziellen Mittel vorhanden sind, kaufen sie der begleiteten Gruppe die Apparaturen ab. Jedoch verfügen die Kooperationsgruppen nicht über das Wissen, das sowohl für den Aufbau als auch für die Durchführung von Experimenten mit diesen Geräten erforderlich ist. Um sich dieses Wissen anzueignen, arbeiten Forschende der Kooperationsgruppe für eine Weile vor Ort in der begleiteten Gruppe mit. Bines Formulierung „Leute schicken" knüpft an das Bild von Arbeit als Ware an. Es findet ein Tausch statt: symbolisches Kapital (das Wissen zu den Geräten) gegen ökonomisches Kapital (der Preis für die von der begleiteten Gruppe entwickelten Geräte).

Ein anderes Beispiel macht den Umfang dieses Tauschs von Wissen und Geräten, von symbolischem und ökonomischem Kapital deutlich:

> Es ist aber weniger eine Kollaboration als dass die in die Labore gehen, alles abfotografieren und dann alles nachbauen. Das ist bei einem Set-up [Versuchsaufbau] von oben passiert und bei dem von Max auch. Der Doktorand fragt Max ständig per E-Mail, was er machen müsste. Max meint, er weiß nicht, ob es an deren Mentalität liegt, dass die immer Fragen stellen, anstatt mal selber auf Ideen zu kommen. Das sind oft nur kleine Schritte, bei denen man nur mal kurz überlegen müsste, das könnte man zum Teil wohl auch googlen. „Das ist Entwicklungshilfe", sagt Christian (Feldnotizen vom 15.02.2013).

Die Experiment-Aufbauten der begleiteten Gruppe sind kompliziert und die Einarbeitungszeit kann mehrere Wochen oder sogar Monate in Anspruch nehmen. Christian bezeichnet die Kooperation abfällig als „Entwicklungshilfe". Der Wissenstransfer wird als einseitig konstruiert und die Wissensunterschiede werden als immens dargestellt. In der Logik der begleiteten Forschenden handelt es sich bei dem zusätzlichen Aufwand, den sie zur Einarbeitung der Kolleg*innen betreiben müssen, um leere Zeit, weil aus der Erledigung dieser Aufgaben für sie kein für das Feld relevantes Kapital in Form von Datenmaterial für Publikationen oder Promotionen generiert werden kann. Die Erledigungen dieser Aufgaben stellen aus ihrer Sicht für sie daher einen Wettbewerbsnachteil im Kampf um die wenigen Professuren dar.

2.6 Kurze Forschungsaufenthalte, Gäste mit wenig Rechten und Möglichkeiten

Einige der Forschenden sind nicht für die gesamte Dauer ihrer Promotion oder ein bestimmtes Postdoc-Projekt, sondern lediglich während eines kurzen Auslandsaufenthalts Teil der Physik-Gruppe. Weil die Laborzeit auf mehrere Teams verteilt werden muss und die Projekte zudem auf mehrere Jahre angelegt sind, haben diese Forschenden kaum Möglichkeiten, eigene Projekte durchzuführen; ihnen steht nur wenig Messzeit zur Verfügung und infolgedessen haben sie nur geringe Chancen, in dieser kurzen Zeit Daten zu erzeugen:

> Toni erzählt, dass er seit Beginn des Jahres da ist und seitdem noch keine Messzeit hatte – und dementsprechend keine Ergebnisse hat. Insgesamt ist er in seinem fünften [Promotions-]Jahr, kommendes Jahr fängt sein sechstes an, und er hat insgesamt noch keine Ergebnisse, keine Publikationen, gar nichts. Er bleibt bis Januar oder eher bis Ende Dezember, aber sie überlegen gerade, ob er nicht noch länger bleibt, da in Saudi-Arabien noch immer kein Laser steht und er dort somit keine Chance hat, etwas zu messen und seine Promotion fertig zu machen. (Feldnotizen vom 21.10.2013).

Ähnlich erging es einer anderen Promovendin, die für einen Forschungsaufenthalt von mehreren Jahren in die Gruppe gekommen war:

> Max: „Aber wo ist die denn jetzt eigentlich? Sie musste wieder nach Hause?" Josef: „Die ist wieder gegangen. [...] Ja, die haben ihr auch versprochen, dass es nach ein paar Wochen läuft und jetzt haben sie nicht mal mehr Wasser [gemeint ist wahrscheinlich das Kühlwasser]. Ja, irgendwann [nach etwa zwei Jahren] hatte sie dann keine Lust mehr gehabt" (Feldnotizen vom 14.02.2013).

Auch diese Wissenschaftlerin kann während ihres Aufenthalts nicht wie geplant forschen. Ihr war versprochen worden, dass sie Experimente durchführen kann, obwohl sich das Labor zu diesem Zeitpunkt im Um- bzw. Aufbau befand und eine rasche Fertigstellung nahezu ausgeschlossen war.

Diese beiden Beispiele verweisen auf ein – zumindest in dieser Gruppe – typisches Problem: Die Forschenden, die nur für einen begrenzten Zeitraum in der Physik-Gruppe mitarbeiten, kommen in der Regel über eine der bestehenden Kooperationen.[6] Wie bereits dargestellt, geht es bei diesen Kooperationen meistens um einen Austausch von Wissen auf der einen Seite und Geld für Geräte auf der anderen Seite.

---

[6] Sie stammen somit fast ausschließlich aus asiatischen und arabischen Ländern.

Da die Gastforschenden eingearbeitet werden müssen und nur für einen begrenzten Zeitraum in der Gruppe sind, werden ihnen keine eigenen Projekte angetragen. Die im Team erhobenen Daten gehören somit immer vorrangig den anderen projektverantwortlichen Personen. Im Falle von Publikationen werden die Gastforschenden meist als Co-Autor*innen genannt, eine Veröffentlichung mit Erst- oder Zweitautor*innenschaft ist für sie nahezu ausgeschlossen.[7] Bei Forschungsaufhalten, die nur wenige Monate oder ein Jahr umfassen, fallen zudem Verzögerungen aufgrund von technischen Problemen, zu denen es immer wieder kommen kann und die für alle Gruppenmitglieder frustrierend sind, wesentlich mehr ins Gewicht.

3 Internationalität und Sprache

Wie bereits erwähnt, sind die begleiteten Gruppen sehr international; in beiden Gruppen ist fast die Hälfte der Forschenden erst für ihre aktuelle Karriere-Phase nach Deutschland gekommen und hat dementsprechend ihre bisherige Ausbildung in einem anderen Land absolviert. Viele dieser Forschenden planen einen Aufenthalt von wenigen Jahren und sprechen daher kein Deutsch. In den Naturwissenschaften ist allerdings ohnehin Englisch als Wissenschaftssprache weit verbreitet; fast alle Publikationen werden in englischer Sprache verfasst. Entsprechend der annähernd paritätischen Verteilung von deutschsprachigen und nichtdeutschsprachigen Forschenden wird in den begleiteten Gruppen hauptsächlich Englisch und Deutsch gesprochen. Dabei sprechen prinzipiell alle Forschenden Englisch, jedoch mit erheblichen Unterschieden im Sprachniveau.

Sprache kommt eine Doppelfunktion zu: Sie ist nicht nur das zentrale Verständigungsmedium, sondern auch ein relevantes Distinktionsmerkmal (Edwards 1985). Sprache zählt zu den wichtigsten Faktoren, durch die soziale Ungleichheit (re-)produziert wird (Hudson 1980, S. 193). Sprachvarietäten von Einzelsprachen, wie Dialekte, Jugendsprache oder Akzente, sind für bestimmte Gruppen spezifisch und somit auf soziale Merkmale der Sprechenden zurückzuführen, sei es auf deren Herkunft aus einem bestimmten Land oder einer bestimmten Region, ihre Altersgruppe oder soziale Schicht (Kaesler 2013, S. 137). Aufgrund ihrer Verständigungsfunktion spielt Sprache zum einen vor allem beim Lernen eine

---

[7]Zur Bedeutung der Autorenschaften siehe Petschick (2016a).

tragende Rolle, zum anderen führt Sprache aufgrund ihre Distinktionsmöglichkeit zu unterschiedlicher Benotung (ebd., S. 131, 136–137).

Auch wenn sich die bisherigen Studien zu diesem Thema vor allem auf Schulerfolge bei Kindern und damit auf Unterschiede im Bildungssystem beziehen, ist zu vermuten, dass beide Funktionen auch im Alltag wissenschaftlicher Forschung relevant werden. So kommt es dort anlässlich von Kommunikationsschwierigkeiten beispielsweise aufgrund unterschiedlicher Sprachkompetenzen immer wieder zu Auseinandersetzungen, Konflikten und Zuschreibungen. Im Folgenden werden exemplarisch einige der Problemfelder aufgezeigt, die diesbezüglich bei internationaler Forschungszusammenarbeit auftreten können.

3.1 Differenzierungen und Zuschreibungen aufgrund von Sprache und Herkunftsland

Die Forschenden im Feld vergleichen sich, ihre Leistungen und ihren Output immer wieder mit anderen Forschenden. Dabei werden häufig auch die sprachlichen Kompetenzen einer Person oder auch deren Mangel sowie mögliche Ursachen dafür thematisiert:

> Theresa erzählt, dass [(Sub-)Gruppenleiter] zum Teil sehr unfreundlich zu den Studierenden ist, in den Praktika und in den Vorlesungen. Unter anderem macht er „rassistische Kommentare". „Du sprechen Deutsch", hat er in einer Vorlesung gesagt, als er genervt von den vielen Fragen war, erzählt [Postdoc] (Feldnotizen vom 08.10.2013).

Auch wenn die Aussage des (Sub-)Gruppenleiters aus der Perspektive einer dritten Person wiedergegeben wird und es nicht klar ist, an wen sie ursprünglich gerichtet war, zeigt dieses Zitat, dass solche rassistischen Zuschreibungen durchaus Thema im Wissenschaftsalltag sind.

Nationale Herkunft, damit verbundene (fehlende) Sprachkompetenzen und Rassismus sind eng miteinander verwoben. Eine Unterhaltung zwischen Max und Josef, die in Physik promovieren, über ihre taiwanesische Kommilitonin Kaiwen veranschaulicht das Problem unterschiedlicher Sprachkompetenzen im Feld:

> Max: „Es ist relativ schwierig, mit ihr zusammenzuarbeiten, weil sie ziemlich schlechtes Englisch spricht, sie sagt halt immer ‚ja, ja, ja', wenn du ihr was erklärst, aber du weißt halt nie, ob sie wirklich was gecheckt hat." Josef: „und meistens hat sie es nämlich nicht." Max: „Naja, ist halt wirklich so. […] Sie hat sich zwar immer gut eingebracht, aber es ist halt schwer und es bremst halt krass" (Feldnotizen vom 14.02.2013).

Solche Verständigungsprozesse benötigen Zeit, leere Zeit, die nicht auf die Laborarbeit verwendet werden kann. Wie die weitere Unterhaltung verdeutlicht, wird Kaiwens Verhalten aber nicht nur auf ihre sprachliche Unsicherheit zurückgeführt, sondern auch auf fehlende fachliche Kompetenzen:

> Josef lachend: „Ich kann das einfach nicht leiden. Leute, die immer ja, ja sagen, und ich lass sie dann Sachen machen und die können dann gar nichts, aber wirklich gar nichts, sie haben gar nichts verstanden. Das finde ich unglaublich, sowas, wirklich dreist." [...] „Weiß du, ich hab schon mit so vielen Leuten zusammengearbeitet, auch mit der Bassam aus Saudi-Arabien, die haben alle so viel mehr drauf als sie, weißt?" [...] „Weißt, die kann nicht mal ein Oszilloskop bedienen, also bitte! [...] Manchmal frage ich so: Shirin, was lernt man eigentlich so im [arabischem] Land' – ja, sie sagt: ‚natürlich lernen wir das im zweiten Semester'. Ja, da denkst du dir schon so: ja, hallo, Taiwan, was geht ab? (lacht) Es ist einfach krass" (Feldnotizen vom 14.02.2013).

Selbst ein so wichtiges und einfaches Gerät wie ein Oszilloskop könne Kaiwen Josef zufolge nicht bedienen. Aus ihren fehlenden Experimentier-Kompetenzen schlussfolgert er generalisierend, dass in ihrem Herkunftsland solche Inhalte nicht vermittelt werden, auch und gerade im Vergleich zu Shirins und Bassams Herkunftsländern, denen er aber ebenfalls generalisierend ein schlechteres Ausbildungsniveau als in Deutschland unterstellt.

Dass Kaiwen ständig zustimmt, interpretiert Josef als Unehrlichkeit und Täuschungsversuch: Er erklärt ihr etwas und lässt sie dann an seinem Aufbau arbeiten, wobei er darauf vertraut, dass sie ihn verstanden hat, wenn sie zustimmt. Die Fehler, die sie macht, muss er in langwieriger Justierarbeit beheben, was zu Verzögerungen, das heißt zu leerer Zeit führt. Kaiwens mangelnde Kompetenzen haben somit direkte Folgen für Josefs eigene Arbeit und den Abschluss seiner Promotion, der sich dadurch hinauszögert. In der Logik des Feldes, in der experimenteller Fortschritt erreicht und die eigene Arbeit vorangebracht werden soll, stellt Kaiwen ein Hindernis dar und kostet Ressourcen. Aus Josefs Sicht signalisiert Kaiwen mit ihrem ‚ja' Verständnis, das sie in Wirklichkeit aber gar nicht hat; dieses Verhalten scheint für Josef gleichbedeutend mit einer Lüge und daher unentschuldbar zu sein.

Dass Kaiwens Verhalten auf Josef unehrlich wirkt, kann als kommunikatives Missverständnis interpretiert werden, da davon ausgegangen werden kann, dass Kaiwen Josef nicht absichtlich belügen und in Schwierigkeiten bringen will. Ein ‚Nein' könnte von ihr als Affront empfunden und daher eher vermieden werden. Das ‚Ja' könnte in diesem Sinne auch ‚Ja, ich habe akustisch verstanden' bedeuten und drückt deshalb nicht zwangsläufig prinzipielle Zustimmung aus. Ein solches

‚Ja' impliziert somit nicht zwingend eine Lüge, sondern kann auch als Ausdruck von Respekt und dem Wunsch, das Gegenüber nicht zu verletzten und Harmonie zu wahren, gelesen werden.

3.2 Differenzierungen und Zuschreibungen aufgrund von Sprache und Geschlecht

Im weiteren Verlauf der Diskussion um die Frage, ob Kaiwen fachliche oder sprachliche Schwierigkeiten oder beides hat, kommen Josef und Max auf einen Kollegen zu sprechen, der wie Kaiwen aus Taiwan kommt:

> „Das Ding ist halt, der Tian kann auch nicht gut Englisch", meint Max nun. „Doch, der Tian, kann deutlich besser Englisch. Ich konnte schon am Anfang mit dem perfekt reden", entgegnet Josef. Max ist erstaunt. „Sein Englisch ist seitdem nicht besser geworden, aber man konnte sich gut mit ihm unterhalten", bemerkt Josef. „Aber der ist auch einer, der kann wirklich im Labor arbeiten. Das ist halt ein Schrauber und die Kaiwen anscheinend eher nicht so", meint Max. Josef: „Die hat absolut keine praktische Veranlagung" (Feldnotizen vom 14.02.2013).

Bei der Bewertung ihrer Kollegin sprechen die beiden Promovierenden insgesamt drei Kriterien an: zum einen sprachliche Kompetenzen und zum anderen fachliche Kompetenzen, die sich wiederum in Talent und Ausbildung unterteilen lassen. Talent respektive „Veranlagung" stellt dabei etwas Angeborenes und Nicht-Vermittelbares dar, das unabhängig von einer guten oder schlechten Ausbildung im jeweiligen nationalen Wissenschaftssystem oder der Herkunftsinstitution vorhanden sein kann oder nicht. Anders als Kaiwen, der nicht nur die fachlichen, sondern auch die sprachlichen Kompetenzen abgesprochen werden, wird ihrem Landsmann Tian beides zugesprochen: Mit ihm ist nicht nur Kommunikation möglich, sondern er kann auch „wirklich im Labor arbeiten", also experimentieren. Wie Josef an einer anderen Stelle in diesem Gespräch erwähnt, kann Kaiwen nicht einmal „eine Schraube richtig reindrehen". Kaiwen und Tian wurden im gleichen Land ausgebildet, somit ist es Begabung, die den Unterschied zwischen ihnen ausmacht. Talent und Begabung sind im Labor insbesondere als technisches, handwerkliches Können und Geschick beobachtbar: Tian ist ein „Schrauber", bei Kaiwen ist dagegen „keine praktische Veranlagung" zu erkennen. Dieser Unterschied ist als eine vergeschlechtlichte Differenz zu lesen: „Schrauber" ist ein männlich konnotierter Begriff. Tian ist als Mann ein solcher Schrauber – trotz der schlechten Ausbildung in seinem Land. Im Unterschied zu Kaiwen, die als Frau nicht über dieses Talent verfügt, wurde es Tian mit in die Wiege gelegt.

Dass aus der Sicht etlicher Forschender generell ein Unterschied zwischen Frauen und Männern in Hinblick auf ihre Arbeit im Labor besteht, darauf verweist auch die Antwort eines zu diesem Thema befragten (Sub-)Gruppenleiters:

> Gute Frage. (denkt nach) Ich habe vier bis fünf Frauen gehabt, mit unterschiedlichem Niveau. Von Studentin […] bis Postdoc.[…] Und zwei von diesen Frauen haben eigentlich keine Erfahrung mit Experimenten gehabt. Es ist auch interessant, dass ich merke (lacht), das ist ein bisschen diskriminierend für die Männer. Denn so einen Mann hätte ich nicht genommen und würde ich auf keinen Fall in der Zukunft nehmen, weil er keine Experimentiererfahrungen hat […], das ist nicht geschlechtsabhängig […], wenig oder keine Erfahrung im Labor bedeuten Jahre Arbeit, bis man die notwendigen Sachen kann. Und verglichen mit den guten Experimentatoren – das Fingerspitzengefühl kommt vielleicht, […] sehr, sehr selten. Und ich meine, das kommt von der Kindheit, wenn man da bastelt […] (Interview mit einem (Sub-)Gruppenleiter, Physik).

Auch wenn dem Interviewten zufolge experimentelles Geschick nicht grundsätzlich an das biologische Geschlecht geknüpft ist, konstatiert er im weiteren Verlauf des Gesprächs doch einen Geschlechterunterschied, denn das Problem der fehlenden Experimentier-Kompetenzen trete, unabhängig von ihrer Herkunft, seiner Meinung nach häufig bei Frauen auf. Diese auch von anderen Forschenden im Feld behauptete Differenz wird mit gesellschaftlichen Aspekten begründet: Zwar sieht er die Ursache für die mangelnde Experimentier-Erfahrung geschlechtsunabhängig in den schlechten Laborausstattungen einiger Länder die teilweise durch eine inflationäre Verwendung von guten Noten verschleiert würden. Bei Frauen vermutet er darüber hinaus, dass sie schon als Kinder aufgrund fehlender Beschäftigung mit technischem Bastel-Arbeiten diesbezüglich keine Kompetenzen erworben haben. Dadurch entstehe ein Defizit, das eine Differenz zwischen Männern und Frauen in der Qualität des experimentellen Arbeitens zur Folge habe, die zudem so früh angelegt sei, dass sie zu einem späteren Zeitpunkt kaum noch ausgeglichen werden könne. Darüber hinaus, so die weitere Erklärung des (Sub-)Gruppenleiters, seien Frauen, selbst wenn sie gute Experimentier-Kompetenzen besitzen, häufig unsicherer als ihre männlichen Kollegen, was er ebenfalls auf die unterschiedliche Sozialisation von Männern und Frauen zurückführt.

3.3 Muttersprachler*innen unter sich

Im weiteren Verlauf des Gesprächs mit Josef und Max kommen die beiden auf eine (Sub-)Gruppe zu sprechen, die (fast) nur aus deutschen Muttersprachler*innen besteht. In dieser Gruppe stellt sich die Situation aus Sicht der beiden Promovierenden ganz anders dar, nämlich durchweg positiv:

Josef: „Oben bei den Beamlines [Versuchsaufbauten], da sprechen alle deutsch! Wirklich alle! [...] Natürlich tut sich da der Tobi [(Sub-)Gruppenleiter] viel leichter, wenn er mit seiner gesamten Gruppe kommunizieren kann. Und bei uns oben, ich hab praktisch nie mit deutschen Leuten zusammengearbeitet. [...] ich bin in einem Bereich, den komplett der [(Sub-)Gruppenleiter] bestimmt, das heißt ich arbeite mit lauter Ausländern. Das heißt Kommunikation ist da unten was ganz anderes als bei uns oben. Es ist echt krass. Das fällt dir dann auch erst mal auf. Die Gruppe vom Tobi ist super, gar keine Probleme, nix. [...] Und es sind alles Leute von der [Universitätsname], das sind wirklich homogene Leute, die können alle alles. Die sind gut, da gibt es keine Ausreißer. Das ist echt krass".

„Aber der Fischbacher, der spricht ja kein Deutsch." Max grinst und Josef sagt lachend: „Ja, stimmt, der spricht kaum Deutsch." (Fischbacher ist der Nachname von Rüdiger, der einen süddeutschen Akzent hat, aber ich finde nicht besonders stark). Die beiden lachen. Max meint nun erklärend zu mir: „Ich versteh halt, wenn er Englisch redet, gar nichts, und auch wenn er deutsch redet, dann versteh ich ihn echt nicht." Als Josef daraufhin lacht, lacht Max mit (Feldnotizen vom 14.02.2013).

An diesem Beispiel wird die Verknüpfung von sprachlichen und fachlichen Kompetenzen mit den jeweiligen Herkunftsländern bzw. Nationalitäten und die Problematik der darin eingelagerten Rassismen deutlich: In der Gruppe, in der alle eine gemeinsame Sprache sprechen, treten viele der Probleme, mit denen andere (Sub-)Gruppen zu kämpfen haben, gar nicht erst auf. Und die Gruppe hat nicht nur keine Kommunikationsprobleme, sondern sie ist vielmehr auch fachlich viel besser, „alles ist super". Die Forschenden sind „homogen": Es gibt keine Ausländer, alle sprechen Deutsch und haben ein ähnlich gutes Ausbildungsniveau, weil sie dasselbe Bildungssystem durchlaufen haben. Da die Formulierungen Abwertungen bzw. Hierarchisierungen beinhalten, verdeutlicht dieses Beispiel, wie stark rassistische Zuschreibungen sein können, die an unterschiedliche Sprachkompetenzen anknüpfen.

Vor dem Hintergrund dieser Ähnlichkeit und vergleichbaren Kompetenz der Forschenden in dieser rein deutschsprachigen Gruppe fällt dann sogar eine Person mit süddeutschem Akzent auf. Verglichen mit anderen Forschenden, die nur wenig oder gar keinen Dialekt sprechen, wird diese Person gewissermaßen zum Ausländer, also zu einer Person, die kein Deutsch spricht, die man nicht versteht und mit der Kommunikationsschwierigkeiten bestehen. Der Dialekt von Rüdiger weist zudem auf seine dörfliche bzw. ländliche Herkunft hin.

Nationalität und Geschlecht 171

3.4 Gleichsetzung von Geburtsort, Nationalität und Sprachkompetenzen

Ein anderes Beispiel verdeutlicht, wie stark es vom Geburtsort einer Person abhängen kann, welche sprachlichen Kompetenzen ihr zugeschrieben werden:

> Sarah erzählt von Oliver, der in Lima geboren ist: „[…] [Name eines (Sub-)Gruppenleiters] hat ihn als nicht-deutschsprachig abgespeichert, als er das am Anfang mitbekommen hat, was total absurd ist, weil Oliver mit zwei Jahren nach Deutschland gekommen ist und komplett einsprachig aufgewachsen ist. Aber für [Name des (Sub-)Gruppenleiters] kann er nicht gut Deutsch sprechen" (Feldnotizen vom 14.10.2013).

Olivers Muttersprache ist Deutsch. Als er sich erstmals in der Gruppe vorstellt, erwähnt er wie andere Forschende, die ebenfalls nicht in Deutschland geboren wurden, seinen Geburtsort: Lima. Von diesem Moment an ist er für den (Sub-)Gruppenleiter nicht nur als nicht in Deutschland geboren abgespeichert, sondern auch als nicht-deutschsprachig. So kommt eine auf Generalisierungen basierende Assoziationskette in Gang: Der Geburtsort wird mit einer bestimmten Nationalität gleichgesetzt. Von dieser Nationalität wird wiederum darauf geschlossen, dass bestimmte Sprachkompetenzen vorhanden sind (Spanisch) oder aber fehlen (Deutsch). Aufgrund falscher Generalisierungen kommt es somit zu einer Fehleinschätzung der sprachlichen Kompetenzen. Obwohl angenommen werden könnte, dass dieses Missverständnis schnell zum Vorschein kommt und dann geklärt werden kann, hält sich die Einschätzung des Gruppenleiters hartnäckig über Jahre hinweg.

Dieses Beispiel zeigt, wie stark und vorurteilsbehaftet die Verknüpfung von Herkunft (Geburtsort) und Sprache ist. Solche Zuschreibungen sind dann besonders problematisch, wenn die sprachlichen Kompetenzen negativ bewertet werden und diese negative Beurteilung auf die fachlichen Kompetenzen übertragen wird. Gleichzeitig wird deutlich, wie schnell es zu diskriminierenden Zuschreibungen und Praktiken kommt.

3.5 Unterstützung bei Verständigungsproblemen aufgrund von unterschiedlichen Sprachkompetenzen

In ihrem Dialog über ihre Kollegin Kaiwen kommen Max und Josef auf eine mögliche Lösung für die Kommunikationsprobleme zu sprechen:

Max meint, dass sie „wirklich ihre Sprache krass verbessern müsste. Es ist aber auch so, dass sie Angst hat, wenn sie hier nicht ist, irgendetwas zu verpassen. Sie war mal krank, aber dann war sie nur einen halben Tag zu Hause und dann war sie gleich hier, obwohl sie eigentlich total krank war [...]" (Feldnotizen vom 14.02.2013).

Ein Englisch-Sprachkurs wäre aus Max' Sicht eine Lösung. Er geht allerdings davon aus, dass Kaiwen wegen ihrer Arbeitseinstellung nicht bereit wäre, zwei Monate der Arbeit fernzubleiben, um Englisch zu lernen. Angesprochen haben die Forschenden die bestehenden Sprachbarrieren jedoch nicht.

Dass es sich hierbei um ein schwieriges Thema handelt, belegt auch ein anderer Fall: Bevor sie mit ihrer Forschungstätigkeit beginnen durfte, sollte eine Chemie-Promovendin der Graduiertenschule einen mehrwöchigen Englischkurs belegen, um ihre Sprachkompetenzen zu verbessern. Diese Maßnahme hatte sie als Degradierung empfunden. Daraufhin brach sie ihre auf Stipendienbasis begonnene Promotion ab und kehrte in ihr Heimatland zurück. Bei der Durchführung solcher Maßnahmen müssen daher entsprechende Reaktionen mitgedacht und mögliche Schwierigkeiten berücksichtigt werden.

4 Noten und Veröffentlichungen als Einstellungskriterium: Unterschiede aufgrund des Herkunftslandes

An dieser Stelle möchte ich noch auf die Rekrutierung der Forschenden in den begleiteten Gruppen eingehen. Wie eingangs beschrieben, verorten sich die Gruppen in einem wissenschaftlich exzellenten Feld. Sie haben den Anspruch, ihre wissenschaftlich führenden Positionen weiter auszubauen. Die Rekrutierung des Personals in Form einer weltweiten *Bestenauslese*[8] ist daher für beide Gruppen sehr wichtig. Doch wie stellen die Gruppen bei den unterschiedlichen Bewerbungen aus aller Welt in Hinblick auf die dargestellten Ausbildungsunterschiede sicher, dass sie der feldimmanenten Logik entsprechend eine *Bestenauslese* vornehmen? Im Gespräch beschreibt Max dieses Problem wie folgt:

---

[8]Dieser Begriff impliziert, dass sich die Leistungen und Kompetenzen von Forschenden objektiv messen und vergleichen lassen. Die Annahme einer solchen objektiven Vergleichbarkeit und mit ihr die Vorstellung einer Bestenauslese sind Teil der *illusio* des Feldes.

> Ja, aber du kannst ja auch eine super Note haben, aber trotzdem heißt das noch lange nicht, gerade wenn du aus einem anderem Land bist, wo man die Maßstäbe nicht kennt, ob der was kann oder nicht. […] Und wenn der halt nicht so gut Englisch spricht, aber so gute Noten hat, dann denkst du dir halt, gut, lernt er halt Englisch und der kann ja schon fachlich was, sonst hätte der ja nicht so gute Noten, und dann stellst du ihn halt ein. […] Und da ist es natürlich schnell mal so, dass er nicht unbedingt fachlich auch so gut ist, weil vielleicht diese guten Noten in einem System erreicht wurden, das halt anders tickt und nicht so wie bei uns. Und deswegen ist es natürlich super schwer, das Ganze objektiv zu machen (Feldnotizen vom 14.02.2013).

Trotz dieser Schwierigkeiten orientieren sich die Gruppen generell an den Noten, wie ein (Sub-)Gruppenleiter in einem Interview beschreibt. Seiner Aussage nach versucht die Gruppe, jeweils die besten 10 % bis höchstens 20 % eines Jahrgangs einer Einrichtung aufzunehmen. Auf die Frage, ob es nicht bei internationalen Bewerbungen Unterschiede im Ausbildungsniveau je nach Herkunftsland gibt, antwortet ein (Sub-)Gruppenleiter, der selbst ursprünglich aus dem globalen Süden kommt, wie folgt:

> Teilweise gibt es schon Unterschiede. Gerade gibt es Länder, wo die Forschung nicht so intensiv und auf so hohem Niveau betrieben wird. Und da haben wir gesehen, auch wenn Bewerber mit sehr guten Noten kommen, sie haben deutlich weniger Erfahrung. Sie sind noch nicht so gut wie andere Länder, wo die Forschung schon besser betrieben wird. Allgemein würde ich schon sagen, dass Europäer und Amerikaner beliebter sind als andere Bewerber. Und dann der Nahe Osten oder teilweise dann von Asien, da sind wir kritischer, weil wir schlechte Erfahrungen gemacht haben. So total gute Noten und beste Noten und dann kann er keinen Schraubenzieher bedienen (Interview mit (Sub-)Gruppenleiter, Physik).

Der (Sub-)Gruppenleiter unterscheidet zwischen zwei Gruppen: Auf der einen Seite gibt es Europäer und US-Amerikaner, die gerne eingestellt werden, und auf der anderen Seite die Forschenden aus allen anderen Ländern, deren Bewerbungen kritischer betrachtet werden, vor allem wenn sie aus dem Nahen Osten und Asien kommen. Neben den Noten gibt es daher noch weitere Kriterien, die bei der Auswahl von Bewerber*innen eine Rolle spielen:

> Okay, wo hast du deine Doktorarbeit gemacht, das ist es schon ein wichtiger Punkt. Wenn er ihn in einer mehr oder weniger bekannten Gruppe gemacht hat, dann weiß man, ok, er hat die wichtigen Sachen gelernt. Wir […] wissen das, von der Erfahrung her. Aber wenn er total in einer nicht-bekannten Gruppe das gemacht hat, das ist schon ein bisschen schlechtere Werbung. Und dann auch die Papers sind ein bisschen wichtiger. Nicht unbedingt braucht man die besten Papers, aber ein oder zwei eigene Papers sind schon ein Muss (Interview mit (Sub-)Gruppenleiter, Physik).

Das Renommee der Gruppe, ihr symbolisches Kapital, gilt als Garant für eine gute Ausbildung. Ist das Renommee der Gruppe nicht sehr hoch, werden die Veröffentlichungen wichtiger, wobei zu überprüfen ist, welchen Anteil die jeweilige Person an der Veröffentlichung hat:

> Also wenn ich jetzt eine Postdoc für ein Nature-Paper[9] oder kleiner hat, das ist nicht schlecht, aber das ist nicht ausschließlich entscheidend für mich. Weil das bedeutet nicht, dass er so gut war. Es gibt Situationen, wo jemand nur einen Schraubenzieher in der Hand hat (lacht) und einige Sachen zusammenschraubt und der Rest war schon da. Und er hat ein bisschen Glück und er kriegt einfach gute Papers. [...] Es gibt Situationen, wo nicht so gute Paper veröffentlicht werden. Aber der Großteil der Arbeit wurde von dem Bewerber gemacht. Und ich sehe es entsprechend, wenn ich mit ihm spreche, dass er Details weiß (Interview mit (Sub-)Gruppenleiter, Physik).

In einem Gespräch, so die Annahme des (Sub-)Gruppenleitenden, lässt sich überprüfen, welchen Anteil eine Person an einer Publikation hatte und ob sie mit einem Schraubenzieher umgehen kann oder nicht. Zu Beginn des Auswahlprozesses sind jedoch in jedem Fall die Noten und die Anzahl der Veröffentlichungen maßgeblich; wer auf dem Papier nicht gut aussieht, wird auch nicht eingeladen:

> Und natürlich zuerst kommt dann die Bewerbung. Und da gibt es Noten und Papers und basierend darauf wird entschieden, wer gut ist. Man sagt, ja, der ist interessant oder nicht. Und wenn ja, dann kommt der Bewerber und hält einen Vortrag [mit] wissenschaftliche[n] Fragen. [...] Und dann typischerweise, im kleinen Kreis, spricht man mit dem Bewerber. Und dann fragt man schon nach. [...] ein oder zwei Details, um zu sehen, ob er das oder das kann. Das ist schon ein wichtiger Teil der Aufnahmeprüfung. Da sieht man schon, wie gut jemand ist (Interview mit (Sub-)Gruppenleiter, Physik).

Das vermeintlich objektivierte kulturelle Kapital in Form von Noten und wissenschaftlichen Veröffentlichungen ist somit zunächst entscheidend für eine Einladung. Allerdings wird diesen Objektivierungen je nach Herkunftsland der Person unterschiedlich vertraut. Forschende, die nicht aus Europa und Nord-Amerika kommen, werden kritischer geprüft als die anderen.

---

[9]*Nature* ist eine wissenschaftliche Zeitschrift, die insbesondere in den naturwissenschaftlichen Fächern höchstes Ansehen genießt.

Aber auch wenn die Bewerber*innen die Gelegenheit erhalten, sich in einem Gespräch persönlich vorzustellen, kann das mit unterschiedlichen Schwierigkeiten verbunden sein, wie die Schilderung von Max verdeutlicht:

> Naja, ich weiß noch, einmal war eine Postdoc hier, die hat sich beworben auf eine Stelle, die dann quasi mehr oder weniger in meinem Bereich gewesen wäre. Und da hat [Vorname der (Sub-)Gruppenleitung], also wir haben uns lang mit der unterhalten und die war echt fit, hat sich aber in ihrem Vortrag recht schlecht verkauft. Sie (eine Russin) kam aus New York, ist hier morgens um sieben gelandet und hat dann spontan erfahren, dass sie einen Tag früher vortragen muss, und hat dann nach sechs Stunden, ohne Schlaf, einen Vortrag gehalten. Sie hat sich nicht so extrem gut präsentiert. [(Sub-)Gruppenleitung] hat sie nur in dem Vortrag und in dem Interview danach kennengelernt und dachte sich deswegen, ‚ej nee' (Feldnotizen vom 14.02.2013).

Die Ursache für die Diskrepanz in der Präsentation der Bewerberin in den formellen und den informellen Situationen und damit die Ursache für die Entscheidung des (Sub-)Gruppenleiters sieht Max in der Situation der Bewerberin: Sie hatte wenig geschlafen und musste ihren Vortrag früher als geplant halten. Deshalb waren ihre Chancen schlechter als diejenigen anderer Bewerber*innen, die sich unter günstigeren Bedingungen vorstellen konnten.

Die Bewerbungssituation kann somit für verschiedene Personen unterschiedliche Schwierigkeiten bergen, was jedoch im Feld nicht bedacht oder gar berücksichtigt wird. So sind Personen, die sich in Vorträgen schlecht präsentieren, beispielsweise aufgrund von mangelnden Präsentationskompetenzen, einer anderen Gewichtung, was und auf welche Art und Weise präsentiert werden soll, oder Schwierigkeiten mit der englischen Sprache, in diesem Verfahren im Nachteil, insbesondere wenn sie aus Ländern kommen, denen ein gewisses Misstrauen bezüglich des Ausbildungsniveaus entgegengebracht wird. Weder eine Orientierung an Noten und Veröffentlichungen noch an Vorträgen im Rahmen von Vorstellungsgesprächen kann gewährleisten, dass tatsächlich diejenige Person ausgewählt wird, die am besten geeignet ist. Auch wenn diese Umstände prinzipiell allen bekannt sind, besteht in den Gruppen nach wie vor der Glaube daran, durch ihre Bewerbungsverfahren eine Bestenauslese sicherstellen zu können.

5 Vereinbarkeit von Familie, Beruf und Mobilität

Die Arbeit in den Gruppen ist sehr zeitintensiv, insbesondere in der Physik-Gruppe. Lange Arbeitstage bis spät in den Abend, Nacht- und Wochenendarbeit sind üblich; sie gelten als unvermeidlich und werden mit dem Argument gerechtfertigt, dass Laborzeit eine knappe Ressource ist. Eine derart hohe zeitliche Belastung schließt diejenigen Forschenden aus, die aufgrund ihrer Lebenssituation nicht in der Lage sind, solchen Anforderungen nachzukommen. In den begleiteten Gruppen werden die Probleme, die aus einer wahrgenommen Unvereinbarkeit von Familie, insbesondere Kindern, und Beruf resultieren, durchaus deutlich artikuliert.[10]

In den Gruppen haben Angehörige höherer Statusgruppen, insbesondere solche mit Führungsaufgaben, meistens Kinder, während Studierende und Promovierende nahezu durchgängig kinderlos sind. In den höheren Statusgruppen (Postdocs und Professur) gibt es mehr Väter als Mütter. Dies liegt jedoch insbesondere daran, dass es in diesen Statusgruppen, bis auf eine Ausnahme, ohnehin keine Frauen gibt.

Generell kann gesagt werden, dass Vaterschaften quer durch alle Statusgruppen im Feld nahezu unsichtbar sind, Sie sind weder Gesprächsthema noch spielen sie für die Arbeitsorganisation, vor allem die Arbeitszeiten, eine Rolle; ob sie Kinder haben oder nicht, scheint für die wissenschaftliche Tätigkeit von Männern irrelevant zu sein. Demgegenüber wird es als allgegenwärtiges Problem wahrgenommen, dass Mutterschaft und wissenschaftliche Tätigkeiten (vermeintlich) miteinander in Konflikt stehen. Für dieses Problem werden jedoch nicht strukturelle Ursachen verantwortlich gemacht; berufliche und familiäre Verpflichtungen miteinander in Einklang zu bringen, wird vielmehr der Verantwortung der einzelnen Person zugeschrieben. Nimmt man die nationale Herkunft der Eltern in den Blick, so fällt auf, dass die wenigen aktiven Väter[11] ausschließlich deutscher Herkunft sind. Die nicht-deutschen und auch viele der deutschen Väter gehen dagegen nahezu uneingeschränkt ihrer wissenschaftlichen Tätigkeit nach – die Reproduktionsarbeit wird von ihren Partnerinnen übernommen. So bleibt beispielsweise ein asiatischer Promovierender seit der Geburt seines Kindes einen halben Tag am Wochenende zu Hause, die gesamte restliche Zeit kümmert sich die Mutter um das Kind. Die Frauen nicht-deutscher Herkunft sind alle kinderlos.

---

[10]Dass die Pflege von Angehörigen im Feld nicht thematisiert wurde, kann daran liegen, dass sie für die meisten Forschenden aufgrund ihres Alters derzeit (noch) keine Rolle spielt. Es könnte aber auch sein, dass dieses Thema ähnlich wie das Thema Vaterschaft im Feld nicht angesprochen wird, obwohl es sich durchaus stellt.

[11]Diese aktiven Väter beenden beispielsweise ihren Arbeitsalltag rechtzeitig, um ihr Kind aus einer Betreuungseinrichtung abzuholen, oder bleiben zu Hause, wenn ihre Kinder krank sind, oder arbeiten verstärkt von zu Hause, um Beruf und familiäre Verpflichtungen besser vereinbaren zu können.

Auch bei den beruflichen Zukunftsplänen spielen Mobilität und Familie für die beiden Geschlechter eine unterschiedliche Rolle. Für die begleiteten Promovendinnen sind Mobilitätsanforderungen bei ihren Überlegungen zu einem Verbleib in der Wissenschaft zentral. Wie in Abschn. 2.1 bereits erläutert, stellt ein Auslandsaufenthalt aus ihrer Sicht einen notwendigen Schritt für ihre weitere wissenschaftliche Karriere, gleichzeitig aber eine Hürde im Hinblick auf ihren Wunsch nach Familiengründung dar. Sie planten Forschungsaufenthalte daher möglichst zeitnah im Anschluss an ihre Promotionen und stellten die Familiengründung hinter diese Mobilitäts-Phase zurück. Einige zweifelten aus diesem Grund sogar grundsätzlich an ihrer beruflichen Zukunft in der Wissenschaft. Auch war den Promovendinnen die Frage nach einer gemeinsamen Mobilität mit ihren Partnern wichtig. Bei den ebenfalls nach ihren Zukunftsplänen befragten männlichen Kollegen ergab sich ein anderes Bild: Für sie spielten weder Mobilität noch Familie als Thema eine Rolle. Für Frauen scheint die Vereinbarkeit von Partnerschaft und Familie eine gewichtigere Rolle zu spielen als für ihre männlichen Kollegen, wodurch sich für sie verstärkt Hürden in Bezug auf Mobilität ergeben.

6 Fazit

Die präsentierten Daten sollten einen Einblick in die Vielfältigkeit der Problemlagen und möglichen Benachteiligungen von Forschenden im Rahmen internationaler (Spitzen-)Forschung geben. In den alltäglichen Interaktionen wird eine Vielzahl an Unterschieden zwischen den Forschenden auf unterschiedlichen Ebenen sichtbar, die zu Ungleichheiten zwischen den Forschenden führen: rechtliche Bestimmungen wie etwa Visaerfordernisse, Unterschiede in den (fremd-)sprachlichen Kompetenzen sowie in den Ausbildungsniveaus der Herkunftsländer, insbesondere aufgrund unterschiedlicher finanzieller und experimenteller Möglichkeiten und Laborausstattungen.

In den alltäglichen Aushandlungen in den Gruppen werden die Forschenden mit den hieraus resultierenden Schwierigkeiten jedoch allein gelassen. Gleichzeitig müssen sich die Forschenden der aus Ökonomisierung und Wettbewerb resultierenden Orientierung am wissenschaftlichen Output und dessen Optimierung anpassen, um sich im Kampf um die wenigen sicheren Stellen im Wissenschaftssystem durchzusetzen. Der wissenschaftlichen Verwertungslogik zufolge kommt dabei der Auseinandersetzung mit Unterschieden und insbesondere der Unterstützung von Personen aus benachteiligten Ländern kein Mehrwert zu; die dafür aufgewendete Zeit kann als *leere Zeit* bezeichnet werden, da sie keinen für die Karriere vorteilhaften Output bringt und deshalb den privilegierten Forschenden aus ihrer Perspektive für das Vorantreiben ihrer eigenen (Qualifikations-)Ziele fehlt. Die prekären Arbeitsbedingungen verschärfen diese Problematik zusätzlich und intensivieren die Bestrebungen, schnell das jeweilige (Qualifikations-)Ziel und somit eine bessere Position zu erreichen. Die unternehmerische Hochschule mit ihrem zunehmenden Wettbewerb begünstigt und verstärkt somit rassistische Zuschreibungen und institutionellen Rassismus (Cole 2009; Gutiérrez Rodríguez sowie Thompson und Vorbrugg in diesem Band).

Zudem findet eine mehrfache Diskriminierung von Frauen statt. Sie betrifft insbesondere Frauen aus denjenigen Ländern, die wegen ihres schlechteren Bildungssystems oder ungenügenden Laborausstattungen vom Feld als kritisch eingeschätzt werden: Im Vergleich zu ihren männlichen Kollegen gelten diese Wissenschaftlerinnen allgemein und vor allem in Zusammenhang mit ihrer nationalen Herkunft sowohl in Hinblick auf ihre fachlich-experimentellen als auch ihre sprachlichen Kompetenzen als weniger kompetent. Hier verschränken sich die Diskriminierungskategorien Geschlecht und nationale Herkunft.

Doch auch das Thema Mobilität birgt für Frauen mehr Schwierigkeiten als für ihre männlichen Kollegen: Mobilität spielt für sie bereits während der Promotion eine wichtige Rolle für die weitere berufliche Orientierung und konkurriert gleichzeitig mit dem Wunsch nach Familie. Neben männerbündischen Netzwerken kann das von den Forschenden wahrgenommene Problem, Familie und Beruf im Allgemeinen in Einklang zu bringen und dabei zusätzlich noch Mobilitätsanforderungen zu genügen, mit entscheidend für den Ausschluss von Frauen aus der Wissenschaft sein, der gerade in dieser Karriere-Phase vermehrt zu beobachten ist.

Da die Bedeutung internationaler Zusammenarbeit in der Forschung zukünftig eher noch zunehmen wird, ist weitere Forschung zu den Problemlagen ebenso nötig wie die Sensibilisierung der Forschenden bezüglich diskriminierender Mechanismen und die Unterstützung der Forschenden durch konkrete Maßnahmen.

Literatur

Ackers, Louise (2010). Internationalisation and Equality. The Contribution of Short Stay Mobility to Progression in Science Careers. *Recherches sociologiques et anthropologiques* 41 (1), 83–103. Auch online verfügbar unter: http://rsa.revues.org/189. Zugegriffen: 17. März 2017.

Baier, Christian, & Massih-Tehrani, Nilgun (2016). Europäisierung der Wissenschaft. In Nina Baur, Cristina Besio, Maria Norkus, & Grit Petschick (Hrsg.), *Wissenschaft als Mehrebenen-Phänomen* (S. 170–204). Weinheim und Basel: Beltz Juventa.

Bauschke-Urban, Carola (2010). *Im Transit. Transnationalisierungsprozesse in der Wissenschaft*. Wiesbaden: VS Verlag.

Beaufaÿs, Sandra (2003). *Wie werden Wissenschaftler gemacht? Beobachtungen zur wechselseitigen Konstitution von Geschlecht und Wissenschaft.* Bielefeld: Transcript.
Becker, Ruth, & Tippel, Cornelia (2012). Akademische Nomadinnen? Zum Umgang mit Mobilitätserfordernissen in akademischen Karrieren von Frauen. In Sandra Beaufaÿs, Anita Engels, & Heike Kahlert (Hrsg.), *Einfach Spitze? Neue Geschlechterperspektiven auf Karrieren in der Wissenschaft* (S. 204–230). Frankfurt a. M.: Campus.
Beck-Gernsheim, Elisabeth (1995). Mobilitätsleistungen und Mobilitätsbarrieren von Frauen. Perspektiven der Arbeitsmarktentwicklung in Europa. *Berliner Journal für Soziologie* 5 (2), 163–172.
Bonnet, Estelle, & Orain, Renaud (2010). Job Careers and Job Mobility. In Norbert F. Schneider, & Beate Collet (Hrsg.), *Mobile Living Across Europe II. Causes and Consequences of Job-related Spatial Mobility in Cross-national Comparison* (S. 123–139). Opladen: Barbara Budrich.
Bouffier, Anna, & Wolffram, Andrea (2012). Welcher Weg führt zum Ziel? In Sandra Beaufaÿs, Anita Engels, & Heike Kahlert (Hrsg.), *Einfach Spitze? Neue Geschlechterperspektiven auf Karrieren in der Wissenschaft* (S. 145–173). Frankfurt a. M.: Campus.
Bourdieu, Pierre (1983). Ökonomisches, kulturelles und soziales Kapital. In Reinhard Kreckel (Hrsg.), *Soziale Ungleichheiten* (S. 183–198). Göttingen: Schwartz.
Bourdieu, Pierre (1987). *Sozialer Sinn.* Frankfurt a. M.: Suhrkamp.
Bourdieu, Pierre (1998). *Praktische Vernunft.* Frankfurt a. M.: Suhrkamp.
Bourdieu, Pierre (2001). *Die Regeln der Kunst.* Frankfurt a. M.: Suhrkamp.
Bourdieu, Pierre (2005). *Die verborgenen Mechanismen der Macht.* Hamburg: VSA-Verlag.
Burch, Patricia (2009). *Hidden Markets. The New Education Privatization.* New York: Routledge.
Burris, Val (2004). The Academic Caste System. Prestige Hierarchies in PhD Exchange Networks. *American Sociological Review* 69 (2), 239–264.
Clark, Burton R. (1998). *Creating Entrepreneurial Universities. Organizational Pathways of Transformation.* New York: ERIC.
Cole, Mike (2009). *Critical Race Theory and Education. A Marxist Response.* New York: Palgrave Macmillan.
Dörre, Klaus (2006a). Prekäre Arbeit. Unsichere Beschäftigungsverhältnisse und ihre sozialen Folgen. *Arbeit* 15 (1), 181–193.
Dörre, Klaus (2006b). Prekäre Arbeit und soziale Desintegration. *Aus Politik und Zeitgeschichte* 40–41, 7–14.
Dörre, Klaus, & Neis, Matthias (2008). Forschendes Prekariat? In Stephan Klecha, & Wolfgang Krumbein (Hrsg.), *Die Beschäftigungssituation von wissenschaftlichem Nachwuchs* (S. 127–142). Wiesbaden: VS Verlag.
Edwards, John (1985). *Language, Society, and Identity.* Oxford: B. Blackwell.
European Parliament (2009). *Cross-border Mobility of Young Researchers.* Directorate-General for Internal Policies (IP/A/ITRE/NT/2009-08). Brüssel: European Parliament. http://www.europarl.europa.eu/activities/committees/studies.do?language=EN. Zugegriffen: 9. Dezember 2016.
Fenstermarker, Sarah, & West, Candace (2001). „Doing difference" Revisited. Probleme, Aussichten und der Dialog in der Geschlechterforschung. *Kölner Zeitschrift für Soziologie und Sozialpsychologie* (Sonderheft 41), 236–249.

Heiberger, Raphael H., & Riebling, Jan R. (2016). Netzwerke und Wissenschaft. In Nina Baur, Cristina Besio, Maria Norkus, & Grit Petschick (Hrsg.), *Wissenschaft als Mehrebenen-Pänomen* (S. 308–340). Weinheim und Basel: Beltz Juventa.
Hirschauer, Stefan (2001). Das Vergessen des Geschlechts. Zur Praxeologie einer Kategorie sozialer Ordnung. *Kölner Zeitschrift für Soziologie und Sozialpsychologie* (Sonderheft 41), 208–235.
Hudson, Richard Anthony (1980). *Sociolinguistics*. Cambridge: Cambridge University Press.
Hunger, Uwe (2003). Brain Drain oder Brain Gain: Migration und Entwicklung. In Dietrich Thränhardt, & Uwe Hunger (Hrsg.), Migration im Spannungsfeld von Globalisierung und Nationalstaat (Leviathan Sonderheft 22) (S. 58–76). Wiesbaden: Springer.
Jones, Benjamin F., Wuchty, Stefan, & Uzzi, Brian (2008). Multi-university Research Teams: Shifting impact, Geography, and Stratification in Science. *Science* 322 (5905), 1259–1262.
Kaesler, Dorothee (2013). Sprachbarrieren im Bildungswesen. In Peter A. Berger, & Heike Kahlert (Hrsg.), *Institutionalisierte Ungleichheiten. Wie das Bildungswesen Chancen blockiert* (S. 130–154). 3. Aufl. Weinheim: Beltz Juventa.
Kaufmann, Vincent, Bergmann, Manfred Max, & Joye, Dominique (2004). Motility: Mobility as Capital. *International Journal of Urban and Regional Research* 28 (4), 745–756.
Kerr, Clark (1991). International Learning and the National Purposes of Higher Education. *American Behavioural Scientist* (35), 17–42.
Könekamp, Bärbel (2007). *Chancengleichheit in akademischen Berufen. Beruf und Lebensführung in Naturwissenschaft und Technik*. Wiesbaden: VS Verlag.
Krücken, Georg (2016). Globalisierung der Wissenschaft. In Nina Baur, Cristina Besio, Maria Norkus, & Grit Petschick (Hrsg.), *Wissenschaft als Mehrebenen-Pänomen* (S. 155–169). Weinheim, Basel: Beltz Juventa.
Kuhn, Michael, & Remøe, Svend (2005). *Building the European Research Area. European Socio-economic Research in Practice*. New York: Peter Lang.
Lanzendorf, Ute (2003). Vom „ausländischen" zum „mobilen" Studierenden. Der Weg zu einer verbesserten europäischen Mobilitätsstatistik. In Stefanie Schwarz, & Ulrich Teichler (Hrsg.), Universität auf dem Prüfstand. Konzepte und Befunde der Hochschulforschung (S. 287–302). Frankfurt a. M., New York: Campus.
Leemann, Regula Julia, & Boes, Stefan (2012). Institutionalisierung von „Mobilität" und „Internationalität" in wissenschaftlichen Laufbahnen. Neue Barrieren für Frauen auf dem Weg an die Spitze? In Sandra Beaufaÿs, Anita Engels, & Heike Kahlert (Hrsg.), *Einfach Spitze? Neue Geschlechterperspektiven auf Karrieren in der Wissenschaft* (S. 174–203). Frankfurt a. M.: Campus.
Mau, Steffen (2007). *Transnationale Vergesellschaftung. Die Entgrenzung sozialer Lebenswelten*. Frankfurt a. M., New York: Campus.
Merton, Robert K. (1968). The Matthew Effect in Science. *Science* 159 (3810), 56–63.
Münch, Richard (2006). Drittmittel und Publikationen. *Soziologie* 35 (4), 440–461.
Münch, Richard (2007). *Die akademische Elite. Zur sozialen Konstruktion wissenschaftlicher Exzellenz*. Frankfurt a. M.: Suhrkamp.
Münch, Richard (2008). Stratifikation durch Evaluation: Mechanismen der Konstruktion von Statushierarchien in der Forschung. *Zeitschrift für Soziologie* 37 (1), 60–80.
Münch, Richard (2011). *Akademischer Kapitalismus. Über die politische Ökonomie der Hochschulreform*. Berlin: Suhrkamp.

Münch, Richard, & Baier, Christian (2009). Die Konstruktion der soziologischen Realität durch Forschungsrating. *Berliner Journal für Soziologie* 19 (2), 295–319.

Naidoo, Vik (2009). Transnational Higher Education. A Stock Take of Current Activity. *Journal of Studies in International Education* 13 (3), 310–330.

Petschick, Grit (2015). Ethnographic Panels for Analyzing Innovation Processes. *Historical Social Research* 40 (3), 210–232.

Petschick, Grit (2016a). Publikationspraktiken. In Nina Baur, Cristina Besio, Maria Norkus, & Grit Petschick (Hrsg.), *Wissenschaft als Mehrebenen-Pänomen* (S. 480–509). Weinheim, Basel: Beltz Juventa.

Petschick, Grit (2016b). Teilnehmende Beobachtung oder beobachtende Teilnahme. In Ronald Hitzler, Simone Kreher, Angelika Poferl, & Norbert Schröer (Hrsg.), *Old School – New School? Zur Frage der Optimierung ethnographischer Datengenerierung* (S. 233–246). Essen: Oldib Verlag.

Pettersson, Helena (2011). Gender and Transnational Plant Scientists. Negotiating Academic Mobility, Career Commitments and Private Life. *Gender. Zeitschrift für Geschlecht, Kultur und Gesellschaft* 3 (1), 99–116.

Scheibelhofer, Elisabeth (2006). Wenn WissenschaftlerInnen im Ausland forschen. Transnationale Lebensstile zwischen selbstbestimmter Lebensführung und ungewollter Arbeitsmigration. In Florian Kreutzer (Hrsg.), *Transnationale Karrieren. Biografien, Lebensführung und Mobilität* (S. 122–140). Wiesbaden: VS Verlag.

Weichhart, Peter (2010). Das „Trans-Syndrom". Wenn die Welt durch das Netz unserer Begriffe fällt. In Melanie Hühn (Hrsg.), *Transkulturalität, Transnationalität, Transstaatlichkeit, Translokalität. Theoretische und empirische Begriffsbestimmungen* (S. 47–70). Berlin, Münster: Lit.

West, Candace, & Fenstermaker, Sarah (1995). Doing Difference. *Gender & Society* 9 (1), 8–37.

Wieczorek, Oliver, & Schäfer, Len Ole (2016). Verwaltungspraktiken. In Nina Baur, Cristina Besio, Maria Norkus, & Grit Petschick (Hrsg.), *Wissenschaft als Mehrebenen-Pänomen* (S. 510–550). Weinheim und Basel: Beltz Juventa.

Winker, Gabriele, & Degele, Nina (2009). *Intersektionalität. Zur Analyse sozialer Ungleichheiten*. Bielefeld: Transcript.

Teil II
Prekarisierung und Ungleichheitslagen

Mit der Geduld am Ende? Die Prekarisierung der *academic workforce* in der unternehmerischen Universität

Klaus Dörre und Hans Rackwitz

In den deutschsprachigen Sozialwissenschaften lange Zeit als eher randständiges Thema behandelt, sind *Prekarität, Prekarisierung* und *Prekariat* inzwischen zu Schlüsselbegriffen einer eigenständigen Forschung avanciert, die sich mit den Ursachen, der subjektiven Verarbeitung und den Folgen unsicherer Arbeits- und Lebensverhältnisse beschäftigt. Akademische Prekarität, sprich: instabile Arbeits- und Beschäftigungsverhältnisse an Universitäten und anderen Hochschulen, nimmt in diesen Forschungen eine Sonderstellung ein. Akademische Prekarität hat es, zumal in Deutschland, immer gegeben. Individuelle Planungssicherheit können Wissenschaftlerinnen[1] im deutschen Universitätssystem traditionell erst mit der – unbefristeten – Professur erreichen. Schon Max Weber hatte deshalb von einem akademischen ‚Hazard' gesprochen, der Wissenschaftskarrieren zu einem von Zufällen geprägten und daher äußerst gewagten Unterfangen werden lässt (Weber 2005). Lange Zeit wurde die akademische Prekarität geduldig und

---

[1] Zur Kenntlichmachung einer geschlechtergerechten Sprache gehen wir nach dem stochastischen Prinzip vor und verwenden in unterschiedlichen Kontexten nach dem Zufallsprinzip entweder die weibliche oder die männliche Form.

K. Dörre (✉) · H. Rackwitz
Jena, Deutschland
E-Mail: klaus.doerre@uni-jena.de

H. Rackwitz
E-Mail: hans.rackwitz@uni-jena.de

© Springer Fachmedien Wiesbaden GmbH 2018
M. Laufenberg et al. (Hrsg.), *Prekäre Gleichstellung*,
https://doi.org/10.1007/978-3-658-11631-6_8

ohne größere Konflikte ertragen. Wer im Wissenschaftssystem Karriere machen will, ist auch heute noch gut beraten, nicht als ‚unverträglich' aufzufallen. Ungeachtet aller Kontinuitäten zeichnen sich seit den 1990er-Jahren allerdings gravierende Veränderungen in der Steuerung von Hochschulen ab, die zur Ausbreitung neuer Formen prekärer Arbeit und Beschäftigung beitragen. Ein akademischer Kapitalismus, der die Konkurrenz in Quasi-Märkten teilweise mit rigider bürokratischer Kontrolle verbindet, bedingt zugleich eine Neustrukturierung der *academic workforce*.[2] Als ‚akademischen Kapitalismus' haben Gary Rhoades und Sheila Slaughter (2004; Slaughter und Leslie 1997) ein neues Wissens-, Lern- und Konsumentensystem an Universitäten und Wissenschaftseinrichtungen bezeichnet. Gemeint ist ein Regime, das die Grenzziehungen zwischen Staat, Hochschulen und den Organisationen des privaten Sektors erheblich verändert (Slaughter und Leslie 1997).[3] Obwohl ihre Kommerzialisierung und Kommodifizierung in Deutschland ungleich weniger entwickelt ist als in den angelsächsischen Kapitalismen, weist der Umbau von Universitäten und anderen Hochschulen auch hierzulande in eine ähnliche Richtung (Münch 2011, 2016b; Dörre und Neis 2010). Die widersprüchliche und umkämpfte Ausrichtung des Wissenschaftsbetriebs am Leitbild der ‚unternehmerischen Universität' ist, so unsere These, mit einer in Formen und Ausmaßen neuartigen Prekarisierung von Arbeit, Beschäftigung und Lebensbedingungen eines erheblichen Teils des akademischen Gesamtarbeiters verbunden. Neu ist aber auch, dass dieser Prekarisierungsschub an den Hochschulen zunehmend auf Widerstand stößt. Die Zeit der „geduldigen Prekarier" (Dörre und Neis 2008, S. 672) könnte sich alsbald dem Ende zuneigen. Nachfolgend skizzieren wir unsere Interpretation der Prekarisierung an Universitäten in vier Schritten. Wir führen zunächst in die neuere Prekarisierungsdebatte ein und nehmen eine erste Begriffsbestimmung vor (1), beleuchten anschließend die Mehrdimensionalität akademischer Prekarität (2), analysieren sodann den Übergang zur ‚unternehmerischen Universität' und die Prekarisierung der *academic workforce* (3), um abschließend auf Gegentendenzen, Reibungen und Widerständigkeiten einzugehen (4).

---

[2]Unter *academic workforce* werden alle Gruppen von Beschäftigten an Hochschulen und die durch sie repräsentierte Arbeitskraft verstanden. Eingeschlossen sind auch nichtwissenschaftlich Beschäftigte.

[3]„What we are calling ‚academic capitalism in the new economy' is a regime that entails colleges and universities engaging in market and market like behaviours" (Rhoades und Slaughter 2004, S. 37).

1 Akademische Prekarität – eine Begriffsbestimmung

Auch weil mittlerweile in die Alltagssprache eingegangen und gelegentlich zum politischen Kampfbegriff avanciert, zeichnet sich der Prekaritätsbegriff, zumal im akademischen Feld, durch eine gewisse Unschärfe aus. Deshalb ist es sinnvoll, zunächst zu klären, was die Kategorie in ihrer soziologischen Verwendung intendiert. Prekär steht synonym für widerruflich, unsicher oder heikel. Der Wortstamm lässt sich bis zum lateinischen *precarium,* der Bittleihe, zurückverfolgen. Gemeint ist das Verleihen einer Sache, deren Nutzung vom Geber jederzeit widerrufen werden kann. Prekarität bezeichnet demnach ein unsicheres, instabiles, auf Widerruf gewährtes Verhältnis, das die Nehmerin eines Gutes vom Geber abhängig macht. Der Gegenbegriff ist eine stabile, sichere, durch Rechtsgleichheit gekennzeichnete Beziehung.

1.1 Prekarität als zeitdiagnostischer Begriff

In der soziologischen Diskussion bezeichnet Prekarität unsichere, instabile Arbeits-, Beschäftigungs- und Lebensverhältnisse. Die Beschäftiger (‚Arbeitgeber') nutzen die Arbeitskraft der von ihrem Verkauf Abhängigen (‚Arbeitnehmer') im Rahmen stark asymmetrischer, instabiler Vertragsverhältnisse. Prekäre oder gar unfreie Arbeit ist so alt wie die Menschheit; ihre neuzeitliche Geschichte lässt sich mindestens bis in das 14. Jahrhundert zurückverfolgen (Castel 2000). Konstitutiv für die neuere sozialwissenschaftliche Diskussion war ursprünglich die Ausbreitung niedrig entlohnter, zeitlich befristeter, ungeschützter Beschäftigungsverhältnisse bei akademisch qualifizierten Arbeitskräften in Italien (*precariato;* Roth 2010). Vor allem französische Soziologen wie Pierre Bourdieu, Robert Castel und Serge Paugam erweiterten den Prekaritätsbegriff und wendeten ihn auf die Ausbreitung sozialer Unsicherheit in den reichen und noch immer überaus sicheren Gesellschaften des globalen Nordens an (Barbier 2013). In dieser Variante ist Prekarität ein *zeitdiagnostisches Konzept,* das Veränderungen an der Schnittstelle von Erwerbsarbeit, Wohlfahrtsstaat und Demokratie thematisiert. Die Kategorie bezeichnet „eine allgemeine Erschütterung der Gesellschaft", ein „kollektives Gefühl, eine Einstellung, einen Geisteszustand, der die Gesamtheit von Argumenten gegen einen Gegner vereinigt, der das ‚Böse' verkörpert: der Neoliberalismus" (Ehrenberg 2011, S. 366). Auch in ihrer zeitdiagnostischen Verwendung kann die Kategorie aber so geschärft werden, dass ihre analytischen Stärken zum Tragen kommen und Zusammenhänge zwischen Einzelphänomenen sichtbar werden. Das ist möglich, wenn Prekarität als ein Macht-, Kontroll- und Disziplinarregime begriffen wird, das (Arbeits-)Gesellschaften als Ganze beeinflusst und verändert (Dörre 2009). *Prekarisierung* bezeichnet in dieser Verwendung den Prozess der Durchsetzung solcher Kontrollregimes. Das *Prekariat* ist eher ein Sammelbegriff für unterschiedliche, auch klassenspezifische Formen von Prekarität (Pelizzari 2009) als eine Klasse im Werden (Standing 2011).

1.2 Prekarität als relationale Kategorie

Aus diesen grundlegenden Begriffsbestimmungen geht bereits hervor, dass Prekarität ein relationales Phänomen darstellt. In ihren Ausmaßen und Auswirkungen ist sie in allen modernen kapitalistischen Gesellschaften doppelt bestimmt. Prekäre Arbeits- und Lebensformen finden sich unterhalb einer „Schwelle der Sicherheit" (Bourdieu 2000, S. 92); oberhalb dieser Schwelle geht es für viele noch immer um eine Verbesserung sozialer Sicherheit, die Absicherung elementarer sozialer Risiken ist jedoch gewährleistet.[4] Diese Schwelle der Sicherheit bildet in der sozialen Hierarchie den oberen Referenzpunkt von Prekarität. Es gibt jedoch auch eine Relationalität, die von unten, von einer ‚Schwelle sozialer Respektabilität' (Dörre et al. 2013) bestimmt wird, welche sich über den Fürsorgestatus konstituiert. Ein niedriger Fürsorgestatus bedeutet, dass die Betroffenen nicht in der Lage sind, ihre eigene soziale Reproduktion zu sichern. Wer über längere Zeiträume an oder unterhalb der Schwelle sozialer Respektabilität lebt, verliert die Zugehörigkeit zur Gesellschaft respektierter Bürgerinnen. Auf einen solchen Status, den in Deutschland gegenwärtig der Leistungsbezug von Hartz IV markiert, zurückzufallen, ist nicht nur für Akademikerinnen ein Albtraum. Ein solcher Absturz kann im deutschen Universitätssystem prinzipiell auf jeder Stufe der akademischen Karriereleiter unterhalb der entfristeten Professur erfolgen. Zwölf Jahre lang Experte in einem Sonderforschungsbereich der Deutschen Forschungsgemeinschaft, anschließend altersbedingt erwerbslos und letztendlich Bezieher von Hartz IV-Leistungen – ein solcher Karriereweg mag zwar selten sein, beschreibt aber doch soziale Realität.

Schwellen sozialer Sicherheit sind historisch variabel und vor allem umkämpft. Damit ist zugleich gesagt, dass sich die oberen und unteren

---

[4]Ein Denken, das die gesamte Lebensführung an der Zukunft ausrichtet, ist erst oberhalb einer „Schwelle der Berechenbarkeit" möglich, die „wesentlich von der Verfügung über Einkünfte" abhängt, welche „von der Sorge um die Subsistenz dauerhaft" entlasten (Bourdieu 2000, S. 92).

Bezugspunkte relationaler Prekarität verändern. Prekarität meint deshalb im globalen Norden etwas anderes als im globalen Süden, und sie unterscheidet sich in Abhängigkeit von Geschlechterverhältnissen, Ethnizität, Nationalität, Bildungskapital und Neigungswinkel der Biografie.[5] Aus diesem Grund kann auch das sogenannte Normalarbeitsverhältnis, eine geschützte Vollzeitbeschäftigung im Range eines kulturellen Modells, nicht a priori als Gegenbegriff für die Prekarität einer Beschäftigung dienen – was allerdings nicht ausschließt, dass Beschäftigte, Prekarisierte und Ausgegrenzte selbst sich an diesem Maßstab orientieren (Brinkmann et al. 2006). Im akademischen Feld ist das Normalarbeitsverhältnis kein selbstverständlicher Maßstab. Dort stellt die unbefristete, sozial abgesicherte Beschäftigung seit jeher einen Fluchtpunkt dar, den zu erreichen nur einer relativ kleinen Gruppe vorbehalten ist. Es dürfte vor allem ein inhaltliches Interesse sein, das Nachwuchswissenschaftlerinnen dazu animiert, die Mühen und Risiken des akademischen ‚Hazard' in Kauf zu nehmen und eine solche Position zumindest anzustreben.

Prekarität ist nur dann umfassend in den Blick zu nehmen, wenn die subjektiven Verarbeitungsformen von Unsicherheit Beachtung finden. Sozial und politisch relevant wird Prekarität erst, wenn sie subjektiv auch als solche empfunden wird. Lange Zeit wären Beschäftigte im akademischen Mittelbau gar nicht auf die Idee gekommen, ihre Anstellung als prekär zu begreifen. Die Stellen für den Nachwuchs waren und sind noch immer knapp und dennoch ist wissenschaftliche Arbeit überwiegend attraktiv. Selbst die Sozial- und Geisteswissenschaften konnten sich bis in die jüngere Vergangenheit über mangelnde Nachfrage nicht beklagen. Zudem ist eine flexible, befristete Beschäftigung im akademischen Feld nicht per se prekär. Eine zeitliche Befristung von Qualifizierungsstellen kann durchaus sinnvoll sein, weil eine Dauerbeschäftigung die Qualifizierungsmöglichkeiten für nachwachsende Kohorten einschränken würde.[6]

Prekarität, auch die akademische, entsteht allerdings nicht ausschließlich mit und in der Erwerbsarbeit. Insbesondere die feministische Forschung hat darauf

---

[5]Nach Bourdieu verkörpern Biografien Laufbahnen im sozialen Raum (Bourdieu 1981, S. 180, 191 f.). Wenn eine prekäre Beschäftigung beispielsweise aus der Langzeitarbeitslosigkeit hinausführt (Aufwärtsmobilität), wird sie anders wahrgenommen als ein unsicherer Job, der mit sozialem Abstieg verbunden ist.

[6]In der Realität decken sich die Vertragslaufzeiten häufig jedoch nicht mit realistischen Zeithorizonten für Qualifizierungsarbeiten. Hierin kommt auch zum Ausdruck, dass das deutsche Wissenschaftssystem den Beruf eines nicht-professoralen Wissenschaftlers im Grunde nicht vorsieht und daher alle Beschäftigten unterhalb der Professur als wissenschaftlichen Nachwuchs auf dem Qualifizierungspfad hin zur Professur betrachtet.

hingewiesen, dass Prekarität eigenständige Ursachen im Lebenszusammenhang haben kann. So sind es häufig Frauen, denen das Vereinbarkeitsmanagement obliegt, wenn es darum geht, wachsende Anforderungen im Wissenschaftssystem, in der Familie und im Alltag unter einen Hut zu bringen. Versuche, wissenschaftlich produktiv zu bleiben, bezahlen Frauen häufig mit ‚Verdichtungen' im Privatleben und Überforderung in Permanenz (Aulenbacher et al. 2016, S. 145). Instabilitäten im Lebenszusammenhang können dann leicht zur Blockierung oder gar zum Abbruch akademischer Karrieren führen und in dieser Zuspitzung durchaus als Prekaritätsrisiko interpretiert werden.

Damit ist schon angedeutet, dass sich die akademische Prekarität von anderen Ausprägungen unsicherer Arbeits- und Lebensverhältnisse unterscheidet. Legt man die Arbeitshypothese Robert Castels (2000, S. 360 f.) zugrunde, der zufolge sich die nachfordistischen Arbeitsgesellschaften des globalen Nordens in Zonen unterschiedlicher Sicherheitsniveaus spalten,[7] lässt sich die akademische Prekarität in der „Zone der Verwundbarkeit" (ebd.) verorten; das Phänomen franst allerdings in die „Zone der Entkoppelung" (ebd.) aus (Professuren auf Zeit) und findet sich als Angst vor Statusverlust auch bei Wissenschaftlern, die sich gemessen an Gehalt, Anerkennung und sozialer Vernetzung zumindest zeitweilig als geschützt betrachten konnten (wissenschaftliche Mitarbeiterinnen mit unbefristeten Verträgen in Forschungseinrichtungen, die von der Drittmittelakquise abhängen). Auch lässt sich akademische Prekarität aufgrund ihrer langen Tradition nur bedingt jenem historischen Typus *diskriminierender Prekarität* zurechnen (Paugam 2008), der Gruppen erfasst, die zuvor zu den gesellschaftlich abgesicherten zählten.

2 Die Mehrdimensionalität akademischer Prekarität

Eine präzisere, empirisch operationalisierbare Bestimmung von Prekarität muss zudem der Mehrdimensionalität des Phänomens Rechnung tragen.[8] Die Jenaer

---

[7]Castel (2000) unterscheidet eine „Zone der Integration" mit sozial geschützten Beschäftigungsverhältnissen und halbwegs intakten sozialen Netzen, eine ‚Zone der Prekarität' mit unsicherer Beschäftigung und erodierenden sozialen Netzen sowie eine ‚Zone der Entkoppelung', in welcher sich der Ausschluss von regulärer Erwerbsarbeit mit relativer sozialer Isolation verbindet (Castel 2000, S. 360 f.).

[8]In der Forschung wird Prekarität wahlweise als eine Spezialform atypischer Beschäftigung, als eine soziale Lage zwischen Armut und ‚normalen' Einkommen, als Exklusion am Arbeitsmarkt oder auch als eine Form sozialer Verwundbarkeit definiert, die im Zentrum der Arbeitsgesellschaft entsteht und gegenüber Phänomenen wie Armut, Arbeitslosigkeit

Forschungsgruppe um Klaus Dörre schlägt vor, ein Erwerbsverhältnis dann als prekär zu bezeichnen, wenn es die Existenz nicht dauerhaft oberhalb eines von der Gesellschaft definierten kulturellen Minimums sichert und deshalb bei der Entfaltung in der Arbeitstätigkeit, der gesellschaftlichen Wertschätzung und Anerkennung, der Integration in soziale Netzwerke, den politischen Partizipationschancen und der Möglichkeit zu längerfristiger Lebensplanung nachhaltig diskriminiert. Aufgrund ihrer Tätigkeit und deren sozialer Verfasstheit sinken prekär Beschäftigte deutlich unter das Schutz- und Integrationsniveau, das in wohlfahrtsstaatlichen Kapitalismen als Standard definiert wird. Das Beschäftigungsverhältnis und die Arbeitstätigkeit können daher auch subjektiv mit Sinnverlusten, Partizipations- und Anerkennungsdefiziten sowie Planungsunsicherheit verbunden sein (Castel und Dörre 2009, S. 17). Prekarität bezeichnet somit ein Phänomen, das schon mit Blick auf die Erwerbsarbeit mindestens die folgenden sechs Anspruchsdimensionen umfasst (Brinkmann et al. 2006):

1. die *reproduktiv-materielle Dimension:* Prekär ist Erwerbsarbeit, wenn eine Tätigkeit, deren Vergütung die Haupteinnahmequelle darstellt, nicht existenzsichernd ist und/oder wenn die Vergütung für eine geleistete Tätigkeit es den Beschäftigten nicht ermöglicht, mit ihrem Einkommen ein gesellschaftlich anerkanntes und historisch variables kulturelles Minimum (das im Übrigen nicht identisch mit den sogenannten Hartz IV-Leistungen ist) nach oben zu überschreiten. Hauptgründe für akademische Prekarität sind in dieser Dimension zumeist die Befristung der Beschäftigung und/oder Teilzeitstellen, die nach dem 50:50-Prinzip funktionieren: Formal handelt es sich um eine halbe Stelle, gearbeitet werden jedoch mindestens 100 %.
2. die *sinnhaft-subjektbezogene, arbeitsinhaltliche Dimension:* Von einer prekären Arbeit kann gesprochen werden, sofern die Berufstätigkeit von dauerhaftem Sinnverlust begleitet ist oder wenn sie im Gegenteil zu einer Überidentifikation mit Arbeit führt. Moderne Pathologien der Arbeitswelt wie Arbeitswut, Burn-out-Syndrom, Entspannungsunfähigkeit und die Entgrenzung von Arbeitstätigkeit und Privatleben bezeichnen mögliche Ausprägungen von Prekarität. In dieser Dimension verbinden sich im Falle akademischer

---

und Ausgrenzung abgegrenzt werden muss. Eine begriffliche Präzisierung und Operationalisierbarkeit ist zwingend nötig, sobald es um empirische Forschungen geht. Sie ist aber auch nützlich, um zu vermeiden, dass alle Spielarten von sozialer Unsicherheit oder sämtliche Belastungen in Arbeitswelt und Lebenszusammenhang mit Prekarität gleichgesetzt werden.

Prekarität häufig arbeitsinhaltliche Interessen mit den typischen Risiken wissenschaftlicher Karrieren. Die Beschäftigten arbeiten nicht nur gern und identifizieren sich mit ihrer – inhaltlich befriedigenden – Tätigkeit, sondern glauben, keine Chance auslassen zu dürfen, um die wissenschaftliche Reputation zu vergrößern. Dieses Streben nach Reputation ist auch mit einer Professur nicht beendet und kann, *weil* die Tätigkeit attraktiv ist, Pathologien hervorrufen, die die Ausübung des Berufs beeinträchtigen oder unmöglich machen.

3. die *sozial-kommunikative Dimension:* Erwerbsarbeit ist prekär, sofern die Beschäftigungsform eine gleichberechtigte Partizipation an sozialen Netzen ausschließt, die sich am Arbeitsort und über die Arbeitstätigkeit herausbilden. Man kann dieses Kriterium auch auf soziale Netze außerhalb der Arbeitswelt ausweiten. Etwa wenn die Ausübung einer Tätigkeit bzw. eines Berufs oder gerade auch deren Nichtausübung soziale Verkehrskreise verschließen; oder umgekehrt, wenn die Belastungen und Restriktionen einer Tätigkeit oder auch von Erwerbslosigkeit durch Zugehörigkeit zu engmaschigen sozialen Netzen, durch Familie und Verwandtschaft ausgeglichen werden müssen. Hier lässt sich die besondere Verwundbarkeit von Frauen im akademischen Feld verorten, die das Vereinbarkeitsmanagement mit dem Verlust von sozialen Kontakten bezahlen – ein Umstand, der auch die wissenschaftliche Karriere beeinträchtigen kann.

4. die *rechtlich-institutionelle oder Partizipationsdimension:* Damit ist gemeint, dass eine Arbeitstätigkeit den oder die Arbeitenden tendenziell vom vollen Genuss institutionell verankerter sozialer Rechte und Partizipationschancen ausschließt. In Deutschland kommen nur unbefristete Vollzeitbeschäftigte im vollen Umfang in den Genuss von Mitbestimmungsmöglichkeiten, Betriebsvereinbarungen und tariflichen oder auch sozialen Rechten wie Kündigungsschutz, Rentenversicherung etc. Im akademischen Feld kommen weitere Nachteile hinzu. Wissenschaftliche Mitarbeiterinnen und studentische Hilfskräfte besitzen gegenüber den Universitätsleitungen, Fakultäten und Instituten sowie der Statusgruppe der Professoren allenfalls eine schwache Stimme. In manchen Bundesländern (beispielsweise Thüringen) wird der wissenschaftliche Mittelbau nicht durch Personalräte vertreten; die gewerkschaftliche Repräsentanz dieser Gruppe hat sich etwas verbessert, ist aber noch immer weit unterdurchschnittlich.

5. die *Status- und Anerkennungsdimension:* Prekär ist Arbeit auch, sofern sie den Arbeitenden eine gesellschaftlich anerkannte Positionierung vorenthält und mit sozialer Missachtung verbunden ist. Die Anerkennungsproblematik lässt sich allerdings nicht auf die Statusdimension reduzieren. Es handelt sich um

eine Sphäre symbolischer Konflikte, die auf vielfältige Weise mit materiellen Interessenkämpfen verflochten ist. Im akademischen Feld hängt beispielsweise die Möglichkeit zur Akquise von Forschungsgeldern zwar weniger formal, aber doch de facto von der Reputation und dem Status der Antragsstellenden ab. Professorinnen besitzen gegenüber anderen Statusgruppen (Privatdozenten, promovierte Wissenschaftlerinnen), die solche Mittel zur Absicherung der eigenen Karriere teilweise dringend benötigen würden, einen klaren Vorteil. Daraus erwachsen Abhängigkeiten und symbolische Konflikte um wissenschaftliche Leistungen und geistiges Eigentum, die alle Beteiligten belasten. Sie können gegebenenfalls die Karriere beeinträchtigen und damit zu einem Prekaritätstreiber werden.

6. die *Planungsdimension:* In dieser – umfassenden – Dimension machen sich alle bereits genannten Ausprägungen von Prekarität bemerkbar. Prekären Arbeits- und Beschäftigungsformen ist gemeinsam, dass sie eine längerfristige, in die Zukunft gerichtete Lebensplanung ausschließen oder doch beträchtlich erschweren. Das Hinausschieben von Familiengründung und Kinderwunsch zugunsten der Wissenschaftskarriere ist eine Folge, die sich überdurchschnittlich häufig beim weiblichen Teil des wissenschaftlichen Nachwuchses findet, aber auch die Lebensqualität des männlichen Teils beeinträchtigt.

Alle genannten Anspruchsdimensionen sind wichtig, um akademische Prekarität auch in ihren subjektiven Verarbeitungsformen erfassen, verstehen und analysieren zu können. Elementar sind mit Blick auf die wissenschaftliche Tätigkeit jedoch die beiden erstgenannten Dimensionen, die eine Prekarität der Arbeitstätigkeit (Gebrauchswertperspektive) von einer Prekarität der Beschäftigung (Tauschwertperspektive) unterscheiden. Die sinnhaft-subjektbezogene Anspruchsdimension (Anspruch auf Selbstentfaltung in der Tätigkeit) ist exklusiv der Gebrauchswertperspektive zuzurechnen; die physisch-reproduktive Dimension, die das Vertragsverhältnis, die Dauer der Anstellung und die Höhe des Gehalts umfasst, wird über die Beschäftigung und damit über die Tauschwertperspektive thematisiert. Mit dieser Begriffsbestimmung werden die Erschütterungen, die den neuen Prekarisierungsschub ausgelöst haben, in erster Linie im Erwerbssystem verortet, ohne den Lebenszusammenhang und die Geschlechterverhältnisse für nebensächlich zu erklären. Prekarität wird am Arbeitsmarkt gemacht und kann auch dort, wenn nicht beseitigt, so doch bekämpft werden (Della Porta et al. 2015, S. 287 ff.).

Dabei gilt es allerdings, die Besonderheiten akademischer Prekarität zu beachten, die sich aus einer spezifischen Kombination von Gebrauchswert- und

Tauschwertperspektive ergeben. So kann eine Arbeitstätigkeit im akademischen Feld subjektiv sinnerfüllend sein, Spaß machen und mit Leidenschaft betrieben werden, obwohl die Beschäftigung befristet ist, die institutionellen Partizipationsmöglichkeiten begrenzt sind und die Anerkennung in der fachlichen Öffentlichkeit statusbedingt nicht der erbrachten wissenschaftlichen Leistung entspricht. Schon aus diesem Grund sind Wissenschaftlerinnen keine gewöhnlichen Lohnarbeiter. Ihre Identifikation mit der Tätigkeit kann die Prekarität der Beschäftigung für die Betroffenen zeitweilig abmildern oder ihr, etwa beim Ausschluss aus dem Wissenschaftssystem, eine dramatische Wendung verleihen. Gerade dies macht die besondere Verwundbarkeit von Wissenschaftlern im akademischen Feld aus.

Insofern haben wir es an den Universitäten mit einer besonderen Ausprägung von Prekarität zu tun. Zwar ist instabile Beschäftigung auch in den entwickelten Kapitalismen seit jeher eine „,normale' Organisationsform der Arbeit und des sozialen Lebens" (Castel 2011, S. 136), sie besitzt jedoch viele Gesichter. Im akademischen Raum entspricht sie eher einer ‚avantgardistischen Prekarität' (Pelizzari 2009), wie wir sie auch in Künstlerarbeitsmärkten finden. Das inhaltliche Interesse an einer kreativen wissenschaftlichen Tätigkeit kann subjektiv zumindest bis zu einem gewissen biografischen Punkt die strukturelle Prekarität unsicherer Beschäftigung entschärfen. Diese Ausprägung von Prekarität unterscheidet sich deutlich von jenen, wie wir sie in den Armuts- und Arbeiterklassenmilieus und – etwa in Gestalt prekär beschäftigter Reinigungskräfte, der Sekretärin mit Halbtagsstelle oder des Hausmeisters mit Niedriglohn – auch an Universitäten finden. Dieses Neben- und Miteinander unterschiedlicher Prekaritäten resultiert aus einem tief greifenden Strukturwandel des ‚akademischen Gesamtarbeiters', der durch eine neue Landnahme des akademischen Feldes verursacht wird (Dörre und Neis 2010; alternativ wird dieser Prozess auch als „Vermarktlichung" oder „Ökonomisierung" bezeichnet, Aulenbacher et al. 2016, S. 125 f.).

3 Steuerung und Prekarisierung in der unternehmerischen Universität

Wichtigste Triebkraft dieses Strukturwandels sind veränderte Steuerungs-, Kontroll- und Evaluationsmodi, die auch die Zusammensetzung der *academic workforce* beeinflussen. Im Kern geht es darum, dass Konzepte wie das New Public Management oder das Neue Steuerungsmodell, Managementtechniken und Rationalitätsprinzipien des konkurrenzgetriebenen, profitorientierten Sektors auf das akademische Feld, auf Universitäten und Hochschulen übertragen. Ziel ist, die Effizienz und Rechenschaftspflicht der Hochschulen und ihrer öffentlichen

Verwaltung zu verbessern, um so zugleich den wissenschaftlichen Output zu erhöhen. Auf diese Weise soll die Exzellenz in Forschung und Lehre und damit letztlich die Wettbewerbsfähigkeit des ‚Wissenschaftsstandorts Deutschlands' in einer sich zunehmend globalisierenden Wissenschaftslandschaft gewährleistet werden. Als Leitbilder dieses Kurses gelten unter anderem die ‚Entrepreneurial University' (Clark 1998) oder auch die ‚unternehmerische Universität' (Dörre und Neis 2010), die nicht nur betriebswirtschaftliche Steuerungsmechanismen übernehmen, sondern idealerweise tatsächlich wie gewinnorientierte Unternehmen agieren und Forschungsprofil wie Lehrangebot an der Profitabilität ihrer Investitionen ausrichten. Sponsoring durch Unternehmen, Studiengebühren für Humankapitaldienstleistungen, auf Honorarbasis beschäftigte Lehrkräfte oder ein in seiner Qualität nach zahlungsfähiger Nachfrage gestaffeltes Lehrangebot gehören zu ihrem basalen Instrumentarium. Den neuen Leitbildern folgend werden „Forschung und Lehre nicht mehr als Herstellung eines öffentlichen Gutes verstanden […], sondern nach dem neoliberalem Credo der Public Choice Theorie als Privatgut [betrachtet; d.A.], in das private Akteure, einschließlich der Studierenden, investieren, um größtmögliche Renditen zu erzielen" (Münch 2016a, o. S.; vgl. auch Münch 2009, 2011 sowie Brown 2015a, b, S. 175–200).

3.1 Die Realität: Hybride Steuerungsmodi

Die Realität an deutschen Universitäten ist von diesem Leitbild noch relativ weit entfernt; Tendenzen, die in Richtung eines akademischen Kapitalismus weisen, sind jedoch unverkennbar. Herausgebildet hat sich eine eher hybride, vielfach inkohärente Kombination alter und neuer Steuerungsmechanismen, die sich von Bundesland zu Bundesland unterscheidet und durchaus widersprüchliche Anreize setzt. Veränderungen zeichnen sich sowohl an den Schnittstellen von Hochschulen und Staat (auf Bundes- wie auf Länderebene) als auch innerhalb der Hochschulen ab. Dabei greifen mehrere Veränderungsschübe, die jeweils einer spezifischen Eigenlogik folgen, teils nicht intendiert, teils absichtsvoll ineinander.

1. An der Schnittstelle von Staat und Universitäten findet eine Abkehr von Kameralistik und bürokratischer Detailplanung statt. An ihre Stelle rückt eine auf Indikatoren basierende Mittelvergabe, als deren Folge die Selbststeuerungsfähigkeit sowohl der Hochschulen gegenüber dem Staat wie auch der Universitätsleitungen gegenüber ihren Fakultäten/Fachbereichen und Instituten gestärkt werden soll. Die zielbezogene Außensteuerung beabsichtigt, direkte staatliche Regulierung zu ersetzen und nach innen eine hierarchische

Selbststeuerung auf der Basis von Wettbewerb zu ermöglichen. Wettbewerbliche Anreizstrukturen bewirken dem Leitbild zufolge nicht nur eine flexiblere Steuerung der Hochschulen und damit eine Effizienz- und Leistungssteigerung; sie beanspruchen auch, die Transparenz und Zurechenbarkeit der Mittelvergabe oder Mittelverwendung zu erhöhen. Diesem Versprechen liegt ein Steuerungsoptimismus zugrunde, dessen Rechtfertigungsregime den Abbau bürokratischer Bevormundung durch eine outputorientierte Optimierung des Ressourceneinsatzes und eine effiziente Innovationsförderung verheißt (Dörre und Neis 2010, S. 150; Banscherus et al. 2009, S. 13).

2. Da die Mittel für die Grundausstattung der Universitäten und anderen Hochschulen in Relation zu den Studierendenzahlen real tendenziell verknappt werden, konkurrieren die Wissenschaftseinrichtungen auf Quasi-Märkten um Ressourcen zur Absicherung von Forschung und Lehre. So steht einem Anstieg der Grundmittel von 53,7 % in den Jahren 1995 bis 2014 ein Anstieg der Studienanfänger von 89,4 % in den Jahren 1997 bis 2015 gegenüber (Statistisches Bundesamt 2013, S. 16, 2016a, S. 18, b, S. 13 f.). Eine Konsequenz ist die Intensivierung des Wettbewerbs um Forschungsgelder, da nun immer mehr Forscherinnen Drittmittel akquirieren müssen (Banscherus et al. 2009, S. 17).[9] Den Anforderungen eines intensivierten Drittmittelwettbewerbs können sich Universitäten im Neuen Steuerungsmodell schon deshalb nicht entziehen, weil Drittmittel als Qualitätsindikatoren zusätzlich Gewicht für die öffentliche Mittelzuweisung erhalten. Akquisitionserfolge gelten im harten Wettbewerb um Forschungsgelder als Beleg für eine hohe Qualität der Forschung und damit für die Leistungsfähigkeit und die Reputation einer Universität. An die Stelle eines relativ hohen allgemeinen Forschungs- und Lehrniveaus rückt sukzessive ein Wettbewerbsmodus, der permanent Gewinner und Verlierer produziert. Die damit verbundene Differenzierung der Hochschullandschaft wird durch die Exzellenzstrategie des Bundes zusätzlich und bewusst verstärkt (u. a. Dörre und Neis 2010, S. 145).

---

[9]Diese Entwicklung spiegelt sich sowohl in den Finanzierungs- als auch in den Personalstatistiken der Universitäten und Hochschulen wider. In den Jahren 1995 bis 2014 sind die Grundmittel um 53 %, die Drittmittel dagegen um über das Vierfache (249 %) gestiegen und deren Anteil an den Gesamtmitteln ist im selben Zeitraum von 12 % auf 23,7 % gewachsen (Statistisches Bundesamt 2016a, S. 18; Statistisches Bundesamt 2013, S. 16). Analog dazu steigt der Anteil des drittmittelfinanzierten hauptberuflichen wissenschaftlichen und künstlerischen Personals. 2014 war deren Anteil mit 28 % rund zehn Prozentpunkte höher als noch 2004. Im Jahr 2014 wurden 38 % aller wissenschaftlichen Mitarbeiterinnen über Drittmittel finanziert (Statistisches Bundesamt 2016c, S. 28 f.).

3. Die angestrebte Differenzierung findet eine Entsprechung im Inneren der Universitäten. Fakultäten oder Fachbereiche, Institute und einzelne Forscherinnen konkurrieren um Mittel, Stellen, Reputation und ihre Platzierung im akademischen Feld. Die wettbewerbsorientierte Mittelvergabe geht unweigerlich mit einer erhöhten Dokumentationspflicht sämtlicher Aktivitäten auf allen Hierarchieebenen und mit Veränderungen in der Rechenschaftslegung einher. Der Kostenrechnung fällt dabei die Aufgabe zu, die Effizenz des Ressourceneinsatzes abzubilden; die Leistungsrechnung soll die Ergebnisse der Lehre, der Forschung und der sonstigen Dienstleistungen im Hochschulbereich wiedergeben. In der Gegenüberstellung von Mitteleinsatz und erzielten Ergebnissen soll sich spiegeln, „wie wirtschaftlich und effektiv die Hochschule sowie ihre Teileinheiten arbeiten" (Banscherus et al. 2009, S. 19). Im Ergebnis der genannten Maßnahmen verändern sich die Machtbalancen innerhalb der Universität zugunsten ihrer Leitungsorgane, weil Leistungen nun scheinbar zu quantifizieren sind.[10] Das hat Folgen auch für den Arbeitsalltag der universitär Beschäftigten. Betrachten wir die Hochschullandschaft als Ganze, ergeben sich aus einer an Leistungskennziffern orientierten öffentlichen Mittelzuweisung bei gleichzeitiger struktureller Unterfinanzierung Umverteilungswirkungen. Ein verstärkter Wettbewerb um knappe Mittel erzeugt auf allen Ebenen des Wettbewerbs unweigerlich Gewinnerinnen und Verliererinnen. In den Verteilungskämpfen um knappe Mittel wirken darüber hinaus geschlechterspezifische Segmentierung und Segregation (Aulenbacher et al. 2012) sowie andere Exklusionsmechanismen, die das wissenschaftliche Feld so insgesamt immer wieder segmentieren und gruppenspezifisch verschließen. Infolge ungleicher Ausstattung und asymmetrisch verteilter Machtressourcen verfestigt sich die horizontale und vertikale Stratifikation der Hochschullandschaft. Selbiges begünstigt sogenannte Matthäuseffekte im akademischen Feld, die den Erfolgreichen strukturell zusätzliche Erfolgschancen bescheren (Dörre und Neis 2010).

---

[10]Kodifizierter Ausdruck dieses Wandels ist die in vielen Hochschulgesetzen umgekehrte Zuständigkeitsvermutung. Zuvor waren die zentralen Gremien immer dann entscheidungskompetent, wenn das Gesetz nichts anderes vorsah. Nun sind es die Hochschulleitungen, die im Falle gesetzlich ungeklärter Entscheidungsspielräume zum Zuge kommen. Die Aushandlung der Zielvereinbarungen mit den zuständigen Ministerien sowie mit den Fachbereichen fällt der Hochschulleitung ebenso zu wie die Verteilung von Ressourcen. Diese Konzentration von Entscheidungsmacht folgt einer doppelten Zielstellung: Sie soll die Hochschulen strategiefähiger machen und ihre internen Entscheidungsabläufe rationalisieren (Banscherus et al. 2009, S. 41).

4. Das Herunterbrechen von Leistungsindikatoren auf dezentrale Einheiten innerhalb der Universitäten und Fakultäten bzw. Fachbereiche sowie – noch selten, aber tendenziell zunehmend – auf einzelne Hochschullehrerinnen und Mitarbeiterinnen mündet in veränderte Tätigkeitszuschnitte des akademischen Gesamtarbeiters. Dieser Wandel erfasst alle Statusgruppen vom Hochschullehrer bis zur Sekretärin. Eine forschungs- und drittmittelstarke Professur ist heute faktisch mit einem mittelständischen Betrieb oder einem Profitcenter in einem großen Unternehmen vergleichbar. Damit verändern sich Aufgaben und Tätigkeitszuschnitte nicht nur für die Professorinnen, sondern auch für deren Mitarbeiterinnen. Ein Hochschullehrer muss nicht nur in Forschung und Lehre exzellent sein, er soll darüber hinaus auch Forschungsgelder akquirieren und verwalten, Projekte managen, in Öffentlichkeit, Presse, Funk und Fernsehen präsent sein, Doktoranden zum Ziel führen, Fachkongresse besuchen, internationale Netzwerke pflegen und in den Hochschulgremien den Wandel voranbringen. Eine Sekretärin ist in einem solchen Kontext viel mehr als eine Bürokraft. Sie rechnet Projekte ab, redigiert Texte, managt Termine, hält Kontakte zu Mitarbeitern, ist in die Organisation von Konferenzen und Workshops einbezogen, muss sich mit EDV-Problemen herumschlagen und vieles andere mehr. Und auch die Mitarbeiterinnen, die dem wissenschaftlichen Nachwuchs zugerechnet werden, tanzen auf vielen, häufig auf zu vielen Hochzeiten. Anders als es bei Donoghue (2008) anklingt, dürfen die Herausbildung neuer Tätigkeitsfelder und der Abschied vom klassischen Gelehrten aber nicht ausschließlich als Verlust betrachtet werden. Zumindest implizit rütteln nicht nur Quasi-Märkte und Wettbewerb, sondern auch die Vergesellschaftung wissenschaftlichen Wissens und die Zunahme akademischer Abschlüsse an tradierten Statushierarchien und professoralen Privilegien.

3.2 Prekarisierung der *academic workforce*

In diesem Zusammenhang müssen wir allerdings in Rechnung stellen, dass sich veränderte Tätigkeitszuschnitte gegenwärtig stärker denn je in einer Weise durchsetzen, die – teilweise schon auf der Ebene der Professur – mit der Flexibilisierung der Beschäftigungsverhältnisse zugleich die Prekarisierung eines Teils der *academic workforce* impliziert. Mit Blick auf zunächst vier der genannten Dimensionen akademischer Prekarität lassen sich folgende Tendenzen skizzieren:

Beschäftigungsverhältnisse: Die am weitesten verbreiteten Beschäftigungsformen im akademischen Betrieb sind seit Langem Teilzeitarbeit und befristete Tätigkeiten. Im Vergleich zu anderen Branchen beschränkt sich die Befristung im wissenschaftlichen Feld nicht auf zeitlich begrenzte Projektarbeiten und Berufseinsteiger, sie ist auch bei bereits promovierten und über universitäre Grundmittel finanzierten wissenschaftlichen Mitarbeitern weit verbreitet. Nichtstandardisierte und prekäre Beschäftigung erstreckt sich über alle Alters- und Statusgruppen hinweg bis hin zu Professoren. Zwar ist die Zahl der Stellen für wissenschaftliche Mitarbeiter seit der Jahrtausendwende gestiegen; der Zuwachs bezieht sich allerdings nahezu ausschließlich auf befristete Beschäftigungen. Der Anteil unbefristeter Vollzeitstellen sinkt beständig, von 25 % im Jahr 2004 auf 17 % im Jahr 2014 (Statistisches Bundesamt 2016c, S. 28 f.). Zugleich basiert das Job-Wachstum in erheblichem Maße auf einer Zunahme an flexiblen und teilweise prekären Beschäftigungsverhältnissen (Dörre und Neis 2010). Mit der gestiegenen Relevanz von Drittmittelforschung und der Zunahme von Drittmittelprojekten wächst auch die Zahl der auf befristeten Projektstellen angestellten akademischen (und im geringeren Umfang auch nichtakademischen) Beschäftigten. Für die betroffenen Wissenschaftlerinnen gleicht die akademische Karriere mehr denn je einem Flaschenhals mit wenigen, häufig verstopften und enger werdenden Wegen, die in ein akademisches Dauerbeschäftigungsverhältnis führen. Auch wenn flexible Beschäftigungsformen nicht per se als prekär zu bewerten sind, bergen sie doch – etwa bei der Alterssicherung oder beim Arbeitslosengeld – erhebliche Prekaritätsrisiken (Keller und Seifert 2014, S. 633). Während das Niedriglohnrisiko bei Akademikerinnen vergleichsweise gering ausgeprägt ist, tritt es beim nichtwissenschaftlichen Personal (Gebäudereinigung, Wach- und Schließdienste, Sekretariate) hingegen häufig zu anderen Prekaritätsrisiken hinzu.

Tätigkeitsinhalte und -zuschnitte: Die gestraffte bürokratische Steuerung, Kontrolle und Evaluation der Grundmittel sowie die – in ihrer Bedeutung stark gestiegenen – Gelder aus Drittmittelquellen erhöhen den bürokratischen und administrativen Aufwand enorm und führen zu einer Entgrenzung von akademischen und nichtakademischen Tätigkeiten (Dörre und Neis 2010, S. 149). Die unternehmerische Straffung der Hochschulen ist mit einer (Über-)Bürokratisierung von Steuerungsabläufen verbunden, die weitreichende Folgen für die akademischen und nichtakademischen Hochschulbeschäftigten hat. Eine Koppelung der Konkurrenz auf Quasi-Märkten mit neuen Formen teils indirekter, teils rigider bürokratischer Kontrolle der akademischen Arbeitskraft lässt Zweifel am innovativen Potenzial dieses Steuerungsmodells aufkommen (Banscherus et al. 2009, S. 11). Gerade die Entgrenzung akademischer und nichtakademischer Tätigkeiten erfordert Wissenschaftlerinnen, die Forscherinnen, Lehrerinnen und Administratorinnen zugleich sind. Die Veränderungen finden sich bereits bei den Tätigkeitszuschnitten einer Professur. Zunehmend werden Fähigkeiten wie etwa Personalplanung und -entwicklung vorausgesetzt, die ursprünglich nicht zum klassischen Berufsbild einer Professorin gehörten. Hinzu kommen administrativ-organisatorische Aufgaben, die für die meisten der Professorinnen mittlerweile über die Hälfte ihres Arbeitszeitbudgets ausmachen. Der Versuch von Professoren, sämtlichen Außenanforderungen gerecht zu werden, bedingt eine Tendenz zur Umverteilung von Aufgaben. Vor allem Lehraktivitäten werden auf wissenschaftliche Mitarbeiterinnen und Lehrbeauftragte übertragen. Schon 2007 hatte sich der Zeitanteil, den Professorinnen für die Lehre aufwenden, von 43 % (1992) auf lediglich 34 % verringert. Parallel dazu war der Lehraufwand des übrigen wissenschaftlichen Personals um 5 % angestiegen (Teichler 2008; Banscherus et al. 2009, S. 3). Daran zeigt sich exemplarisch, dass die Veränderung von Tätigkeitszuschnitten nicht ohne Folgen für den akademischen Mittelbau, das nichtwissenschaftliche Personal und die Studierenden bleiben kann. Denn je stärker sich Professorinnen zu Wissenschaftsunternehmerinnen mit zeitintensiven Managementaufgaben entwickeln, desto eher werden sie unter den gegebenen Bedingungen dazu neigen, Aufgaben an ihre Mitarbeiter zu delegieren. Die Mehrbelastung wandert gewissermaßen von oben nach unten (Dörre und Neis 2010, S. 156; van Dyk und Reitz 2016, S. 5 f.).[11] Zugleich entstehen etwa auf der Sekretariatsebene neue, angereicherte und neu kombinierte Tätigkeitsinhalte, die eher der Arbeitsplatzbeschreibung von Wissenschaftskoordinatoren entsprechen, aber nicht adäquat bezahlt werden.

Soziale Netzwerke: Die Befristung von Beschäftigungsverhältnissen kann auch als Mechanismus sozialer Exklusion wirken. Abhängig von der Dauer einer befristeten Anstellung, wird die Partizipation und Integration in einem Arbeitszusammenhang (Sander 2011, S. 159) und damit auch das ‚Netzwerken', die für eine akademische Karriere so wichtige Akkumulation von sozialem Kapital, erschwert. Die Befristungspraxis erhöht die Arbeitsbelastung. Wissenschaftler sind bestrebt, sich in der Wettbewerbssituation um die Besetzung einer Stelle oder die Verlängerung eines Vertrags durch Mehrarbeit möglichst gut zu positionieren. Die wissenschaftliche Karriere gleicht so einer permanenten Bewährungsprobe,

---

[11]Mit empirisch nicht geprüften Kausalitätsvermutungen sollte man dennoch vorsichtig sein. Ob Professorinnen aufgrund eines forcierten Statuswettbewerbs tatsächlich erfolgreicher Aufgaben an von ihnen abhängig Beschäftigte delegieren können (van Dyk und Reitz 2016, S. 5 f.) als in der überkommenen Ordinarienuniversität, ist keineswegs sicher. Auch prekär beschäftigte Wissenschaftler besitzen strukturelle Macht. So sind Professoren beispielsweise zwingend darauf angewiesen, dass Mitarbeiter ihre Projekte möglichst gut bearbeiten. Geschieht das nicht, wird Arbeit in Richtung der Projektleiter umverteilt. Die institutionalisierte Umverteilungsdynamik ist jedoch das eine; ob und inwieweit die Umverteilung von Tätigkeiten zulasten des Mittelbaus tatsächlich durchsetzbar ist, steht auf einem anderen Blatt.

deren Folgen nicht durch Integration in eine „Normalbelegschaft" aufgefangen werden können (ebd., S. 160).

Lebensplanung: Diskontinuierliche Erwerbsverläufe bedingen außerdem häufig biografische Diskontinuitäten und belasten so auch die private Lebensführung erheblich. Unsicherheit bezüglich der eigenen beruflichen Zukunft bleibt nicht auf das Erwerbsleben beschränkt. Aus der Sicht der Betroffenen stellt sich die Befristungspraxis daher als persönliches Planungsproblem dar. Lebensentscheidungen, die für andere gesellschaftliche Gruppen relativ selbstverständlich sind (z. B. Familiengründung, Berufs- und Karriereplanung, Altersvorsorge) verlangen in der Wissenschaft nach einer deutlich höheren Risikobereitschaft (Banscherus et al. 2009, S. 31). Allerdings gibt es hier mittlerweile deutliche Gegentendenzen (Aulenbacher et al. 2016). Junge Akademikerinnen sind tendenziell weniger bereit, die Familiengründung zugunsten der wissenschaftlichen Karriere aufzuschieben. Die relative Entspannung am Arbeitsmarkt, die sich in Deutschland allerdings als Tendenz zu einer prekären Vollerwerbsgesellschaft durchsetzt, aber auch die Institutionalisierung von Gleichstellungspolitiken, mögen solche Lebensentscheidungen zusätzlich begünstigen.

3.3 Exkurs zu einem Sonderfall: Studentische Mitarbeiterinnen

Einen Sonderfall akademischer Arbeitsleistung verkörpert die Gruppe der studentischen Mitarbeiterinnen, die als flexible, günstige Arbeitskräfte überwiegend für die Mitarbeit in Forschung und Lehre angestellt sind. Studentische Mitarbeiter werden inzwischen entsprechend der Bestimmungen des gesetzlichen Mindestlohns vergütet und über (Ketten-)Verträge mit kurzer Laufzeit beschäftigt. Auch bei dieser Statusgruppe gibt es keine klaren Grenzziehungen zwischen wissenschaftlichen und organisatorisch-administrativen Aufgaben (z. B. Sekretariats- und EDV-Tätigkeiten). Die Arbeit ist wenig formalisiert und zeichnet sich durch einen hohen Grad an flexibler Selbstorganisation aus. Die Nutzung studentischer Arbeitskraft richtet sich an den Erfordernissen des wissenschaftlichen Betriebes aus, wodurch die Arbeitszeiten oft kurzfristigen Schwankungen unterliegen. Etwa die Hälfte befragter studentischer Mitarbeiterinnen hat keinen Überblick über ihre eigentlichen Arbeitszeiten (Schneickert und Lenger 2016, S. 275). Studentische Beschäftigungsverhältnisse zeichnen sich häufig durch flexible Arbeits- und Präsenzzeiten, deadline- und outputbasiertes Arbeiten, diskontinuierliche Arbeitsbelastung („Rhythmus des akademischen Jahres'), kurze Vertragslaufzeiten, ein hohes Maß an Selbstständigkeit sowie eine schwache Trennung zwischen eigener Qualifikationsleistung und beruflicher Dienstleistung aus (ebd., S. 280).

Die besonderen Anforderungen studentischer Beschäftigungsverhältnisse werden meist mit dem Qualifizierungsaspekt legitimiert. Ob eine solche Qualifizierung bei den anfallenden Aufgaben von Büro- bis hin zu Recherchetätigkeiten tatsächlich in relevantem Umfang gewährleistet ist, kann indessen bezweifelt werden. Umfragen verweisen allerdings auf eine sehr hohe Zufriedenheit (90 % der Befragten sind eher oder sehr zufrieden) dieser Beschäftigungsgruppe und zumindest auf eine deutliche Entkoppelung von objektiven Arbeitsbedingungen und subjektiver Zufriedenheit (ebd., S. 272 f.). Die hohe Zufriedenheit dürfte auch daraus resultieren, dass eine Tätigkeit als studentische Hilfskraft im Vergleich zu anderen außeruniversitären Nebenverdienstmöglichkeiten als mit dem Studium gut vereinbar gilt. Sie begünstigt eine gute Integration der Studierenden in die Hochschule und einen engeren Kontakt zu den Lehrenden, der zu besseren Noten, weniger Studienabbrüchen und größeren Partizipationsmöglichkeiten beiträgt (u. a. BMBF 2010, S. 25; Heublein 2003). Zudem vermag eine solche Tätigkeit die individuelle Sozialisation im akademischen Feld frühzeitig zu fördern und so die Chancen auf einen erfolgreichen akademischen Karriereweg deutlich zu erhöhen. Zahlreiche Studien und Ratgeber belegen einen deutlichen Zusammenhang zwischen einer Beschäftigung als studentischer Mitarbeiterin und einer späteren Promotion.[12]

Aus all diesen Gründen können instabile Beschäftigungsverhältnisse studentischer Mitarbeiterinnen, die individuell auch der Absicherung des Studiums dienen, nicht umstandslos und ohne nähere Untersuchung als prekär bezeichnet werden. Allerdings darf nicht übersehen werden, dass ein großer Teil der Studierenden seinen Lebensunterhalt mit Nebenjobs bestreiten muss. In den meisten Fällen erzeugt ein prekärer Lebenszusammenhang Anforderungen, die zur Aufnahme einer Nebentätigkeit motivieren oder gar zwingen. Damit verbundene Spielarten von Prekarität sind allerdings zeitlich befristet; es handelt sich häufig um einen Gratifikationsaufschub auf Zeit, der sich keineswegs mit der Prekarität von wissenschaftlichem und nichtwissenschaftlichem Personal auf eine Stufe stellen lässt.

---

[12] „Empirisch ist hinreichend belegt, dass die Tätigkeit als StuMi [studentischer Mitarbeiter; d.A.] besondere Chancen für eine akademische Karriere eröffnet […]. Entsprechend wird in der Ratgeberliteratur für Nachwuchswissenschaftler*innen suggeriert, dass ein Einstieg in die Hochschulkarriere idealtypisch über die Anstellung als studentische Hilfskraft gelingt […]" (Schneickert und Lenger 2016, S. 266 mit Verweis u. a. auf BMBF 2006; Lenger 2008; Jaksztat 2014).

4 Schlussfolgerungen: Mit der Geduld am Ende?

Die Prekarisierung des akademischen Gesamtarbeiters wird in ihrer besonderen Qualität, ihren Ausmaßen und Folgen erst sichtbar, wenn zusätzlich die Dimensionen von Aneignung/Ausbeutung, symbolischer Macht und politischer Partizipation in die Analyse einbezogen werden. Wir beschränken uns an dieser Stelle auf einige abschließende Überlegungen.

Akademische Prekarität entsteht *erstens* aufgrund politischer Entscheidungen und einem bürokratischen Steuerungsmodus, der die strukturelle Unterfinanzierung der Universitätslandschaft in einen Wettbewerb um knappe Ressourcen übersetzt. Daraus geht ein akademisches System hervor, das stärker denn je auf einer Ausbeutung unbezahlter Mehrarbeit beruht. Mehrarbeit ist im akademischen Feld jedoch etwas anderes als jener Typus von unbezahlter Lohnarbeit, den sich Kapitalisten aufgrund ihres Privatbesitzes an Produktionsmitteln in der Fabrik aneignen. Der wissenschaftliche Typus von Mehrarbeit beschränkt sich nicht auf die Erwerbsarbeit, sondern schließt andere Arbeitsvermögen (zweckfreie Tätigkeiten, Sorgearbeiten, Arbeit an der Demokratie und am Gemeinwesen, Steuerungsarbeit[13]) ein. Er wird nicht durch die durchschnittlichen Reproduktionskosten der Arbeitskraft limitiert, sondern zeichnet sich durch eine Unbestimmtheit aus, die mit der geringen Formalisierung und dem hohen Maß an Selbstorganisation sowie einer starken Identifikation mit den Tätigkeitsinhalten zusammenhängt. Die hohe Attraktivität wissenschaftlicher Arbeit verwandelt sich allerdings in eine besondere Verwundbarkeit derjenigen, die sie ausüben, wenn sie auf der Grundlage prekärer Beschäftigungsverhältnisse stattfindet.

Entsprechende Konstellationen finden sich auf allen Ebenen des Wissenschaftsbetriebs wieder, Professorinnen eingeschlossen. Besonders ausgeprägt ist die Gratisnutzung unbezahlter Mehrarbeit bei Projektbeschäftigten.[14] Mangels

---

[13]Steuerungsarbeit ist nötig, um die Beanspruchung der unterschiedlichen Arbeitsvermögen in eine – möglichst lebenswerte – Balance zu bringen (Negt und Kluge 1993, S. 106 f.).

[14]Noch schwieriger ist die Situation der Lehrbeauftragten. Ursprünglich dazu geschaffen, das Lehrangebot durch Veranstaltungen außeruniversitär tätiger Praktiker zu ergänzen, sind Lehraufträge inzwischen im Kernbereich der Studiengänge angesiedelt. Entgegen der Modellvorstellung stellen Lehraufträge für einen erheblichen Teil der Betroffenen die Haupterwerbsquelle dar. Die Vergütung deckt zumeist nicht die Vor- und Nachbereitungszeit der Lehrveranstaltungen ab. Monatliche Einkommen von unter 1000 EUR sind bei Lehrbeauftragten die Regel (Clemens und Schlosser 2006). Ihr externer Status verwehrt Lehrbeauftragten eine Beteiligung an der akademischen Selbstverwaltung und erschwert die soziale Integration am Arbeitsplatz und Arbeitsort. Insgesamt leben Lehrbeauftragte materiell wie institutionell in prekären Verhältnissen (Banscherus et al. 2009, S. 38 f.).

struktureller Übergangsfinanzierung verrichten Mitarbeiterinnen auf auslaufenden Forschungsprojektstellen häufig kostenlose Mehrarbeit bei der Beantragung eines Folgeprojekts oder sie übernehmen (un)freiwillig Lehrtätigkeiten, um Lücken im Angebot zu füllen. Dies geschieht auch, um die eigene Positionierung im akademischen Feld zu erhalten oder zu verbessern. Die Hoffnung auf einen ‚Klebeeffekt' treibt Nachwuchswissenschaftlerinnen zu Über- und Selbstausbeutung. Ein großer Teil des befristet beschäftigten wissenschaftlichen Nachwuchses ist bereit, deutlich über die vertraglich vereinbarte Stundenzahl hinaus zu arbeiten. Vor allem Teilzeitbeschäftigte leisten umso mehr unbezahlte Arbeitsstunden, je niedriger ihre vertraglich vereinbarte Stundenzahl ist (Grühn et al. 2009, S. 27). Unbezahlte Mehrarbeit findet sich in unterschiedlichen Ausprägungen auf allen Stufen und in allen Statusgruppen der universitären Hierarchie. Der verstetigte Wettbewerb konstituiert ein System permanenter Bewährungsproben (Dörre und Haubner 2012), das mehr oder minder alle wissenschaftlich Beschäftigten diszipliniert.[15] Nutznießer dieses Systems sind der Staat, der den Wissenschaftsbetrieb trotz struktureller Unterfinanzierung aufrechterhalten kann, sowie mittelbar auch die Abnehmer akademischer Arbeitskraft, die von vergleichsweise günstigen Reproduktionskosten profitieren.

Charakteristisch ist *zweitens,* dass die Aneignung von – akademischer wie nichtakademischer – Umsonstarbeit an Universitäten mit einem strukturellen Partizipationsdefizit der Beschäftigten zusammenfällt. Zwar ähneln sich Universitäten und Hochschulen in ihrer Betriebsweise mehr und mehr konventionellen Unternehmen an, in Sachen Mitbestimmung und gewerkschaftlicher Organisierung werden hingegen noch immer das Kollegialitätsprinzip und die akademische Selbstverwaltung bemüht, um Partizipationsansprüche abzuwehren. Diese Asymmetrie von betriebsförmig organisierter Landnahme kreativer Wissensarbeit einerseits und strukturell defizitären Partizipationsmöglichkeiten andererseits erzeugt eine Vielzahl symbolischer Konflikte zwischen Angehörigen von Statusgruppen, die dem prinzipiell kooperativen Charakter von Forschungs- und Lernprozessen zuwiderlaufen.

In diesen Konflikten gehört der Typus der forschungsstarken, international und öffentlich sichtbaren Wissenschaftlerin zu den potenziellen Gewinnern. Doch auch ihm verlangt der Tanz auf vielen Hochzeiten einen Preis ab. In den hochschulinternen Auseinandersetzungen gehört er nicht immer zu den Siegern.

---

[15]Nadine Sander identifiziert vier Varianten subjektiver Bewältigung, die sie als den Kompensations-, den Akzeptanz-, den Delegations- und den Stabilitätstypus bezeichnet (Sander 2012, S. 338 ff.).

Kreativität und Loyalität lassen sich nicht erzwingen; deshalb verfügen wissenschaftliche wie nichtwissenschaftliche Mitarbeiterinnen über eine gewisse Primärmacht (Macht, die auf der Positionierung im wissenschaftlichen Arbeitsprozess beruht), die sie in den Konflikten um Status und Anerkennung durchaus einzusetzen wissen. Doch wer auch immer das Machtspiel ‚gewinnt' – letztendlich gehen solche Konflikte immer zulasten der Qualität von Forschung und Lehre.

Deshalb ist *drittens* besonders bemerkenswert, dass Teile der akademischen Gesamtarbeiterschaft offenbar allmählich die Geduld verlieren. Gewerkschaften beginnen, akademische Prekarität als zukunftsträchtiges Feld kollektiver Interessenpolitik zu entdecken. Mit Organisationen wie Unter_bau[16] entstehen zusätzlich oder auch in Abgrenzung zu den etablierten gewerkschaftlichen Gliederungen neue Formen der Selbstorganisation akademischer Arbeitskraft. Anders als in vergleichbaren Ländern sind die Kämpfe um akademische Prekarität in Deutschland noch nicht eskaliert. Das muss aber nicht so bleiben. Das – akademische – Prekariat ist gewiss keine Klasse im Werden. Möglicherweise kann es jedoch zur besonders agilen und in gewisser Weise auch radikalen Vorhut eines interklassistischen sozialen Blocks prekär Beschäftigter werden, der die scheinbar verflüssigten, letztendlich aber noch immer versteinerten Machtverhältnisse (nicht nur) in der ‚unternehmerischen Universität' zum Tanzen bringt. Um über einen lediglich ständischen Charakter hinauszugehen, müssen solche Kämpfe in Rechnung stellen, dass Prekarität zugleich die soziale Selektion im Bildungssystem verfestigt. Je ausgeprägter die Prekarität von Bildungskarrieren ist, desto größer ist ihre abschreckende Wirkung für den Nachwuchs lohnabhängiger Klassen (Laufenberg 2016). ‚Unternehmerische Universität' und akademischer Kapitalismus bedeuten zugleich die Wiederkehr und Verfestigung eines sozialen Numerus Clausus. Das Bildungsprivileg der oberen und der Mittelklassen war nie völlig verschwunden; inzwischen macht es sich jedoch in Deutschland als Katalysator klassenspezifischer Ungleichheiten bemerkbar, die – mit geschlechterspezifischen Ungleichheiten eng verwoben – in der OECD-Welt ihresgleichen suchen. Es wäre verwunderlich, wenn die Prekarisierten dies auf Dauer ohne Protest und Widerstand hinnehmen würden.

---

[16]Es handelt sich um eine aus dem akademischen Mittelbau neu gegründete Basisgewerkschaft; vgl. https://unterbau.org/.

Literatur

Aulenbacher, Brigitte, Binner, Kristina, Riegraf, Birgit, & Weber, Lena (2012). Wissenschaft in der Entrepreneurial University – feminisiert und abgewertet?, *WSI-Mitteilungen* 6, 405–411.

Aulenbacher, Brigitte, Binner, Kristina, Riegraf, Birgit, & Weber, Lena (2016). Unternehmerische Universitäten im Wohlfahrtsstaat. Wissenschaftliches Arbeiten, prekäre Beschäftigung und soziale Ungleichheiten in Großbritannien, Schweden, Deutschland und Österreich. In Nina Baur, Cristina Besio, Maria Norkus, & Grit Petschick (Hrsg.), *Wissen – Organisation – Forschungspraxis. Der Makro-Meso-Mikro-Link in der Wissenschaft* (S. 122–154). Weinheim, Basel: Beltz Juventa.

Banscherus, Ulf, Dörre, Klaus, Neis, Matthias, & Wolter, Andrä (2009). *Arbeitsplatz Hochschule. Zum Wandel von Arbeit und Beschäftigung in der „unternehmerischen Universität".* Memorandum des Arbeitskreises Dienstleistungen. Bonn: Friedrich-Ebert-Stiftung, Abteilung Wirtschafts- und Sozialpolitik.

Barbier, Jean-Claude (2013). A Conceptual Approach of the Destandarization of Employment in Europe since the 1970s. In Max Koch, & Martin Fritz (Hrsg.), *Non-standard Employment in Europe: Paradigms, Prevalence and Policy Responses* (S. 13–25). Basingstoke: Palgrave Macmillan.

BMBF [Bundesministerium für Bildung und Forschung] (Hrsg.) (2006). *Wissenschaftlicher Nachwuchs unter den Studierenden. Empirische Expertise auf der Grundlage des Studierendensurveys*. Bonn, Berlin: Bundesministerium für Bildung und Forschung.

BMBF [Bundesministerium für Bildung und Forschung] (Hrsg.) (2010). *Studiensituation und studentische Orientierungen. 11. Studierendensurvey an Universitäten und Fachhochschulen*. Bonn, Berlin: Bundesministerium für Bildung und Forschung.

Bourdieu, Pierre (1981). Klassenschicksal, individuelles Handeln und das Gesetz der Wahrscheinlichkeit. In Pierre Bourdieu, Luc Boltanski, Monique de Saint Martin, & Pascale Maldidier (Hrsg.), *Titel und Stelle. Über die Reproduktion sozialer Macht* (S. 169–226). Frankfurt a. M.: Europäische Verlagsanstalt.

Bourdieu, Pierre (2000). *Zwei Gesichter der Arbeit. Interdependenzen von Zeit- und Wirtschaftsstrukturen am Beispiel einer Ethnologie der algerischen Übergangsgesellschaft*. Konstanz: UVK.

Brinkmann, Ulrich, Dörre, Klaus, Röbenack, Jena, Kraemer, Klaus, & Speidel, Frederic (2006). *Prekäre Arbeit. Ursachen, Ausmaß, soziale Folgen und subjektive Verarbeitungsformen unsicherer Beschäftigungsverhältnisse*. Friedrich-Ebert-Stiftung, Gesprächskreis Migration und Integration. http://library.fes.de/pdf-files/asfo/03514.pdf. Zugegriffen: 8. November 2016.

Brown, Wendy (2015a). *The End of the Corporate University: What We Are Now*. Unveröffentlichter Vortrag vom 20. Mai 2015. https://www.youtube.com/watch?v=Z5EWYohECRQ. Zugegriffen: 8. November 2016.

Brown, Wendy (2015b). *Undoing the Demos. Neoliberalism's Stealth Revolution*. Cambridge: The MIT Press.

Castel, Robert (2000). *Die Metamorphosen der sozialen Frage. Eine Chronik der Lohnarbeit*. Konstanz: UVK.

Castel, Robert (2011). *Die Krise der Arbeit. Neue Unsicherheiten und die Zukunft des Individuums*. Hamburg: Hamburger Edition.
Castel, Robert, & Dörre, Klaus (2009). Einleitung. In Robert Castel, & Klaus Dörre (Hrsg.), *Prekarität, Abstieg, Ausgrenzung – Die soziale Frage am Beginn des 21. Jahrhunderts* (S. 11–18). Frankfurt a. M.: Campus.
Clark, Burton (1998). *Creating Entrepreneurial Universities: Organizational Pathways of Transformation*. Oxford: Pergamon Press.
Clemens, Wolfgang, & Schlosser, Irmtraud (2006). *Arbeits- und Lebenssituation von Lehrbeauftragten – Ergebnisse einer Umfrage*. GEW Berlin Material. https://gremien.hu-berlin.de/de/personalrat/antworten/Lehrbeuftragte2006-GEW.pdf. Zugegriffen: 8. November 2016.
Della Porta, Donatella, Hänninen, Sakari, Siisiäinen, Martti, & Silvast, Tiina (2015). The Making and Unmaking of Precarity. In dies. (Hrsg.), *The New Social Division. Making and Unmaking Precariousness* (S. 287–298). London: Palgrave Macmillan.
Donoghue, Frank (2008). *The Last Professors. The Corporate University and the Fate of the Humanities*. New York: Fordham.
Dörre, Klaus (2009). Prekarität im Finanzmarktkapitalismus. In Robert Castel, & Klaus Dörre (Hrsg.), *Prekarität, Abstieg, Ausgrenzung. Die soziale Frage am Beginn des 21. Jahrhunderts* (S. 35–64). Frankfurt a. M.: Campus.
Dörre, Klaus, & Haubner, Tine (2012). Landnahme durch Bewährungsproben – Ein Konzept für die Arbeitssoziologie. In Klaus Dörre, Dieter Sauer, & Volker Wittke (Hrsg.), *Kapitalismustheorie und Arbeit. Neue Ansätze soziologischer Kritik* (S. 63–108). Frankfurt a. M., New York: Campus.
Dörre, Klaus, & Neis, Matthias (2008). Geduldige Prekarier? Unsicherheit als Wegbegleiter wissenschaftlicher Karrieren. *Forschung und Lehre* 10, 672–674.
Dörre, Klaus, & Neis, Matthias (2010). *Das Dilemma der unternehmerischen Universität. Hochschulen zwischen Wissensproduktion und Marktzwang*. Berlin: Edition Sigma.
Dörre, Klaus, Scherschel, Karin, Booth, Melanie, Haubner, Tine, Marquardsen, Kai, & Schierhorn, Karen (2013). *Bewährungsproben für die Unterschicht? Soziale Folgen aktivierender Arbeitsmarktpolitik*. Frankfurt a. M., New York: Campus.
van Dyk, Silke, & Reitz, Tilman (2016). Projektförmige Polis und akademische Prekarität im universitären Feudalsystem. Zwei Diagnosen und eine Fünf-Jahres-Perspektive. *SozBlog*. Blog der Deutschen Gesellschaft für Soziologie. http://soziologie.de/blog/2016/06/projektfoermige-polis-und-refeudalisierung/#more-4374. Zugegriffen: 8. November 2016.
Ehrenberg, Alain (2011). *Das Unbehagen in der Gesellschaft*. Berlin: Suhrkamp.
Grühn, Dieter, Hecht, Heidemarie, Rubelt, Jürgen, & Schmidt, Boris (2009). *Der wissenschaftliche „Mittelbau" an deutschen Hochschulen. Zwischen Karriereaussichten und Abbruchtendenzen*. Berlin: ver.di, Fachbereich Bildung, Wissenschaft und Forschung.
Heublein, Ulrich (2003). Ursachen des Studienabbruchs. Motive für Studienabbrecher. *Forschung und Lehre* 10 (5), 256–258.
Jakszat, Steffen (2014). Bildungsherkunft und Promotionen: Wie beeinflusst das elterliche Bildungsniveau den Übergang in die Promotionsphase? *Zeitschrift für Soziologie* 43, 286–301.
Keller, Berndt, & Seifert, Hartmut (2014). Atypische Beschäftigungsverhältnisse im öffentlichen Dienst. *WSI-Mitteilungen* 67 (8), 628–638.

Lenger, Alexander (2008). *Die Promotion. Ein Reproduktionsmechanismus sozialer Ungleichheit*, Konstanz: UVK.
Laufenberg, Mike (2016). Soziale Klassen und Wissenschaftskarrieren. Die neoliberale Hochschule als Ort der Reproduktion sozialer Ungleichheiten. In Nina Baur, Cristina Besio, Maria Norkus, & Grit Petschick (Hrsg.), *Wissen – Organisation – Forschungspraxis. Der Makro-Meso-Mikro-Link in der Wissenschaft* (S. 580–625). Weinheim, Basel: Beltz Juventa.
Münch, Richard (2009). *Globale Eliten, lokale Autoritäten. Bildung und Wissenschaft unter dem Regime von PISA, McKinsey & Co.* Frankfurt a. M.: Suhrkamp.
Münch, Richard (2011). *Akademischer Kapitalismus. Über die politische Ökonomie der Hochschulreform*. Frankfurt a. M.: Suhrkamp.
Münch, Richard (2016a). Kapital und Arbeit im akademischen Shareholder-Kapitalismus (Teil 1). Fatale Allianzen auf dem deutschen Sonderweg zur wissenschaftlichen Exzellenz. Ein Gastbeitrag in zwei Teilen von Richard Münch, Bamberg. *SozBlog*. Blog der Deutschen Gesellschaft für Soziologie. http://soziologie.de/blog/2016/05/akademischer-shareholder-kapitalismus_teil-1/. Zugegriffen: 8. November 2016.
Münch, Richard (2016b). Die Universität im akademischen Kapitalismus. In Nina Baur, Cristina Besio, Maria Norkus, & Grit Petschick (Hrsg.), *Wissen – Organisation – Forschungspraxis. Der Makro-Meso-Mikro-Link in der Wissenschaft* (S. 95–121). Weinheim, Basel: Beltz Juventa.
Negt, Oskar, & Kluge, Alexander (1993). *Geschichte und Eigensinn. Bd. 1: Entstehung der industriellen Diszplin aus der Trennung und Enteignung*. Frankfurt a. M.: Suhrkamp.
Paugam, Serge (2008). *Die elementaren Formen der Armut*. Hamburg: Hamburger Edition.
Pelizzari, Alessandro (2009). *Dynamiken der Prekarisierung. Atypische Erwerbsverhältnisse und milieuspezifische Unsicherheitsbewältigung*. Konstanz: UVK.
Rhoades, Gary, & Slaughter, Sheila (2004). *Academic Capitalism and the New Economy: Markets, State and Higher Education*. Baltimore u. a.: Johns Hopkins University Press.
Roth, Karl-Heinz (2010). *Die Globale Krise. Globale Krise – Globale Proletarisierung – Gegenperspektiven*. Hamburg: VSA.
Sander, Nadine (2011). Flexibilisierung, Prekarisierung und das Individuum. Vernachlässigt die Prekarisierungsdebatte hochqualifizierte Arbeitnehmer? In Kornelia Hahn, & Cornelia Koppetsch (Hrsg.), *Soziologie des Privaten* (S. 147–167). Wiesbaden: VS.
Sander, Nadine (2012). *Das akademische Prekariat: Leben zwischen Frist und Plan*. Konstanz: UVK.
Schneickert, Christian, & Lenger, Alexander (2016). Studentische Arbeitskraftunternehmer*innen: Projektbasierter Kapitalismus im wissenschaftlichen Feld. In Andrea Vester-Lange, & Tobias Sander (Hrsg.), *Soziale Ungleichheiten, Milieus und Habitus im Hochschulstudium* (S. 265–285). Weinheim: Beltz Juventa.
Slaughter, Sheila, & Leslie, Larry L. (1997). *Academic Capitalism: Politics, Policies and the Entrepreneurial University*. Baltimore u. a.: Johns Hopkins University Press.
Standing, Guy (2011). *The Precariat. The New Dangerous Class*. London, New York: Bloomsbury Academic.
Statistisches Bundesamt (2013). *Bildung und Kultur. Finanzen der Hochschulen 2011*. Fachserie 11 Reihe 4.5. Wiesbaden: Statistisches Bundesamt.
Statistisches Bundesamt(2016a). *Bildung und Kultur. Finanzen der Hochschulen 2014*. Fachserie 11 Reihe 4.5. Wiesbaden: Statistisches Bundesamt.

Statistisches Bundesamt(2016b). *Bildung und Kultur. Studierende an Hochschulen.* Fachserie 11 Reihe 4.1. Wiesbaden: Statistisches Bundesamt.

Statistisches Bundesamt(2016c). *Hochschulen auf einen Blick.* Wiesbaden: Statistisches Bundesamt.

Teichler, Ulrich (2008). „Hochschulforschung international". In Karin Zimmermann, Marion Kamphans, & Sigrid Metz-Göckel (Hrsg.), *Perspektiven der Hochschulforschung* (S. 65–85). Wiesbaden: VS.

unter_bau, Alternative Hochschulgewerkschaft. https://unterbau.org/. Zugegriffen: 14. Dezember 2016.

Weber, Max (2005[1919]). *Wissenschaft als Beruf.* Stuttgart: Reclam.

Prekäre Partizipation

Intersektionale Verschränkungen von sozialer Klasse und Geschlecht in der Wissenschaft

Maria Norkus

In den letzten Jahren haben sich Arbeitsweisen, Organisationsformen und Beschäftigungsverhältnisse innerhalb der Wissenschaft stark verändert. Diese Veränderungen wurden durch vielfältige wissenschaftsinterne Reformbemühungen ausgelöst. Erklärtes Ziel der Reformen ist es, wissenschaftliche Arbeit effizienter zu gestalten, die Qualität der Forschung zu erhöhen und den Wissenschaftsstandort Deutschland international zu profilieren. Umgesetzt werden soll dies unter anderem durch die Implementierung neuer Steuerungsinstrumente wie New Public Management, durch eine ‚Verwettbewerblichung' wissenschaftlicher Leistungen sowie eine zunehmende ‚Projektifizierung' wissenschaftlicher Arbeit. Diese Veränderungen sind aber auch verbunden mit einer zunehmenden Flexibilisierung von Arbeitsverhältnissen. Die Arbeitsbedingungen des wissenschaftlichen Personals an deutschen Hochschulen sind mittlerweile vielfach im Blick medialer Prekarisierungsdebatten. Hatten wissenschaftliche Mitarbeiter_innen lange Zeit die Bedingungen ihrer Arbeit kaum kritisiert, vermögen sie in letzter Zeit vermehrt auf ihre Lage aufmerksam zu machen. Dabei werden vor allem schlechte Beschäftigungsbedingungen und unsichere Karriereperspektiven thematisiert, die jedoch nur selten mit den Dimensionen von Ungleichheit und Machstrukturen in Zusammenhang gebracht werden. Gerade im Hinblick auf vage Berufsaussichten und zunehmende Prekarisierung stellt sich aber die Frage des Zusammenhangs dieser neuen strukturellen Arbeitsbedingungen mit den Formen sozialer Ungleichheit, denn der momentane Umbau in der Wissenschaft und derzeitige Prekarisierungstendenzen betreffen nicht alle Wissenschaftler_innen in gleicher

M. Norkus (✉)
Berlin, Deutschland
E-Mail: maria.norkus@tu-berlin.de

© Springer Fachmedien Wiesbaden GmbH 2018
M. Laufenberg et al. (Hrsg.), *Prekäre Gleichstellung*,
https://doi.org/10.1007/978-3-658-11631-6_9

Weise. Durch Prekarisierung werden neuartige Ausschlüsse und Restrukturierungen von Macht im Feld der Wissenschaft in Gang gesetzt. Die Veränderungen des Wissenschaftssystems sind auch durch eine zunehmende Diversifizierung von Arbeitsweisen und Beschäftigungsbedingungen im Feld gekennzeichnet. So wird wissenschaftliche Arbeit heute vermehrt in Forschungsprojekten, in denen eher angewandt geforscht wird, aber auch auf Lehrstuhlstellen – die sich im Hinblick auf die Beschäftigungsdauer und das vertraglich vereinbarte Arbeitsvolumen teilweise deutlich unterscheiden – sowie im Rahmen nicht-sozialversicherungspflichtiger Stipendien oder in Form von Werkverträgen oder Lehraufträgen an Hochschulen oder außeruniversitären Forschungsinstituten geleistet. Außerdem differenziert sich die deutsche Hochschullandschaft zunehmend in ‚exzellente' und damit meist forschungsstarke, finanziell besser ausgestattete Standorte auf der einen und weniger renommierte, schlechter ausgestattete Standorte auf der anderen Seite aus. Dies hat unter Umständen auch Folgen für die Berufsperspektiven der wissenschaftlich Beschäftigten: zum einen können finanziell besser ausgestattete Standorte höhere Beschäftigungssicherheit bedeuten, zum anderen kann der Ausweis, in sogenannt exzellente Forschungszusammenhänge eingebunden zu sein, für Personalentscheidungen in Folgebeschäftigungen ausschlaggebend sein.

Eine wissenschaftliche Karriere ist für alle Wissenschaftler_innen relativ unsicher und nie vollständig planbar, jedoch gestalten sich die Ausgangs- und Arbeitsbedingungen und damit Berufsperspektiven sehr unterschiedlich. Darüber hinaus sind sozialstrukturelle Faktoren, die an eben diesen Arbeitsbedingungen anknüpfen, entscheidend für den wissenschaftlichen Erfolg: Um in der Wissenschaft zu reüssieren, bedarf es unterschiedlicher Formen von Kapital, sei es soziales Kapital in Gestalt von Netzwerken oder kulturelles oder ökonomisches Kapital. Diese Kapitalien sind sozialstrukturell ungleich verteilt und marginalisierte Gruppen verfügen oft weder über die passende Kapitalstruktur noch das passende Kapitalvolumen.

Eine soziologische Analyse, die Prekarisierungserscheinungen im Feld der Wissenschaft auch entlang der Dimensionen sozialer Ungleichheit untersucht, kann entscheidend zur wissenschaftlichen Aufschlüsselung des Phänomens beitragen. Mit der sozialen Positionierung geht eine unterschiedliche Ausstattung der Individuen mit ökonomischem, sozialem und kulturellem Kapital – in Form von finanziellen Ressourcen, sozialen Netzwerken oder Prestige – einher. Aus dieser Perspektive kann davon ausgegangen werden, dass der Umgang mit den prekären Verhältnissen gerade jenen eher gelingt, die mit den entsprechenden Kapitalien ausgestattet sind und damit prekäre Bedingungen von Arbeit eher ausgleichen können. Allerdings kann auch festgestellt werden, dass sich der Wissenschaftsbetrieb parallel zu den arbeitsbezogenen und organisationalen Veränderungen für bestimmte, ehemals aus dem Wissenschaftsfeld ausgeschlossene Gruppen geöffnet hat, wobei insbesondere für Frauen Gleichstellungszugewinne verzeichnet werden konnten. Dieser – wenn auch prekäre – Einbezug sollte gleichfalls reflektiert werden, um das Verhältnis von Ungleichheit und prekären Arbeitsbedingungen in der Wissenschaft angemessen zu analysieren.

Der Beitrag möchte sich der Frage nähern, was Prekarisierung im Feld der Wissenschaft bedeutet und wie sich die neuen Arbeitsbedingungen auf die Strukturen von Ungleichheit auswirken: Wer ist in welcher Weise von Prekarisierung betroffen? Es soll gezeigt werden, dass Prekarisierung sich nur dann angemessen verstehen lässt, wenn sie analytisch mit Fragen von sozialer Ungleichheit zusammengebracht wird. Wie beides miteinander verschränkt ist, wird vor dem Hintergrund gegenwärtiger Umstrukturierungsprozesse in der Wissenschaft dargelegt. Dabei fokussiert der Beitrag auf eine intersektionale Analyse der Ungleichheitsdimensionen soziale Klasse und Geschlecht, um Integrations- und Ausschlussmechanismen aufzeigen zu können.

1 Prekarisierung – Debatte und Begriffsbestimmung

In Deutschland und anderen Ländern des globalen Nordens wandeln sich die Arbeitsweisen, Beschäftigungsbedingungen und wohlfahrtsstaatliche Absicherungssysteme seit geraumer Zeit – ein Trend, der das spezifische Arrangement des Wohlfahrtsstaats der 1950er- und 1960er-Jahre abgelöst hat und auch als *Prekarisierung* beschrieben wird. Zentrale Elemente dieser neuen Formation sind eine zunehmende Deregulierung und Flexibilisierung von Arbeit, die ständig an sich wandelnde Markterfordernisse angepasst wird, und damit eine Ausweitung prekärer Beschäftigungsverhältnisse sowie ein Abbau sozialstaatlicher Sicherungssysteme. Dies hatte beispielsweise ein Anwachsen der Armut und des Niedriglohnsektors zur Folge. Diese Transformationsprozesse betreffen nicht nur die Arbeitsverhältnisse, sondern wirken sich auf die Lebensweisen der Gesellschaftsmitglieder insgesamt aus. Arbeit und Leben entgrenzen sich zunehmend und Arbeitnehmer_innen müssen ihre Arbeitskraft selbst managen, kontinuierlich verbessern und vermarkten (Moldaschl und Voß 2003). Entsprechend modifizieren sich auch die Ungleichheitsverhältnisse und Herrschaftsweisen innerhalb der Gesellschaft. So verweist insbesondere die feministische Forschung darauf, dass Prekarisierung auch die geschlechtsspezifische Verteilung der gesamtgesellschaftlichen Arbeit verändert und sich damit Geschlechterverhältnisse restrukturieren

(Aulenbacher 2011; Nickel 2009; Lorey 2012). Im Zuge des Wandels des wohlfahrtsstaatlichen Arrangements des Nachkriegskapitalismus, der einen Teil der – hauptsächlich weißen und männlichen – Bevölkerung in gewissem Ausmaß an der nationalen Wohlfahrtsproduktion teilhaben ließ, wandelt sich ebenso das darin eingelassene Geschlechterverhältnis (Aulenbacher 2011) und es verschieben sich auch andere Dimensionen sozialer Ungleichheit auf nationaler wie internationaler Ebene (Kraemer 2009). Konkret bedeutet dies unter anderem eine Ausweitung von atypischen Beschäftigungsverhältnissen und des Niedriglohnbereichs sowie eine Zunahme der Einkommens- und Vermögensungleichheit und wachsende relative Armut (Spannagel und Seils 2014; Kalina und Weinkopf 2015).

Obwohl die Debatte um Prekarisierung seit einigen Jahren auch in der Wissenschaft rege geführt wird, werden die genaue Reichweite, Merkmale und Erscheinungsformen des Phänomens durchaus unterschiedlich interpretiert. Im Sinne einer zeitdiagnostischen Gesellschaftsbeschreibung argumentierte Pierre Bourdieu in seinem diskursprägenden Vortrag „Prekarität ist überall" (1998), dass es sich bei Prekarisierung um eine neue und allgemeine Herrschaftsform handelt. Sie wirke insofern auf alle Gesellschaftsmitglieder, als die durch Flexibilisierung von Arbeit produzierte Unsicherheit die Akteure in einen Zustand permanenter Angst versetze. Diese Angst gehe mit steigender Ausbeutung und abnehmender Solidarität einher:

> Die Prekarität ist Teil einer neuartigen Herrschaftsform, die auf der Errichtung einer zum allgemeinen Dauerzustand gewordenen Unsicherheit fußt und das Ziel hat, die Arbeitnehmer zur Unterwerfung, zur Hinnahme ihrer Ausbeutung zu zwingen. [...] Die objektive Unsicherheit bewirkt eine allgemeine subjektive Unsicherheit, welche heutzutage mitten in einer hochentwickelten Volkswirtschaft sämtliche Arbeitnehmer, einschließlich derjenigen unter ihnen in Mitleidenschaft zieht, die gar nicht oder noch nicht direkt von ihr betroffen sind (ebd., S. 100).

Gerade aber durch diese Gesellschaftsdiagnose, die Prekarisierung als allgemeinen gesellschaftlichen Zustand definiert, stellt sich die Frage, auf wen und in welcher Weise welche Aspekte der Prekarisierung wirken: Ist Prekarisierung tatsächlich überall? Und wenn ja, welche konkreten Folgen hat sie für die Individuen? Zentral ist, dass durch den strukturellen Formwandel der Arbeit und der sozialstaatlichen Sicherungssysteme inzwischen auch diejenigen von prekären Arbeitsverhältnissen betroffen sind, die ehemals zu den ‚Gesicherten' zählten, das heißt diejenigen, die durch ein lebenslanges Beschäftigungsverhältnis und die damit verbundene Einkommenssicherheit und stabile Sozialleistungen einen lebensbiografisch planbaren und relativ ‚sicheren' Status innehatten. Diese Tatsache wird insbesondere im Diskurs um die Erosion des Normalarbeitsverhältnisses

(Mückenberger 1985; Mayer-Ahuja 2003) reflektiert, das hauptsächlich für die weiße männliche Bevölkerungsgruppe Gültigkeit hatte. Immer mehr Tätigkeiten werden nur gering entlohnt und im Rahmen befristeter Verträge, prekärer Selbstständigkeit oder Leiharbeit erbracht usw. Ähnlich beschreibt es auch der französische Soziologie Robert Castel, der ein aus drei Zonen bestehendes Gesellschaftsmodell entwirft: die Zone der Integration, in der sich durch Sozialstaat und Arbeit abgesicherte Gesellschaftsmitglieder befinden, die Zone der Entkopplung, in der sich diejenigen befinden, die dauerhaft nicht mehr durch Arbeit in die Gesellschaft integriert sind, und eine Zone der Verwundbarkeit, in der diejenigen vertreten sind, die von sozialem Abstieg bedroht sind, weil ihre Integration in den Arbeitsmarkt prekär und ihr gesellschaftlicher Status unsicher ist. Diese drei Zonen sind aufeinander bezogen und so führt die Ausdehnung der Zone der Verwundbarkeit dazu, dass die Zone der Integration zusammenschrumpft, weil die von Prekarisierung Betroffenen abrutschen (Castel 2000, S. 13). Die von Prekarisierung Erfassten sind in besonderer Weise verwundbar: Schon kleine Erschütterungen gefährden ihre soziale Einbindung enorm und wo früher sozialstaatliche Leistungen für eine Absicherung sorgten, müssen die Risiken nun individuell, nämlich beispielsweise über persönliche Netzwerke abgefedert werden. Auch Castel hebt hervor, dass es sich um einen gesellschaftlichen Strukturwandel handelt, der unterschiedliche Gruppen in unterschiedlicher Weise betrifft, sodass sich althergebrachte sozialstrukturelle Modelle der Klassenzusammensetzung nicht mehr umstandslos übertragen lassen (Castel 2009, S. 31 ff.). Die zunehmende Prekarisierung führt in ihrer Tendenz hin zu einer Ausweitung der Zone der Entkoppelung, wovon nun auch die herrschende mittlere Klasse betroffen ist, die eine Verschlechterung ihrer gesellschaftlichen Lage und Machteinbußen hinnehmen muss – auch Hochqualifizierte sind mit Einkommensrückgängen und problematischen Beschäftigungsbedingungen konfrontiert.

Auch wenn in Studien zu Prekarisierung mitbenannt wird, welche Veränderungen in der sozialen Schichtung dieser Strukturwandel mit sich bringt, bleibt in diesen eher theoretisch-konzeptionellen Entwürfen weitgehend offen, wie die neu entstehenden Ungleichheitslagen ausgestaltet sind. Zur Beantwortung dieser Frage müssten zuallererst die Definitionen zugespitzt werden, um daran anschließend empirische Forschung zu ermöglichen, die wiederum die theoretische Arbeit beeinflusst: Welche konkreten Formen nehmen prekäre Arbeitsverhältnisse an, wie wandeln sich Arbeitsinhalte und Arbeitsweisen und wie verschieben sich Ungleichheitsverhältnisse? Diese Fragen sind insbesondere bei der Analyse der Situation des wissenschaftlichen Personals und seiner Prekarisierungserfahrungen relevant, immerhin handelt es sich hierbei um diejenigen, die zu den Hochqualifizierten gehören und daher als weniger armutsgefährdet gelten und die meist aufgrund ihrer sozialstrukturellen Zugehörigkeit über eine Kombination relevanter Kapitalien verfügen, um Prekarisierungstendenzen auszugleichen.

Der Jenaer Kreis der Arbeits- und Industriesoziologie hat entsprechende begrifflich-konzeptionelle Konkretisierungen vorgenommen und den Diskurs dadurch sinnvoll ergänzt: Demzufolge steht der Begriff Prekarisierung für einen allgemeinen gesellschaftlichen Entwicklungszusammenhang, während sich der Begriff der prekären Arbeit genauer auf bestimmte Charakteristika und Bedingungen einer Beschäftigung bezieht. Arbeit kann als prekär bezeichnet werden, wenn „die Beschäftigten aufgrund ihrer Tätigkeit deutlich unter ein Einkommens-, Schutz- und soziales Integrationsniveau sinken, das in der Gegenwartsgesellschaft als Standard definiert und mehrheitlich anerkannt wird" (Dörre 2005, S. 252). Das ist insbesondere dann der Fall, wenn das Erwerbseinkommen nicht mehr existenzsichernd ist, wenn die Arbeit als gering qualifiziert gilt, wenn die sozialen Absicherungssysteme Lebensrisiken nicht mehr ausreichend absichern und wenn Arbeit in einer Weise strukturiert ist, die eine Zukunftsplanung unmöglich macht. Darüber hinaus werden subjektive Kriterien wie Sinn- und Anerkennungsverlust diskutiert (Dörre et al. 2004, S. 380; Dörre und Castel 2009, S. 17). Als Indikator für Prekarisierung wird die Ausweitung der sogenannten atypischen Beschäftigungsverhältnisse[1] genannt, da sie besondere Prekaritätsrisiken für Arbeitnehmer_innen bergen (Mayer-Ahuja 2003, S. 151 f.).[2] Atypische Beschäftigung muss aber nicht zwangsläufig prekär sein. Im Gegenteil: Ein Arbeitsverhältnis kann von den gesellschaftlich als ‚normal' anerkannten Standards abweichen und für die/den Einzelne_n dennoch eine Besserstellung gegenüber dem/der Normalarbeiter_in bedeuten. Umgekehrt gilt aber auch: Normalarbeitsverhältnisse und Prekarität schließen sich nicht aus (Andreß und Seeck 2007).

Gerade wissenschaftlich Beschäftigte sind im großen Maße von atypischen Beschäftigungsverhältnissen betroffen. Befristungen und Kettenverträge, unfreiwillige Teilzeitarbeit oder prekäre Selbstständigkeit ziehen sozialrechtliche Nachteile nach sich. Oft wird das Studium bis in die Postdoc-Phase über Stipendien finanziert, weshalb keine regulären Einzahlungen in Renten- und Arbeitslosenversicherungssysteme erfolgen; meist ist das Einkommen so gering, dass auch eine private soziale Absicherung unmöglich ist. Ähnliches gilt für Selbstständige, die

---

[1] Atypische Beschäftigungsverhältnisse entsprechen nicht den rechtlichen und sozialen Standards von sogenannten Normalarbeitsverhältnissen. Dazu gehören Teilzeitbeschäftigung, befristete Arbeitsverhältnisse, Leiharbeit sowie Minijobs.
[2] Die Anzahl der atypisch Beschäftigten ist seit 1996 konstant gestiegen und lag 2016 bei knapp 21 %. Insbesondere betroffen sind Frauen und junge Arbeitnehmer (Statistisches Bundesamt 2017b). Fast 25 % der Beschäftigten in Deutschland arbeiten in Niedriglohnbereich (Rhein 2013, S. 3).

sich mit Lehraufträgen oder Werkverträgen an der Universität über Wasser halten und deren Honorar gerade für das Nötigste reicht. Nichtsdestotrotz kann aus diesen Umständen nicht direkt auf Prekarität geschlossen werden. Die strukturellen Bedingungen der Arbeit sind zwar grundsätzlich für alle gleich, können sich für die Betroffenen aber sehr unterschiedlich auswirken – je nachdem, über welche Ressourcen sie verfügen, was wiederum mit ihrer sozialen Positionierung zusammenhängt. Ob prekäre Arbeit in der Wissenschaft nur eine vorübergehende Phase in der Lebensbiografie ist oder sich verstetigt, hängt unter anderem davon ab, ob sich die konkreten Beschäftigungsbedingungen individuell durch starke familiäre und soziale Netze oder ausreichend ökonomisches Kapital ausgleichen lassen. Umgekehrt können lebensweltliche Aspekte allerdings Prekarisierung auch verschärfen, beispielsweise wenn Anforderungen, die sich aus privaten Verpflichtungen ergeben, mit prekären Arbeitsformen kollidieren: Wer Kinder oder pflegebedürftige Angehörige versorgt, kann nicht jeder Stelle hinterherreisen. Erfüllen Wissenschaftler_innen jedoch das Kriterium der Mobilität oder auch andere Karriereerfordernisse nicht, droht als Sanktion zumindest zeitweise, oft aber auch langfristig Prekarität oder gar der Ausschluss aus dem Wissenschaftssystem. Insbesondere die Frauen- und Geschlechterforschung hat diesen Aspekt immer wieder deutlich herausgearbeitet. Dabei wird darauf verwiesen, dass Frauen strukturell stärker als Männer durch verschiedene private Anforderungen belastet sind, denen sie gerecht werden wollen. Dadurch kann sich ihr Prekaritätsrisiko erhöhen. Beispielsweise arbeiten weitaus mehr Frauen als Männer in Teilzeit: 2014 hatten 49 % der erwerbstätigen Frauen, aber nur 9 % der Männer eine Teilzeitstelle inne (Statistisches Bundesamt 2016a, S. 48). Auch wenn ungleichheitssoziologische Studien zu prekärer Arbeit sehr stark auf das Auseinanderdriften sozialer Klassen fokussieren, zeigen sich in den Analysen der Frauen- und Geschlechterforschung vielfach neue Fragmentierungen innerhalb der Dimensionen von Ungleichheit (Aulenbacher 2009; Jungwirth und Scherschel 2010). So wird etwa deutlich, dass Frauen und insbesondere alleinerziehende Frauen stark von Armut bedroht sind (Pimminger 2012, S. 27).

Neben diesen ersten Hinweisen auf die Verschiebungen von Ungleichheit im Zusammenhang mit Prekarisierung haben feministische Forscher_innen die Engführung in der Debatte kritisiert: Analysen zur Erosion des Normalarbeitsverhältnisses nähmen meist nur diejenigen in den Blick, die Zugang zu diesen Arbeitsverhältnissen haben, in der Regel also Männer. Außen vor blieben dabei aber diejenigen, die schon immer in Bereichen des Niedriglohns, in Teilzeit und anderen prekären Beschäftigungsformen tätig waren. In diesen Beschäftigungsformen waren und sind Ungleichheitsverhältnisse eingelassen. So waren hauptsächlich Frauen und bestimmte andere marginalisierte Gruppen wie Migrant_innen schon früher besonders häufig von prekären Arbeitsverhältnissen betroffen (Aulenbacher 2007; Baur 2016). Mit dieser Engführung wird eine adäquate Analyse von gesamtgesellschaftlicher Arbeit und damit der spezifischen Restrukturierung der gegenwärtigen Arbeitsgesellschaft verfehlt. Zwar kann Prekarisierung – zumindest potenziell – alle Gesellschaftsmitglieder betreffen, gleichzeitig unterliegen unterschiedliche gesellschaftliche Gruppen jedoch einem unterschiedlichen Prekaritätsrisiko. Dieses Risiko wird nicht nur von Merkmalen wie Klasse und Geschlecht bestimmt, sondern auch entlang der Differenzachsen von ethnischer Zugehörigkeit, körperlicher Verfasstheit und anderem mehr. Prekäre Arbeit gewann für Frauen, aber auch für Migrant_innen, Menschen mit Behinderungen und andere soziale Gruppen nicht erst in den letzten Jahrzehnten an Bedeutung, sondern war bereits im sogenannten ‚golden age' des Kapitalismus alltäglich (Mayer-Ahuja 2011, S. 2; Aulenbacher 2009). Die feministischen Analysen betonen insbesondere die Verknüpfung von Produktion und Reproduktion, die an das Geschlecht gekoppelte Zuweisung dieser Sphären und die daraus resultierenden sozialen Ungleichheitsverhältnisse. Neben den gegenwärtig erodierenden Normalarbeitsverhältnissen standen demnach nicht erwerbsmäßige, private Hausarbeit sowie Niedriglohnarbeit. Die hauptsächlich von Frauen geleistete private Haus- und Sorgearbeit bildete eine Stütze des Normalarbeitsverhältnisses der Nachkriegsjahre und Frauen standen damit in spezifischen Abhängigkeitsverhältnissen zu den männlichen Familienernährern, da sie lange Zeit kaum oder nur in geringfügigem Maße Zugang zum Erwerbssystem hatten. Insofern wandeln sich gegenwärtig geschlechtsspezifische Ungleichheitsverhältnisse, Familienmodelle und damit die Verteilung von Lohnarbeit und Reproduktionsarbeit (Aulenbacher 2011; Lorey 2010).

Auch wenn Frauen heute Gleichstellungszugewinne für sich verbuchen können, so sind sie dennoch stärker von Prekarisierung betroffen. Auch die Angehörigen der unteren sozialen Klassen gehören heute zu denjenigen, die am stärksten unter den negativen Folgen des Wandels der Arbeit leiden. Im Folgenden soll der Frage nachgegangen werden, wie sich die gesamtgesellschaftlichen Entwicklungen in einem Arbeitsfeld wie der Wissenschaft widerspiegeln, das ausschließlich Hochqualifizierten offensteht.

2   Der Wandel von Arbeit in der Wissenschaft

Wissenschaft als Arbeitsfeld ist durch eine spezifische Widersprüchlichkeit gekennzeichnet: Auf der einen Seite handelt es sich um eine prestigeträchtige, gesellschaftlich anerkannte und subjektiv hoch sinnstiftende Arbeit und auf der anderen Seite sind die darin herrschenden Arbeitsverhältnisse durch zunehmende Prekarisierung gekennzeichnet. Obwohl wissenschaftliche Berufslaufbahnen schon immer vergleichsweise unvorhersehbar waren und die Arbeitsbedingungen in der Wissenschaft Merkmale von Prekarität aufwiesen, hat sich die Situation in den letzten Dekaden nochmals verschärft. Um dem Zusammenhang von Ungleichheit und Prekarität auf die Spur zu kommen, werden die oben bereits angesprochenen Veränderungen in der Wissenschaft und ihre Auswirkungen auf geschlechts- und herkunftsabhänge Ungleichheitslagen skizziert und aus einer intersektionalen Perspektive analysiert.

In Deutschland ist Arbeit in der Wissenschaft seit jeher durch besonders lange Ausbildungsphasen und durch spezifische Machtverhältnisse gekennzeichnet. Derzeit liegt das Durchschnittsalter von Wissenschaftler_innen zum Zeitpunkt ihrer Berufung auf eine Professur bei etwa 41 Jahren. Erst mit der Berufung und damit nach Promotion und Habilitation erlangen sie volle Entscheidungs- und Mitbestimmungsbefugnisse, Lehrbefähigung und umfassende Forschungsmöglichkeiten. Bis dahin befinden sie sich jedoch in ‚Ausbildung', die zudem durch ein enges Mentoren-Schüler-Verhältnis gekennzeichnet ist. Viele Forschende sind an einem Lehrstuhl angestellt und verfassen in diesem Kontext gleichzeitig ihre Qualifikationsarbeiten. Ihr wissenschaftlicher Werdegang ist somit auch von den Empfehlungen und Beurteilungen ihrer Vorgesetzten abhängig. Dies wiegt umso schwerer, als sehr enge personelle Netzwerke für den Erfolg in der Wissenschaft generell sehr wichtig sind. In diesem Zusammenhang wird diese Beziehung auch häufig mit dem Begriff Patronage beschrieben (Hüther und Krücken 2012, S. 31). Hinzu kommt, dass nahezu alle Mitarbeiter_innenstellen an Hochschulen befristet sind (2014 waren es ca. 82 %; Konsortium Bundesbericht Wissenschaftlicher Nachwuchs 2017, S. 126) und dass der wissenschaftliche Mittelbau, der ca. 80 % des wissenschaftlichen Personals an deutschen Hochschulen ausmacht (Statistisches Bundesamt 2016c, S. 24), seit 2007 einem besonderen Befristungsgesetz unterliegt: Demnach können Wissenschaftler_innen nach insgesamt zwölf Jahren nur auf Stellen befristet weiterbeschäftigt werden, die aus Drittmitteln finanziert sind.[3] Da Dauerstellen gleichzeitig kontinuierlich abgebaut wurden, hat sich die Situation für viele Nachwuchswissenschaftler_innen dadurch erheblich verschärft.

---

[3]Das Wissenschaftszeitvertragsgesetz (WissZeitVG) regelt die Dauer von Befristungen von Arbeitsverträgen in der Wissenschaft. Demnach können Wissenschaftler_innen höchstens sechs Jahre vor der Promotion und sechs Jahre nach der Promotion an wissenschaftlichen Einrichtungen beschäftigt werden. Nach dem Überschreiten dieser Frist ist eine befristete Weiterbeschäftigung nur über Drittmittel möglich. Im Rahmen einer Gesetzesnovelle wurde 2016 festgelegt, dass die Befristungsdauer dem Qualifikationsziel angemessen sein muss.

Die wissenschaftliche Ausbildung muss in der Regel in eine Professur münden – andere Verbleibsmöglichkeiten gibt es im Wissenschaftssystem in Deutschland kaum.[4] Im Idealfall sind angehende Wissenschaftler_innen über eine längere Zeitspanne an einem Lehrstuhl beschäftigt und erwerben dort die nötigen Qualifikationen, um danach eine Professur zu erlangen. Dieses Modell der wissenschaftlichen Reproduktion verändert sich durch die sich wandelnde Personalstruktur. So stieg der Anteil der wissenschaftlichen Mitarbeiter_innen am gesamten Personal an Hochschulen von 2003 bis 2013 um 42 %, während der Anteil an ordentlichen Professuren nur um 8 % angewachsen ist (Rogge 2015, S. 693). 2015 machten Professor_innen nur noch 8 % des wissenschaftlichen Personals aus. 2005 lag der Anteil wissenschaftlicher und künstlerischer Mitarbeiter_innen am Hochschulpersonal bei ca. 67 %, 2014 hingegen schon bei 75 % (Statistisches Bundesamt 2016c, S. 23, eigene Berechnung). Das Verhältnis von ausgebildeten, berufungsfähigen Wissenschaftler_innen auf der einen und besetzbaren Professuren auf der anderen Seite verschlechtert sich seit Jahren; mittlerweile kommen auf eine Berufung schätzungsweise 20 Bewerbungen (Burkhardt 2016, S. 11).

Diese Entwicklungen sind mit einem grundlegenden Wandel in der Finanzierung und Steuerung von Wissenschaft verbunden. Der kontinuierliche Anstieg von Studierendenzahlen und Forschungsleistungen soll hauptsächlich durch einen Ausbau des nichtprofessoralen Personals aufgefangen werden, jedoch ohne den betreffenden Mitarbeiter_innen weitere Karriereperspektiven zu eröffnen. Infolgedessen kommt es auch bei der Professorenschaft zu einer massiven Arbeitsverdichtung: Auch Professor_innen unterliegen innerhalb eines auf Wettbewerb ausgelegten Wissenschaftssystems dem Zwang, stetig mehr zu produzieren, also mehr zu publizieren oder Drittmittel einzuwerben; sie tragen Verantwortung für den wissenschaftlichen Mittelbau und auch sie müssen den zusätzlichen Aufwand für Verwaltung und Lehre schultern, der mit steigenden Studierendenzahlen verbunden ist.

Durch die Bildungsexpansion in den 1960er-Jahren und den damit einhergehenden langsamen Einzug mittlerer und unterer Klassen sowie von Frauen beginnt sich das Feld der Wissenschaft in Deutschland zu wandeln. So lag die Studienberechtigtenquote, die den Anteil der studienberechtigten Schulabgänger_innen an der Bevölkerung des entsprechenden Alters abbildet, 1980 bei nur

---

[4]Zusätzlich hat in den letzten Jahren eine umfassende Prekarisierung des akademischen Arbeitsmarktes außerhalb der Wissenschaft stattgefunden, sodass Berufsalternativen und Arbeitsbedingungen außerhalb der Hochschule teilweise wenig attraktiv sind (Sander 2012).

ca. 22,2 % (Statistisches Bundesamt 2005, S. 15), 2010 bereits bei 49 % und 2015 sogar bei 53 % (Statistisches Bundesamt 2016e, S. 113). Einen Hochschulabschluss erwarben 2000 16,9 % und 2015 32,3 % der altersspezifischen Bevölkerung (ebd., S. 137). Insbesondere Frauen konnten profitieren und das Verhältnis von Männern und Frauen unter den Studierenden ist inzwischen nahezu ausgeglichen (auch wenn es hier große disziplinäre Unterschiede gibt); allerdings verringern sich die Frauenanteile mit zunehmender Qualifikationsstufe (vgl. Statistisches Bundesamt 2017c), was nicht nur in der Wissenschaft oft mit der Metapher der gläsernen Decke beschrieben wird. Derzeit (2014/2015) liegt der Frauenanteil an allen Promovierenden bei 44 % (Konsortium Bundesbericht Wissenschaftlicher Nachwuchs 2017, S. 88) und der Professorinnenanteil bei nur 22,7 % (Statistisches Bundesamt 2017c). Außerdem konnten untere soziale Klassen (insbesondere untere mittlere Klassenlagen) vermehrt Zugang zum Studium erlangen, wenngleich hier noch sehr persistente Ungleichheitsmuster vorliegen. In den letzten Jahren haben sich allerdings die Möglichkeiten unterer sozialer Klassen verschlechtert, an tertiärer Bildung zu partizipieren (Laufenberg 2016).

Wie in anderen Berufsfeldern auch, kam es parallel zu diesen partiellen sozialen Öffnungen in der Wissenschaft aber in den letzten 30 Jahren gleichzeitig zu einer zunehmenden Deregulierung und Flexibilisierung von Beschäftigungsverhältnissen sowie zu unterschiedlichen Reformen in Studium und Lehre mit dem Ziel, die Kosten zu senken und den wissenschaftlichen Output zu erhöhen. Neben der Aufteilung des Studiums in Bachelor und Master wurden neue Steuerungsinstrumente wie beispielsweise das sogenannte New Public Management eingeführt; durch eine Mittelvergabe, die sich an Kennzahlen und Zielvereinbarungen orientiert, wurde insbesondere die Drittmittelfinanzierung von Forschung vorangetrieben. Weil ein der wachsenden Anzahl ausgebildeter Wissenschaftler_innen entsprechender Ausbau bei den Stellen unterblieb, nimmt der Konkurrenzdruck beim wissenschaftlichen Personal zu, der zudem von einer Verschlechterung der Arbeitsbedingungen und der Berufsaussichten im Feld begleitet wird. Neben der kontinuierlichen Zunahme befristeter Arbeitsverhältnisse, die zudem von immer kürzerer Dauer sind, weiten sich auch Teilzeittätigkeiten aus. Um innerhalb der verstärkten Konkurrenz zu bestehen, müssen Wissenschaftler_innen sehr produktiv sein, das heißt sie müssen mehr publizieren, ausgiebig ihre Netzwerke pflegen, mehr Auslandsaufenthalte vorweisen und sich schneller qualifizieren. Der Konkurrenzdruck kann beispielsweise auch dazu führen, dass Wissenschaftler_innen trotz eines Teilzeitvertrags Vollzeit arbeiten oder lange Pendlerwege in Kauf nehmen. Im Wissenschaftssystem können also genau jene Disziplinierungsmechanismen beobachtet werden, wie sie die Prekarisierungsforschung auch für andere Arbeitsfelder beschrieben hat. Dennoch stellt sich die allgemein zu beobachtende

Prekarisierung der Arbeitsverhältnisse nicht für jeden Forschenden gleich dar: Zwar gehörten gewisse Formen von Unsicherheit schon immer zur Wissenschaft und sicherten auch ihre soziale Exklusivität. Prinzipiell müssen Personen, die sich für einen solchen Weg entscheiden, lange Phasen von geringem Einkommen (aufgrund von Teilzeitstellen oder gering vergüteten Stipendien) und stetige Arbeitsunterbrechungen einkalkulieren, ohne eine Garantie zu haben, dass am Ende ein Karriereerfolg in Gestalt einer Professur steht. So betrachtet, ist das Vermögen, in diesen Formen der Prekarisierung zu bestehen, zentraler Bestandteil einer wissenschaftlichen Karriere. Allerdings kann dieses Risiko von Personen aus unteren sozialen Klassen schlechter getragen werden und es kommt zu typischen Formen der Selektion. Dies gilt auch für Frauen, die beispielsweise aufgrund von Sorgeverpflichtungen über weniger Ressourcen verfügen, die sie für ihre wissenschaftliche Karriere einsetzen können. Wenn sich der Druck erhöht und die Prekarisierung von Arbeit im Feld zunimmt, verstärken sich diese Mechanismen noch und es müssen weitere finanzielle oder soziale Ressourcen eingesetzt werden, um die Auswirkungen zu kompensieren.

Ein zentraler Aspekt, der diesen Wandel des Wissenschaftssystems kennzeichnet, ist der abnehmende Anteil der Grundfinanzierung und eine Verschiebung hin zu mehr drittmittelbasierter Forschung. Zwar hat sich die Grundfinanzierung der Universitäten von 1995 bis 2011 um 42 % erhöht, gleichzeitig haben sich aber die Drittmitteleinnahmen im selben Zeitraum verdoppelt, sodass sie 2011 ca. 25 % der gesamten Hochschuleinnahmen ausmachten (Vogt 2014). Infolgedessen hat auch die Zahl der Beschäftigten zugenommen, die durch diese Einnahmen finanziert werden: Nach Angaben des Statistischen Bundesamts hatten 2011 bereits 38 % der wissenschaftlichen Mitarbeiter_innen und 31 % der wissenschaftlichen Hilfskräfte Drittmittelstellen inne (Statistisches Bundesamt 2016b, S. 28). Andere Studien kamen zu dem Ergebnis, dass mittlerweile etwa die Hälfte, bei forschungsintensiven Fächern sogar zwei Drittel des Forschungspersonals aus Drittmitteln bezahlt werden (Hornbostel und Heise 2006). Dieser Umbau der Wissenschaftsfinanzierung wurde durch die Exzellenzinitiative nochmals vorangetrieben. Insgesamt 4,6 Mrd. EUR, um die sich Universitäten in unterschiedlichen Verfahren bewerben mussten, wurden in diesem Rahmen bislang ausgegeben.

Mit diesen neuen Formen der Forschungsfinanzierung verändern sich Form und Inhalte der Forschung ebenso wie die Arbeitsbedingungen. Eine konkrete Folge ist, dass Arbeitsverträge mit teilweise sehr kurzen Laufzeiten zunehmen. Etwa die Hälfte der Arbeitsverträge an Hochschulen hat eine Dauer von nur einem Jahr oder darunter und nur ca. 18 % der Verträge laufen über zwei Jahre oder mehr (Jongmanns 2011, S. 73). Die Mehrbelastungen durch die kontinuierlich anwachsenden Studierendenzahlen werden hauptsächlich über einen Ausbau von wissenschaftlichen Mitarbeitenden oder Lehrbeauftragten aufgefangen. Schon jetzt werden 60 % der Lehre an Universitäten durch den wissenschaftlichen Mittelbau oder Lehrbeauftragte übernommen (Burkhardt 2016, S. 11). Dass Studierendenzahlen und Forschungsleistung anwachsen, gleichzeitig Ausgaben für Hochschulen kaum angehoben werden, wurde durch den kontinuierlich anwachsenden wissenschaftlichen Mittelbau sowie Ausbau von Lehrbeauftragten und Stipendien kompensiert, da diese Gruppen vergleichsweise kostengünstig sind.

Ein weiterer zentraler Aspekt für die Analyse von Ungleichheit und Prekarisierung ist die Einführung des sogenannten New Public Management. Hierzu gehört die Etablierung eines Quasimarktes, auf dem die Hochschulen als Wettbewerbsteilnehmer auftreten. Dort konkurrieren sie nicht nur um Reputation, sondern auch um finanzielle Ressourcen. Damit entsteht eine neuartigen Differenzierung der Hochschullandschaft in Deutschland in forschungsstarke und damit finanziell besser ausgestattete und weniger ‚leistungsstarke' Universitäten, die auch mit einer entsprechenden Konzentration von Macht und Einfluss verbunden ist: Forschungsstarke Bereiche können ihren Vorsprung meist ausbauen, während weniger gut ausgestattete Bereiche auch langfristig weniger profitieren (Münch 2011).

Diese Veränderungen hin zu mehr Wettbewerb haben Einfluss auf die individuellen Berufsbiografien: Zum einen entwickeln sich hierbei Arbeitsaufgaben, die es so vorher noch nicht gab, beispielsweise für Wissenschaftler_innen, die forschen, aber nicht lehren (müssen), nebenher aber weiterhin aufwendige Qualifikationsschritte zu absolvieren haben, was angesichts der immer kürzer werdenden Beschäftigungszeiten jedoch nur schwer gelingt. Die Befristungen zehren aber nicht nur an den persönlichen Ressourcen zur Bewältigung von Existenzängsten; das Springen von einem Projektthema zum nächsten hinterlässt am Ende zudem den Eindruck einer zu starken Fragmentierung, was den Anforderungen der Fach-Community nach einer kontinuierlichen Berufsbiografie und einer möglichst großen Spezialisierung zuwiderläuft (Besio et al. 2016).

Wie sich die gegenwärtigen Flexibilisierungsmaßnahmen an der Hochschule in Zukunft entwickeln, ist noch nicht vollständig abzusehen. Bereits jetzt ist aber deutlich, dass der Prekarisierungsdruck für diejenigen zunimmt, die derzeit im Hochschulsystem arbeiten. Kurzzeit- und Kettenverträge sowie Teilzeitstellen sind in den meisten Bereichen eher die Regel als die Ausnahme. Sie verschärfen Ungleichheit, denn die unsicheren Berufsperspektiven führen zu Fremd- und Selbstselektionprozessen entlang sozialer Differenzachsen. So können stetige Phasen von Arbeitslosigkeit etwa von jenen besser ausgeglichen werden, die familiär finanzielle Unterstützung erhalten. Bei anderen, denen diese

Kompensationsmöglichkeiten fehlen, ist die Gefahr hoch, dass die Drohkulisse der Prekarisierung Existenzsorgen hervorruft, die darin münden, ‚freiwillig' das Feld zu verlassen.

Auf der anderen Seite bleibt anzuerkennen, dass bei diesen Veränderungen des Charakters und der Bedingungen wissenschaftlicher Arbeit neben exkludierenden auch inkludierende Mechanismen wirken. Die Wissenschaft hat sich insoweit geöffnet, als sie nicht mehr ausschließlich einer kleinen Minderheit zugänglich ist. Allerdings hat das Einbeziehen bisher marginalisierter Gruppen Grenzen: So führen die unterschiedlichen Barrieren, beispielsweise in Form von Statuspassagen, die die wissenschaftliche Berufslaufbahn kennzeichnen, unter anderem dazu, dass häufiger Frauen das Feld verlassen. Bei diesen Statuspassagen werden berufsbiografische Entscheidungen getroffen und Karriereaussichten und die persönliche Lebensplanung reflektiert. Unsichere Berufsaussichten oder beispielsweise Probleme, Beruf und Familie zu vereinbaren können dann an diesen Punkten zu dem Entschluss führen, nicht länger in der Wissenschaft zu bleiben.

Lässt sich also zusammenfassend sagen, dass Wissenschaftler_innen typische ‚Prekarier' sind? Dem steht zumindest entgegen, dass Wissenschaft als Beruf auf der ideellen Ebene viel verspricht: eigenständiges Arbeiten, hohe gesellschaftliche Anerkennung, vor allen Dingen aber das entfernte Ziel einer unbefristeten Beamtenposition mit der dazugehörigen Vergütung und entsprechendem Renommee. Insofern schafft die Wissenschaft auch große Anreize, sich dieser unter Umständen lang andauernden prekären Lage auszusetzen. Allerdings sind die Chancen auf eine Professur wie oben beschrieben gering und viele müssen sich nach einer langen Qualifikationsphase beruflich außerhalb der Wissenschaft orientieren. Wie wahrscheinlich ein Verbleib in der Wissenschaft ist, hängt mit den unterschiedlichen Dimensionen der Ungleichheit zusammen. Die Differenzierung der Hochschullandschaft und die Flexibilisierung von Beschäftigungsbedingungen lassen zwar einige ehemals Ausgeschlossene partiell partizipieren. Beispielsweise haben sich durch die Restrukturierung der Hochschulen auch sehr viele Einstiegsmöglichkeiten und unterschiedliche Wege für junge Wissenschaftler_innen ergeben, die es so vorher nicht gab. Andererseits zeigen sich auch soziale Schließungen, insbesondere was die längerfristigen Berufsperspektiven anbelangt. So gehören Frauen zwar zu denjenigen, die immer stärker in die Universitäten eingebunden werden und auch im Fokus politischer Akteure an der Hochschule stehen. Aber auch bei dieser Gruppe können wir Zugangsbarrieren auf verschiedenen Karrierestufen beobachten, wie die Forschung immer wieder belegt (vgl. Riegraf in diesem Band).

3 Dimensionen von Ungleichheit und die Verschränkung von Geschlecht und sozialer Klasse im Feld der Wissenschaft

Innerhalb moderner Gesellschaften ist Bildung eine der wichtigsten Grundlagen für die soziale Positionierung. Oftmals sind bestimmte Bildungstitel Voraussetzung für das Erreichen einer Berufspositionen und in Deutschland ist die Orientierung an formalen Qualifikationen besonders ausgeprägt. So erlangt die soziale Differenzierung über den Verweis auf erreichte Bildungstitel, die wiederum persönliche Begabungen und Befähigungen widerspiegeln sollen, Legitimität. Bildung hat demnach eine doppelte Funktion: Sie regelt den Zugang zu bestimmten Berufsfeldern, indem sie die Personen dafür ausbildet, und sie legitimiert die soziale Stellung der Individuen im gesellschaftlichen Gefüge, da das Bildungszertifikat die persönliche Leistungsfähigkeit abbilden soll. Für liberale moderne Gesellschaften ist dabei die Idee zentral, dass jedes Individuum grundsätzlich die gleichen Chancen hat, Bildungstitel und damit Berufspositionen zu erreichen. Die unterschiedlichen gesellschaftlichen Positionen bilden dabei eine Anreizstruktur und innerhalb der Konkurrenz um diese Positionen vermögen sich dann die Fähigsten durchzusetzen. Dass diese Vorstellung nur ein Ideal ist und dass Bildungserfolg sehr stark von der sozialen Herkunft abhängt, ist hinlänglich bekannt (Berger und Kahlert 2005). Die Frage, wie sich soziale Ungleichheit in und durch Bildung reproduziert, ist ein zentraler Gegenstand soziologischer Forschung und wird in regelmäßigen Abständen auch öffentlich diskutiert.

Die Wissenschaft ist damit nicht nur ein Arbeitsfeld, in dem bestimmte Arbeitsbedingungen zu Ausschlüssen führen können, sondern fungiert als Teil des Bildungssystems auch direkt als Zuweiser von Bildungstiteln und bestimmt damit die Möglichkeiten der beruflichen Platzierung. Damit stellt sich die Frage, ob Wissenschaft wie andere Bildungsinstitutionen sozial selektiv wirkt, das heißt, ob sie bestimmte soziale Gruppen benachteiligt bzw. andere bevorteilt und wie sich diese Aus- und Einschlüsse auch in den späten Phasen der wissenschaftlichen Ausbildung – wie Promotion und Habilitation – vollziehen. Die absolute Anzahl der Studierenden stieg von ca. 836.000 im Jahr 1975 auf ca. 2,8 Mio. im Jahr 2015 (Statistisches Bundesamt 2017a). Ob damit aber auch tatsächlich mehr Chancengleichheit einhergeht, ist fraglich. Unterschiedliche Studien belegen eine starke Unterrepräsentation unterer Klassen innerhalb der Studierendenschaft (Middendorff et al. 2013), aber auch der Promovierenden (Lenger 2008) sowie Habilitierenden und Professor_innen (Möller 2017). Und auch wenn größere Gleichstellungszugewinne beispielsweise für Frauen beobachtet werden können, bestehen große Unterschiede zwischen den Disziplinen und es wirken Effekte der gläsernen Decke fort, was bedeutet, dass Frauen weiterhin Schwierigkeiten haben, in höhere Positionen aufzusteigen (Krais 2000).

Wenn es um die Frage sozialer Ungleichheit geht, reicht es allerdings nicht aus, nur die Verteilung von Bildungsabschlüssen zu untersuchen. Vielmehr muss analysiert werden, ob sich der Erwerb von solchen Titeln auch in entsprechende soziale Positionierungen übersetzt (Bourdieu und Passeron 1971). Dies dürfte zumindest im Lichte neuer Studien etwa zur statistischen Verteilung von Einkommen stark bezweifelt werden (Grabka und Göbel 2017). Die Bildungsexpansion hat soziale Ungleichheit demnach nicht reduziert – vielmehr kann sogar umgekehrt von einer Zunahme an Ungleichheit gesprochen werden, da sich die Arbeitsmarktchancen gerade derjenigen Menschen verschlechtert haben, die aus Milieus mit lediglich niedrigen oder gar keinen Bildungstiteln kommen (Kraemer und Bittlingmayer 2001; Vester 2006). Mit Blick auf die letzten Dekaden lässt sich eine ‚Akademisierung' der Gesellschaft durch die Bildungsexpansion und gleichzeitig eine Abwertung von Bildungstiteln beobachten. 2015 nahmen ca. 51,6 % der Schüler_innen nach dem Schulabschluss ein Studium auf (Statistisches Bundesamt 2016e, S. 124). Das Geschlechterverhältnis ist dabei nahezu ausgeglichen: So hatten 2016 31,3 % der Frauen und 35,8 % der Männer mit einem allgemeinen Schulabschluss die Fachhochschul- oder Hochschulreife erworben (Statistisches Bundesamt 2017d, S. 84). Die Zunahme von Personen mit Hochschulabschluss resultiert auch aus der verstärkten Nachfrage nach akademisch ausgebildeten Personen innerhalb einer wissensbasierten Dienstleistungsgesellschaft. Mehrere Studien belegen, dass die Anteile von Personen aus unteren sozialen Klassen mit zunehmender Qualifikationsstufe abnehmen (Hauss et al. 2012, S. 66 f.; Lenger 2008; Möller 2013).

Soziologisch ist dieser Befund durchaus erklärungsbedürftig: Für den Bildungserfolg sind nicht nur die Fähigkeiten ausschlaggebend, die im Unterricht erlernt werden, sondern es werden vielfältige Kompetenzen (Sprachstil, Selbstbewusstsein, kulturelles Wissen etc.) gefordert, die obere und mittlere Schichten durch ihre Sozialisation – quasi ganz selbstverständlich – mitbringen (Solga 2005). Die soziale Selektion in Schule und Studium wird deshalb häufig auf habituelle Dispositionen zurückgeführt, die insbesondere Schüler_innen aus Nicht-Akademiker-Haushalten Bildungserfolge erschweren. Allerdings ist anzunehmen, dass sich auch diese Schüler_innen im Verlauf ihres Bildungswegs in das entsprechende Milieu eingepasst haben und sich somit die geforderten Kompetenzen aneignen konnten. Es müssen also andere Faktoren dafür verantwortlich sein, dass Personen aus unteren sozialen Klassen der Aufstieg nur selten gelingt. Unter diesem Gesichtspunkt kann vermutet werden, dass die momentan vorherrschenden Arbeitsbedingungen und die derzeitigen Karrierechancen in der Wissenschaft die Selektion bestimmter sozialer Gruppen vorantreiben. Unsichere Berufsperspektiven können zu Selbstselektion führen, wenn der mögliche soziale Aufstieg im Wissenschaftssystem derart fraglich erscheint, dass Personen (die über Schule und Studium bereits qualifikatorisch aufgestiegen sind) ‚freiwillig' das Feld verlassen. Dieser Ausstieg erscheint individuell-berufsbiografisch insofern sinnvoll, als er zu einem Zeitpunkt erfolgt, an dem die Betroffenen noch vergleichsweise leicht in andere berufliche Felder vordringen können, sie also noch nicht als überqualifiziert gelten oder allein schon aufgrund ihres Alters schlechtere Berufschancen haben. Berufliche Unsicherheit stellt für die unteren Klassen auch insofern ein drängenderes Problem dar, als sie mehr zu verlieren haben: Die Ressourcen, die sie eingesetzt haben, waren gemessen am vorhandenen Gesamtvolumen an Kapital vergleichsweise hoch. Der Ausstieg in Bereiche, die zumindest kurzfristig höhere Löhne und größere berufliche Sicherheit garantieren, ist aus dieser Perspektive möglicherweise attraktiver, als den Ruf auf eine Professur abzuwarten, der erst spät (oder auch nie) erfolgen kann. Darüber hinaus sorgen aber auch die prekären Arbeitsbedingungen in der Wissenschaft für Selektion, weil sie bis in späte Lebensabschnitte hinein fortdauern und den Einsatz verschiedener Kapitalformen erforderlich machen, die systematisch ungleich auf die Klassen, aber auch Geschlechter verteilt sind. Soziale Herkunft und Geschlecht wirken als Ausschlussfaktoren bis in die Habilitationsphase und folglich auch bis in die Professorenschaft hinein und außerdem deuten Studien darauf hin, dass die Bedeutung des Faktors soziale Herkunft im Vergleich eher zugenommen hat (Möller 2017).

Ein Blick auf derzeitige hochschulpolitische Debatten zeigt, dass Chancengerechtigkeit seit einiger Zeit wieder ein zentrales Thema ist, wobei hauptsächlich Geschlechterungleichheit thematisiert, wissenschaftlich analysiert und durch unterschiedliche hochschulpolitische Programme adressiert wird. Differenzachsen entlang von Ethnizität, Gesundheit, Alter oder Klasse spielen hingegen nur eine untergeordnete Rolle. Diese Fokussierung auf Geschlecht unter Absehung von sozialer Herkunft kann unter anderem eine Erklärung dafür sein, dass gerade Frauen aus nichtakademischen Herkunftsgruppen besonders selten der Aufstieg im Feld der Wissenschaft gelingt. Innerhalb der hochschulpolitischen Debatten wird die unterschiedliche Verteilung der Geschlechter zwischen und innerhalb der Disziplinen problematisiert, die zu schlechteren Karrieremöglichkeiten auf dem Arbeitsmarkt für Frauen führt, weil Frauen eher in solchen Fächern und Fachgebieten vertreten sind, die randständig sind und geringere Verdienst- und Aufstiegschancen bieten. Zwar promovieren inzwischen nahezu gleich viele Frauen wie Männer (der Frauenanteil liegt derzeit bei etwa 44 %), allerdings gibt es auch hier große Unterschiede zwischen den Disziplinen (Statistisches Bundesamt 2016d, S. 26). Deutlich werden Formen geschlechtsspezifischer Selektion bei der Betrachtung der Frauenanteile bei den Habilitationen und Professuren: 2015 lag der Frauenanteil an den Habilitierten bei 28,4 und 22,7 % der hauptberuflichen Professuren waren weiblich besetzt, wobei sich ein positiver Trend zeigt und die Anteile leicht steigen (die genannten Quoten lagen 2013 bei 27,4 % bzw. 21,3 %) (Statistisches Bundesamt 2017c).

Der Einfluss der sozialen Herkunft auf den Erfolg und den Verbleib im Hochschulsystem steht weniger im Fokus von Gleichstellungspolitik und Medienöffentlichkeit. Dies mag zum einen an der unbemerkt, weil fast reibungslos wirkenden Selektion liegen, denn wo ein Aufstieg kaum stattfindet, können sich benachteiligte Gruppen auch schlechter bemerkbar machen. Darüber hinaus würde der Verweis auf soziale Selektivität in besonderer Weise die Grundsätze des Selbstbildes von Wissenschaftler_innen erschüttern, weil der Glaube an die Meritokratie im Wissenschaftssystem, das sich seinem Selbstverständnis zufolge ausschließlich an Wahrheitsfindung orientiert, besonders ausgeprägt ist. Nach einer Studie aus Nordrhein-Westfalen stammten gerade einmal 11 % der Professor_innen in diesem Bundesland aus unteren sozialen Schichten (Möller in diesem Band). Außerdem kann gezeigt werden, dass sich die soziale Selektion über die unterschiedlichen Phasen der wissenschaftlichen Arbeit, die gleichzeitig Qualifikationszeit ist, fortsetzt. Innerhalb der Promovierendenschaft kommen 9 % der Studierenden aus einem Elternhaus mit Hauptschul- oder Volksschulabschluss als höchstem Bildungsabschluss, 41 % aus mittleren sowie 22 und 28 % aus gehobenen und hohen Herkunftsmilieus (Middendorff et al. 2013, S. 66, 76). Ebenso zeigen sich für unterschiedliche soziale Schichten auch deutliche Unterschiede in der Fächerwahl, was ebenso die Promotionswahrscheinlichkeit beeinflusst (Jakstat 2014).

Solche Daten werden zwar in regelmäßigen Abständen erhoben und in der Wissenschaft diskutiert; dennoch bleiben Interventionen, die diese Ungleichheiten in Angriff nehmen, sehr selten. Mit dem Verweis auf eine an vermeintlich objektiven meritokratischen Kriterien ausgerichtete Selektion durch die Bildungssysteme wird Ungleichheit auf Begabungs- und Fähigkeitsunterschiede zurückgeführt und somit legitimiert. Während feministische Interventionen geschlechtsspezifische Ungleichheitsverhältnisse politisch wirksam angegriffen haben und große Gleichstellungszugewinne erringen konnten, wird klassenbasierten und anderen Ungleichheitsdimensionen (zumindest in der Wissenschaft) kaum durch politische Programme und Maßnahmen begegnet.

Derzeitige Verteilungsmuster von Bildung zeigen eher noch eine Erhöhung sozialer Selektivität für die späteren Bildungsphasen, insbesondere in der intersektionalen Verschränkung von Klasse, Geschlecht und Ethnizität. So profitieren nicht alle Frauen gleichermaßen von Maßnahmen zur Geschlechtergleichstellung: Es sind offensichtlich vor allem weiße autochthone Frauen aus der oberen und mittleren Klasse, denen Gleichstellungsmaßnahmen zugute kommen. Frauen aus nichtakademischen Herkunftsmilieus gelingt der Aufstieg dabei noch schlechter als Männern dieser Gruppe (Möller in diesem Band). Vor dem Hintergrund der beschriebenen aktuellen organisationalen und gesamtgesellschaftlichen sozioökonomischen Rahmungen kann davon ausgegangen werden, dass diese Selektionsprozesse weniger auf kulturelle Aspekte zurückgehen. Durch die Verschlechterung der Arbeitsbedingungen entstehen vielmehr neue Hürden, die es Personen mit einer geringeren Kapitalausstattung erschweren, innerhalb des Systems erfolgreich zu sein. So gehören beispielsweise ständige Unterbrechungen innerhalb der wissenschaftlichen Laufbahn inzwischen zum Alltag. Mobilitätsanforderungen erzwingen immer wieder Einpassungen in neue Kontexte und verlangen nicht zuletzt den Einsatz ökonomischer Ressourcen. Lücken in der Berufsbiografie müssen ausgefüllt werden – und das mit möglichst für die eigene wissenschaftliche Laufbahn geeigneten Positionen. Dies kann bedeuten, einen Auslandsaufenthalt an einer renommierten Institution einzubauen. Es kann auch bedeuten, trotz Arbeitslosigkeit eine Stelle nicht anzunehmen, sondern auf bessere Angebote zu warten. All dies wird jenen besser gelingen, die auch über höheres ökonomisches Kapital verfügen. Und es reicht auch bei Weitem nicht aus, nur durchzuhalten, bis sich nach der Habilitation eine Professur auftut. Ob eine wissenschaftliche Laufbahn als erfolgreich gilt, bemisst sich nach den für das Feld relevanten Kriterien, und ob Wissenschaftler_innen diese Anforderungen erfüllen können oder nicht, hängt entscheidend mit sozialstrukturellen Parametern zusammen.

4 Prekarisierung und Ungleichheit – Neue Dynamiken im Feld der Hochschule

Auch wenn die Unterschiede zwischen den Disziplinen teilweise erheblich sind, resultieren die derzeitigen Veränderungen innerhalb der Hochschule doch insgesamt in prekären Arbeitsverhältnissen und unsicheren Berufsaussichten, die als besonders belastend empfunden werden. Parallel zu diesen arbeitsbezogenen Veränderungen lässt sich ein Wandel in der sozialen Zusammensetzung des wissenschaftlichen Personals beobachten. Dies ist insofern interessant, als sich im Zuge der Umstrukturierung der Arbeitsverhältnisse im gleichen Zeitraum auch die Ungleichheitsverhältnisse an der Hochschule restrukturieren. Während auf der einen Seite unteren sozialen Klassen immer seltener der Aufstieg in hohe wissenschaftliche Positionen gelingt, konnten beispielsweise Frauen Barrieren abbauen. Allerdings ist bislang noch nicht absehbar, wie nachhaltig der Einzug von Frauen in der Wissenschaft ist. So belegen viele Studien zum Thema, dass Frauen auf allen Karrierestufen immer noch unterrepräsentiert sind und eher Randpositionen besetzen (Beaufaÿs et al. 2012). Darüber hinaus gilt nach wie vor, dass die soziale Herkunft für Frauen eine größere Rolle spielt als für Männer: Frauen aus unteren sozialen Klassen sind stärker benachteiligt als andere Frauen aus anderen Klassen oder Männer ihrer Klasse (Möller in diesem Band). Die Frage, in welcher Weise sich Ungleichheit mit den Veränderungen der Arbeitsweisen und -inhalte, der Beschäftigungsverhältnisse sowie der institutionellen Rahmungen verschränkt, ist somit nicht eindeutig zu beantworten. Hinzu kommt, dass zumindest auf unteren Ebenen in der Wissenschaft eine partielle Bildungsöffnung für untere Klassen, Frauen oder Migrant_innen stattgefunden hat, die es so vorher nicht gab und bei der sich auch erst in Zukunft zeigen wird, ob sie langfristig zu mehr Chancengerechtigkeit führt. Anderseits bleibt festzuhalten, dass sich die gesamtgesellschaftlichen Klassenlagen kaum geändert haben. Die untersten Klassenfraktionen haben nach wie vor selten Zugang zu akademischer Ausbildung. Ein Effekt der Prekarisierung auf dem Arbeitsmarkt ist, dass Hochschulbildung nicht länger eine stabile Erwerbsbiografie und Einkommenssicherheit garantiert. Die Verschiebungen, wie wir sie für das Feld der Hochschule beobachten können, sind allerdings keine Besonderheit der Wissenschaft. Auch in allen anderen Bereichen werden Arbeitsbedingungen verschärft; Befristungen, geringere Löhne und Arbeitsverdichtung gehören zum Alltag der Beschäftigten in vielen Bereichen. Untersuchungen zur Kreativbranche, zum Kulturbetrieb oder zum Journalismus haben beschrieben und analysiert, dass die darin tätigen Personen trotz ihrer häufig hohen Bildungsabschlüsse überaus prekären Arbeitsbedingungen ausgesetzt sind, was beispielsweise die Entlohnung oder Arbeitsplatzsicherheit angeht. Weil Sozialversicherungsleistungen an die Beschäftigungsverhältnisse gekoppelt sind, ist ihre soziale Absicherung problematisch. Darüber hinaus lässt sich auch in diesen Berufsfeldern ein starkes Gefälle beobachten zwischen einem großen Anteil prekär Beschäftigter auf der einen Seite und auf der anderen Seite einigen Personen in prestigeträchtigen Positionen, die meist mit einem hohen Einkommen und relativ großer Macht und Einfluss ausgestattet sind (Manske 2007).

Ist dennoch die Aussage zutreffend, dass im Zuge von Flexibilisierung und Deregulierung die bisher üblicherweise Ausgeschlossenen immerhin prekär integriert wurden? Für das wissenschaftliche Feld gibt es dafür zumindest einige Anhaltspunkte. Im Zuge der Prekarisierung der Wissenschaft haben sich die Hochschulen nicht nur allgemein geöffnet, sondern ist vor allem die Anzahl der in der Wissenschaft Tätigen massiv gestiegen. Viele dieser Wissenschaftler_innen haben jedoch keine reguläre Stelle inne, sondern sind Stipendiat_innen oder Lehrbeauftragte. Zwar wurden auch durchaus Stellen für wissenschaftliches Personal geschaffen, allerdings hauptsächlich auf der Ebene unterhalb von Professuren. Während volle und unbefristete Stellen gestrichen werden, nehmen Teilzeitstellen und Befristungen zu, wobei die Vertragslaufzeiten zudem immer kürzer werden. Diese Entwicklung hat einen zweifachen Effekt: Einerseits erlangen mehr Personen Zugang zum wissenschaftliche Feld und die zu leistende wissenschaftliche Arbeit kann relativ kostengünstig erledigt werden. Andererseits fördert die Prekarisierung der Arbeit aber eben auch Ungleichheit, weil sich am Ende nur diejenigen durchsetzen können, die durch ihre Kapitalausstattung, über die sie qua Klassen- und Geschlechtszugehörigkeit verfügen, in der Konkurrenz über Vorteile verfügen. Gleichzeitig führt die partielle Öffnung dazu, dass bestehende Ungleichheiten weniger sichtbar sind, sodass auch das Bewusstsein darüber abnimmt: Wenn es zumindest auf den ersten Blick so scheint, als würden Diskriminierungen abgebaut und Zugänge eröffnet, sind die Mechanismen, die Ungleichheit hervorbringen und aufrechterhalten, zwar nach wie vor vorhanden, aber weniger offensichtlich. So ist auch zu erklären, weshalb sich Teile des wissenschaftlichen Personals erst jetzt gegen den sogenannten ‚neoliberalen Umbau' der Universität wehren: Er war für viele zunächst mit subjektiven Vorteilen verbunden, weil er ihnen überhaupt erst die Chance eröffnete, eine wissenschaftliche Karriere zu beginnen und damit persönliche biografische Ziele zu verwirklichen. Für diese – vage – Chance wurden und werden aber nicht nur schlechte Arbeitsbedingungen in Form von hoher Arbeitsbelastung, Teilzeitstellen oder kurzen Befristungszeiten fast selbstverständlich in Kauf genommen. Auch eine durchsetzungsfähige solidarische Bewegung, die auf Gleichstellung zielt, lässt sich so kaum entwickeln.

Innerhalb der wettbewerbsorientierten Universität und im Zuge verschärfter Konkurrenz scheinen sich Ungleichheiten in vielfältiger Form zu verschärfen – wenngleich spezifische Öffnungen zu beobachten sind. Diese Öffnungen sind aber gerade nicht Zeichen von zunehmender Gleichheit – im Gegenteil: All diese partiellen Gleichstellungszugewinne vollziehen sich im Rahmen einer zunehmenden Verschlechterung der Lebensbedingungen weiter Teile der Bevölkerung. Was also als Zugewinn von Bildung und Partizipation in bestimmten gesellschaftlichen Feldern erscheint, bedeutet noch keine Verbesserung von Lebenschancen. Dies ist insbesondere für die Arbeit im wissenschaftlichen Feld von Belang, denn gerade mit der Aneignung von Bildungstiteln werden bestimmte gesellschaftliche Stellungen verbunden. Diese gesellschaftlichen Stellungen geraten aber durch die

Prekarisierung ins Wanken. So gehört nicht jede_r Wissenschaftler_in heute automatisch zur Mittelklasse, sondern kann genauso gut prekäre Wissensarbeiter_in sein und es auch berufsbiografisch bleiben, trotz nachweislich hoher Qualifikationen. Gerade wenn man die Dimensionen von Ungleichheit insbesondere in ihrer intersektionalen Verschränkung betrachtet, zeigen sich deutliche Unterschiede in der Einbindung marginalisierter Gruppen. Beispielsweise kann die Frauenbewegung auf eine Erfolgsgeschichte zurückblicken, wenn es um den Zugang von Frauen zur Wissenschaft geht. Obwohl weiterhin offensichtliche hierarchische Differenzen innerhalb des wissenschaftlichen Feldes (Position, Vergütung) zuungunsten von Frauen bestehen, sind geschlechtsspezifische Gleichstellungszugewinne als Resultat politischer Kämpfe und Interventionen unübersehbar und Frauenförderung ist inzwischen institutionalisiert. Dies geschah allerdings auch um den Preis, die Geschlechtergleichheit mit der Rhetorik der wettbewerbsorientierten Hochschule zu vereinen: Gleichheit zwischen Männern und Frauen wird gefördert, wenn sie der Effizienz der Wissenschaft dient. In diesem Diskurs gehen andere Ungleichheiten unter. Zwar wird im Rahmen von Diversity Management auch versucht, Ungleichheiten im Sinne der Verschiedenheit von Personen für die unternehmerische Universität fruchtbar zu machen, allerdings handelt es sich dabei mehr oder weniger um Lippenbekenntnisse. So existieren kaum Programme, Konzepte, Leit- oder Richtlinien, die explizit intersektionale Verschränkungen von beispielsweise Geschlecht und sozialer Herkunft adressieren und die Folgen der daraus resultierenden Ungleichheiten zu kompensieren versuchen.

Die Hochschule reiht sich damit in einen allgemeinen Prekarisierungstrend ein und es können Schließungsprozesse und gesamtgesellschaftliche Verteilungsmechanismen beobachtet werden, die gerade nicht auf mehr Gleichheit deuten. So arbeiten etwa immer weniger Menschen in sozialrechtlich gut abgesicherten Beschäftigungsverhältnissen und immer größere Teile der Bevölkerung partizipieren immer weniger am allgemeinen gesellschaftlichen Reichtum. Unter prekären Umständen ist Teilhabe für einige möglich, aber nur wenigen gelingt es, eine gesicherte Stellung im Wissenschaftssystem zu erreichen. Die prekäre Partizipation verdeckt damit gerade den Umstand, dass sich die Arbeits- und Lebensbedingungen allgemein verschlechtern. Von diesen Entwicklungen ist zwar insbesondere der Mittelbau betroffen, aber auch Professor_innen erhalten immer öfter lediglich befristete Anstellungen, sie müssen sich ebenfalls dem Druck der unternehmerischen Universität beugen und werden Evaluationsverfahren unterzogen, in denen ihre Leistungen nach Maß- und Kennzahlen bewertet werden. Aufgrund des sogenannten Matthäus-Effekts (vgl. Merton 1968) führt diese Wettbewerbsstruktur auch auf professoraler Ebene zu Ungleichheiten: Die Verteilung neuer Mittel erfolgt über eine Beurteilung anhand von Indikatoren, die Leistung ausweisen; diesen Beurteilungskriterien können aber diejenigen leichter genügen, die bereits viele Mittel eingeworben haben. Konkret hat also der Umbau der Universitäten auch dazu geführt, dass mehr Mittel für Forschung eingesetzt wurden. Personell bedeutet dies ein Mehr an befristet angestellten wissenschaftlichen Mitarbeitenden. Das Mehr an Geld hat demnach tatsächlich dafür gesorgt, dass mehr Forschende an der Universität arbeiten und sich qualifizieren können. Die Bedingungen, unter denen dies geschieht, sind aber sehr prekär. Kurzzeitig kann die Wissenschaft mit einer derartigen Prekarisierung durchaus Produktivitätsgewinne erzielen: Der Konkurrenzdruck lässt die Wissenschaftler_innen sehr aktiv werden, sie publizieren, lehren, halten Vorträge und versuchen sich auf jede erdenkliche Weise zu qualifizieren. Zumindest mittel- und langfristig ist Prekarisierung wegen des ständigen Personalwechsels aber mit einem erheblichen Verlust an Wissen verbunden.

Innerhalb des Systems zeigt sich darüber hinaus eine zweite Dimension der Prekarisierung: Die neuen Arbeitsformen verändern auch die Formen der Herrschaft. Die formale bürokratische Herrschaft wird vermehrt durch personelle Macht ersetzt. Nun war dies schon immer zentral für die Wissenschaft. Persönliche Netzwerke sind eine zentrale Voraussetzung dafür, den Verbleib innerhalb der Wissenschaft wahrscheinlicher werden zu lassen. Die immer stärker werdende Konzentration von Macht auf die Professor_innenschaft erhöht deren Bedeutung noch. Netzwerke sorgen schon früh dafür, wer auf die begehrten Stellen oder an die begehrten Standorte kommt. Das Kapital, das an renommierten Standorten erworben wird, ist weit mehr wert und von diesen Standorten aus können Verbindungen zu den wichtigen Playern der Community leichter aufgebaut werden. Kurz: Wer es früh an die renommierten Standorte schafft und gleichzeitig auf Unterstützung durch wichtige und in der Fachcommunity etablierte Mentoren bauen kann, hat bessere Berufsaussichten. Umgekehrt haben diejenigen, die vergleichsweise weniger gut eingebunden und unterstützt werden, schlechtere Karriereaussichten (Rogge 2015).

5 Ausblick und Fazit

Die derzeit in der Wissenschaft zu beobachtenden Veränderungen sind beispielhaft für Entwicklungen, die gegenwärtig auch in anderen Arbeitsbereichen stattfinden. Das Feld Wissenschaft zeigt den Wandel moderner Wissensarbeit und den Umbau, der sich im öffentlichen Dienst allgemein vollzieht. Jedoch ist Wissenschaft auch ein besonderes Arbeitsfeld, das spezifische organisationale und arbeitsinhaltliche Merkmale aufweist. Zu diesen Charakteristika des Feldes gehört insbesondere, dass anspruchsvolle Wissensarbeit mit der Aneignung individueller Qualifikationen verknüpft ist. Bei der Analyse von Prekarisierung und sozialer Ungleichheit im Feld muss gerade dieser besondere Kontext mitreflektiert werden. Im Zuge der gegenwärtigen Wandlungsbewegungen können neben einer zunehmenden Prekarisierung der Beschäftigten gleichzeitig auch partielle Öffnungen beobachtet werden. Es existiert eine Vielzahl politischer Programme, die Ungleichheit thematisieren und problematisieren – wobei insbesondere geschlechtsspezifische Ungleichheit in den Fokus gerückt wird. Als Arbeitsfeld ist Wissenschaft vor allem durch Befristungen, unfreiwillige Teilzeitarbeit, prekäre Selbstständigkeit, aber auch Arbeitsverdichtung und ausgeprägte Hierarchieverhältnisse gekennzeichnet. Auf der anderen Seite handelt es sich um ein Beschäftigungsfeld, das im Hinblick auf die Arbeitsinhalte sehr vielfältig ist. Neben prekären Arbeitsverhältnissen stehen auch solche, die relativ sicher sind und Möglichkeiten der freien Entfaltung und persönlichen Qualifikation bieten.

Was das Verhältnis von Ungleichheit und Prekarisierung angeht, so scheinen sich klassenbasierte Ungleichheiten zu verschärfen. Daran anknüpfend können auch geschlechtsspezifische Ungleichheiten wieder zunehmen. Zurzeit drohen strukturelle Formen der Ungleichheit jedoch zunehmend aus dem Blick geraten, einerseits weil sie politisch und gesellschaftlich gerade nicht im Zentrum von Debatten und Maßnahmen stehen, andererseits aber auch, weil der prekäre Einbezug den Umstand verdeckt, dass der Zugang lediglich bestimmten Gruppen und dies auch nur begrenzt gelingt. So ist in Bezug auf die Gleichstellung von Frauen derzeit eben noch nicht klar, ob sie tatsächlich strukturelle Barrieren überwinden können oder ob sie nach wie vor an einem weiteren Aufstieg scheitern und nur randständige Positionen einnehmen. Derzeitige allgemeine gesellschaftliche Prekarisierungstendenzen können den Prozess der Chancengerechtigkeit, die ein wichtiges Ziel wissenschaftspolitischer Reformen war und ist, konterkarieren, weil Karriere nur denen gelingt, die sich optimal ins Feld einpassen können.

Die Tendenz hin zu kurzfristiger projektbasierter Forschung und einem gesteigerten Wettbewerb fordert von Wissenschaftler_innen den Einsatz einer Vielzahl unterschiedlicher Kapitalien, wenn sie erfolgreich sein wollen. Ständige Arbeitsunterbrechungen und langfristige Planungsunsicherheit müssen privat abgefedert werden. Marginalisierten Gruppen erwachsen dadurch systematisch Nachteile. Wer nicht in der Lage ist, dem Druck und den Anforderungen gerecht zu werden, wird ausgeschlossen oder verlässt das Feld vermeintlich freiwillig. Ausschlüsse verlaufen entlang sozialstruktureller Ungleichheitsdimensionen, die sich in vielfältiger Weise überschneiden. Wen sie treffen, ist aus ungleichheitssoziologischer Sicht keinesfalls zufällig. Zu befürchten ist, dass politische Programme, die beispielsweise Frauen adressieren, intersektionalen Ungleichheiten nicht gerecht werden, sodass sie im Ergebnis nur bestimmte Frauen fördern. Die partiellen Öffnungen der letzten Jahrzehnte innerhalb der Wissenschaft, die sich für Frauen ergeben haben, führen eher dazu, das Ausmaß der Schließungen für untere soziale Klassen aus dem Blick zu verlieren. Die Hochschulen können die Gleichstellungszugewinne für Frauen als Umsetzung des meritokratischen Ideals präsentieren. Auf diese Weise geraten Ungleichheiten, die auf anderen Differenzachsen beruhen, aus dem Fokus der Öffentlichkeit und damit möglicher Kritik und Intervention. Gerade dies stabilisiert aber die Ausschlüsse, die sich aus dem Umbau der Wissenschaft und der Prekarisierung wissenschaftlicher Arbeitsverhältnisse ergeben.

Literatur

Andreß, Hans-Jürgen, & Seeck, Till (2007). Ist das Normalarbeitsverhältnis noch armutsvermeidend? Erwerbstätigkeit in Zeiten deregulierter Arbeitsmärkte und des Umbaus sozialer Sicherungssysteme. *Kölner Zeitschrift für Soziologie und Sozialpsychologie* 59 (3), 459–493.

Aulenbacher, Brigitte (2007). Vom fordistischen Wohlfahrts- zum neoliberalen Wettbewerbsstaat: Bewegungen im gesellschaftlichen Gefüge und in den Verhältnissen von Klasse, Geschlecht und Ethnie. In Cornelia Klinger, Gudrun-Alexi Knapp, & Birgit Sauer (Hrsg.), *Achsen der Ungleichheit. Zum Verhältnis von Klasse, Geschlecht und Ethnizität* (S. 42–55). Frankfurt a. M.: Campus.

Aulenbacher, Brigitte (2009). Die soziale Frage neu gestellt – Gesellschaftsanalysen der Prekarisierungs- und Geschlechterforschung. In Robert Castel, & Klaus Dörre (Hrsg.), *Prekarität, Abstieg, Ausgrenzung. Die soziale Frage am Beginn des 21. Jahrhunderts* (S. 65–77). Frankfurt a. M.: Campus.

Aulenbacher, Brigitte (2011). Frauen, Männer, Prekarität. Vom fordistischen Versprechen auf Wohlstand zur postfordistischen Reproduktionskrise. In Peter Hammerschmidt, & Juliane Sagebiel (Hrsg.), *Die Soziale Frage zu Beginn des 21. Jahrhunderts* (S. 121–136). Neu-Ulm: AG SPAK Bücher.

Baur, Nina (2016). Migration und Wissenschaftskarrieren. Eine figurationssoziologische Perspektive auf das Wechselverhältnis von Ethnizität und Wissenschaft. In Nina Baur, Cristina Besio, Maria Norkus, & Grit Petschick (Hrsg.), *Wissen – Organisation –Forschungspraxis. Der Makro-Meso-Mikro-Link in der Wissenschaft* (S. 673–718). Weinheim, Basel: Juventa.

Berger, Peter A. & Kahlert, Heike (2005). Bildung als Institution: (Re–)Produktionsmechanismen sozialer Ungleichheit. In: Peter A. Berger, & Heike Kahlert (Hrsg.), *Institutionalisierte Ungleichheiten. Wie das Bildungswesen Chancen blockiert* (S. 7–17). Weinheim, München: Beltz Juventa.

Beaufaÿs, Sandra, Engels, Anita, & Kahlert, Heike (2012). *Einfach Spitze? Neue Geschlechterperspektiven auf Karrieren in der Wissenschaft*. Frankfurt a. M.: Campus.

Besio, Cristina, Norkus, Maria, & Baur, Nina (2016). Projekte und Wissenschaft. Der Einfluss temporärer organisationaler Strukturen auf wissenschaftliche Karrieren, Organisationen und Wissensproduktion. In Nina Baur, Cristina Besio, Maria Norkus, & Grit

Petschick (Hrsg.), *Wissen – Organisation –Forschungspraxis. Der Makro-Meso-Mikro-Link in der Wissenschaft* (S. 341–370). Weinheim, Basel: Juventa.
Bourdieu, Pierre (1998). Prekarität ist überall. In Pierre Bourdieu (Hrsg.), *Gegenfeuer, Wortmeldungen im Dienste des Widerstands gegen die neoliberale Invasion* (S. 96–102). Konstanz: UVK.
Bourdieu, Pierre, & Passeron, Jean-Claude (1971). *Die Illusion der Chancengleichheit. Untersuchungen zur Soziologie des Bildungswesens am Beispiel Frankreichs*. Stuttgart: Klett.
Burkhardt, Anke (2016). Professorinnen, Professoren, Promovierte und Promovierende an Universitäten. Leistungsbezogene Vorausberechnung des Personalbedarfs und Abschätzung der Kosten für Tenure-Track-Professuren. https://www.gew.de/fileadmin/media/publikationen/hv/Hochschule_und_Forschung/Broschueren_und_Ratgeber/Personalbedarf_2016_A4_web.pdf. Zugegriffen: 19. Oktober 2017.
Castel, Robert (2000). *Die Metamorphosen der sozialen Frage. Eine Chronik der Lohnarbeit*. Konstanz: UVK.
Castel, Robert (2009). Die Wiederkehr der sozialen Unsicherheit. In Robert Castel, & Klaus Dörre (Hrsg.), *Prekarität, Abstieg, Ausgrenzung. Die soziale Frage am Beginn des 21. Jahrhunderts* (S. 21–35). Frankfurt a. M.: Campus.
Dörre, Klaus (2005). Prekarität – Eine arbeitspolitische Herausforderung. *WSI-Mitteilungen* 58 (5), 250–258. http://www.boeckler.de/wsimit_2005_05_dorre.pdf. Zugegriffen: 19. September 2017.
Dörre, Klaus, Castel, Robert (2009). Einleitung. In Robert Castel, & Klaus Dörre (Hrsg.), *Prekarität, Abstieg, Ausgrenzung. Die soziale Frage am Beginn des 21. Jahrhunderts* (S. 11–18). Frankfurt a. M.: Campus.
Dörre, Klaus, Kraemer, Klaus, & Speidel, Frederic (2004). Prekäre Arbeit: Ursachen, soziale Auswirkungen und subjektive Verarbeitungsformen unsicherer Beschäftigungsverhältnisse. *Das Argument* 43 (3), 378–397.
Grabka, Markus M., & Goebel, Jan (2017). Realeinkommen sind von 1991 bis 2014 im Durchschnitt gestiegen – erste Anzeichen für wieder zunehmende Einkommensungleichheit. *DIW Wochenbericht* 4, 71–82. https://www.diw.de/documents/publikationen/73/diw_01.c.550894.de/17-4-1.pdf. Zugegriffen: 19. September 2017.
Hornbostel, Stefan, & Heise, Saskia (2006). Die Rolle von Drittmitteln in der Steuerung von Hochschulen. In: Christian Berthold (Hrsg.) *Handbuch Wissenschaftsfinanzierung* (S. 1–33). Berlin: Raabe-Verlag.
Hauss, Kalle, Kaulisch, Marc, Zinnbauer, Manuela, Tesch, Jakob, Fräßdorf, Anna, Hinze, Sybille, & Hornbostel, Stefan (2012). *Promovierende im Profil: Wege, Strukturen und Rahmenbedingungen von Promotionen in Deutschland*. Ergebnisse aus dem ProFile-Promovierendenpanel. Berlin: iFQ – Institut für Forschungsinformation und Qualitätssicherung. http://www.forschungsinfo.de/Publikationen/Download/working_paper_13_2012.pdf. Zugegriffen: 19. September 2017.
Hüther, Otto, & Krücken, Georg (2012). Hierarchie ohne Macht? Karriere- und Beschäftigungsbedingungen als „vergessene" Grenzen der organisatorischen Umgestaltung der deutschen Universitäten. In Uwe Wilkesmann, & Christian Schmid (Hrsg.), *Hochschule als Organisation* (S. 27–39). Wiesbaden: VS Verlag.
Jaksztat, Steffen (2014). Bildungsherkunft und Promotionen. Wie beeinflusst das elterliche Bildungsniveau den Übergang in die Promotionsphase? *Zeitschrift für Soziologie* 43 (4), 286–301.

Jongmanns, Georg (2011). *Evaluation des Wissenschaftszeitvertragsgesetzes (WissZeitVG). Gesetzesevaluation im Auftrag des Bundesministeriums für Bildung und Forschung.* Hannover: HIS Hochschul-Informations-System GmbH. http://www.dzhw.eu/pdf/pub_fh/fh-201104.pdf. Zugegriffen: 19. September 2017.

Jungwirth, Ingrid, & Scherschel, Karin (2010). Ungleich prekär – zum Verhältnis von Arbeit, Migration und Geschlecht. In Alexandra Manske, & Katharina Pühl (Hrsg.), *Prekarisierung zwischen Anomie und Normalisierung. Geschlechtertheoretische Bestimmungen* (S. 110–132). Münster: Westfälisches Dampfboot.

Kalina, Thorsten, & Weinkopf, Claudia (2015). Niedriglohnbeschäftigung 2013: Stagnation auf hohem Niveau. IAQ Report 3. http://www.iaq.uni-due.de/iaq-report/2015/report2015-03.pdf. Zugegriffen: 17. Oktober 2017.

Konsortium Bundesbericht Wissenschaftlicher Nachwuchs (2017). *Bundesbericht Wissenschaftlicher Nachwuchs 2017. Statistische Daten und Forschungsbefunde zu Promovierenden und Promovierten in Deutschland.* Bielefeld: W. Bertelsmann Verlag. Online-Version: http://www.buwin.de/dateien/buwin-2017.pdf. Zugegriffen: 19. September 2017.

Kraemer, Klaus (2009). Prekarisierung – jenseits von Stand und Klasse? In Robert Castel, & Klaus Dörre (Hrsg.), *Prekarität, Abstieg, Ausgrenzung. Die soziale Frage am Beginn des 21. Jahrhunderts* (S. 241–252). Frankfurt a. M.: Campus.

Kraemer, Klaus, & Bittlingmayer, Uwe H. (2000). Soziale Polarisierung durch Wissen. Zum Wandel der Arbeitsmarktchancen in der „Wissensgesellschaft". In Peter A. Berger, & Dirk Konietzka (Hrsg.), *Die Erwerbsgesellschaft. Neue Ungleichheiten und Unsicherheiten* (S. 313–329). Wiesbaden: VS Verlag.

Krais, Beate (2000). Das soziale Feld Wissenschaft und die Geschlechterverhältnisse. In Beate Krais (Hrsg.), *In Wissenschaftskultur und Geschlechterordnung. Über die verborgenen Mechanismen männlicher Dominanz in der akademischen Welt* (S. 31–54). Frankfurt a. M.: Campus.

Laufenberg, Mike (2016). Soziale Klassen und Wissenschaftskarrieren. Die neoliberale Hochschule als Ort der Reproduktion sozialer Ungleichheit. In Nina Baur, Cristina Besio, Maria Norkus, & Grit Petschick (Hrsg.), *Wissen – Organisation –Forschungspraxis. Der Makro-Meso-Mikro-Link in der Wissenschaft* (S. 580–625). Weinheim, Basel: Juventa.

Lenger, Alexander (2008). *Die Promotion. Ein Reproduktionsmechanismus sozialer Ungleichheit.* Konstanz: UVK.

Lorey, Isabell (2010). Prekarisierung als Verunsicherung und Entsetzen. Immunisierung, Normalisierung und neue Furcht erregende Subjektivierungsweisen. In Alexandra Manske, & Katharina Pühl (Hrsg.), *Prekarisierung zwischen Anomie und Normalisierung. Geschlechtertheoretische Bestimmungen* (S. 48–81). Münster: Westfälisches Dampfboot.

Lorey, Isabell (2012). *Die Regierung der Prekären.* Berlin, Wien: Turia + Kant.

Manske, Andrea (2007). *Prekarisierung auf hohem Niveau. Eine Feldstudie über Allein-Unternehmer in der IT-Branche.* München und Mering: Rainer Hampp Verlag.

Mayer-Ahuja, Nicole (2003). *Wieder dienen lernen? Vom westdeutschen „Normalarbeitsverhältnis" zu prekärer Beschäftigung.* Berlin, Göttingen: Edition Sigma.

Mayer-Ahuja, Nicole (2011). *Jenseits der „neuen Unübersichtlichkeit". Annäherung an Konturen der gegenwärtigen Arbeitswelt.* Göttingen: Soziologisches Forschungsinstitut Göttingen (SOFI) an der Georg-August-Universität. http://nbn-resolving.de/urn:nbn:de:0168-ssoar-283042. Zugegriffen: 19. September 2017.

Merton, Robert K. (1968). The Matthew Effect in Science. *Science* 159 (3810), 56–63.
Middendorff, Elke, Apolinarski, Beate, Poskowsky, Jonas, Kandulla, Maren, & Netz, Nicolai (2013). *Die wirtschaftliche und soziale Lage der Studierenden in Deutschland 2012. 20. Sozialerhebung des Deutschen Studentenwerks durchgeführt durch das HIS-Institut für Hochschulforschung*, hrsg. vom Bundesministerium für Bildung und Forschung. Bonn: Bundesministerium für Bildung und Forschung.
Moldaschl, Manfred, & Voß, G. Günter (2003). *Subjektivierung von Arbeit.* München, Mering: Hampp.
Möller, Christina (2013). Wie offen ist die Universitätsprofessur für soziale Aussteigerinnen und Aufsteiger? *Soziale Welt* 64 (4), 341–360.
Möller, Christina (2017). Der Einfluss der sozialen Herkunft in der Professorenschaft. Entwicklungen – Differenzierungen – intersektionale Perspektiven. In Julian Hamann, Jens Maeße, Vincent Gengnagel, & Alexander Hirschfeld (Hrsg.), *Macht in Wissenschaft und Gesellschaft. Diskurs- und feldanalytische Perspektiven* (S. 113–139). Wiesbaden: Springer.
Mückenberger, Ulrich (1985). Die Krise des Normalarbeitsverhältnisses – hat das Arbeitsrecht noch Zukunft? *Zeitschrift für Sozialreform* 31, 415–434.
Münch, Richard (2011). *Akademischer Kapitalismus. Zur Politischen Ökonomie der Hochschulreform.* Berlin: Suhrkamp.
Nickel, Hildegard M. (2009). Die „Prekarier" – eine soziologische Kategorie? Anmerkungen aus einer geschlechtersoziologischen Perspektive. In Robert Castel, & Klaus Dörre (Hrsg.), *Prekarität, Abstieg, Ausgrenzung. Die soziale Frage am Beginn des 21. Jahrhunderts* (S. 209–218). Frankfurt a. M.: Campus.
Pimminger, Irene (2012). *Armut und Armutsrisiken von Frauen und Männern.* Herausgegeben von der Agentur für Gleichstellung im ESF im Auftrag des Bundesministeriums für Arbeit und Soziales. Berlin: Agentur für Gleichstellung im ESF. Online-Version: http://esf-gleichstellung.de/fileadmin/data/Downloads/Aktuelles/expertise_armut.pdf. Zugegriffen: 17. Oktober 2017.
Rhein, Thomas (2013). *Deutsche Geringverdiener im europäischen Vergleich.* IAB Kurzbericht 15. Online-Version: http://doku.iab.de/kurzber/2013/kb1513.pdf. Zugegriffen: 17. Oktober 2017.
Rogge, Jan-Christoph (2015). The winner takes it all? Die Zukunftsperspektiven des wissenschaftlichen Mittelbaus auf dem akademischen Quasi-Markt. *Kölner Zeitschrift für Soziologie und Sozialpsychologie* 67 (4), 685–707.
Sander, Nadine (2012). *Das akademische Prekariat. Leben zwischen Frist und Plan.* Konstanz: UVK.
Solga, Heike (2005). Meritokratie – die moderne Legitimation ungleicher Bildungschancen. In Peter A. Berger, & Heike Solga (Hrsg.), *Institutionalisierte Ungleichheiten. Wie das Bildungswesen Chancen blockiert* (S. 19–38), Weinheim: Beltz Juventa.
Spannagel, Dorothee, & Seils, Eric (2014). Armut in Deutschland wächst – Reichtum auch. WSI-Verteilungsbericht 2014. *WSI Mitteilungen* 8: 620–627. Online-Version: https://www.boeckler.de/wsimit_2014_08_spannagel.pdf. Zugegriffen: 17. Oktober 2017.
Statistisches Bundesamt (2005). *Nichtmonetäre hochschulstatistische Kennzahlen.* Fachserie 11, Reihe 4.3.1, 1980–2003. Wiesbaden: Statistisches Bundesamt.

Statistisches Bundesamt (2016a). Arbeitsmarkt auf einen Blick. Deutschland und Europa. Wiesbaden: Statistisches Bundesamt. https://www.destatis.de/DE/Publikationen/Thematisch/Arbeitsmarkt/Erwerbstaetige/BroeschuereArbeitsmarktBlick0010022169004.pdf?__blob=publicationFile. Zugegriffen: 17. Oktober 2017.

Statistisches Bundesamt (2016b). *Hochschulen auf einen Blick*. Wiesbaden: Statistisches Bundesamt. Online-Version: https://www.destatis.de/DE/Publikationen/Thematisch/BildungForschungKultur/Hochschulen/BroschuereHochschulenBlick0110010167004.pdf?__blob=publicationFile. Zugegriffen: 17. Oktober 2017.

Statistisches Bundesamt (2016c). *Personal an Hochschulen 2015*. Fachserie 11, Reihe 4.4, Wiesbaden: Statistisches Bundesamt.

Statistisches Bundesamt (2016d). *Promovierende in Deutschland Wintersemester 2014/2015*. Wiesbaden: Statistisches Bundesamt. Online-Version: https://www.destatis.de/DE/Publikationen/Thematisch/BildungForschungKultur/Hochschulen/Promovierende5213104149004.pdf?__blob=publicationFile. Zugegriffen: 17. Oktober 2017.

Statistisches Bundesamt (2016e). *Nichtmonetäre hochschulstatistische Kennzahlen*. Fachserie 11, Reihe 4.3.1, 1980–2015. Wiesbaden: Statistisches Bundesamt.

Statistisches Bundesamt (2017a). *Studierende*. https://www.destatis.de/DE/ZahlenFakten/Indikatoren/LangeReihen/Bildung/lrbil01.html. Zugegriffen: 19. September 2017.

Statistisches Bundesamt (2017b). *Anteil atypischer Beschäftigung unverändert bei 21%*. Pressemitteilung Nr. 281 vom 16.08.2017. https://www.destatis.de/DE/PresseService/Presse/Pressemitteilungen/2017/08/PD17_281_12211.html. Zugegriffen: 17. Oktober 2017.

Statistisches Bundesamt (2017c). Frauenanteile. Akademische Laufbahn. https://www.destatis.de/DE/ZahlenFakten/GesellschaftStaat/BildungForschungKultur/Hochschulen/Tabellen/FrauenanteileAkademischeLaufbahn.html. Zugegriffen: 17. Oktober 2017.

Statistisches Bundesamt (2017d). *Statistisches Jahrbuch 2017*. Wiesbaden: Statistisches Bundesamt.

Vester, Michael (2006). Die ständische Kanalisierung der Bildungschancen. In Werner Georg (Hrsg.), *Soziale Ungleichheit im Bildungssystem* (S. 13–54). Konstanz: UVK.

Vogt, Gerhard (2014). Der Druck wächst. Drittmittelfinanzierung der Hochschulen. *Forschung und Lehre* 21, 96–98.

Zwischen Exzellenz und Prekarität. Über den Wettbewerb und die bedingte Öffnung der Universitäten für Wissenschaftlerinnen

Birgit Riegraf

Gegenwärtig ist eine Reihe von aktuellen Untersuchungen in der Diskussion, die Wissenschaft auch aus einer historischen Perspektive als exklusives und im hohen Maße prekäres Beschäftigungsfeld ausweisen (z. B. Möller 2015; Graf 2015; Aulenbacher et al. 2016). Sie zeigen unter anderem, dass wissenschaftliche Karrieren in Deutschland noch stärker durch Unsicherheiten geprägt sind als in anderen Ländern (Aulenbacher et al. 2015): Da die Anzahl der Professuren begrenzt ist und es in Deutschland unterhalb der Professur kaum Stellen in einem festen Beschäftigungsverhältnis gibt, ist der Ausgang dieses Karriereweges recht offen und ungewiss. Wissenschaftler_innen sind damit über einen sehr langen Zeitraum einem „System permanenter Bewährungsproben" (Boltanski und Chiapello 2003, S. 68–88) ausgesetzt. In den letzten Jahren wurden die Wissenschaftssysteme im europäischen Raum insgesamt wiederum grundlegenden Veränderungsprozessen unterworfen, die im Kontext tief greifender gesamtgesellschaftlicher Transformationen zu analysieren sind und in den Sozialwissenschaften unter dem Schlagwort ‚Ökonomisierung' gefasst werden (z. B. Schimank und Volkmann 2008; Dörre 2009; Boltanski und Chiapello 2003; Aulenbacher et al. 2016). Im Diskurs über das wissenschaftliche Feld werden die Entwicklungen wiederum unter dem Stichwort ‚Entrepreneurial University'

Viele der folgenden Überlegungen sind in einem sehr lebendigen und äußerst konstruktiven Forschungskontext entstanden. Der Dank geht an Brigitte Aulenbacher und Kristina Binner von der Universität Linz sowie Lena Weber von der Universität Paderborn.

B. Riegraf (✉)
Paderborn, Deutschland
E-Mail: briegraf@mail.upb.de

© Springer Fachmedien Wiesbaden GmbH 2018
M. Laufenberg et al. (Hrsg.), *Prekäre Gleichstellung*,
https://doi.org/10.1007/978-3-658-11631-6_10

aufgenommen (Aulenbacher et al. 2016; Weber 2017). In diesen Transformationsprozessen verbindet sich die Einführung von für das deutsche Wissenschaftssystem bis dahin unbekannten Konkurrenz- und Wettbewerbsverfahren in neuer Weise mit Mechanismen der In- und Exklusion sowie der Prekarisierung von Beschäftigungsverhältnissen. Mit der Einführung dieser neuen Organisations- und Steuerungsprinzipien wird erklärtermaßen das Ziel verfolgt, ‚Exzellenz' in Wissenschaft und Forschung zu erhöhen, um in der internationalen Konkurrenz bestehen zu können. Dabei konzentrieren sich die gegenwärtigen Debatten um ‚Exzellenz' in Deutschland im Wesentlichen auf die sogenannten Exzellenzinitiativen. Auffällig ist, dass sich mit den Reformen, die in den 2005 zum ersten Mal eingeführten Exzellenzinitiativen Gestalt annehmen, die Unsicherheiten von Beschäftigungsverhältnissen (Matthies 2005) und wissenschaftlichen Karrieren (IEKE 2016) insgesamt weiter zuspitzen. Auch geht damit ein weiterer bemerkenswerter und historisch einmaliger Prozess einher: Das Wissenschaftssystem, das sich ursprünglich als „world without women" (Noble 1992) gründete und sich jahrhundertelang erfolgreich gegenüber Wissenschaftlerinnen abschottete, gewährt in den letzten Jahren vermehrt auch Frauen Zugang (Weber 2017; European Commission 2013).

Der Beitrag setzt an dieser Diagnose an und arbeitet heraus, wie sich die an dieser Stelle lediglich knapp angedeuteten Prozesse der Transformation von Wissenschaft mit Ungleichheiten und Prekarität im Wissenschaftssystem verbinden und was die bedingte Öffnung der Universitäten gegenüber Wissenschaftlerinnen damit zu tun hat. Wie wirken sich die Verschiebungen im Wissenschaftssystem in den letzten Jahrzehnten auf den Zusammenhang von In- und Exklusion, Prekarität und Geschlechterungleichheit aus? Was bedeutet die Betonung von ‚Exzellenz' im Wissenschaftssystem für die Integration von Wissenschaftlerinnen? Oder anders gefragt: Wird ‚Exzellenz' zum neuen Instrument der Exklusion von Wissenschaftlerinnen? Wie sind die Prozesse der In- und Exklusion, Prekarisierung und Geschlechter(un)gleichheit sowie der Betonung von ‚Exzellenz' in der Zusammenschau zu bewerten?

1 Wissenschaftler_innen und Prekarität

Infolge politisch initiierter Quasi-Märkte und forschungsbezogener Wettbewerbsprogramme wie der Exzellenzinitiative konkurrieren Wissenschaftsorganisationen in einer für das deutsche Wissenschaftssystem neuen Weise verstärkt um personelle und finanzielle Ressourcen sowie um Reputation. Dabei fällt auf, dass der nicht genuin wissenschaftsimmanente Begriff der ‚Exzellenz' erst mit der Einführung von markt- und betriebswirtschaftlichen Organisations- und Steuerungsprinzipien systematisch Eingang in die deutsche Wissenschafts- und Hochschullandschaft fand, worauf Ulrich Bröckling (2010) hinweist (vgl. auch Gruhlich et al. 2012).

Für die Universitäten insgesamt, aber auch für die einzelnen Wissenschaftler_innen wird die Drittmittelakquise schon deshalb immer wichtiger, weil gleichzeitig die Grundfinanzierungen der Universitäten abgesenkt worden sind. Über die Einwerbung von materiell gut ausgestatteten und hoch angesehenen Drittmittelprojekten erhöhen Universitäten somit nicht nur ihre Reputation im Wissenschaftsfeld, sondern sie können und müssen sich auch immer mehr darüber finanzieren. Im Zuge dieser Entwicklung bleibt es teilweise bei den bereits bekannten Ausdifferenzierungen und Aufspaltungen, zugleich entstehen aber ganz neue Segmentierungen und Segregationen, in deren Folge die Hierarchie zwischen Wissenschaftsorganisationen, zwischen Professor_innen und zwischen Stellenkategorien neu ausgehandelt wird. In diesen Aushandlungsprozessen bildet die sozial konstruierte Vorstellung von ‚Exzellenz' den Maßstab.

Entlang von wettbewerblich organisierten Drittmittelprogrammen wie der Exzellenzinitiative wird in einer Universitätslandschaft, die bislang vergleichsweise wenige Hierarchisierungen zwischen den Universitäten kennt, deutlich zwischen einigen wenigen ‚exzellenten' und einer weitaus größeren Anzahl weniger ‚exzellenten' Universitäten differenziert; letztere sind materiell schlechter ausgestattet und ihnen wird im Vergleich der Universitäten weit weniger Reputation zugeschrieben. Was unter ‚Exzellenz' zu verstehen ist variiert dabei in den verschiedenen Programmen zwar durchaus, grundsätzlich orientieren sich die Definitionen jedoch mehr oder weniger an einem Wissenschaftsverständnis, das den Gepflogenheiten der Natur-, Ingenieur- und Technikwissenschaften entgegenkommt. Entsprechend stark werden Drittmitteleinwerbung und eher quantitative Kriterien wie Publikations- und Zitationsmaße gewichtet (Schacherl et al. 2007). Diese unterschiedliche Anschlussfähigkeit der Begriffsbestimmungen von ‚Exzellenz' an die Disziplinen führt zu einer weiteren Aufwertung der Natur-, Ingenieur- und Technikwissenschaften gegenüber den Sozial-, Geistes- und Kulturwissenschaften, die ohnehin weniger drittmittelstark und deshalb von vornerein in einer weniger günstigen Ausgangslage sind.

Die Hochschulreformen der letzten Jahre haben darüber hinaus auch den Wettbewerb zwischen den Professor_innen innerhalb der einzelnen Wissenschaftsorganisationen intensiviert. So können die im Zuge der Reformen reduzierten Grundgehälter durch einen leistungsbezogenen Zuschlag angehoben werden, der in Verhandlungen zwischen der Hochschulleitung und den einzelnen Professor_innen nach ‚Exzellenzkriterien' festgelegt, in universitätsinternen Ziel- und

Leistungsvereinbarungen schriftlich fixiert und befristet gewährt wird. In der Regel werden die Ziel- und Leistungsvereinbarungen dann alle fünf Jahre von der Hochschulleitung evaluiert. Ein ganz wesentliches Kriterium bei der Neuaushandlung der Besoldung und bei der Zuschreibung von Erfolg und damit letztlich ‚Exzellenz' nach fünf Jahren ist die Drittmittelakquise. Einige Universitäten sind inzwischen dazu übergegangen, bei Erstberufungen selbst eine Professur zunächst befristet zu besetzen und erst nach einer ebenfalls meist fünfjährigen Bewährungszeit zu entscheiden, ob eine Entfristung vorgenommen wird. Diese Entwicklungen führen zusammengenommen zu einer weiteren Ausdifferenzierung zwischen ‚exzellenten' und weniger ‚exzellenten' Professor_innen sowie zwischen befristet und unbefristet Beschäftigten. Unter Bedingungen, in denen Zuweisungen von ‚Exzellenz' eng mit der Akquise von reputierlichen Drittmitteln und weniger mit herausragenden Leistungen in der Lehre verbunden sind, erhalten diejenigen eher höhere materielle Zulagen, die ein hohes Drittmittelaufkommen vorweisen. Sie können sich damit zukünftig größere Handlungsspielräume eröffnen als diejenigen, die sich wiederum stärker in der Lehre engagieren. Dass weniger ‚exzellente' Wissenschaftsorganisationen in einem Wettbewerb um Professor_innen, denen bereits ‚Exzellenz' zugeschrieben wird, gegenüber sowohl materiell als auch in Bezug auf Reputation besser ausgestatteten Universitäten das Nachsehen haben, ist in diesem Prozess ebenfalls angelegt. Sowohl auf der Ebene der Organisation als auch auf der Ebene der einzelnen Professuren dürfte der sogenannte Matthäus-Effekt, also die sich selbst verstärkende Anhäufung von Ansehen, deutlich durchschlagen. Dasselbe gilt allerdings auch für den umgekehrten Mechanismus des „Wer nichts hat, dem wird noch genommen", der Margaret W. Rossiter (2003) zufolge vorwiegend bei Frauen greift. Dieser sogenannte Matilda-Effekt spielt demnach eine wichtige Rolle bei der Verdrängung und Leugnung der Leistung von Wissenschaftlerinnen in der Forschung. Rossiter gibt damit zugleich einen ersten Hinweis auf einen möglichen geschlechterbezogenen Effekt bei der Betonung von ‚Exzellenz'.

Entgegen dem meritokratischen Selbstverständnis von Wissenschaft vollziehen sich sowohl die Entstehung wissenschaftlicher Leistungen wie auch die Definition und die Zuschreibung von ‚Exzellenz' in einem von Macht- und Herrschaftsdimensionen durchzogenen Raum. Untersuchungen verweisen immer wieder darauf, dass Wissenschaftlerinnen Schwierigkeiten haben, Anerkennung für ihre wissenschaftliche Arbeit zu erhalten (Überblick bei Lind 2004). Zwar scheinen die Diskriminierungsformen mittlerweile ‚diskreter' (Metz-Göckel 2009) geworden zu sein, sie sind deshalb aber nicht minder bedeutsam, wie auch die Studie von Zimmer et al. (2007) bestätigt. Demnach musste ein Großteil der befragten Wissenschaftlerinnen bereits Erfahrungen mit versagter Anerkennung machen und über die Hälfte der Professorinnen (51 %) äußerte den Eindruck, mehr als ihre Kollegen leisten zu müssen, um anerkannt zu werden. Die überwiegende Mehrheit der Kollegen (75 %) teilt diese Wahrnehmung und Erfahrung hingegen nicht (ebd., S. 166). Auch Sandra Beaufaÿs (2003) verweist in ihren Untersuchungen darauf, dass in die vielfältigen Anerkennungsprozesse der Scientific Community Verzerrungen bei der Wahrnehmung zwischen männlichen und weiblichen Leistungen einfließen, die Wissenschaftlerinnen benachteiligen. Wie am Beispiel des Publikationsoutputs illustriert werden kann, ist die Beurteilung, Messung und Zuweisung von ‚Exzellenz' nicht frei von einem Gender Bias. In einer bereits vor etlichen Jahren veröffentlichten und seither viel zitierten Studie zeigten Christine Wennerås und Agnes Wold (1997), dass Frauen der Zugang zu relevanten wissenschaftlichen Zeitschriften dadurch erschwert wird, dass Entscheidungsgremien einseitig mit männlichen Gutachtern besetzt oder unterschiedliche Standards an die Geschlechter angelegt werden (vgl. hierzu auch Schacherl et al. 2007).

Unter den gegenwärtigen Rahmenbedingungen erlangen sowohl die Universitäten insgesamt wie auch die einzelnen Wissenschaftler_innen mehr Reputation, wenn sie sich auf Forschung und Drittmittelakquise und nicht auf die Lehre ausrichten, ‚exzellente' Wissenschaftler_innen verfügen über bessere Ausgangsbedingungen als ihre als weniger ‚exzellent' eingestuften Kolleg_innen, die Anforderungen der einzelnen Wissenschaftsorganisationen werden professionellen Standards gegenüber zusehends aufgewertet (Schimank 2005). Es fällt auf, dass diese und andere Prozesse der Differenzierung und Hierarchisierung zwischen forschungsstarken und ‚exzellenten' sowie weniger forschungsstarken und weniger ‚exzellenten' Universitäten und Wissenschaftler_innen mit all ihren Folgen zu einem Zeitpunkt stattfinden, an dem Wissenschaftlerinnen historisch gesehen zwar noch immer auf niedrigem Niveau, aber doch vermehrt Spitzenpositionen im Wissenschaftssystem einnehmen. In Deutschland waren 2015 etwa 23 % der Universitätsprofessuren mit Frauen besetzt (Statistisches Bundesamt 2016); allerdings nimmt der Anteil in der höchsten Besoldungsgruppe (C4/W3) ab (GWK 2014, S. 20) und es gibt erhebliche Unterschiede zwischen den Disziplinen: Die höchsten Frauenquoten verzeichneten die Geisteswissenschaften (36 %) sowie der Bereich Kunst und Kunstwissenschaft (32 %), die niedrigsten Quoten sind in den Technik-, Ingenieur- und Naturwissenschaften zu finden (Statistisches Bundesamt 2016), also in den Bereichen, die unter den Bedingungen der Entrepreneurial University weiter im Aufwind sind. Wie verbindet sich diese Entwicklung mit der Unsicherheit der Beschäftigung und der Karrierewege?

2 Der prekäre wissenschaftliche Mittelbau

Verglichen mit Ländern wie Frankreich, England oder Schweden gibt es in Deutschland besonders viele befristet Beschäftigte (Konsortium Bundesbericht Wissenschaftlicher Nachwuchs 2013, S. 82). Diese Tendenz hat sich im Zuge der Exzellenzinitiative nochmals verstärkt. Am Beispiel der Exzellenzinitiative kann verdeutlicht werden, wie sich Exzellenzanforderungen und -zuweisungen mit der Zunahme und Intensivierung von riskanten Beschäftigungsformaten und weiteren Unsicherheitsmomenten verkoppeln. In ihrer Evaluation der Exzellenzinitiative kommt die sogenannte Imboden-Kommission 2016 zu dem Ergebnis, dass die Zahl der (häufig sehr kurzzeitig) befristeten Stellen unterhalb der Professur an den Universitäten in der ersten Exzellenzinitiative kontinuierlich gestiegen ist. Besonders durch die Zunahme von Projektstellen verschärft sich die „Flaschenhalsproblematik", die darin besteht, dass „einer hohen Zahl qualifizierter und befristet angestellter Nachwuchswissenschaftler/innen eine geringe Zahl von Professuren bzw. sonstiger Dauerstellen gegenübersteht" (IEKE 2016, S. 27). Die Kommission kommentiert diese Entwicklung sehr deutlich: „Die Situation ist insofern nicht ganz frei von Zynismus, als die Universitäten immens davon profitieren, dass sich eine große Zahl junger Menschen darauf einlässt – in der Hoffnung auf eine akademische Karriere – die produktivsten Jahre ihres Lebens auf schlecht bezahlten und befristeten PostDoc-Stellen zu verbringen" (ebd., S. 26). Andere Untersuchungen bestätigen die Erkenntnisse der aus internationalen Expert_innen zusammengesetzten Imboden-Kommission, wonach der wissenschaftliche Mittelbau zunehmend von materieller Unsicherheit betroffen ist (Rogge 2015; Dörre und Neis 2008; Grühn et al. 2009). Die Entwicklungen hin zur Entrepreneurial University und alle diesen Prozess begleitenden Exzellenzanforderungen und -zuweisungen verschlechtern die ohnehin prekäre Beschäftigungssituation unterhalb der Lebenszeitprofessur und lassen den Weg zur Professur von den Anforderungen her noch verdichteter und so insgesamt noch selektiver, unsicherer und widersprüchlicher werden.

Auch wenn sich heute nicht mehr alle Disziplinen in gleicher Weise daran orientieren, war die Habilitation als weitere Qualifikationsarbeit nach der Dissertation im deutschen Karrieresystem über lange Zeit regelmäßig Voraussetzung für die Berufung auf eine Professur. Beschäftigungsformate unterhalb der Professur waren deshalb schon in der Vergangenheit formal befristete Qualifikationsstellen. Dass sich diese Befristungspraxis für Männer und Frauen unterschiedlich auswirkt, zeigt beispielsweise eine Studie über deutsche Universitäten. Demnach sind zwar beide Geschlechter auf einem ähnlich hohen Niveau – nämlich 77 %

der Männer und 80 % der Frauen (Metz-Göckel et al. 2010, S. 14) – im Rahmen befristeter Beschäftigungsverhältnisse angestellt. Im Beschäftigungsausmaß zeigen sich jedoch gravierende geschlechterbezogene Unterschiede: Im wissenschaftlichen Mittelbau besetzen mit 59 % weit mehr Frauen Teilzeitstellen als Männer, die dort lediglich mit 38 % vertreten sind (ebd., S. 15).

Bei den wissenschaftlichen Qualifikationsstellen gilt inzwischen die sogenannte ‚2 × 6-Jahre-Regel', der zufolge Wissenschaftler_innen sowohl in der Promotions- als auch in der Postdoc-Phase bis zur Bewältigung der jeweils nächsten Qualifikationsstufe jeweils maximal sechs Jahre (insgesamt zwölf Jahre)[1] an einer Universität beschäftigt sein können. Eine weitere befristete Beschäftigung ist an die Einwerbung von Drittmittelprojekten gebunden. Dass die Befristungspraxis zur Bewährungsprobe wird, lässt sich auch an der Konstruktion des Stellenformats ‚Juniorprofessur' verdeutlichen. Sie ist der Professur formal gleichgestellt und soll Wissenschaftler_innen möglichst frühzeitig eigenständige Forschungsaktivitäten erlauben. Im Rahmen einer sechsjährigen Bewährungsprobe sollen Juniorprofessor_innen Leistungen in der Forschung erbringen, die habilitationsäquivalent sind, also eine Habilitation ersetzen können. Weiterhin müssen sie Lehrveranstaltungen abhalten und in universitären Gremien mitarbeiten. In der Regel sind zwei positive Evaluierungen erforderlich, die üblicherweise hochschulintern organisiert sind. Ob und in welcher Form nach den erfolgreich durchlaufenen sechs Jahren eine Festanstellung im Rahmen eines ‚Tenure-Track' ermöglicht wird, also der Chance, nach einer befristeten Bewährungszeit eine Lebenszeitprofessur zu erhalten, bleibt der Entscheidung der einzelnen Universitäten überlassen. Insbesondere für Wissenschaftlerinnen, die in dieser auch als ‚Rushhour des Lebens' bezeichneten biografischen Phase immer noch häufiger als ihre Kollegen familiären Verpflichtungen nachkommen, wird es immer schwieriger, die familialen und wissenschaftlichen Anforderungen während dieser sich lange hinziehenden Bewährungsproben gleichzeitig zu bewältigen.

Die Veränderungsprozesse im Wissenschaftssystem sind mit der Einführung neuer Beschäftigungsformate wie der ‚Lehrkraft für besondere Aufgaben' verbunden. Weil es immer mehr Stellenkategorien gibt, werden die universitären Beschäftigungsverhältnisse in den letzten Jahren immer uneinheitlicher und unübersichtlicher, was die Laufbahn- und Lebensplanung vor allem für den Mittelbau weiter erheblich erschwert. Die Imboden-Kommission empfiehlt angesichts

---

[1]Dies gilt mit Ausnahme der Medizin, wo nach einer Promotion eine befristete Beschäftigung von neun Jahren möglich ist.

der wachsenden Prekarität des Mittelbaus, die durch die Exzellenzinitiative mit befördert wurde, das Ziel der Nachwuchsförderung und das Instrument der Graduiertenschulen ganz aus der zweiten Runde der Exzellenzinitiative zu streichen und durch Programme zu ersetzen, die mehr Planbarkeit und Sicherheit für den Mittelbau ermöglichen (IEKE 2016, S. 35 ff.). Die Wissenschaftseinrichtungen und Ministerien haben diesen Streichungsvorschlag übernommen und planen, anstelle von reinen Projektstellen durch Sonderprogramme finanzierte Tenure-Track-Stellen zu schaffen. Da es sich dabei um verhältnismäßig wenige Stellen (es ist von ca. 1000 die Rede) handelt, lässt sich auf diese Weise die auf Dauer angelegte Förderung bei einer kleinen Gruppe auserwählter Nachwuchsforscher_innen bündeln, während die prekäre Lage der derzeit insgesamt 145.000 auf befristeten Mittelbaustellen arbeitenden anderen Wissenschaftler_innen fortbesteht.

3 Wissenschaftlerinnen und Exzellenzförderung

Die skizzierten Ausdifferenzierungen, die mit den Neuaushandlungen der universitären Hierarchien einhergehen, nehmen im Wissenschaftssystem bei denjenigen Stellenformaten konkrete Gestalt an, bei denen Forschung und Lehre entkoppelt sind. Dies ist beispielsweise bei der in aller Regel befristet angestellten ‚Lehrkraft für besondere Aufgaben' der Fall. Je nach Bundesland sind diese Stellen mit einem Lehrdeputat von 12 bis 16, an Fachhochschulen sogar bis zu 24 Semesterwochenstunden versehen. Aufgrund ihrer umfangreichen Lehrverpflichtungen sind diese Lehrkräfte kaum in der Lage, innerhalb ihrer regulären Arbeitszeit eigene Forschungen zu betreiben, und können sich deshalb im zunehmend forschungsorientierten Wissenschaftsbereich nur unter erheblichen zusätzlichen zeitlichen und emotionalen Anstrengungen durchsetzen. Die Unsicherheiten wissenschaftlicher Karrieren nehmen durch solche Stellenkategorien zu. Dies gilt zwar grundsätzlich für beide Geschlechter, allerdings stellt sich das Problem für die Mehrzahl der Wissenschaftlerinnen nochmals verschärft dar.

Auf ihren wenig reputierlichen Stellen müssen die Lehrkräfte für besondere Aufgaben die hohen Lehrdeputate erfüllen, während sie sich gleichzeitig im Sinne ihrer zukünftigen Karrierebestrebungen an professionellen Normen der Scientific Community orientieren sollen, die ‚exzellente' Forschungs- und Publikationsleistungen verlangen. Da diese Stellenformate im deutschsprachigen Raum noch vergleichsweise neu sind, liegen bisher noch kaum aussagekräftige Befunde über ihre geschlechtsspezifischen Implikationen vor. Ein Blick auf Studien aus dem britischen Wissenschaftskontext zeigt jedoch, dass lehrintensive Stellen vermehrt von Frauen besetzt werden, was ihnen im weiteren Karriereverlauf den Zutritt zu forschungsträchtigen ‚premier league' Jobs erschwert (Thomas und Davies 2002).

Wissenschaftler_innen auf solchen Stellen können in ihrem Arbeitsalltag kaum forschen, anspruchsvolle Artikel schreiben oder Drittmittelakquise betreiben, was für ihren weiteren Karriereweg in die Wissenschaft aber zentral ist. Sie sind daher darauf angewiesen, einen Teil dieser Tätigkeiten ‚contra the job' auf Abende, Wochenenden oder Feiertage zu verlagern. Damit hängt die Möglichkeit, die professionellen Anforderungen und die Kriterien wissenschaftlicher ‚Exzellenz' zu erfüllen, zunehmend vom außeruniversitären Umfeld ab und betrifft die gesamte Lebensführung von Wissenschaftler_innen (Aulenbacher und Riegraf 2011). Die Lebensarrangements von Wissenschaftlerinnen und Wissenschaftlern auf Spitzenpositionen unterscheiden sich jedoch immer noch erheblich. Professoren sind in Deutschland mit 91 % deutlich häufiger verheiratet als ihre Kolleginnen (66 %). Hochschullehrer leben nach wie vor am häufigsten in traditionellen Paararrangements und sind im Vergleich zu ihren Kolleg_innen von der Sorge um Kindererziehung und -betreuung eher entlastet. In einer Befragung gaben 66 % der Wissenschaftler in Deutschland an, die Betreuung ihrer Kinder werde von den Partnerinnen übernommen (Zimmer et al. 2007, S. 148; vgl. auch Buchholz 2004). Im Kontrast dazu sahen sich nur 8 % der deutschen Professorinnen durch ihren Partner bei der Kinderbetreuung entlastet (Zimmer et al. 2007, S. 148). Diese ungleichen und geschlechtsspezifischen familiären Arbeitsteilungen führen bei Wissenschaftlerinnen häufiger zu Mehrfachbelastungen, die sich als hinderlich für ihre Bestrebungen erweisen können, die Kriterien wissenschaftlicher ‚Exzellenz' zu erfüllen. Und so verwundert es nicht, dass Wissenschaftlerinnen im deutschen System noch stärker als in anderen Ländern auf dem Weg zur Professur vor allem in der Postdoc-Phase ‚verloren' gehen, fällt doch diese beruflich besonders unsichere Zeit typischerweise mit der Zeit der Familienplanung zusammen. Eine Gleichstellungsbeauftragte, die im Rahmen eines Forschungsprojekts zu ‚Exzellenz' befragt wurde, benannte die in der Postdoc-Phase entstehenden Probleme folgendermaßen: „Also Frauen geraten gerade in dieser Phase in das Loch der ‚leaky pipeline'[2], die wirkt dann in dieser Phase ja am stärksten, das wissen wir ja alle und da sind wir eigentlich am allerschlechtesten."[3]

---

[2]Leaky pipeline bezeichnet das Phänomen, dass sich die Zahl der Wissenschaftlerinnen mit jeder Stufe auf der wissenschaftlichen Karriereleiter verringert und sie aus dem Wissenschaftssystem „heraus sickern".

[3]Interview mit einer Gleichstellungsbeauftragten. Das Gespräch war eines von insgesamt neun Expert_inneninterviews mit Gleichstellungsbeauftragten und Hochschulleitungen in Deutschland, die 2011 im Forschungsprojekt „Geschlecht und Exzellenz: Eine qualitative Untersuchung universitärer Leitbilder an ausgewählten Universitäten in Nordrhein-Westfalen" durchgeführt wurden (vgl. Riegraf und Weber 2013).

Allerdings werden Wissenschaftlerinnen nicht (mehr) vollständig und durchweg aus dem wissenschaftlichen Feld ausgeschlossen. Auch in der Wissenschaft zeigen Gleichstellungsforderungen in einer Weise Erfolge, die zum Beispiel die von sozialkonstruktivistischen Ansätzen nachgezeichnete historisch gewachsene Homologie zwischen Männlichkeit und ‚Exzellenz' zunehmend brüchig werden lässt (Wetterer 2002; Aulenbacher und Riegraf 2010b). Angestoßen durch Initiativen auf europäischer Ebene wie „Gender and Excellence" (European Commission 2004) und internationale Gutachter_innen im Rahmen der ersten Exzellenzinitiative werden die Zielsetzungen einiger Exzellenzprogramme mit gleichstellungspolitischen Anforderungen verknüpft. Gleichstellung wird in diesen Programmen als Bewertungsaspekt bei der Vergabe auch hoch reputierlicher und materiell sehr gut ausgestatteter Drittmittelprogramme aufgenommen, um der Unterrepräsentanz von Wissenschaftlerinnen im Wissenschaftssystem entgegenzuwirken (Stark und Haberl 2009). Diese Verknüpfung der Mittelvergabe mit Gleichstellungsaspekten verstärkt wiederum die Gleichstellungspolitiken und -aktivitäten innerhalb der Universitäten, was zumindest für eine kleine Gruppe von hoch qualifizierten Wissenschaftlerinnen, denen bereits ‚Exzellenz' zugewiesen wurde, Verbesserungen ihrer Karrierechancen nach sich ziehen kann. Vor allem in den Natur-, Ingenieur- und Technikwissenschaften, in denen Professorinnen noch immer eine kleine Gruppen bilden, sehen sich hoch qualifizierte und ‚exzellente' Wissenschaftlerinnen, also diejenigen, die es bereits ‚geschafft' haben, sehr guten Karrieremöglichkeiten gegenüber, da Universitäten mithilfe dieser Wissenschaftlerinnen ihre Erfolgschancen bei der Einwerbung von Drittmitteln erhöhen wollen. In der hoch reputierlichen Exzellenzinitiative beispielsweise sollen bei der Begutachtung von Anträgen Gleichstellungskriterien Berücksichtigung finden. Zudem führte die stärkste deutsche Forschungsorganisation, die Deutsche Forschungsgemeinschaft (DFG), 2008 forschungsorientierte Gleichstellungsstandards ein, wonach Universitäten anhand ihrer Gleichstellungsprofile bewertet und gerankt werden, was schließlich über die Vergabe von Drittmitteln und Reputation mit entscheidet oder zumindest mit entscheiden soll. Die Wirkungen auf der Ebene der Universitäten beschreibt ein Vertreter einer Hochschulleitung folgendermaßen: „Die DFG gibt dies nicht als Empfehlung, sondern die DFG erwartet, dass es gemacht wird. Wir erleben bei Begutachtungen von Graduiertenkollegs oder Sonderforschungsbereichen, dass nachgefragt wird. Und es wird auch danach gefragt, wie das denn an den Universitäten gelebt wird."[4]

---

[4]Interview mit einem Universitätskanzler im Rahmen des Forschungsprojekts „Geschlecht und Exzellenz" (vgl. Anm. 3).

In einigen Bereichen, vor allem in den Natur-, Ingenieur- und Technikwissenschaften, konkurrieren die Universitäten inzwischen erkennbar um hoch qualifizierte und bereits renommierte Wissenschaftlerinnen. Manche Universitäten versuchen unter anderem durch sehr gut ausgebaute und flexible Kinderbetreuung oder Dual-Career-Services, einen Wettbewerbsvorteil zu erreichen. Ob diese Maßnahmen jedoch längerfristige strukturelle Veränderungen bewirken, die zunehmende Prekarität im Wissenschaftssystem kompensieren können und für die Mehrzahl der prekär beschäftigten Wissenschaftlerinnen unterhalb der Professur die Situation damit auf Dauer verbessern, bleibt freilich fraglich.

4 Bedingte Öffnung für Wissenschaftler_innen: Vorläufige Antworten und Ausblick

Die Kontextbedingungen, unter denen Wissenschaftler_innen versuchen, die Kriterien für ‚Exzellenz' zu erfüllen, sind höchst verschieden, je nachdem, ob sie an einer bereits als ‚exzellent' ausgewiesenen und forschungsorientierten Wissenschaftsinstitution tätig sind, also mit einer besseren materiellen Ausstattung sowie im Rahmen eines längerfristigen Beschäftigungsverhältnisses, dessen Stellenformat Raum für Drittmittelakquise und Veröffentlichungen lässt, oder ob sie unter den ungünstigeren Rahmenbedingungen einer weniger ‚exzellenten' Universitäten arbeiten, also in der Regel auf weniger gut ausgestatteten und befristeten Stellen, deren Format kaum Zeit für Forschung ‚on the job' lässt. Damit gelten die gleichen Kriterien für die Bemessung wissenschaftlicher Leistungen unter zunehmend ungleichen Ausgangsbedingungen.

Während die Professor_innen in der Humboldt'schen Ordinarienuniversität in Forschung und Lehre ein hohes Maß an Autonomie genossen und vergleichsweise privilegiert arbeiten konnten, weil sie sich nach einem langen Karriereweg der Berufung zur Wissenschaft und dem Willen zur Erkenntnis ganz widmen können sollten, differenziert sich das wissenschaftliche Feld im Zuge der gegenwärtigen Entwicklungen stärker aus. Das Versprechen, am Ende einer langen und unsicheren Karrierephase weitgehend selbstbestimmt arbeiten zu können, ist in der Entrepreneurial University durch Drittmittel- und Veröffentlichungsvorgaben unglaubwürdig geworden. Wenn auch nicht für alle Wissenschaftler_innen und nicht in gleicher Weise, führt die immer prekärer werdende Karriere- und Beschäftigungssituation im Zusammenspiel mit den Einschnitten in die Autonomie insgesamt zu einer gesellschaftlichen Abwertung des Berufs- und Beschäftigungsfeldes. Diejenigen, die den Anforderungen nachkommen können, treffen auf durchaus noch attraktive, in einigen Bereichen sogar verbesserte Arbeits- und

Karrierebedingungen. Wissenschaftler_innen, die aufgrund ihres konkreten Stellenformats oder Beschäftigungsverhältnisses oder aufgrund von außerberuflichen Anforderungen, die ihre Verfügbarkeit einschränken, den Erwartungen nicht entsprechen können, sehen sich hingegen einer ganz anderen Situation gegenüber. Was bedeutet diese Ausdifferenzierung und Hierarchisierung nun wiederum für die Integration von Wissenschaftlerinnen?

Die in diesem Aufsatz lediglich ansatzweise skizzierten neuen Segmentierungen und Segregationen entlang des Maßstabes ‚exzellenter' Wissenschaft und Forschung vollziehen sich (auch) nach Geschlecht sowie innerhalb der Geschlechtergruppen. Neue Chancen eröffnen sich hoch qualifizierten und bereits mit Reputation ausgestatteten Professorinnen vor allem in den Natur-, Technik- und Ingenieurwissenschaften, während sich für einen großen Teil der Wissenschaftlerinnen auf der Ebene unterhalb der Professur die Chancen eher verschlechtern könnten. Allerdings schlagen all diese Tendenzen nicht ungebrochen durch. Mit der Einführung von Gleichstellungsaspekten im Wissenschaftssystem, die vor allem dann Wirkung entfalten, wenn sie an Drittmittelprogramme gebunden sind, kann die „Entrepreneurial Science" (Aulenbacher und Riegraf 2010a, b) mit ihren Ausdifferenzierungen und Aufspaltungen auch zu einer Plattform für Verteilungskämpfe zwischen den Geschlechtern werden: zum einen, weil im mehr oder minder ‚exzellenzorientierten' Wettbewerb um die ‚Spitzenköpfe' Wissenschaftler zwar nur in einigen Bereichen und in einem nach wie vor bescheidenen Ausmaß nunmehr doch auch mit Wissenschaftlerinnen konkurrieren müssen, und zum anderen, weil die Lebensformen und -ansprüche nicht nur bei Wissenschaftlerinnen im Wandel sind. Auch Wissenschaftler sind zunehmend weniger bereit, sich den prekären Bedingungen im Wissenschaftssystem auszusetzen.

Zumindest im breiten Mittelfeld von Wissenschaftler_innen, die weder der Definition von Forschungsexzellenz entsprechen noch sich vollkommen in Lehre aufreiben, liegt es geradezu nahe, von einer Feminisierung der Beschäftigungs- und einer Maskulinisierung der Lebensverhältnisse zu sprechen. Damit ist die in einigen Beschäftigungsfeldern erkennbare Tendenz gemeint, Wissenschaftlerinnen dann Zugang zu den Wissenschaftsorganisationen zu gewähren, wenn die vergleichsweise besseren Beschäftigungsbedingungen ihrer historischen Vorgänger nicht mehr gelten und ihnen zudem Lebensverhältnisse zugemutet werden, die jenen erspart waren, wie etwa eine zunehmend prekäre Beschäftigung bei gleichzeitig zurückgehender sozialer Absicherung und wachsender Inanspruchnahme der privaten Sphäre für die Erwerbsarbeit (vgl. Aulenbacher 2011).

Die Chancen im Wissenschaftssystem hängen nicht nur davon ab, wie Wissenschaft betrieben wird oder werden soll, sondern auch von der Einbindung der

Wissenschaftler_innen in weitere Konstellationen, sei es Familie, Eltern-, Partnerschaft oder anderen Lebensformen, sei es der Sozialstaat, auf dessen Leistungen sie und Angehörige zurückgreifen können oder auch nicht (vgl. Aulenbacher und Riegraf 2009). Anforderungen, die sich ihnen aus dieser Konstellation von Arbeits- und Lebensarrangements heraus stellen, und die Bereitschaft, diesen Anforderungen nachzukommen oder auch nicht, spielen in die Entrepreneurial University hinein. Sie entscheiden nämlich mit darüber, ob Wissenschaftler_innen den umfassenden Erwartungen an wissenschaftliches Arbeiten genügen können und wie sie sie alltäglich und biografisch mit weiteren Belangen ihres Lebens vereinbaren (vgl. Aulenbacher und Riegraf 2011). Ob sich die Arbeits- und Lebensarrangements zwischen den Geschlechtern angleichen oder weiterhin verschieden und ungleich gestalten, wird aber auch entscheidend davon abhängen, in welcher Weise Wissenschaftler_innen die an sie gestellten Anforderungen aus den unterschiedlichen Sphären aufnehmen und sie zu erfüllen versuchen oder sich ihnen verweigern.

Literatur

Aulenbacher, B. (2011). Frauen, Männer, Prekarität, Vom fordistischen Versprechen auf Wohlstand zur postfordistischen Reproduktionskrise. In P. Hammerschmidt, & J. Sagebiel (Hrsg.), *Die Soziale Frage zu Beginn des 21. Jahrhunderts* (S. 121–136). Neu-Ulm: AG SPAK Verlag.

Aulenbacher, B., & Riegraf, B. (2009). Markteffizienz und Ungleichheit – Zwei Seiten einer Medaille? Klasse/Schicht, Geschlecht und Ethnie im Übergang zur postfordistischen Arbeitsgesellschaft. In B. Aulenbacher, & A. Wetterer (Hrsg.), *Arbeit, Diagnosen und Perspektiven der Geschlechterforschung* (S. 230–248). Münster: Westfälisches Dampfboot.

Aulenbacher, B., & Riegraf, B. (2010a). The New Entrepreneurship in Science and Changing Gender Arrangements, Approaches and Perspectives. In B. Riegraf, B. Aulenbacher, E. Kirsch-Auwärter, & U. Müller (Hrsg.), *GenderChange in Academia: Re-Mapping the Fields of Work, Knowledge, and Politics from a Gender Perspective* (S. 61–73). Wiesbaden: VS Verlag für Sozialwissenschaften.

Aulenbacher, B., & Riegraf, B. (2010b). WissenschaftlerInnen in der Entrepreneurial University. Über den Wettbewerb der Hochschulen und die Bewegungen in den Geschlechterarrangements. In W. Ernst (Hrsg.), *Geschlecht und Innovation, Gender-Mainstreaming im Techno-Wissenschaftsbetrieb* (S. 167–184). Hamburg: LIT-Verlag.

Aulenbacher, B., & Riegraf, B. (2011). Die Analyse alltäglicher und biografischer Arbeitsarrangements als Weg arbeits- und industriesoziologischer Sozial- und Zeitdiagnostik. In *Arbeits- und Industriesoziologische Studien* 4 (H. 2), 74–90. http://www.ais-studien.de/home/veroeffentlichungen-11/dezember.html. Zugegriffen: 10. Oktober 2016.

Aulenbacher, B., Binner, K., Riegraf, B., & Weber, L. (2015). Wandel der Wissenschaft und Geschlechterarrangements. Organisations- und Steuerungspolitiken in Deutschland und Österreich, Großbritannien und Schweden. *Beiträge zur Hochschulforschung* 37 (3), 22–39.

Aulenbacher, B., Binner, K., Riegraf, B., & Weber, L. (2016). Unternehmerische Universitäten im Wohlfahrtsstaat. Wissenschaftliches Arbeiten, prekäre Beschäftigung und Gleichstellung in Großbritannien, Schweden, Deutschland und Österreich. In N. Baur, C. Besio, M. Norkus, & G. Petschik (Hrsg.), *Wissen – Organisation – Forschungspraxis. Der Makro-Meso-Mikro-Link in der Wissenschaft* (S. 122–154). Weinheim: Beltz Juventa.

Beaufaÿs, S. (2003). *Wie werden Wissenschaftler gemacht? Beobachtungen zur wechselseitigen Konstitution von Geschlecht und Wissenschaft.* Bielefeld: transcript.

Boltanski, L., & Chiapello, È. (2003). *Der neue Geist des Kapitalismus.* Konstanz: UVK.

Bröckling, U. (2010). Von den Exzellenzen zur Exzellenz. Genealogie eines Schlüsselbegriffs. *Forschung & Lehre* 16 (6), 422–424.

Buchholz, L. (2004). Wissenschaftskarrieren an österreichischen Universitäten. In E. Appelt (Hrsg.), *Karrierenschere. Geschlechterverhältnisse im österreichischen Wissenschaftsbetrieb* (S. 71–92). Wien: Lit Verlag.

Dörre, K. (2009). Die neue Landnahme. Dynamiken und Grenzen des Finanzmarktkapitalismus. In K. Dörre, S. Lessenich, & H. Rosa unter Mitarbeit von T. Barth (Hrsg.), *Soziologie – Kapitalismus – Kritik. Eine Debatte* (S. 21–86). Frankfurt a.M.: Suhrkamp.

Dörre, K., & Neis, M. (2008). Forschendes Prekariat? In S. Klecha, & W. Krumbein (Hrsg.), *Die Beschäftigungssituation von wissenschaftlichem Nachwuchs* (S. 127–142). Wiesbaden: VS Verlag für Sozialwissenschaften.

European Commission (2004). *Gender and Exzellence in the Making.* Luxembourg: Publications Office of the European Communities.

European Commission (2013). *She figures 2012. Gender in Research and Innovation. Statistics and Indicators.* Luxembourg: Publications Office of the European Communities. Zugegriffen: 10. Oktober 2016.

Graf, A. (2015). *Die Wissenschaftselite Deutschlands. Sozialprofil und Werdegänge zwischen 1945 und 2013.* Frankfurt a.M.: Campus.

Gruhlich, J., Riegraf, B., & Weber, L. (2012). Risikobereit, flexibel und exzellent. Moderne Subjektivität im Wissenschaftsbetrieb. In B. Riegraf, D. Spreen, & S. Mehlmann (Hrsg.), *Medien – Körper – Geschlecht. Diskursivierungen von Materialität* (S. 89–105). Bielefeld: transcript.

Grühn, D., Hecht, H., Rubelt, J., & Schmidt, B. (2009). *Der wissenschaftliche „Mittelbau" an deutschen Hochschulen. Zwischen Karriereaussichten und Abbruchtendenzen.* Im Auftrag von Verdi. https://www.uni-due.de/imperia/md/content/arbeitsplatz-ude/endbericht_verdi_studie_09.pdf. Zugegriffen: 10. Oktober 2016.

GWK [Gemeinsame Wissenschaftskonferenz] (2014): *Chancengleichheit in Wissenschaft und Forschung.* http://www.gwk-bonn.de/fileadmin/Papers/GWK-Heft-40-Chancengleichheit.pdf. Zugegriffen: 10. Oktober 2016.

IEKE [Internationale Expertenkommission Exzellenzinitiative] (2016): *Internationale Expertenkommission zur Evaluation der Exzellenzinitiative. Endbericht.* http://www.gwk-bonn.de/fileadmin/Papers/Imboden-Bericht-2016.pdf. Zugegriffen: 10. Oktober 2016.

Konsortium Bundesbericht Wissenschaftlicher Nachwuchs (2013). *Bundesbericht Wissenschaftlicher Nachwuchs 2013. Statistische Daten und Forschungsbefunde zu Promovierenden und Promovierten in Deutschland*. Bielefeld: W. Bertelsmann Verlag.

Lind, I. (2004). *Aufstieg oder Abstieg? Karrierewege von Wissenschaftlerinnen*. Bielefeld: Kleine.

Matthies, H. (2005). „Entrepreneurshipping" in unvollkommenen Märkten – das Beispiel Wissenschaft. In K. Lohr, & H. M. Nickel (Hrsg.), *Subjektivierung von Arbeit – Riskante Chancen* (S. 149–179). Münster: Westfälisches Dampfboot.

Metz-Göckel, S. (2009). Diskrete Diskriminierungen und persönliches Glück im Leben von Wissenschaftler/innen. In B. Aulenbacher, & B. Riegraf (Hrsg.), *Erkenntnis und Methode. Geschlechterforschung in Zeiten des Umbruchs* (S. 27–49). Wiesbaden: VS Verlag für Sozialwissenschaften.

Metz-Göckel, S., Selent, P., & Schürmann, R. (2010). Integration und Selektion. Dem Dropout von Wissenschaftlerinnen auf der Spur. *Beiträge zur Hochschulforschung* 32 (1), 8–35.

Möller, C. (2015). *Herkunft zählt (fast) immer. Soziale Ungleichheiten unter Universitätsprofessorinnen und –professoren*. Weinheim, Basel: Beltz Juventa.

Noble, D. F. (1992). *A World Without Women. The Christian Clerical Culture of Western Science*. New York: Alfred A. Knopf.

Riegraf, B., & Weber, L. (2013). Exzellenz und Geschlecht in der unternehmerischen Hochschule. In K. Binner, B. Kubicek, A. Rozwandowicz, & L. Weber (Hrsg.), *Die unternehmerische Hochschule aus der Perspektive der Geschlechterforschung: Zwischen Aufbruch und Beharrung* (S. 67–85). Münster: Westfälisches Dampfboot.

Rogge, J.-C. (2015). The winner takes it all? Die Zukunftsperspektiven des wissenschaftlichen Mittelbaus auf dem akademischen Quasi-Markt. *Kölner Zeitschrift für Soziologie und Sozialpsychologie* 67 (4), 685–707.

Rossiter, M. W. (2003). Der Matilda Effekt in der Wissenschaft. In T. Wobbe (Hrsg.), *Zwischen Vorderbühne und Hinterbühne. Beiträge zum Wandel der Geschlechterbeziehungen in der Wissenschaft vom 17. Jahrhundert bis zur Gegenwart* (S. 191–210). Bielefeld: transcript.

Schacherl, I., Schaffer, N., Dinges, M., & Polt, W. (2007). *Gender und Exzellenz: Explorative Studie zur Exzellenzmessung und Leistungsbeurteilung im Wissenschaftssystem*. Im Auftrag des Bundesministerium für Wissenschaft und Forschung. Wien: Joanneum Research Forschungsgesellschaft mbH, Institut für Technologie- und Regionalpolitik (InTeReg) http://www.joanneum.at/uploads/tx_publicationlibrary/rr66_gender_Exzellenz.pdf. Zugegriffen: 10. Oktober 2016.

Schimank, U. (2005). Die akademische Profession und die Universitäten. „New Public Management" und eine drohende Entprofessionalisierung. In T. Klatetzki, & V. Tacke (Hrsg.), *Organisation und Profession* (S. 143–166). Wiesbaden: VS Verlag für Sozialwissenschaften.

Schimank, U., & Volkmann, U. (2008). Ökonomisierung der Gesellschaft. In A. Maurer (Hrsg.), *Handbuch der Wirtschaftssoziologie* (S. 382–393). Wiesbaden: VS Verlag für Sozialwissenschaften.

Stark, B., & Haberl B. (Hrsg.) (2009). *Gender und Exzellenz – Aktuelle Entwicklungen im österreichischen Wissenschaftssystem*. Wien: Verlag der Österreichischen Akademie der Wissenschaften.

Statistisches Bundesamt (2016). *Frauenanteil in Professorenschaft 2015 auf 23 % gestiegen.* Pressemitteilung vom 14. Juli 2016 – 245/16. https://www.destatis.de/DE/PresseService/Presse/Pressemitteilungen/2016/07/PD16_245_213pdf.pdf?__blob=publicationFile. Zugegriffen: 10. Oktober 2016.

Thomas, R., & Davies, A. (2002). Gender and New Public Management: Reconstituting Academic Subjectivities. *Gender, Work and Organization* 9 (4), 372–397.

Weber, L. (2017). *Institutioneller Wandel, Organisation und Geschlecht. Eine Analyse der Ökonomisierung der Universitäten und ihrer Gleichstellungspolitik in den drei ausgewählten Ländern Deutschland, Großbritannien und Schweden.* Weinheim, im Erscheinen.

Wennerås, C., & Wold, A. (1997). Nepotism and Sexism in Peer-Review. *Nature* 387, 341–343.

Wetterer, A. (2002). *Arbeitsteilung und Geschlechterkonstruktion. „Gender at work" in theoretischer und historischer Perspektive.* Konstanz: UVK.

Zimmer, A., Krimmer, H., & Stallmann, F. (2007). *Frauen an Hochschulen: Winners among Losers. Zur Feminisierung der deutschen Universität.* Opladen: Budrich.

Prekäre Wissenschaftskarrieren und die Illusion der Chancengleichheit

Christina Möller

Die prekären Karrieren in der Wissenschaft sind in den letzten Monaten und Jahren medial zunehmend thematisiert und skandalisiert worden. In journalistischen Beiträgen mit provokativen Titeln wie „Gestatten, Dr. prekär", „Abstrampeln für die Forschung" oder „Wissenschaft prekär: Kettenjobber, Leiharbeiter, Forschungsknechte"[1] wird auf die unsicheren Beschäftigungs- und Karriereperspektiven jener Personen aufmerksam gemacht, die allgemein als ‚wissenschaftlicher Nachwuchs' in unterschiedlichen Beschäftigungslagen unterhalb der Professur an den deutschen Hochschulen lehren und forschen. Die Karrierewege zur Professur sind oftmals gekennzeichnet durch kurzfristige (Ketten-)Verträge, häufige Teilzeitbeschäftigungen, Forderungen nach hoher (möglichst internationaler) Mobilität und einer starken personalen Abhängigkeit von den Vorgesetzten bei gleichzeitigen anspruchsvollen Qualifizierungsanforderungen und einer großen Unsicherheit aufgrund der hohen Konkurrenz um wenige Professuren.

Angesichts dieser Rahmenbedingungen für wissenschaftliche Karrieren wird im vorliegenden Beitrag die Frage verfolgt, wer bzw. welche sozialen Gruppen unter diesen Voraussetzungen tatsächlich ‚oben' ankommen und wer bzw. welche nicht. Denn prekäre Karrieren erfordern nicht nur eine hohe Leistungs- und Risikobereitschaft und ein Geschick für strategische Positionierungen im

---

[1]Die genannten Artikel erschienen in der *Berliner Zeitung* vom 28. Februar 2009, *Zeit Online* vom 4. September 2014 und in *Spiegel Online* vom 29. Mai 2012.

C. Möller (✉)
Dortmund, Deutschland
E-Mail: christina.moeller@fh-dortmund.de

© Springer Fachmedien Wiesbaden GmbH 2018
M. Laufenberg et al. (Hrsg.), *Prekäre Gleichstellung*,
https://doi.org/10.1007/978-3-658-11631-6_11

wissenschaftlichen Feld, sondern auch einen langen Atem und das Aushalten langfristiger sozialer und finanzieller Unsicherheit. Max Weber (2002) verglich die wissenschaftliche Karriere bereits Anfang des 20. Jahrhundert mit einem Glücksspiel (Hazard), da erfolgreiche Karrieren „in ungewöhnlich hohem Grade" (ebd., S. 477) vom Zufall abhingen. Auch seine eigene Wissenschaftskarriere habe er „einigen absoluten Zufälligkeiten zu verdanken" und seitdem ein „geschärftes Auge für das unverdiente Schicksal der vielen […], bei denen der Zufall gerade umgekehrt gespielt hat und noch spielt, und die trotz aller Tüchtigkeit innerhalb dieses Ausleseapparates nicht an die Stelle gelangen, die ihnen gebühren würde" (ebd., S. 478). Auch wenn der Vortrag Webers bald hundert Jahre zurückliegt und sich die geringe Anzahl der exklusiven Ordinarienuniversitäten nach dem Ausbau des Hochschulsystems nur bedingt mit heutigen („Massen'-)Universitäten vergleichen lässt, gilt dennoch auch heute noch, dass nicht allein Anstrengungen und Leistungen[2] eine entscheidende Rolle spielen, um in der Universität eine der begehrten Professuren zu besetzen, sondern auch der Zufall und daher eine wenig beeinflussbare Dimension. Zu Webers Zeiten hatten allerdings nur bürgerliche Schichten Zugang zur Universität, weshalb sich damals auch nur eine kleine Gruppe von privilegierten Personen um die Positionen stritt. Heutzutage ist die Konkurrenz erheblich größer, da ein Hochschulstudium für breitere Bevölkerungsgruppen (vor allem für die gesellschaftliche Mitte) selbstverständlicher und durch eine enorme Expansion des wissenschaftlichen Mittelbaus (z. B. durch zeitlich befristete Drittmittelprojekte) auch die Beschäftigung an der Universität nach dem Studium für eine deutlich größere Gruppe möglich geworden ist. Angesichts einer zunehmenden Prekarisierung der Beschäftigungslagen unterhalb der Professur innerhalb der letzten 30 bis 40 Jahre ist das Problem der Unsicherheit in wissenschaftlichen Karrieren aktueller denn je, zumindest für jene Gruppe von wissenschaftlichen Mitarbeiterinnen und Mitarbeitern, die sich an der Universität weiterqualifizieren und eine Professur an der Universität anstreben. Man kann daher davon ausgehen, dass sich die Konkurrenz um den im Vergleich mit dem großen Mittelbau kleinen Bestand von Professuren noch vergrößert und verschärft hat. Ist ein erfolgreiches Ankommen an der Spitze auch heute durch Anstrengung („Tüchtigkeit' im Weber'schen Sinne) und der nötigen Portion Zufall erreichbar oder muss die Weber'sche Diagnose über erfolgreiche wissenschaftliche Karrieren angesichts der veränderten

---

[2]Zum Problem der Messung von wissenschaftlichen Leistungen und den sozialen Mechanismen der Zuschreibung von Leistungen in der wissenschaftlichen Community vgl. Engler 2001; Matthies und Simon 2008; Merton 1985.

Rahmenbedingungen revidiert oder zumindest modifiziert, also um weitere Einflussfaktoren ergänzt werden? Da Ausstiege aus dem Wissenschaftssystem (der sogenannte ‚Drop-out') aus vielerlei Gründen schwer zu ermitteln sind (vgl. Konsortium Bundesbericht Wissenschaftlicher Nachwuchs 2013), wird in diesem Beitrag der Blick auf jene gelenkt, die im wissenschaftlichen Feld insofern ‚erfolgreich' waren bzw. sind, als sie die Qualifizierungspassagen erfolgreich bewältigt haben und auf eine Professur berufen wurden. Auf der Grundlage einer Analyse der sozioökonomischen Herkunft dieser Personen wird die langfristige Entwicklung der sozialen Zusammensetzung der ProfessorInnenschaft dargelegt und es werden die Chancen unterschiedlicher Sozialgruppen unter den bereits angedeuteten Bedingungen verglichen. Zunächst werden die Bedingungen für wissenschaftliche Karrieren in Deutschland und deren Veränderungen in den letzten Jahrzehnten kurz beschrieben (1) und dann wesentliche Befunde zur sozialen Herkunft der ProfessorInnenschaft dokumentiert (2). Im Anschluss werden die präsentierten Erkenntnisse zum Sozialprofil der ProfessorInnenschaft vor dem Hintergrund der Prekarisierung wissenschaftlicher Karrieren diskutiert (3) und abschließend noch einmal zugespitzt und auf zukünftige Forschungsperspektiven hin befragt (4).

1 Die wissenschaftliche Karriere als akademischer Hazard

Mit dem Begriff ‚prekär' wird im Zusammenhang mit wissenschaftlichen Karrieren die hohe Existenz- und Planungsunsicherheit verdeutlicht, die mit der großteils befristeten und häufig auch (erzwungenen) teilzeitigen Beschäftigungslage von WissenschaftlerInnen unterhalb der Professur verbunden ist (Dörre und Neis 2008). Untersuchungen zeigen, dass mehr als die Hälfte der Arbeitsverträge eine Laufzeit von weniger als einem Jahr haben und damit besonders kurz sind (Jongmanns 2011, S. 3). Teilzeitbeschäftigung ist im wissenschaftlichen Mittelbau weit verbreitet: 2010 waren 45 % und daher fast die Hälfte aller dort Beschäftigten lediglich in Teilzeit tätig (Konsortium Bundesbericht Wissenschaftlicher Nachwuchs 2013, S. 185) – und dies trotz des komplexen Aufgabenprofils wissenschaftlicher Arbeit und der Qualifizierungsanforderungen (Promotion, Habilitation). In der Folge stellt unbezahlte Mehrarbeit eher die Regel als die Ausnahme dar (Funken et al. 2015, S. 208 f.).

Wie eine Sonderauswertung des Statistischen Bundesamtes ergab, arbeiteten im Jahr 2013 84 % der Beschäftigten im universitären wissenschaftlichen Mittelbau auf befristeten und lediglich 16 % auf unbefristeten Stellen (zitiert nach

Rogge 2015, S. 693). Diese extreme Befristungspraxis hat sich erst in den letzten zwei bis drei Jahrzehnten entwickelt. Zuvor waren – ausgelöst durch die Expansion des Hochschulwesens Ende der 1960er- und im Verlauf der 1970er-Jahre – im wissenschaftlichen Mittelbau mehrheitlich unbefristete Stellen (u. a. für sogenannte Akademische Räte) eingerichtet worden, sodass der „Hürdenlauf" (Findeisen 2011) zur Professur nicht für alle WissenschaftlerInnen die einzige Option bildete, da auch unterhalb der Professur ein langfristiger Verbleib an der Universität möglich war. Noch in den 1980er-Jahren hatten ‚lediglich' rund 40% des Mittelbaus eine befristete und eine Mehrheit von rund 60% eine unbefristete Stelle inne (Wissenschaftsrat 1982, S. 6). Angeregt unter anderem durch den Wissenschaftsrat zielte das 1985 in Kraft getretene ‚Gesetz über befristete Arbeitsverträge mit wissenschaftlichem Personal an Hochschulen und Forschungseinrichtungen'[3] darauf ab, fortan Zeitverträge als Regelinstrument zu etablieren, das laut Gesetzesbegründung der „Absicherung der Funktions- und Erneuerungsfähigkeit der Forschung" dienen sollte (Deutscher Bundestag 1984, S. 6). Von diesem Zeitpunkt an sank der Anteil entfristeter Stellen kontinuierlich. Diese Entwicklung hing und hängt darüber hinaus damit zusammen, dass durch den stetigen Rückgang der Grundfinanzierung über Drittmittel finanzierte projektförmige Forschungsstellen zugenommen haben (Konsortium Bundesbericht Wissenschaftlicher Nachwuchs 2013, S. 185).

Wissenschaftliche Karrieren sind jedoch nicht nur wegen der langjährigen atypischen Beschäftigung im sogenannten wissenschaftlichen Mittelbau[4] prekär, sondern auch aufgrund der insgesamt unsicheren Karriereperspektiven. So ist für viele, die eine solche Karriere anstreben, bis ins vierte oder fünfte Lebensjahrzehnt hinein unklar, ob die sich über viele Jahre hinziehenden Qualifizierungsschritte und unsicheren Beschäftigungszeiten irgendwann in eine dauerhafte Etablierung in der ProfessorInnenschaft münden. Denn es gehört zu den charakteristischen Eigenschaften der wissenschaftlichen Karriere an deutschen Universitäten, dass – bis auf wenige Ausnahmen – nur eine unbefristete Universitätsprofessur als ‚Ankommen' unter den Arrivierten angesehen wird, unter anderem weil alternative Lebenszeitstellen weitgehend fehlen. Das Dilemma an dieser ausgeprägten „Monodirektionalität" (Rogge 2015, S. 693) ist vor allem,

---

[3]Vom 14. Juni 1985 (BGBl. I S. 1065).
[4]Neben den wissenschaftlichen MitarbeiterInnen gibt es weitere Beschäftigungspositionen, z. B. studentische und wissenschaftliche Hilfskräfte, Lehrkräfte für besondere Aufgaben, Lehrbeauftragte etc., die unterschiedliche Beschäftigungslagen haben und in diesem Beitrag außer Betracht bleiben.

dass einem großen Pool an wissenschaftlich qualifiziertem Personal nur wenige Universitätsprofessuren an der Spitze gegenüberstehen. Bis sie auf eine Professur berufen werden, zählen hoch qualifizierte Personen zum potenziellen wissenschaftlichen ‚Nachwuchs' – ein Begriff, der die langjährige Abhängigkeit von den arrivierten ProfessorInnen im wissenschaftlichen Feld deutlich macht. Die Unsicherheit und die prekäre Vertragslage erzeugt vor dem Hintergrund eines hohen Anforderungsprofils an die wissenschaftliche Tätigkeit mit fortdauernden anspruchsvollen Qualifizierungen (Promotion, Habilitation respektive habilitationsadäquate Leistungen[5]) ein Spannungsfeld, das sich nur schlecht auflösen lässt. Wie das quantitative Verhältnis zwischen vakanten Professuren auf der einen und dafür qualifiziertem Nachwuchs auf der anderen Seite derzeit genau aussieht, lässt sich nur schwer ermitteln. Neuesten Berechnungen zufolge nahm die Zahl der ausgeschriebenen Universitätsprofessuren in Deutschland zwischen 2009 und 2013 von 1856 auf 1417 ab, wobei es innerhalb der einzelnen Disziplinen große Schwankungen gibt (Wirth 2015, S. 1018). Betrachtet man die Relation zwischen altersbedingt ausscheidenden ProfessorInnen und qualifizierten NachwuchswissenschaftlerInnen (JuniorprofessorInnen, Habilitierte, NachwuchsgruppenleiterInnen), so lag sie im Jahr 2009 über alle Fächergruppen hinweg bei 1 zu 4 und im Jahr 2013 sogar bei 1 zu 6 (ebd., S. 1020). Zwar handelt es sich bei diesen Angaben lediglich um Annäherungswerte, weil Faktoren wie Stelleneinsparungen, Umwidmungen, neu initiierte Professuren oder Bewerbungen aus dem Ausland nicht einkalkuliert werden können, sie machen aber dennoch deutlich, wie gering die relativen Chancen für den wissenschaftlichen Nachwuchs insgesamt sind, eine Professur zu erreichen. Der Weber'sche Begriff des Hazards spielt daher auch für heutige wissenschaftliche Karrieren eine wichtige Rolle, wenn er auch insgesamt zu kurz greift, da es weitere Einflussfaktoren gibt, die eine wissenschaftliche Karriere begünstigen oder behindern, wie später noch dargestellt wird.

Auch gesetzliche Rahmenbedingungen, die es fast unmöglich machen, ohne Professur an der Universität zu verbleiben, verschärfen die Prekarität wissenschaftlicher Karrieren. Denn das Wissenschaftszeitvertragsgesetz (WissZeitVG)[6]

---

[5]Nach der Promotion gibt es unterschiedliche Formen der Weiterqualifizierung, um sich auf eine Professur bewerben zu können. Neben der Habilitation gilt auch die Leitung einer Nachwuchsgruppe (z. B. im Emmy-Nöther-Programm) oder die Besetzung einer zweimal dreijährigen Juniorprofessur als Nachweis für die Berufungsfähigkeit.
[6]Gesetz über befristete Arbeitsverträge in der Wissenschaft vom 12. April 2007 (BGBl. I S. 506).

sieht vor, dass eine befristete Beschäftigung aus dem Haushalt der Universitäten lediglich sechs Jahre vor der Promotion und auch nur sechs Jahre nach der Promotion möglich ist (12-Jahres-Regel, in der Medizin sind es 15 Jahre). Anderenfalls ist eine Weiterbeschäftigung (bis auf die wenigen Dauerstellen im Mittelbau) nur auf Drittmittelbasis möglich, sodass der Verbleib stets von einer erfolgreichen Drittmittelakquise abhängt. Unbefristete Stellen jenseits der Professur (wie die bereits erwähnten Stellen für Akademische Räte) sind bis auf wenige Ausnahmen abgeschafft worden. Die Universität ist daher eine Organisation, die einerseits auf eine stetige Weiterqualifizierung ihres Personals drängt, andererseits aber den größten Teil ihres hoch qualifizierten Personals – in manchen Fächern häufig für andere Beschäftigungsfelder überqualifiziert und auf die komplexe wissenschaftliche Tätigkeit spezialisiert –, vor die Tür setzt'. Hinzu kommt eine Wissenschaftspolitik, die durch wettbewerbliche Strukturen den Pool an prekär beschäftigtem wissenschaftlichen ‚Nachwuchs' weiter vergrößert, indem sie projektförmige Förderungen vergibt, anstatt haushaltfinanzierte Dauerstellen zu schaffen (vgl. hierzu Rogge 2015). War es schon zu Webers Zeiten ein hohes Wagnis, sich die Wissenschaft in der Hoffnung auf eine Professur zum Beruf zu machen, hat die Unsicherheit in den letzten Jahrzehnten noch zugenommen.

Vor dem Hintergrund dieser Unsicherheiten einer wissenschaftlichen Karriere wird im Folgenden der Blick auf jene gerichtet, die in den letzten Jahrzehnten auf eine Professur berufen wurden, und die sozialstrukturelle Zusammensetzung der ProfessorInnenschaft untersucht. Denn es stellt sich die Frage, ob es ungleiche Chancen beim Zugang zur Universitätsprofessur gibt und welche Gruppen im Hinblick auf prekäre Karrieren benachteiligt werden.

2 Verschärfte soziale Ungleichheiten

Wenn von Chancengleichheit an Hochschulen die Rede ist, wird im Allgemeinen auf das Geschlechterverhältnis und die Benachteiligung von Frauen abgehoben. In der Tat sind Frauen insbesondere in den Führungspositionen nach wie vor stark unterrepräsentiert (GWK 2015), sodass gleichstellungspolitische Bemühungen insbesondere auf eine gleichberechtigte Teilhabe von Frauen zielen. Die soziale Herkunft als Ungleichheitsmerkmal spielte in den Debatten um Chancengleichheit in wissenschaftlichen Karrieren bisher gar keine oder bestenfalls eine untergeordnete Rolle (Konsortium Bundesbericht Wissenschaftlicher Nachwuchs 2013, S. 348), obwohl das Thema der herkunftsabhängigen ungleichen Bildungschancen im Zeitalter internationaler Vergleichsstudien zu den ‚Dauerbrennern' der deutschen Bildungsforschung gehört. Die meisten dieser Studien beziehen sich jedoch auf herkunftsbedingte Selektionen im primären und sekundären Bildungssektor sowie auf den Übergang zum Hochschulsektor, während die höheren Bildungs- und Qualifikationsstufen der wissenschaftlichen Karriere relativ unterbelichtet bleiben.

Weil die Frage, welche Rolle die soziale Herkunft für die Chancen auf eine wissenschaftliche Karriere spielt, bisher stark vernachlässigt wurde, wird sie in den folgenden Ausführungen in den Blickpunkt gerückt. Konkret wird die soziale Herkunft jener ProfessorInnen untersucht, die im Jahr 2010 eine Professur an einer nordrhein-westfälischen Universität bekleideten. Es handelt sich dabei also um jene, die sich in den letzten 50 Jahren erfolgreich dauerhaft im universitären Feld etablieren konnten. Die vorgestellten Daten basieren auf einer Online-Befragung, an der 1340 UniversitätsprofessorInnen teilgenommen haben. Der Rücklauf von ca. 26 % sowie ein Abgleich der Daten mit der amtlichen Hochschulstatistik lassen auf einen repräsentativen Querschnitt schließen. Der Frauenanteil lag bei 20 %, 6 % hatten eine ausländische Staatsangehörigkeit und 9 % ein ausländisches Geburtsland angegeben. Mit rund 68 % hatte der Großteil eine C4- bzw. W3- oder eine C3- bzw. W2-Professur inne, weitere 20% waren Emeriti, die ebenfalls überwiegend zu den C4- oder C3-Besoldungsgruppen zählen, 2 % hatten eine C2- oder sonstige (z. B. außertariflich vergütete) Professur, 3 % eine Juniorprofessur[7] und 8 % eine außerplanmäßige Professur, deren Vergütung und Ausstattung im Vergleich zu W3- oder W2-Professuren geringer ausfällt.[8] Um die Variable soziale Herkunft zu operationalisieren, wurden in Anlehnung an die Sozialerhebung des Deutschen Studentenwerks (vgl. Isserstedt et al. 2010) vier hierarchisch angeordnete Herkunftsgruppen zugrunde gelegt: niedrig, mittel, gehoben und hoch. Die Einordnung in die jeweilige Herkunftsgruppe erfolgt anhand der Berufsposition des jeweils höher positionierten Elternteils, wobei auch Hochschulabschlüsse mit berücksichtigt werden.[9]

---

[7]Juniorprofessuren wurden in Nordrhein-Westfalen seit 2004 eingerichtet. Sie sind für zwei mal drei Jahre befristet und nur selten mit einer Tenure-Track-Option versehen, d.h. dass nur wenige im Anschluss eine Lebenszeitprofessur an der gleichen Hochschule erhalten.

[8]Für einen ausführlichen Überblick über das Sample vgl. Möller 2015.

[9]In der Herkunftsgruppe *niedrig* sind insbesondere ArbeiterInnen, aber auch gering qualifizierte Angestellte und BeamtInnen und ähnliche Berufspositionen verortet, in der Herkunftsgruppe *mittel* mittlere Berufspositionen wie ausführende Angestellte oder kleinere Selbstständige etc., in der Herkunftsgruppe *gehoben* finden sich Angestellte in gehobener Position sowie gehobene BeamtInnen (z. B. LehrerInnen) und in der Herkunftsgruppe *hoch* alle höchsten Berufspositionen wie führende Angestellte mit umfassenden Führungsaufgaben, BeamtInnen im höheren Dienst, akademische FreiberuflerInnen sowie ähnliche, häufig akademische Berufe mit hohem Einkommen und Prestige.

2.1 Der Einfluss der sozialen Herkunft im Verlauf wissenschaftlicher Karrieren

Zahlreiche Forschungsbefunde über die soziale Selektivität des deutschen Bildungssystems belegen einen engen Zusammenhang zwischen der sozioökonomischen Herkunft von SchülerInnen und ihren Bildungschancen. Auch für die Bildungsteilhabe an den Hochschulen lässt sich der Einfluss des Elternhauses konstatieren. Vereinfacht auf den Punkt gebracht, zeigt sich eine ungleiche Teilhabe unter den Studierenden in einer Überrepräsentanz sozioökonomisch gehobener und einer Unterrepräsentanz unterer Herkunftsgruppen, insbesondere an den Universitäten (vgl. z. B. Isserstedt et al. 2010; Middendorff et al. 2013). Darüber hinaus sind auch bei der Promotion entsprechende Mechanismen wirksam, da die Gruppe der Promovierenden sozial deutlich selektiver zusammengesetzt ist als die Gruppe der Studierenden (Isserstedt et al. 2010, S. 133). Insofern stellt der ‚wissenschaftliche Nachwuchs' eine stark vorselektierte Gruppe dar. Genaue Informationen über diese Selektivität und die Chancenstrukturen sind jedoch rar, denn Daten zur sozialen Herkunft werden zwar regelmäßig für Studierende, jedoch deutlich seltener und undifferenzierter für Promovierende erhoben (vgl. Isserstedt et al. 2010) und für promovierte und habilitierte Personen fehlen sie schließlich nahezu vollständig. Daher wird im Folgenden mit einem Behelfskonstrukt gearbeitet, um zumindest annähernd einen Einblick in die Chancenstrukturen für die Personen der jeweiligen sozialen Herkunftsgruppen zu erhalten. So wurden die befragten ProfessorInnen in (Erst-)Berufungskohorten aufgeteilt und mit den Daten von Studierenden und Promovierenden ins Verhältnis gesetzt, die hypothetisch den Rekrutierungspool für die untersuchte ProfessorInnenschaft bilden,[10] weil die Zeit ihres Studiums bzw. ihrer Promotion entsprechend vor den Berufungszeiten der ProfessorInnen liegt.[11] Während Daten über die soziale

---

[10]Die Daten beziehen sich auf Studierende und Promovierende und geben leider keine Auskunft darüber, wer unter ihnen das Studium bzw. die Promotion auch tatsächlich abgeschlossen hat; zur sozialen Herkunft von AbsolventInnen liegen keine langfristigen systematischen Daten vor.

[11]Eine Schwäche dieses Vergleichs liegt in der Tatsache, dass die Daten der Studierenden und Promovierenden bundesweit erhoben wurden, während die Daten der ProfessorInnen ausschließlich aus den nordrhein-westfälischen Universitäten stammen. Angesichts der Mobilität, die wissenschaftliche Karrieren erfordern, dürfte dieser Umstand die Aussagekraft der Befunde aber kaum beeinflussen. Allerdings ist anzunehmen, dass Nordrhein-Westfalen aufgrund seiner Dichte an erst in neuerer Zeit gegründeten Reformuniversitäten und der im Vergleich mit anderen Bundesländern (wie etwa Baden-Württemberg) höheren Rekrutierung von Studierenden aus dem Arbeitermilieu und anderen statusniedrigen

Herkunft von Studierenden bereits seit den 1950er-Jahren erhoben wurden, liegen die Daten für Promovierende erst ab den 1980er-Jahren vor.[12] Aus diesem Kohorten-Vergleich (siehe Tab. 1) lassen sich folgende Tendenzen bzw. Entwicklungen herauslesen, wobei zur Veranschaulichung die beiden kontrastreichen Herkunftsgruppen *niedrig* und *hoch* herangezogen werden:

Erstens zeigt sich bei den Studierenden, dass es von den 1950er-Jahren bis in die 1980er-Jahre eine soziale Öffnung gab, die ihren Ursprung in der Bildungsexpansion hatte, die Ende der 1950er-Jahre einsetzte. Mit dem Ausbau des Hochschulsystems, der Einrichtung von Institutionen zum nachholenden Erwerb der Hochschulreife sowie weiterer bildungspolitischer Maßnahmen wie beispielsweise der finanziellen Unterstützung des Studiums auf Grundlage des ‚Honnefer Modells' und später des Bundesausbildungsförderungsgesetzes (BAföG) gelang es, im Bildungswesen Ungleichheiten zwischen sozialen Gruppen zu verringern (Miethe et al. 2015, S. 58 f.). Kamen auf eine Person der niedrigen

---

Herkunftsfamilien (vgl. bspw. Brendel und Metz-Göckel 2001, S. 118) auch eine sozial offenere Professorenschaft aufweist.

[12]Bei diesem Vergleich müssen einige Ungenauigkeiten in Kauf genommen werden, da die Erhebungen über einen so langen Zeitraum keine einheitlichen Daten liefern. Die Sozialerhebungen früherer Jahre (hier 1956, 1963 und 1976) wiesen lediglich den Berufsstand des Vaters der Studierenden aus. Sie mussten deshalb an das Herkunftsgruppen-Modell angeglichen werden, das ab 1985 angewandt wurde. Während die Studierendendaten für 1956 und 1963 noch relativ einheitlich und verlässlich sind, gilt dies für 1976 nicht. In diesem Erhebungsjahr fiel der Anteil der Studierenden, deren Väter gehobene Berufe (ohne Hochschulabschluss) hatten, drastisch auf 7 % (nach dem Herkunftsgruppen-Modell der Kategorie ‚gehoben' zuzuordnen). Dies liegt vor allem daran, dass ab der Sozialerhebung im Jahr 1973 Abschlüsse von „Ingenieur-, Staatsbauschulen, Pädagogischen Hochschulen, Akademien, Fachschulen oder anderen gleichwertigen Einrichtungen" (Deutsches Studentenwerk 1974, S. 27) als akademische, d. h. als Hochschulabschlüsse gewertet und beispielsweise Beamte im höheren Dienst mit Hochschulabschluss (z. B. StudienrätInnen) in die hohe Herkunftsgruppe eingeordnet wurden, sodass es weniger Studierende mit nicht-akademisch gebildeten Vätern in gehobenen Berufen gab (z. B. von LehrerInnen ohne Hochschulabschluss; Deutsches Studentenwerk 1977, S. 28). Darüber hinaus sind die Daten für 1976 teilweise wesentlich undifferenzierter als die anderer Vergleichsjahre. So konstatiert die Erhebung zwar einen Anstieg des Anteils der sonstigen Angestellten von 8,1 (1963) auf 12,2 %, ohne jedoch genauer anzugeben, welche Berufe darunter subsummiert wurden. Es ist anzunehmen, dass auch gehobene Angestellte einbezogen wurden, die dem Herkunftsgruppen-Modell zufolge der Kategorie ‚gehoben' zuzuordnen sind. Die fehlende Differenzierung lässt keine genaue Kategorisierung zu, sodass alle 12,2 % sonstigen Angestellten ohne Hochschulabschluss vorliegend in die mittlere Herkunftsgruppe eingeordnet wurden.

Tab. 1 Kohorten-Vergleich zwischen Studierenden, Promovierenden und ProfessorInnen nach sozialer Herkunft

	Vergleichsgruppen	Soziale Herkunftsgruppe in %					Verhältnis niedrig : hoch
		niedrig	mittel	gehoben	hoch	Gesamt	
1	Studierende 1956 (n= 110.492)	11	35	11	43	100	1 : 3,9
	1971-1980 berufene Prof. (n=181)	11	29	25	35	100	1 : 3,2
2	Studierende 1963 (n=21.598)	10	28	12	50	100	1 : 5
	1981-1990 berufene Prof. (n=200)	13	28	29	30	100	1 : 2,3
3	Studierende 1976 (n=18.756)	18	23	7	52	100	1: 2,9
	Promovierende 1988 (n=880)	13	31	25	31	100	1 : 2,4
	1991-2000 berufene Prof. (n=354)	12	27	31	30	100	1 : 2,5
4	Studierende 1985 (n=14.954)	18	31	26	25	100	1 : 1,4
	Promovierende 1997 (n=798)	11	27	24	38	100	1 : 3,5
	2001-2010 berufene Prof. (n=578)	10	27	25	38	100	1 : 3,8

Quellen: Daten zu Studierenden: 2., 4., 8. und 11. Sozialerhebung des Deutschen Studentenwerks, Bonn bzw. Berlin (Deutsches Studentenwerk 1957, 1964, 1977; für 1986 BMBW 1986); Daten zu Promovierenden: Sonderauswertung der 12. und 15. Sozialerhebung des Deutschen Studentenwerks durch das HIS-Institut für Hochschulforschung, heute DZHW (Dr. Elke Middendorff), auf Anfragen vom 25.03.2013 und 21.10.2012; Daten zu ProfessorInnen: Eigene Befragung der UniversitätsprofessorInnen in NRW 2010

Herkunftsgruppe in den 1950er-Jahren noch 3,9 Personen aus der hohen Herkunftsgruppe, so verbesserte sich die Relation bis zum Jahr 1985 auf 1 zu 1,4.

Zweitens ist zu konstatieren, dass sich der Zugang zur Promotion zwischen dem Jahr 1988 und 1997 für untere Sozialschichten verengt hat. Das Verhältnis zwischen Personen aus der niedrigen und hohen Herkunftsgruppe verschlechterte sich von 1 zu 2,4 auf 1 zu 3,5.

Drittens zeigt sich, dass sich der Zugang zu einer Professur für die niedrige gegenüber der hohen Herkunftsgruppe in der zweiten und dritten Vergleichskohorte zwar zunächst leicht verbessert hatte, für die zuletzt berufenen ProfessorInnen jedoch eine neuerliche soziale Schließung[13] zu beobachten ist, die im Gegensatz zur Entwicklung bei den Studierenden steht, die sozial heterogener geworden sind.

---

[13]Auf eine soziale Schließung in der ProfessorInnenschaft weisen auch die Studien von Hartmann (2002) sowie von Hill und Nagl (2010) hin.

Viertens deutet der Vergleich zwischen den Statusgruppen der Promovierenden und der ProfessorInnen in den letzten Vergleichskohorten darauf hin, dass sich die Chancen nach sozialer Herkunft eher angleichen, sofern die Promotion in allen Herkunftsgruppen gleich häufig abgeschlossen und zu gleichen Anteilen eine wissenschaftliche Karriere verfolgt wurde. Zumindest in der letzten Vergleichskohorte weisen Promovierende und ProfessorInnen eine fast identische Sozialstruktur auf. Wie der folgende Statusgruppenvergleich innerhalb der ProfessorInnenschaft nach sozialer Herkunft noch zeigen wird, muss diese Aussage aber eingeschränkt werden, da soziale AufsteigerInnen aus unteren Herkunftsgruppen deutlich häufiger auf den weniger prestigereichen Professuren zu finden sind als jene aus oberen Herkunftsgruppen (vgl. Abschn. 2.2).

Wie anfangs erläutert, führte der politisch initiierte vermehrte Einsatz befristeter Verträge im wissenschaftlichen Mittelbau ab den 1980er-Jahren (vgl. Abschn. 1) zu einer Verschärfung der Prekarität in wissenschaftlichen Karrieren. Wird diese Entwicklung zu den oben dargestellten Ergebnissen des Kohorten-Vergleichs in Beziehung gesetzt, so fällt eine Gleichzeitigkeit auf: Seit den 1980er-Jahren nahm nicht nur die Beschäftigungs- und Karriereunsicherheit in der Wissenschaft zu, sondern es hat sich gleichzeitig auch eine soziale Schließung auf dem Weg zur Promotion und zur Professur vollzogen.

Bevor ich Deutungen und mögliche Erklärungen für diesen Befund diskutiere, werden im Folgenden noch einige Binnendifferenzierungen zur sozialen Herkunft der ProfessorInnenschaft dargestellt, da sich die bisherigen Analysen lediglich auf die Gesamtgruppe der ProfessorInnenschaft bezogen.

2.2 Intersektionale und innerinstitutionelle Differenzierungen

Wie die Kohorten-Analyse zeigt, erweist sich die soziale Herkunftsstruktur der ProfessorInnenschaft als sozial selektiv, da insbesondere die zuletzt berufenen ProfessorInnen allein zu 38 % der höchsten und lediglich zu 10 % der niedrigen Herkunftsgruppe zuzuordnen sind. Dabei zeigen sich jedoch Unterschiede nach Geschlecht und hinsichtlich des Geburtslandes: Die Professorinnen stammen mit 37 % signifikant häufiger aus der höchsten Herkunftsgruppe als Professoren mit 33 % und mit 7 % signifikant seltener aus der niedrigen Herkunftsgruppe (Professoren zu 12 %). Frauen aus unteren Sozialschichten gehören damit zu den doppelt benachteiligten Gruppen in der Wissenschaft.

Noch deutlichere Unterschiede zeigen sich bei der Betrachtung des Geburtslandes: Von den ProfessorInnen, die ein ausländisches Geburtsland angegeben haben, kommen knapp die Hälfte (49 %) aus der höchsten Herkunftsgruppe, während die in Deutschland Geborenen lediglich zu 33 % dieser Gruppe angehören. Nur 8 % der im Ausland Geborenen haben einen sozialen Aufstieg aus der niedrigen Herkunftsgruppe bewerkstelligt, während dies bei den in Deutschland Geborenen 11 % sind. Hierbei zeigen sich keine Geschlechterdifferenzen, sodass MigrantInnen (vor allem spezifische MigrantInnengruppen)[14] insgesamt ebenfalls zu den benachteiligten Gruppen zu zählen sind.

Neben diesen intersektionalen Verwobenheiten müssen zusätzlich Unterschiede zwischen den Fächergruppen sowie im Hinblick auf den Status der Professur beachtet werden. Insbesondere die Rechtswissenschaften und die Humanmedizin zeichnen sich durch eine besonders hohe Selektivität aus (79 % bzw. 72 % der ProfessorInnen stammen aus der gehobenen und hohen Herkunftsgruppe), gefolgt von Sport und Kunst/Musik (68 % bzw. 66 %), während sich die Sozial- und Politikwissenschaften (56 %), die Fächergruppe Psychologie/Erziehungswissenschaft/Sonderpädagogik (54 %) und die Agrar-, Forst- und Ernährungswissenschaften (40 %) am unteren Ende der Skala befinden, also weniger sozial selektiv sind. Mit Ausnahme der zuletzt genannten Fächergruppe stammt in allen anderen Fächergruppen mehr als die Hälfte der ProfessorInnen aus der gehobenen und der hohen Herkunftsgruppe (vgl. ausführliche Fächergruppenanalyse in Möller 2015).

Eine weitere innerinstitutionelle Differenzierung ist der Status der Professur. Abb. 1 verdeutlicht, wie stark sich die soziale Herkunftsstruktur hierbei unterscheidet.

Während die prestigereichen Professuren (C4/W2 und C3/W2) eine ähnliche soziale Selektivität aufweisen und aufgrund ihres hohen Anteils an der GesamtprofessorInnenschaft die soziale Herkunftsstruktur insgesamt prägen, zeigen sich bei den anderen Kategorien von Professuren deutliche Unterschiede. Insbesondere die innerhalb der Statusgruppenhierarchie weniger angesehenen außerplanmäßigen ProfessorInnen sind deutlich sozial heterogener

---

[14] Auffällig ist, dass unter den MigrantInnen allein fast ein Drittel aus den Nachbarländern Österreich und der Schweiz stammen und die in der deutschen Bevölkerung breit vertretenen MigrantInnengruppen (beispielsweise aus der Türkei oder arabischen Herkunftsländern) in der Professorenschaft praktisch keine Repräsentanz haben (vgl. nähere Analysen der ProfessorInnen mit Migrationsbiografie in Möller 2015, S. 270 f.; vgl. hierzu auch Neusel und Wolter 2016; Möller 2017).

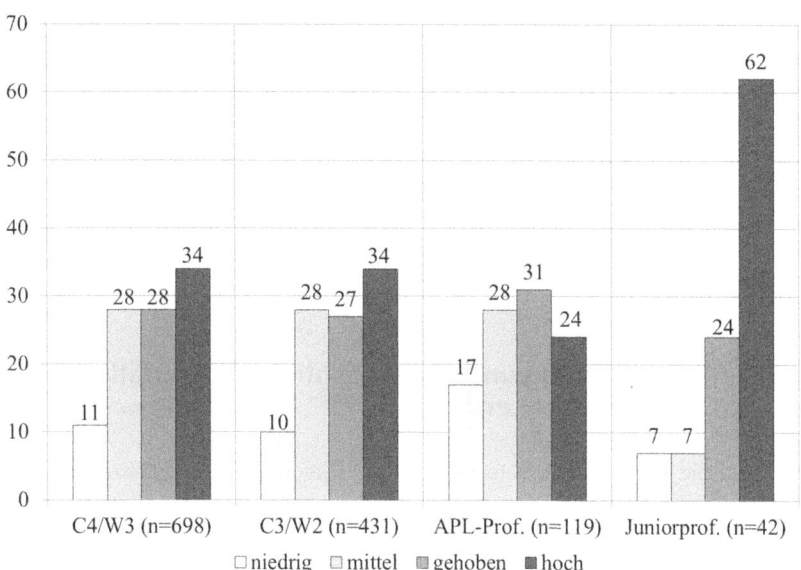

Abb. 1 Soziale Herkunftsstruktur der ProfessorInnenschaft nach Status der Professur in %. (Quelle: Eigene Befragung der UniversitätsprofessorInnen in NRW 2010, © Christina Möller)

zusammengesetzt.[15] Von ihnen stammt ein größerer Anteil aus der unteren (17 % versus 11 bzw. 10 %) und ein kleinerer aus der hohen Herkunftsgruppe (24 % versus 34 %). Wie diese Binnendifferenzierung zeigt, bekleiden soziale AufsteigerInnen häufiger die weniger prestigereichen und geringer vergüteten Professuren, während Angehörige privilegierter Schichten in den hohen Professuren überrepräsentiert sind.

Als außerordentlich sozial selektiv erweist sich die Juniorprofessur: Lediglich jeweils 7 % sind der niedrigen und der mittleren Herkunftsgruppe zuzuordnen,

---

[15]Außerplanmäßige ProfessorInnen werden in der amtlichen Statistik nicht unter den ProfessorInnen aufgeführt, sondern unter den wissenschaftlichen MitarbeiterInnen, da sie keine mit der entsprechenden Ausstattung versehene Stelle haben. Da sie aber hoch qualifiziert sind und einen ProfessorInnentitel tragen, wurden sie in der vorliegenden Studie mit einbezogen. Die Statusgruppen C2 und Sonstige wird vernachlässigt, da sich unterschiedliche Stellenfigurationen dahinter verbergen (vgl. nähere Erläuterungen zum Status der Professur in Möller 2015).

25 % der gehobenen und sogar 62 % der hohen Herkunftsgruppe. Auch wenn lediglich 42 Personen unter den Befragten eine Juniorprofessur innehatten, ist das Ergebnis als verlässlich einzuschätzen, da mittlerweile auch bundesweite Daten zur Juniorprofessur vorliegen und sich die Befunde stark ähneln.[16] Die Juniorprofessur ist damit die mit Abstand sozial selektivste Professur. Sollte sie sich als künftiger ‚Königsweg' zur Lebenszeitprofessur etablieren, so wird sich die soziale Schließung in der ProfessorInnenschaft künftig noch drastischer entwickeln – sofern keine politischen Maßnahmen für mehr Chancengleichheit ergriffen werden, um diesem Trend entgegenzuwirken.

3 Prekarisierung und soziale Schließung – zufällige Gleichzeitigkeiten?

Wie sind die präsentierten Befunde vor dem Hintergrund der aufgezeigten verschärften Unsicherheit auf dem Weg zur Professur zu bewerten? Fasst man die bisherigen Ausführungen zusammen, so hat sich im wissenschaftlichen Feld in den letzten Jahrzehnten zeitgleich sowohl eine Prekarisierung der Beschäftigungs- und Karrierebedingungen als auch eine soziale Schließung der ProfessorInnenschaft vollzogen. Damit drängt sich die Frage auf, ob und wie beide Prozesse zusammenhängen oder sich gar bedingen. Da angesichts der methodischen Ausrichtung der Studie über die soziale Herkunft keine Kausalattribuierungen vorgenommen werden können, sollen mit den im Folgenden vorgestellten Thesen lediglich erste mögliche Erklärungsansätze für die aufgezeigte Entwicklung skizziert werden.

Angesichts der starken Konkurrenzsituation bei der Besetzung von Professuren aufgrund des großen Rekrutierungspools qualifizierter KandidatInnen erscheint die soziale Schließung als logische Konsequenz. Zu ähnlichen Befunden kommt auch der Eliteforscher Michael Hartmann: „Je heftiger die Konkurrenz um die Führungspositionen ist, umso eher setzen […] sie [die bürgerlichen

---

[16]In der bundesweiten Studie von Burkhardt und Nickel (2015) wurden zwar keine sozialen Herkunftsgruppen, aber akademische Bildungshintergründe der Eltern von JuniorprofessorInnen erhoben. Demnach stammen lediglich 30,6 % aus Elternhäusern, in denen kein Elternteil einen Hochschulabschluss besaß, bei 69,5 % hatte zumindest ein Elternteil einen Hochschulabschluss (bei 38,2 % sogar beide Elternteile) (vgl. ebd., S. 116). In der vorliegenden Studie haben 33,3 % der JuniorprofessorInnen nicht-akademisch gebildete Eltern und 66,7 % stammen aus Akademikerfamilien.

und großbürgerlichen Schichten; C.M.] sich gegen den Nachwuchs der Arbeiterklasse und der breiten Mittelschichten durch." (2002, S. 137) Sie profitieren von der familiären Nähe zu akademischen Bildungseinrichtungen und oberen Karrierepositionen und den damit in Beziehung stehenden habituellen Dispositionen, das heißt von einer gewissen Selbstsicherheit und dem Gefühl, sich im akademischen Feld ‚am richtigen Platz' (Bourdieu und Passeron 1971, S. 31; Hasenjürgen 1996) zu befinden. Sie sind deshalb auch eher in der Lage, selbstgewiss den Hürdenlauf zur Professur zu meistern.

Insbesondere hinsichtlich der prekären Qualifizierungsjahre, die von den Einzelnen eine hohe Flexibilität, Mobilität und das Ertragen lang andauernder Unsicherheit verlangt, scheinen Personen aus oberen Schichten angesichts ihrer familiären Ressourcen im Vorteil zu sein. Pierre Bourdieu machte bereits 1981 darauf aufmerksam, dass riskante Karrieren nicht allen Sozialschichten gleichsam offenstehen:

> Die risikoreichen und damit oft auch die prestigeträchtigen Bildungslaufbahnen und Berufskarrieren haben immer ein weniger ruhmvolles ‚Gegenstück', das denen überlassen bleibt, die nicht genügend (ökonomisches, kulturelles und soziales) Kapital haben, um das Risiko einzugehen, bei dem Versuch alles zu gewinnen, alles zu verlieren – ein Risiko, das man nur dann eingeht, wenn man sicher ist, niemals alles zu verlieren (Bourdieu 1981, S. 180).

Wer eine wissenschaftliche Laufbahn einschlagen will, geht das Risiko ein, sich in unsicheren Beschäftigungsverhältnissen über Jahre und Jahrzehnte immer höher zu qualifizieren, ohne eine Garantie zu haben, dass diese wissenschaftsspezifischen Qualifikationen dann tatsächlich mit einer sicheren und angemessen vergüteten Position belohnt werden. Es ist anzunehmen, dass die geringen Verbleibchancen und die hohen Hürden bis zu einer möglichen Anstellung gerade auf diejenigen Personen abschreckend wirken, die über geringe Ressourcen verfügen und für die Wissenschaft ein sozial fremdes Terrain bedeutet, weil sie beispielsweise keine entsprechenden familiären Vorbilder haben und die ersten ihrer Familie wären, die sich in ungewohnten hohen Statuspositionen bewegen und bewähren müssten. Die langjährige abhängige Lage ist für alle gleichermaßen herausfordernd bis unzumutbar, jedoch lässt die soziale Schließung die Vermutung zu, dass untere Sozialschichten hiervon besonders betroffen sind.

Insbesondere der geschilderte erhöhte Konkurrenzdruck und die strukturellen Karriereunsicherheiten scheinen ungleiche Chancen nach Geschlecht und nach sozialer Herkunft zu verschärfen. So zeigt eine aktuelle qualitative Befragung von NachwuchswissenschaftlerInnen unterschiedlicher Disziplinen, dass sie den verschärften Wettbewerb an den Universitäten als erhöhten Leistungsdruck durchaus ‚am eigenen Leib' spüren[17] (Funken et al. 2015, S. 167). Sie stehen nicht nur angesichts der geforderten wissenschaftlichen Leistungen enorm unter Druck, sondern im Hinblick auf die neuen und zum Teil widersprüchlichen komplexen Anforderungen der wissenschaftlichen Karriere auch vor neuen Herausforderungen, die eine wissenschaftliche Karriere noch riskanter erscheinen lassen. Sie müssen sich einerseits dem traditionellen Ethos der wissenschaftlichen Profession verschreiben, der wissenschaftliche Erkenntnis und das Streben nach ‚Wahrheit' mit all seinen Implikationen über alles stellt und dies möglichst in einer Lebensform, die sich ganz dieser Berufung hingibt (Mittelstraß 1982; Krais 2008). Andererseits findet Forschung mittlerweile meist projektförmig auf Basis gestückelter (Ketten-)Verträge statt, sodass die im „akademischen Kapitalismus" (Münch 2011) erwarteten kurzfristigen Nutzenerwartungen möglichst befriedigt werden, ohne eine Sicherheit zu haben, dauerhaft wissenschaftlich arbeiten und langfristige Forschungsprofile aufbauen zu können. Vielmehr muss sich ‚der wissenschaftliche Nachwuchs' an einer „kurzfristig orientierten ‚Erfolgskultur'" (Neckel 2008) ausrichten, die langfristige Forschungsideen torpediert und auf schnelle, messbare Erfolge setzt – mit negativen Folgen für die Wissenschaft insgesamt.[18] Diese Rahmenbedingungen eines „radikal verschärften Wettbewerb[s]" (Funken et al. 2015, S. 202) führen dazu, dass eine wissenschaftliche Karriere für NachwuchswissenschaftlerInnen deutlich an Attraktivität eingebüßt hat – ein

---

[17]Befragt wurden bundesweit 20 WissenschaftlerInnen (je zehn Frauen und Männer) im Alter zwischen 30 und 40 Jahren, darunter drei JuniorprofessorInnen, acht NachwuchsgruppenleiterInnen und neun wissenschaftliche MitarbeiterInnen.

[18]Zu den negativen Folgen gehören u. a., dass Forschungen unterbleiben oder zumindest erschwert werden, die als risikoreich gelten, weil nicht garantiert ist, dass überhaupt aussagekräftige Befunde ermittelt werden können. Auch ist ein Anstieg von manipulativen Verhaltensweisen wahrscheinlich, z. B. Plagiate oder Fälschungen. Angesichts der gestiegenen Bedeutung von Zeitschriftenaufsätzen in Peer-Review-Journals weist beispielsweise der Organisationstheoretiker Alfred Kieser zynisch darauf hin, dass „Wissenschaftler [...] darum gut beraten [sind], eine Art von Forschung zu betreiben, die sich zu Aufsätzen verarbeiten lässt, die mit großer Wahrscheinlichkeit von hoch gerankten Zeitschriften zur Veröffentlichung angenommen werden" („Die Tonnenideologie der Forschung", *Frankfurter Allgemeine Zeitung* vom 14. März 2016). Hinsichtlich der projektförmigen Ausgestaltung von wissenschaftlicher Arbeit vgl. auch Lenger (2015).

Umstand, der das rhetorische Anliegen wissenschaftspolitischer Äußerungen untergräbt, die Anziehungskraft des Wissenschaftsstandorts Deutschland zu erhöhen und die Abwanderung hoch qualifizierter ForscherInnen ins Ausland (den sogenannten ‚Braindrain') zu verhindern.[19] In ihrer Studie ordneten Funken et al. NachwuchswissenschaftlerInnen je nach deren Einschätzung ihrer individuellen Karrierechancen drei Typen zu, wobei die ‚Hoffnungsvollen' die einzig optimistischen waren und sich sowohl die ‚Fatalisten' als auch die ‚SpielverweigerInnen' eher pessimistisch zeigten (ebd., S. 174). Zu den benachteiligten Gruppen in diesem verschärften Wettbewerb zählen Frauen, die fast ausschließlich die Gruppe der ‚SpielverweigerInnen' stellen und eine pessimistische Karriereeinschätzungen haben, während die ‚Hoffnungsvollen', die einem langfristigen Verbleib in der Wissenschaft eher selbstverständlich entgegensehen, fast ausschließlich aus Männern zusammengesetzt sind: „Die Kritik an den fehlenden alternativen Karrieremöglichkeiten und Reputationssystemen eint zwar die Geschlechter über alle Typen hinweg, es sind aber vor allem Frauen, die daraus die Konsequenz ziehen, sich den männlich geprägten Spielregeln des Feldes zu verweigern und eher kurz- als mittelfristig die Wissenschaftswelt verlassen werden." (ebd., S. 201) Effekte nach sozialer Herkunft konnten die ForscherInnen nicht feststellen, was jedoch mit der geringen Fallzahl von 20 interviewten Personen zusammenhängen kann. Es ist grundsätzlich nicht nur eine Frage des Geschlechts, sondern auch der sozialen Herkunft, inwiefern eine derart unkalkulierbare Karriereform überhaupt als vorstellbar und realisierbar gelten kann.

Was einen möglichen Zusammenhang zwischen den zugespitzt prekären Rahmenbedingungen und verschärften Konkurrenzsituationen in wissenschaftlichen Karrieren einerseits und herkunftsbedingten Chancenungleichheiten andererseits angeht, erscheint eine Milieu-Studie zum wissenschaftlichen Mittelbau interessante erste Anknüpfungspunkte zu liefern. Lange-Vester und Teiwes-Kügler konnten in einer explorativen Untersuchung Einblicke in Handlungsstrategien und Orientierungen von wissenschaftlichen MitarbeiterInnen gewinnen, die auf unterschiedliche Erfolgschancen je nach sozialer Herkunft hindeuten (Lange-Vester und Teiwes-Kügler 2013). Die Autorinnen identifizieren unterschiedliche Handlungsstrategien seitens der WissenschaftlerInnen, die insbesondere angesichts der beschriebenen verstärkten strukturellen Wettbewerbslogik im wissenschaftlichen

---

[19]Von den mittlerweile 1000 geplanten Tenure-Track-Professuren, die ab 2017 bis 2032 geschaffen werden sollen (GWK 2016, S. 2), dürfte nur einer kleinen Teil von NachwuchswissenschaftlerInnen profitieren, sodass diese Maßnahmen nicht viel mehr als einen ‚Tropfen auf dem heißen Stein' bedeuten.

Feld als unterschiedlich erfolgreich einzuschätzen sind. Diese Strategien hängen mit der milieuspezifischen Verortung der jeweiligen Herkunftsfamilie zusammen.

> Es sind vor allem die BildungsaufsteigerInnen ohne akademische Vorbilder in den Herkunftsfamilien, die sich als ‚Mädchen für alles' und für unattraktive Zuarbeiten anbieten, die sich überdurchschnittlich engagieren und dabei eigene Interessen zurückstellen und/oder sich genügsam mit den gegebenen Bedingungen arrangieren. Frühzeitige Investitionen in Netzwerke und in soziales Kapital, die geschickte Selbstpräsentation und das Hervortreten aus der Masse sind dagegen in unserer Stichprobe eher wissenschaftlichen MitarbeiterInnen aus gehobenen Herkunftsmilieus vorbehalten gewesen (ebd., S. 189).

Da diese Studie nur auf geringen Fallzahlen beruht, können ihre Befunde nicht verallgemeinert werden; auch ist nicht verlässlich vorhersehbar, dass sich die beschriebenen Strategien der gehobenen Milieus tatsächlich in einer langfristigen Positionierung im Feld verstetigen. Die hohe soziale Geschlossenheit der Juniorprofessur als der frühesten professoralen Position in der wissenschaftlichen Karriere könnte aber möglicherweise auf eine höhere Passfähigkeit zwischen dem heutigen Anforderungsprofil im ‚akademischen Kapitalismus' und den Karrierestrategien der gehobenen Milieus hindeuten.

4 Fazit und Ausblick

Die verschärfte Konkurrenz um die wenigen Lebenszeitpositionen an den Universitäten und die prekarisierten Verhältnisse auf dem Weg dorthin scheinen erneut ‚alte Ungleichheiten' hervorzubringen bzw. zu verstärken. Es zeigt sich zumindest ein zeitlicher Zusammenhang, der diese These stützt. Der Frauenanteil an der ProfessorInnenschaft steigt seit Jahren lediglich um rund 1 % pro Jahr an. Dies zeigt nicht nur, dass Frauen trotz etablierter Gleichstellungsmaßnahmen weiterhin nur wenig an Raum gutmachen können; vielmehr scheinen sie darüber hinaus zu denen zu gehören, die angesichts der zugespitzten Wettbewerbsbedingungen im wissenschaftlichen Feld die geringste Unterstützung haben und am ehesten aussteigen (Funken et al. 2015). Die soziale Schließung der ProfessorInnenschaft und die starke soziale Geschlossenheit der neuen Statuskategorie Juniorprofessur deuten darauf hin, dass die soziale Herkunft in diesem starken Wettbewerb um Positionen (nach einer leichten Öffnung durch die Expansion der universitären Landschaft) in den letzten Jahrzehnten wieder an Bedeutung gewonnen hat. Daher wäre auch die anfangs skizzierte Weber'sche Diagnose, die wissenschaftliche Karriere sei als Hazard zu charakterisieren, insofern zu ergänzen, als dass zudem sozialen Merkmalen große Bedeutung zukommt. Denn bevor das ‚Spiel' um die Positionen beginnen kann, müssen hohe Bildungstitel und weitere Qualifikationen erworben werden und die Integration in den Kreis der Arrivierten muss gelungen sein, um als berufungsfähig gelten zu können. Auf dem Weg dahin aber scheinen Frauen und untere soziale Herkunftsgruppen benachteiligt zu sein. Nachdem sie ihre historische Bildungsbenachteiligung in den letzten Jahrzehnten hinter sich gelassen haben, gehen Frauen heute allerdings dem Wissenschaftssystem eher *nach* der Promotion ‚verloren', während dies bei Personen benachteiligter Herkunftsgruppen überwiegend eher auf den selektiven Bildungsstufen *vor* der Promotion geschieht (Möller 2015, S. 154). Das heißt, bereits beim Zugang zu diesem ‚Spiel' um Positionen haben soziale Merkmale wie Geschlecht und soziale Herkunft einen nicht zu unterschätzenden Einfluss. Zudem sind Frauen seltener auf den am besten ausgestatteten Professuren zu finden als Männer (ebd., S. 250). Dass sich die außerplanmäßige Professur, die als eine Art spätes ‚Trostpflaster' nach vergeblichen Berufungsbemühungen vergeben wird, im Vergleich mit der Juniorprofessur erheblich und im Vergleich mit hochgestellten W-Professuren immer noch deutlich sozial offener erweist, zeigt, dass auch innerhalb der TrägerInnen des Professorentitels eine Hierarchie nach sozialer Herkunft besteht. Die alten Ungleichheiten sind demnach auch bis in die Spitze nachweisbar.

Angehörige oberer sozialer Milieus können sich angesichts ihrer herkunftsbedingten Ressourcen und der dadurch eher vorhandenen Selbstgewissheiten, hohe Positionen zu erreichen, vermutlich leichter mit strukturellen Unsicherheiten arrangieren. AufsteigerInnen aus unteren Herkunftsgruppen scheinen hingegen angesichts eines herkunftsbedingten Knappheitskalküls (Knappheit an ökonomischen Ressourcen, an familiären Vorbildern und an Wissen über die Spielregeln durch die familiäre Ferne zum wissenschaftlichen Feld) benachteiligt zu sein. Aufgrund ihrer familiären Ferne zum Feld müssen sie größere habituelle Anpassungsleistungen vollziehen, um das ‚Spiel' um Positionen im wissenschaftlichen Feld mitspielen zu können. Letztendlich drohen angesichts der Mehrheitsverhältnisse in der ProfessorInnenschaft (hauptsächlich deutsch, männlich und überwiegend aus sozial gehobenen und hohen Herkunftsfamilien) homosoziale Kooptationsmuster, somit die Förderung und Inklusion nach dem Prinzip der Ähnlichkeit (z. B. der Zugehörigkeit zum gleichen Geschlecht oder gemeinsamer herkunftsbedingter Erfahrungen und daher habitueller Gemeinsamkeiten). Daher ist weiterhin – insbesondere unter den geschilderten prekären Karrierestrukturen – von einer „Illusion der Chancengleichheit" (Bourdieu und Passeron 1971) auszugehen.

Hinsichtlich der aufgezeigten drastisch erhöhten sozialen Selektivität bereits unter den Promovierenden droht in den nächsten Jahrzehnten eine Fortsetzung der sozialen Schließung auch in der ProfessorInnenschaft. Angesichts der Befunde besteht Forschungsbedarf über die Ursachen und Mechanismen dieser Schließung, auch um die hier vertretene These weiter zu prüfen, ob und wie sie mit der zunehmenden Prekarisierung wissenschaftlicher Karrieren zusammenhängt.

Literatur

„Abstrampeln für die Forschung". Von Kathrin Fromm. *Zeit online* vom 4. September 2014. http://www.zeit.de/2014/35/wissenschaft-forschung-wissenschaftler. Zugegriffen: 26. Oktober 2016.
BMBW [Bundesministerium für Bildung und Wissenschaft] (1986). *Das soziale Bild der Studentenschaft in der Bundesrepublik Deutschland. 11. Sozialerhebung des Deutschen Studentenwerks.* Bad Honnef: Bock.
Bourdieu, Pierre (1981). Klassenschicksal, individuelles Handeln und das Gesetz der Wahrscheinlichkeit. In Helmut Köhler, Beate Krais, Achim Leschinsky, & Gottfried Pfeffer (Hrsg.), *Titel und Stelle. Über die Reproduktion sozialer Macht* (S. 169–226). Frankfurt am Main: Europäische Verlagsanstalt.
Bourdieu, Pierre, & Passeron, Jean-Claude (1971). *Die Illusion der Chancengleichheit. Untersuchungen zur Soziologie des Bildungswesens am Beispiel Frankreichs.* Stuttgart: Klett.
Brendel, Sabine, & Metz-Göckel, Sigrid (2001). *Das Studium ist schon die Hauptsache, aber ... Maschinenbau, Wirtschafts- und Erziehungswissenschaften aus Sicht von Studierenden einer Universität und einer Fachhochschule im Revier.* Bielefeld: Kleine Verlag.
Burkhardt, Anke, & Nickel, Sigrun (2015). *Die Juniorprofessur. Neue und alte Qualifizierungswege im Vergleich.* Baden-Baden: Nomos.
Deutscher Bundestag (1984). *Entwurf eines Gesetzes über befristete Arbeitsverträge mit wissenschaftlichem Personal an Hochschulen und Forschungseinrichtungen.* Bundestags-Drucksache 10/2283 vom 8. November 1984.
Deutsches Studentenwerk (1957). *Das soziale Bild der Studentenschaft in Westdeutschland und Berlin. 2. Sozialerhebung für das Jahr 1956.* Bonn.
Deutsches Studentenwerk (1974). *Das soziale Bild der Studentenschaft in der Bundesrepublik Deutschland. Ergebnisse der 7. Sozialerhebung für das Jahr 1973.* Frankfurt am Main.
Deutsches Studentenwerk (1964). *Das soziale Bild der Studentenschaft in Westdeutschland und Berlin. 4. Sozialerhebung für das Jahr 1963.* Bonn.
Deutsches Studentenwerk (1977). *Das soziale Bild der Studentenschaft in der Bundesrepublik Deutschland. Ergebnisse der 8. Sozialerhebung für das Jahr 1976.* Frankfurt a.M.
Dörre, Klaus, & Neis, Matthias (2008). Geduldige Prekarier? Unsicherheit als Wegbegleiter wissenschaftlicher Karrieren. *Forschung und Lehre* 15 (10), 672–674.
Engler, Steffani (2001). *„In Einsamkeit und Freiheit"? Zur Konstruktion der wissenschaftlichen Persönlichkeit auf dem Weg zur Professur.* Konstanz: UVK-Verl.-Ges.
Findeisen, Ina (2011). *Hürdenlauf zur Exzellenz. Karrierestufen junger Wissenschaftlerinnen und Wissenschaftler.* Wiesbaden: VS Verlag für Sozialwissenschaften.
Funken, Christiane, Rogge, Jan-Christoph, & Hörlin, Sinje (2015). *Vertrackte Karrieren. Zum Wandel der Arbeitswelten in Wirtschaft und Wissenschaft.* Frankfurt a.M.: Campus.
„Gestatten, Dr. prekär. Eine Studie über die Lage der Doktoranden an der Universität." Von Torsten Harmsen. *Berliner Zeitung* vom 28. Februar 2009. http://www.zewk.tu-berlin.

de/fileadmin/f12/Downloads/koop/tagungen/wiss_prekariat_09/10_Presse.Berliner_Zeitung.28.2.09.pdf. Zugegriffen: 26. Oktober 2016.
GWK [Gemeinsame Wissenschaftskonferenz] (2015). *Chancengleichheit in Wissenschaft und Forschung. 19. Fortschreibung des Datenmaterials (2013/2014) zu Frauen in Hochschulen und außerhochschulischen Forschungseinrichtungen.* Bonn: GWK.
GWK [Gemeinsame Wissenschaftskonferenz] (2016). *Weg frei für Exzellenzstrategie, für die Förderung des wissenschaftlichen Nachwuchses und die Förderinitiative „Innovative Hochschule".* Pressemitteilung vom 17. Juni 2016. http://www.gwk-bonn.de/fileadmin/Pressemitteilungen/pm2016-09.pdf. Zugegriffen: 10. Oktober 2016.
Hartmann, Michael (2002). *Der Mythos von den Leistungseliten. Spitzenkarrieren und soziale Herkunft in Wirtschaft, Politik, Justiz und Wissenschaft.* Frankfurt a.M.: Campus.
Hasenjürgen, Brigitte (1996). *Soziale Macht im Wissenschaftsspiel. SozialwissenschaftlerInnen und FrauenforscherInnen an der Hochschule.* Münster: Westfälisches Dampfboot.
Jongmanns, Georg (2011). *Evaluation des Wissenschaftszeitvertragsgesetz (WissZeitVG). Gesetzesevaluation im Auftrag des Bundesministeriums für Bildung und Forschung.* Hannover: HIS GmbH.
Isserstedt, Wolfgang, Middendorff, Elke, Kandulla, Maren, Borchert, Lars, & Leszczensky, Michael (2010). *Die wirtschaftliche und soziale Lage der Studierenden in der Bundesrepublik Deutschland 2009. 19. Sozialerhebung des Deutschen Studentenwerks durchgeführt von der HIS Hochschul-Informations-System.* Bonn, Berlin.
Konsortium Bundesbericht Wissenschaftlicher Nachwuchs (2013). *Bundesbericht Wissenschaftlicher Nachwuchs 2013. Statistische Daten und Forschungsbefunde zu Promovierenden und Promovierten in Deutschland.* Bielefeld: Bertelsmann.
Krais, Beate (2008). Wissenschaft als Lebensform. Die alltagspraktische Seite akademischer Karrieren. In Yvonne Haffner, & Beate Krais (Hrsg.), *Arbeit als Lebensform? Beruflicher Erfolg, private Lebensführung und Chancengleichheit in akademischen Berufsfeldern* (S. 177–211). Frankfurt a.M., New York: Campus.
Lange-Vester, Andrea, Teiwes-Kügler, Christel (2013). *Zwischen W3 und Hartz IV. Arbeitssituation und Perspektiven von wissenschaftlichen Mitarbeiterinnen und Mitarbeitern.* Opladen: Verlag Barbara Budrich.
Lenger, Alexander (2015). Arbeitskraftunternehmertum und projektbasierter Kapitalismus im wissenschaftlichen Feld. In Stephan Lessenich (Hrsg.), *Routinen der Krise – Krise der Routinen. Verhandlungen des 37. Kongresses der Deutschen Gesellschaft für Soziologie in Trier 2014.* Trier. http://publikationen.soziologie.de/index.php/kongressband/article/view/36/pdf_10. Zugegriffen: 10. Oktober 2016.
Matthies, Hildegard, & Simon, Dagmar (Hrsg.) (2008). *Wissenschaft unter Beobachtung. Effekte und Defekte von Evaluationen.* Wiesbaden: VS Verlag für Sozialwissenschaften.
Merton, Robert K. (1985). Der Matthäus-Effekt in der Wissenschaft. In Robert K. Merton, *Entwicklung und Wandel von Forschungsinteressen. Aufsätze zur Wissenschaftssoziologie* (S. 147–171). Frankfurt a.M.: Suhrkamp.
Middendorff, Elke, Apolinarski, Beate, Poskowsky, Jonas, Kandulla, Maren, & Netz, Nicolai (2013). *Die wirtschaftliche und soziale Lage der Studierenden in Deutschland 2012. 20. Sozialerhebung des Deutschen Studentenwerks durchgeführt durch das HIS-Institut für Hochschulforschung,* hrsg. vom Bundesministerium für Bildung und Forschung, Bonn: Bundesministerium für Bildung und Forschung.

Miethe, Ingrid, Soremski, Regina, Suderland, Maja, Dierckx, Heike, & Kleber, Birthe (2015). *Bildungsaufstieg in drei Generationen. Zum Zusammenhang von Herkunftsmilieu und Gesellschaftssystem im Ost-West-Vergleich*. Opladen: Budrich.

Mittelstraß, Jürgen (1982). *Wissenschaft als Lebensform. Reden über philosophische Orientierungen in Wissenschaft und Universität*. Frankfurt a.M.: Suhrkamp Taschenbuch Verlag.

Möller, Christina (2015). *Herkunft zählt (fast) immer. Soziale Ungleichheiten unter Universitätsprofessorinnen und -professoren*. Weinheim, Basel: Beltz Juventa.

Möller, Christina (2017). Internationalität und soziale Ungleichheit. Professor/-innen mit Migrationsbiografie an der Universität. In Aylâ Neusel, & Andrä Wolter (Hrsg.), *Mobile Wissenschaft. Von der Internationalisierung der Hochschule zur transnationalen Wissenschaft*. Reihe Hochschule und Gesellschaft (S. 311–332). Frankfurt a. M., New York: Campus.

Münch, Richard (2011). *Akademischer Kapitalismus. Über die politische Ökonomie der Hochschulreform*. Frankfurt a.M.: Suhrkamp.

Nagl, Manfred, & Hill, Paul B. (2010). *Professoren der Ingenieurwissenschaften und der Informatik: Eine Häufung sozialer Aufsteiger*. Aachen. http://4ing-online.de/fileadmin/uploads/pdf/Befragungsbericht_soziale_Aufsteiger_23.10.09.pdf. Zugegriffen: 4. November 2016.

Neckel, Sighard (2008). *Flucht nach vorn. Die Erfolgskultur der Marktgesellschaft*. Frankfurt a.M.: Campus.

Neusel, Aylâ, & Wolter, Andrä (2016). Auf dem Weg zur Transnationalität? Eine explorative Studie über Professorinnen und Professoren mit Migrationsbiographie an deutschen Hochschulen. *Das Hochschulwesen* 64 (1+2), 42–54.

Rogge, Jan-Christoph (2015). The winner takes it all? Die Zukunftsperspektiven des wissenschaftlichen Mittelbaus auf dem akademischen Quasi-Markt. *Kölner Zeitschrift für Soziologie und Sozialpsychologie* 67 (4), 685–707.

„Die Tonnenideologie der Forschung". Von Alfred Kieser. *Frankfurter Allgemeine Zeitung* vom 14. März 2016. http://www.faz.net/aktuell/feuilleton/forschung-und-lehre/akademische-rankings-die-tonnenideologie-der-forschung-1997844-p2.html?printPagedArticle=true#pageIndex_2. Zugegriffen: 26. Oktober 2016.

Weber, Max (2002 [1919]). Wissenschaft als Beruf. In Dirk Kaesler (Hrsg.), *Max Weber: Schriften 1894–1922* (S. 474–513), Stuttgart: Kroener.

Wirth, Angelika (2015). Es wird eng und enger – Der Stellenmarkt für Professuren im Jahr 2014. *Forschung und Lehre* (22) 12, 1016–1021.

„Wissenschaft prekär: Kettenjobber, Leiharbeiter, Forschungsknechte". Von Franziska Reif. *Spiegel Online* vom 29. Mai 2012. http://www.spiegel.de/karriere/wie-junge-wissenschaftler-an-den-unis-geknechtet-werden-a-835467.html. Zugegriffen: 26. Oktober 2016.

Wissenschaftsrat (1982). *Zur Problematik befristeter Arbeitsverhältnisse mit wissenschaftlichen Mitarbeitern*. Köln: Wissenschaftsrat.

,Feminisierung' der Wissenschaft? Affektive Arbeit, Geschlecht und Prekarität in wissenschaftlichen Arbeitsgruppen

Mike Laufenberg

Die Geschlechterverhältnisse in der Wissenschaft haben sich in den letzten Jahrzehnten unbestreitbar gewandelt. Nie zuvor haben weltweit so viele Frauen studiert und promoviert und nie zuvor waren so viele von ihnen als Wissenschaftlerinnen tätig. Und auch wenn die Frauenanteile an den Professuren in vielen Ländern, darunter Deutschland, immer noch weit von einer paritätischen Verteilung entfernt sind und strukturelle Aufstiegsbarrieren fortwirken, ist in den vergangenen zwei Jahrzehnten auch hier ein deutlicher Anstieg zu verzeichnen. In Deutschland ist heute jede fünfte Professur mit einer Frau besetzt; damit ist der Frauenanteil an den Professuren fast doppelt so hoch wie noch im Jahr 2002 (Statistisches Bundesamt 2014). Politisch induzierte Gleichstellungsmaßnahmen wie das 2008 von Bund und Ländern ins Leben gerufene Professorinnenprogramm haben an diesem Anstieg ihren Anteil. Ihr Erfolg und ihre Wirksamkeit werden von Politik und Medien überwiegend an ihrem quantitativen Wert gemessen. Doch lassen sich Geschlechterverhältnisse in ihrer sozialen, symbolischen und materiellen Komplexität nicht adäquat in statistischen Angaben abbilden. Aus Sicht der Geschlechterforschung ist daher einzuwenden, dass – gerade in Zeiten des Wandels und steigender Frauenanteile – nicht lediglich die quantitative, sondern verstärkt die *qualitative* Dimension einer erhöhten Partizipation von Frauen in der Wissenschaft zu analysieren ist. Die Frage lautet demnach nicht bloß, *ob* Teilhabe, Verbleib und Erfolg von Frauen im Wissenschaftsfeld ermöglicht werden und gelingen, sondern auch unter welchen Bedingungen, auf welche Weise und mit welchen Effekten dies geschieht.

M. Laufenberg (✉)
Berlin, Deutschland
E-Mail: mike.laufenberg@tu-berlin.de

© Springer Fachmedien Wiesbaden GmbH 2018
M. Laufenberg et al. (Hrsg.), *Prekäre Gleichstellung*,
https://doi.org/10.1007/978-3-658-11631-6_12

Diese Fragen gewinnen umso mehr an Bedeutung, als die seit der Jahrtausendwende in fast allen Fachbereichen zu verzeichnende Zunahme der Präsenz von Frauen zeitlich mit einem fundamentalen Wandel des internationalen Wissenschafts- und Hochschulsystems zusammenfällt. Die hierzulande von Bundesregierung, Kultusministerkonferenz, Hochschulrektorenkonferenz und Wissenschaftsrat in den letzten 15 Jahren sukzessive durchgesetzte Neuerfindung der Wissenschaftsorganisationen als wettbewerbsfähige Organisationen veränderte nicht nur Studiengänge und Forschungsförderpolitiken, sondern wirkte sich darüber hinaus auch massiv auf die Arbeitsbedingungen von Wissenschaftler_innen aus. Wer in der ‚unternehmerischen Hochschule' (vgl. Clark 1998) heute eine Laufbahn erwägt, ist nicht nur mit unsicheren Perspektiven, Kettenbefristungen und hohen Anforderungen an Mobilität, Flexibilität und Zeitaufwand konfrontiert, sondern auch mit einer enormen Konkurrenz um knappe Stellen und Ressourcen wie Forschungsgelder, Publikationsmöglichkeiten und Anerkennung. Kurzum: Die Frauenanteile in der Wissenschaft steigen zu einem Zeitpunkt, in dem die Wissenschaft als Arbeitsfeld zunehmend unattraktiv, kompetitiv und prekär geworden ist, ja sich sogar in einem Abwertungsprozess zu befinden scheint (Aulenbacher et al. 2012).

Der vorliegende Beitrag setzt hier an und schlägt vor, die veränderten Geschlechterdynamiken und Arbeitsverhältnisse in der Wissenschaft im Kontext übergeordneter Verschiebungen in der Organisation und Neuzusammensetzung von Arbeit im globalen Kapitalismus zu betrachten. Im Zentrum steht hierbei die Frage, ob sich gegenwärtige Transformationen von Arbeit und Geschlecht in Hochschule und Wissenschaft in Anlehnung an geschlechter- und arbeitssoziologische Debatten als *Feminisierung* beschreiben und konzeptionalisieren lassen. Der Begriff der Feminisierung ist im Zusammenhang mit dem globalen Wandel von (Erwerbs-)Arbeit seit den 1980er-Jahren in Gebrauch (Gutiérrez Rodríguez 2010a; Scheele 2004; Standing 1999). Er fokussiert in durchaus provokanter Absicht den Umstand, dass der weltweite Anstieg des Frauenanteils an Erwerbstätigen zeitlich mit einer fundamentalen Abwertung und Prekarisierung von Erwerbsarbeit zusammenfällt. Bedingungen, die innerhalb einer geschlechtlich und kolonial hierarchisierten Arbeitsteilung bisher vor allem auf sogenannte ‚Frauenarbeit' zutrafen, verallgemeinern sich: Abgesunkene Lohnniveaus, hohe Flexibilisierungs- und Entgrenzungsgrade sowie informelle, befristete und geringfügige Beschäftigung kennzeichnen heute weite Teile der ‚westlichen' Erwerbswelt. Einige Autor_innen (z. B. Gutiérrez Rodríguez 2014; Hardt und Negri 2010; Revel 2004) erweitern das Konzept der Feminisierung von Arbeit darüber hinaus um eine zusätzliche Dimension. Demnach kann mit Feminisierung eine stärkere Inwertsetzung und Kommodifizierung von informellen Tätigkeiten und Fähigkeiten verstanden werden, die innerhalb vergeschlechtlichter Regime der Arbeitsteilung traditionell Frauen zugeschrieben wurden und damit typischerweise im Privaten, außerhalb der männlich dominierten Produktionssphäre, angesiedelt waren: affektive Beziehungsarbeit, „Gefühlsarbeit" (Hochschild 1990), Fürsorge.

Doch erweist sich das Konzept der Feminisierung auch mit Blick auf die Wissenschaft als theoretisch konsistent und empirisch tragfähig? Welche Entwicklungen und Charakteristika wären in diesem Fall als Feminisierung von Wissenschaft zu fassen? Welche Bedingungen liegen diesem Prozess zugrunde und welche Auswirkungen hat er auf die konkrete Arbeitssituation von Wissenschaftler_innen? Und birgt der Begriff der Feminisierung nicht die Gefahr, stereotype Geschlechterbilder und essenzialisierende Zuschreibungen von ‚weiblichen' und ‚männlichen' Arbeitsweisen zu reproduzieren und zu verfestigen? Wie ließe sich dem durch eine entsprechend nicht-essenzialisierende Konzeptionalisierung des Feminisierungsbegriffs entgegenwirken? Diesen Fragen wird im Folgenden in vier Teilen nachgegangen: In Kap. 1 wird das Konzept der Feminisierung von Arbeit umrissen und hinsichtlich seiner drei wesentlichen Dimensionen ausdifferenziert. Im zweiten Kapitel werden daran anschließend Umrisse einer post-essenzialistischen Konzipierung des Feminisierungsbegriffs gezeichnet. In Kap. 3 wird schließlich am Beispiel der Physik argumentiert, dass und inwiefern wir heute von einer Feminisierung der Wissenschaft sprechen können. Die empirische Grundlage hierfür bilden Daten aus drei ethnografischen Fallanalysen zu Geschlechterverhältnissen, Fachkultur und Arbeitsorganisation in der Physik, die im Forschungsverbundprojekt *genderDynamiken* entstanden sind.[1] Im vierten Kapitel

---

[1] Im Rahmen des an der Technischen Universität Berlin und der Freien Universität Berlin angesiedelten Forschungsverbundprojekts „genderDynamiken. Fallstudien zur Verschränkung von Fachkulturen und Forschungsorganisationen am Beispiel der Physik", das von 2012 bis 2015 von Europäischen Sozialfonds und dem Bundesministerium für Bildung und Forschung gefördert wurde, führte ein Forschungsteam im Zeitraum von 2012 bis 2015 insgesamt zwölf ethnografische Fallstudien über wissenschaftliche Arbeitszusammenhänge in universitären und außeruniversitären Einrichtungen der Physik (und Chemie) durch. Die diesem Beitrag zugrunde gelegten Daten stammen aus Feldnotizen, in denen Beobachtungen aus jeweils mehrwöchigen Feldaufenthalten in drei universitären Forschungsgruppen verschriftlicht wurden, sowie aus leitfadengestützten Interviews. Die begleiteten Arbeitsgruppen befanden sich an verschiedenen deutschen Universitäten in unterschiedlichen Städten und Regionen und deckten verschiedene Forschungsfelder ab (Festkörperphysik, Teilchenphysik sowie experimentelle Physik mit Nähe zur Biophysik). Im Text wiedergegebene Aussagen von Akteur_innen des Feldes werden nach den unveröffentlichten Transkripten zitiert, die im Projekt von den Interviews mit Professor_innen, Doktorand_innen und Postdoktorand_innen angefertigt wurden.

werden die Befunde zusammenführend diskutiert und im Kontext der neoliberalen bzw. unternehmerischen Universität als der aktuell dominanten Hochschulformation ausgedeutet. Ausgehend von einer Zusammenfassung der zentralen Erkenntnisse des Artikels wird abschließend ein Plädoyer für eine stärkere Verknüpfung der Debatten um Prekarisierung und Ökonomisierung der Wissenschaft mit der Analyse von Geschlechterverhältnissen und anderen sozialen Ungleichheitslagen formuliert.

1 Zur Feminisierung von Arbeit

Mit dem Konzept der Feminisierung von Arbeit wird der Versuch unternommen, eine Reihe von ambivalenten Entwicklungen und Verschiebungen innerhalb der gesellschaftlichen Produktions- und Reproduktionsverhältnisse in kritischer Absicht zu theoretisieren. Es geht darum, Veränderungen in den Arbeitsbedingungen, Subjektivitäten und Anforderungen an Arbeitskräfte mit einer qualitativen Erweiterung von Ausbeutung zusammenzudenken. Das „Frau-Werden der Arbeit", so Judith Revel, wird im globalen Kapitalismus zu einer neuen „Norm – sowohl was Elend und Strapazen als auch was die ungeheuren Möglichkeiten der Verwertung betrifft" (2004, S. 256). Wie einleitend schon skizziert wurde, lassen sich mit dem Begriff der Feminisierung von Arbeit drei simultane Prozesse fassen (vgl. auch Hardt und Negri 2010, S. 147 f.): 1) ein steigender Frauenanteil an der erwerbstätigen Bevölkerung, 2) eine Abwertung von Erwerbsarbeit einschließlich einer qualitativen Verschlechterung ihrer Bedingungen sowie 3) ein Bedeutungszuwachs und eine Inwertsetzung von Tätigkeiten und Fähigkeiten, die traditionell Frauen zugewiesen wurden und werden.

1) Seit den 1980er-Jahren lässt sich ein kontinuierlicher, weltweiter *quantitativer Anstieg* des Frauenanteils an Lohnerwerbsarbeit konstatieren. Dies hängt zum einen mit der Auslagerung arbeitskraftintensiver Fertigungsschritte industrieller Massenproduktion vom globalen Norden in den globalen Süden zusammen, die mit einer massenhaften Rekrutierung weiblicher Billiglohnarbeiterinnen für die Produktionsstätten global agierender Konzerne etwa in der Textil- und Computerindustrie verbunden war. Die Feminisierung von Arbeit entspricht hier den an Wachstum orientierten Interessen von Unternehmen, Produktions- und Reproduktionskosten zu senken und so die Profitabilität zu steigern, indem mit der Produktion auf Länder ausgewichen wird, in denen das Lohnniveau niedrig und der rechtliche Schutz sowie der Organisationsgrad von Arbeiter_innen minimal ist. Die Ausweitung des weltweiten Arbeitsmarktes spitzt zudem die Konkurrenz unter Lohnabhängigen zu, was sinkende Lohnniveaus begünstigt und damit den Wert der Arbeitskräfte zusätzlich herabsetzt.

Auch im globalen Norden hat die Integration von Frauen in den Erwerbsarbeitsmarkt in den letzten drei Jahrzehnten zugenommen. Die Feminisierung von Arbeit korreliert hier mit der Tertiarisierung des Arbeitsmarktes, d.h. einer Ende der 1970er-/Anfang der 1980er-Jahre einsetzenden Expansion des Dienstleistungssektors, in dem Frauen heute in hohem Maße – häufig geringfügig und auf Teilzeitbasis – beschäftigt sind (Gottschall 1990). Parallel dazu kommt es zu Verschiebungen in der maßgeblich über die Geschlechterverhältnisse regulierten gesellschaftlichen Arbeitsteilung. Besonders deutlich äußert sich dies im allmählichen Verblassen des *Male-Breadwinner*-Modells familiärer Arbeitsteilung, wonach der Mann den Familienlohn erwirtschaftet, während die Frau unbezahlte Haus- und Care-Arbeit verrichtet und das Familieneinkommen höchstens durch geringfügige Zuverdienste ergänzt. Dieses Modell der Nachkriegsgesellschaft, das für Arbeiter_innen der unteren Einkommensklassen in der Regel ohnehin keine Geltung hatte, sondern weitgehend auf (männliche) Angestellte aus den mittleren Klassen zutraf, wird im letzten Drittel des 20. Jahrhunderts nach und nach durch das *Adult-Worker*-Modell abgelöst, das die Erwerbstätigkeit aller Erwachsener unabhängig von ihrem Geschlecht vorsieht (Lewis 2001). Das Ziel der westlichen Frauenbewegung, mit der Abschaffung des Ein-Ernährer-Modells und der Öffnung des Erwerbsarbeitsmarktes für Frauen die soziale und ökonomische Unabhängigkeit von Frauen zu stärken, steht historisch im Windschatten der oben skizzierten globalen Entwicklung, wonach die massenhafte Rekrutierung neuer Arbeitskräfte an die Senkung der Produktions- und Reproduktionskosten gekoppelt wird. Für die mittleren sozialen Klassen des globalen Nordens hat dies unter anderem zur Folge, dass die realen Einkommen von Familienhaushalten nach der Ablösung des Alleinverdiener-Modells durch ein Adult-Worker-Modell nur geringfügig höher ausfallen, während die geleisteten Erwerbsarbeitsstunden pro Haushalt durch dieselbe Entwicklung enorm gestiegen sind (Torrant 2011). Der Wert der Arbeitskraft ist mit anderen Worten gesunken, während ihr *Mehr*wert aus Sicht von Unternehmen und anderen Arbeitgebern deutlich höher ausfällt.

2) Der quantitative Anstieg von erwerbstätigen Frauen fällt zeitlich mit *qualitativen Verschiebungen* in der Erwerbsarbeitswelt zusammen. „Feminisiert zu werden bedeutet hier, eine extrem prekäre Position einzunehmen, zerlegt und neu zusammengesetzt werden zu können" (Haraway 1995, S. 55). Arbeitsbedingungen, die zuvor vor allem die Arbeitswelten von Frauen, Migrant_innen sowie Lohnabhängigen des globalen Südens charakterisierten, haben sich mehr und mehr verallgemeinert. Das im Rahmen des Sozialkompromisses der Nachkriegszeit erkämpfte ‚Normalarbeitsverhältnis', das auf unbefristeter sozialversicherungspflichtiger Anstellung, geregeltem Lohn, Vollzeitbeschäftigung und dem Recht auf organisierte Interessensvertretung beruht und ohnehin seit je das

relative Privileg insbesondere männlicher Lohnarbeiter des globalen Nordens darstellte, erodiert zunehmend durch flexibilisierte und entgrenzte Arbeitstage und die Normalisierung von befristeten, informellen und geringfügigen Beschäftigungsverhältnissen. Mit den qualitativen Verschiebungen im Arbeitsalltag gehen auch veränderte Subjektivierungsanforderungen einher; der/die flexible, sich stetig neuen Bedingungen anpassende, sich selbst kontrollierende und optimierende, zeitlich wie räumlich mobile ‚Arbeitskraftunternehmer_in' wird zu einem, vielleicht *dem* dominanten Leitbild in der Arbeitswelt (Pongratz und Voß 2003; Bröckling 2007). Gleichzeitig kommt es zu einer Entgrenzung von Arbeits- und Lebenszeit, die es in vielen Fällen schwierig oder gar unmöglich macht, „weiterhin von ‚Arbeitszeit' im strengen Sinn zu sprechen" (Revel 2004, S. 254).

3) Mit dem Konzept einer Feminisierung von Arbeit wird darüber hinaus eine Verallgemeinerung und erhöhte Inwertsetzung von Tätigkeiten gefasst, „die traditionellerweise mit ‚Frauenarbeit' assoziiert wurden, also etwa affektive, emotionale und zwischenmenschliche Tätigkeiten, [die] in allen Bereichen der Arbeitswelt immer stärker in den Mittelpunkt rücken" (Hardt und Negri 2010, S. 147). Damit ist freilich nicht zwangsläufig auch eine Aufwertung dieser Tätigkeiten zugunsten der Arbeitskräfte verbunden, etwa in Form einer angemessenen (höheren) Entlohnung; vielmehr ist damit zunächst lediglich gemeint, dass affektive und zwischenmenschliche Tätigkeiten als eigenständige und für den Arbeitsprozess wertvolle Qualitäten in den Blick rücken und als solche befördert werden. Die Verwertung von affektiver Arbeit muss nicht unmittelbar in einer Ware Form annehmen – etwa einer bestimmten Dienstleistung –, sondern die Herstellung und der Erhalt von bestimmten zwischenmenschlichen Beziehungen und Emotionen durch eine spezifische Gefühlsarbeit werden systematisch als Produktivkräfte innerhalb des Arbeitsprozesses valorisierbar gemacht. Auch dies ist materiell an eine stärkere Verschmelzung von Arbeit und Leben geknüpft, sofern im Arbeitsprozess nicht nur bloße Tätigkeiten und Verrichtungen in Wert gesetzt, sondern verstärkt soziale, emotionale und kommunikative Kompetenzen gefordert werden, die auf intime Weise an die Subjektivität der Arbeitenden gebunden sind. Zwar wurde dieser ‚immaterielle' Aspekt in der Entäußerung von Arbeit seit jeher für auf Kooperation beruhende Arbeitsprozesse produktiv gemacht, doch werden die Potenziale des intersubjektiven Charakters von Arbeit – und damit der „Herstellung von zwischenmenschlichen Kontakten und Interaktionen" (Hardt und Negri 2002, S. 304) sowie der „Erzeugung und Handhabung von Affekten" (Hardt 2004, S. 182) – erst mit dem im letzten Drittel des 20. Jahrhunderts einsetzenden postindustriellen Paradigmenwechsel hin zu netzwerkartigen Produktionsverhältnissen systematisch identifiziert, angereizt und entwickelt.

2 Affektive Arbeit = ‚Frauenarbeit'? Für eine post-essenzialistische Verwendung des Feminisierungsbegriffs

Seit Ende der 1970er-Jahre nahmen Geschlechterforschung und Frauenbewegung mit einiger Resignation zur Kenntnis, dass die Erosion des Male-Breadwinner-Modells und die damit einhergehende vermehrte Integration von Frauen in den Erwerbsarbeitsmarkt keinesfalls das Ende der geschlechtlichen Arbeitsteilung einläuteten. Schnell wurde offensichtlich, dass sich Frauen stattdessen nun auch außerhalb des Haushalts vermehrt in Arbeitsfeldern wiederfanden, in denen sie Fürsorge, Assistenz, Pflege und im Rahmen von Dienstleistungen erbrachte Emotionsarbeit leisteten. Seit ihren Anfängen bestand ein wichtiger Interventionspunkt feministischer Kritik darin, biologisierende und essenzialisierende Erklärungsweisen für geschlechtliche Arbeitsteilung als ideologische Konstruktionen zu entlarven. So wurzele die gesellschaftliche Vorstellung, gerade Frauen seien für fürsorgende, emotionale und affektive Arbeiten besonders prädestiniert, nicht in vorsozialen, anthropologischen Wahrheiten, sondern in einer machtförmigen symbolischen Zuschreibungs- wie sozialen Einschreibungspraxis:

> Während ihres Lebens, während sie heranwachsen und älter werden, zuhause, im eigenen Haushalt, in Ehe und Familie, oder in der Öffentlichkeit von Markt, Staat und Politik werden von Frauen bestimmte Tätigkeiten erwartet, die Männer nicht oder in sehr anderem Zuschnitt erbringen. Dies prägt die Art und Weise, wie Frauen arbeiten, und erklärt die Ungleichheit ihrer Erwerbschancen (Ostner 1992, S. 107).

Elisabeth Beck-Gernsheims und Ilona Ostners Konzept eines sich innerhalb patriarchaler Geschlechterverhältnisse im Rahmen von Sozialisations- und Subjektivierungsprozessen konstituierenden „weiblichen Arbeitsvermögens" (1978; Ostner 1991), das innerhalb des „geschlechtsspezifischen Arbeitsmarktes" (Beck-Gernsheim 1976) vernutzt und valorisiert werde, hat eine lang anhaltende Kontroverse in der Geschlechterforschung entfacht, die auch für die geschlechtertheoretischen Implikationen der hier diskutierten Feminisierungsthese von großer Bedeutung ist. Gudrun-Axeli Knapp kritisierte etwa, dass die Vorstellung von einem spezifisch ‚weiblichen Arbeitsvermögen', selbst wenn sie in feministischer Absicht als Ergebnis gesellschaftlicher Herstellungsprozesse vorgetragen wird, gar nicht anders könne, als ihrerseits die Stereotypisierungen hegemonialer Geschlechterordnungen zu reproduzieren. Die Behauptung etwa, dass Frauen qua Sozialisation besonders empathisch, beziehungsorientiert und fürsorglich seien, zementiere genau jene „Weiblichkeitsstereotypen, die das Alltagsbewusstsein und die soziale Normalitätskonstruktion bestimmen" (Knapp 2012, S. 72). Zugleich würden damit all jene tatsächlichen und potenziellen Identitätsanteile, Fähigkeiten und Arbeitsvermögen unsichtbar gemacht, die in der dichotomen Unterscheidung von ‚weiblichen' und ‚männlichen' Arbeitsweisen nicht aufgingen. Darüber hinaus ist mit Knapp der herrschaftsförmige Zwang hervorzuheben, durch den die Auffassung über vermeintlich weibliche Arbeitsweisen an eine mit sich selbst identische Konstruktion von Weiblichkeit (die fürsorgliche Mutter, die einfühlsame Kollegin etc.) gekoppelt wird – ein Identitätszwang, dem das Konzept vom ‚weiblichen Arbeitsvermögen' wenig entgegenzusetzen hat, da es den gewaltsamen Akt der Herstellung einer Identität zwischen Subjekt und Subjektanforderung, zwischen Sein und Tun theoretisch perpetuiert.

Eine post-essenzialistische Verwendung des Feminisierungsbegriffs, wie sie in diesem Beitrag vorgeschlagen wird, muss vor diesem Hintergrund zweierlei leisten: *Erstens* muss sie sichtbar machen, dass es trotz eines verallgemeinerten Bedeutungsgewinns von affektiver Arbeit in post-industriellen Arbeitsprozessen und trotz einer allgemeinen Ausdehnung informeller, irregulärer und prekärer Arbeitsverhältnisse nach wie vor Frauen sind, denen innerhalb wie außerhalb von Erwerbsarbeit der Großteil der affektiven, emotionalen und reproduktiven Arbeit aufgebürdet wird (Gutiérrez Rodríguez 2014; McRobbie 2012). Im Vergleich mit Männern sind sie überproportional häufig in Berufen tätig, deren Tätigkeitsprofil in Kontinuität zur traditionell Frauen zugewiesenen unbezahlten Reproduktionsarbeit steht, nämlich in den Bereichen Erziehung, Bildung, Sozialwesen, Pflege, (Gebäude-)Reinigung, persönliche Dienstleistung und Assistenz und damit in Feldern, die überdurchschnittlich häufig auf geringfügiger, irregulärer, prekärer und informeller Beschäftigung basieren.

Zweitens hat ein post-essenzialistischer Begriff von Feminisierung die Aufgabe zu erfüllen, die Kriterien und Charakteristika dessen, was als traditionell ‚weibliche' bzw. ‚Frauen' zugeschriebene Arbeit gilt, nicht schon vorauszusetzen, sondern stets als Ergebnis eines sozialen und heteronormativ vermachteten Vergesellschaftungs- und Subjektivierungsprozesses zu denken. Dies schließt dreierlei ein: 1) Zum einen ist die gesellschaftliche Arbeitsteilung nicht nur als vergeschlechtlicht zu betrachten, sondern zugleich als *vergeschlechtlichendes Dispositiv* zu untersuchen. Geschlecht im Sinne von Weiblichkeiten und Männlichkeiten geht diesem Dispositiv nicht voraus, existiert nicht jenseits und unabhängig von ihm; vergeschlechtlichte Subjektivierung wird vielmehr performativ innerhalb und im Wechselverhältnis mit einem System heteronormativer Arbeitsteilung produziert. Geschlechtlich codierte Normen wie „Emotionalität und Rationalität, Empfindsamkeit und Härte, Beziehungs- und Sachbezogenheit usw. sind Erfordernisse spezifisch ausdifferenzierter Arbeitsbereiche"

(Adamczak et al. 2012, S. 20), die durch Praktiken der Normierung, (Selbst-) Disziplinierung und Somatisierung unter dem Vorzeichen einer gesellschaftlichen Hegemonie von Heteronormativität und Zweigeschlechtlichkeit in Subjektivierungsprozesse eingehen. 2) Zum anderen ist die Dichotomisierung von rationaler und emotionaler, intellektueller und affektiver Arbeit aber eine künstliche, ideologische Gegenüberstellung, die in der Realität in dieser Trennschärfe nicht auffindbar ist; beispielsweise implizieren traditionell Frauen zugewiesene affektive Tätigkeiten wie Haus-, Dienstleistungs- und Care-Arbeit stets auch analytische, rationale und strategische Handlungsmuster (Schultz 2011, S. 134). Die subjektivierenden und vergeschlechtlichenden Anrufungen von Arbeitsteilungsregimen weisen daher eine gewisse Ambivalenz und Mehrdeutigkeit auf. 3) Nicht nur die Anrufungen, sondern auch Subjektivität und Geschlecht sind als gesellschaftlich vermittelte Existenzweisen von Ambivalenzen, Widersprüchlichkeiten und inneren Konfliktlinien durchzogen, die ein post-essenzialistischer Feminisierungsbegriff berücksichtigen muss, nicht zuletzt, weil sie die alltägliche Umkämpftheit hegemonialer Geschlechter- und Arbeitsteilungsregime zum Vorschein bringen. In ihrem Handeln und Sein entsprechen Subjekte nicht einfach den Anrufungen durch Arbeitsteilungsdispositive, sodass die Feminisierung von Arbeit durchaus auch Desidentifikationspotenziale[2], Brüche und Entkopplungen von Arbeitsweisen und Geschlecht enthalten und sogar provozieren kann. Einen Vorschlag, wie diesen Aspekten in der empirischen Analyse Rechnung getragen werden kann, ohne die potenziell essenzialisierenden Anrufungen der Feminisierung zu reproduzieren, möchte ich im folgenden Teil unterbreiten.

---

[2]Ich verwende den Begriff der Desidentifikation hier im Anschluss an Muñoz (1999). Er fasst damit individuelle oder kollektive Auseinandersetzungsweisen mit herrschenden Repräsentationsformen von ‚Race', Sexualität und Geschlecht aus einer minoritären Position, durch die Identität einer Bearbeitung und Veränderung zugänglich gemacht wird. Bedeutsam ist hierbei, dass der Begriff der Desidentifikation quer zu schematischen Gegenüberstellungen von Anpassung versus Widerstand, Affirmation versus Subversion liegt. Dadurch gelingt es, vielfältige eigensinnige und ermächtigende Umgangsweisen von minoritären Subjekten mit den durch die Mehrheitskultur zugefügten Verletzungen, Zumutungen und Abwertungen sichtbar zu machen, die nicht nur radikale Brüche mit Zuschreibungen, sondern ebenso Praxen der Aneignung, Transformation und Aufwertung von abgewerteten, stigmatisierten Tätigkeiten und Identitätsformen beinhalten.

3 Feminisierung der Wissenschaft: Das Beispiel Physik

Wenn wir die Entwicklungen innerhalb des wissenschaftlichen Feldes betrachten, so lassen sich für die vergangenen drei Jahrzehnte auch hier deutliche Verschiebungen innerhalb der Geschlechterverhältnisse beobachten. Ausgehend von den oben als Charakteristika einer Feminisierung skizzierten geschlechterbezogenen Veränderungen in der (Neu-)Zusammensetzung und Verteilung von Arbeit und damit einhergehender intensivierter Prekarität und Ausbeutung wird im Folgenden diskutiert, ob wir analog zur These einer Feminisierung von Arbeit auch eine *Feminisierung der Wissenschaft* beobachten und nachweisen können. Falls ja, was bedingt diese Feminisierung, wie stellt sie sich dar und welche Folgen hat diese Entwicklung für Wissenschaftler_innen? Diesen Fragen wird mit Blick auf gegenwärtige Transformationen von Arbeit und Forschung in wissenschaftlichen Organisationen nachgegangen. Wichtige Veränderungsprozesse werden hierbei anhand spezifischer Entwicklungen und Verschiebungen am Beispiel der Physik veranschaulicht und konkretisiert. Die Physik eignet sich für die Diskussion der Feminisierungsthese in der Wissenschaft besonders gut, da sie sich in Deutschland lange Zeit als Männerdomäne innerhalb der Universitäten und Wissenschaftsorganisationen behauptete, der Frauenanteil an den Studierenden, wissenschaftlichen Mitarbeiter_innen und Professuren jedoch seit etwa zwei Jahrzehnten signifikant steigt.

3.1 Quantitativer Wandel und differenzierte Segregation

Das erste Charakteristikum einer Feminisierung von Arbeit, nämlich der Anstieg des Frauenanteils an Erwerbsarbeit, lässt sich für Wissenschaft im Allgemeinen und die Physik im Besonderen unbestreitbar nachweisen. Ohne Berücksichtigung von fächerspezifischen Differenzen liegt mit einem Frauenanteil von etwa 50 % an den Studienabsolvent_innen und 44 % an den abgeschlossenen Promotionen ein annähernd paritätisches Geschlechterverhältnis vor (Kahlert 2015, S. 60). Jedoch ist nur jede fünfte Professur mit einer Frau besetzt, bei den C4- bzw. W3-Professuren ist es sogar nur jede zehnte. Der Frauenanteil an den Neuberufungen steigt zwar seit den 1990er-Jahren kontinuierlich, allerdings nur im „Schneckentempo" (ebd., S. 61). In der Physik hat sich die Partizipation von Frauen seit Mitte der 1990er-Jahre auf allen Statusebenen deutlich erhöht; das soll nicht darüber hinwegtäuschen, dass die Frauenanteile in der Physik nach wie vor nicht einmal halb so hoch sind wie im Durchschnitt aller akademischen

Fächergruppen. Der Frauenanteil an den Absolvent_innen in Diplom- und Masterstudiengängen sowie an den Promotionen hat sich in der Physik seit 1993 auf etwa 20 % erhöht und damit jeweils mehr als verdoppelt. Der Frauenanteil an den Professuren hat sich im selben Zeitraum verzehnfacht: Ungefähr jede zehnte Professur ist heute mit einer Physikerin besetzt, während es vor zwei Jahrzehnten nur eine von hundert war (Baur et al. 2015, S. 10). Derzeit ist noch nicht absehbar, ob sich der Trend steigender Frauenanteile an Studienabschlüssen und Promotionen fortsetzt und ob sich diese Entwicklung langfristig auch auf die Geschlechterverteilung auf den höheren Statusebenen, insbesondere Professuren, auswirken wird. Wie ein genauerer Blick auf die professoralen Besoldungsgruppen sowie die Forschungsfelder innerhalb der Physik zeigt, sind die Frauenanteile zwar allgemein gestiegen, allerdings lassen sich sowohl horizontale wie vertikale Segregationen nachweisen. Zum einen sind Frauen in der Festkörperphysik, an interdisziplinären Schnittstellen wie Biophysik und medizinischer Physik sowie insbesondere in der Didaktik weit stärker vertreten als etwa in der theoretischen Physik und der Teilchenphysik – und damit in Forschungs- bzw. Tätigkeitsfeldern, die innerhalb der hegemonialen symbolischen Geschlechterordnung der Vorstellung von ‚weiblichen Fähigkeiten' eher entsprechen als die nach wie vor mit Männlichkeit assoziierten Bereiche der theoretischen und mathematischen Physik. Eine Umfrage unter den weiblichen Mitgliedern der Deutschen Physikalischen Gesellschaft ergab zudem, „dass Physikerinnen schlechtere Stellungen innehatten, weniger verdienten und ihnen weniger Aufstiegsmöglichkeiten angeboten wurden" als ihren männlichen Kollegen (Erlemann 2014, S. 15).

Wenn der quantitative Anstieg von Frauen einerseits als ein Charakteristikum einer Feminisierung von Wissenschaft, hier der Physik, betrachtet werden kann, so muss andererseits im Vergleich zur globalen Feminisierung von Arbeit auch ein gravierender Unterschied betont werden: Die Universität ist immer noch ein hoch exklusiver sozialer Raum mit vielfältigen Zugangs- und Aufstiegsbarrieren für Marginalisierte. Entsprechend ist das ‚akademische Prekariat' bezüglich Geschlecht, Klasse und ‚race' in den Wissenschaftsorganisationen des globalen Nordens anders zusammengesetzt als das globale Prekariat.

3.2 Do more with less: Zur Prekarisierung von wissenschaftlicher Arbeit in der unternehmerischen Hochschule

Zeitgleich mit der wachsenden Präsenz von Frauen in Studium und Wissenschaft kommt es seit den 1990er-Jahren zu einer grundlegenden Umwandlung von Wissenschaft und Hochschule. Wie in fast allen Ländern der OECD wurden auch in Deutschland Reformprozesse angestoßen, die Anfang dieses Jahrhunderts zu einer Überarbeitung alter und der Verabschiedung neuer gesetzlicher Rahmenbedingungen für Verwaltung, Forschung und Lehre führten. Im Zuge dessen wurden die Zwecke von Bildung und Wissenschaft sowie die Mittel, mit denen diese erfüllt werden sollen, radikal entlang von ökonomischen Leitkategorien wie Wettbewerbsfähigkeit und Profitabilität redefiniert. Wesentlich für die Ökonomisierung und Kapitalisierung des institutionellen und sozialen Raums der Hochschule war hierbei die Implementierung von Steuerungsinstrumenten des *New Public Management* (NPM) (Clark 1998; Münch 2009, 2012; Riegraf 2007). Grundidee des NPM ist, die Leistung von Hochschulen weniger durch eine flächendeckende Aufstockung der Grundfinanzierung von Forschung und Lehre zu steigern, sondern Kostenoptimierung zu betreiben, indem die Struktur der Wissenschaftsorganisationen am Vorbild eines wirtschaftenden und mit anderen Akteuren konkurrierenden (Dienstleistungs-)Unternehmens ausgerichtet wird. Universitäten sollen so in die Lage versetzt werden, „sich selbst zu managen, marktgerecht zu positionieren und gegenüber der Öffentlichkeit Rechenschaft abzulegen" (Maassen und Weingart 2006, S. 23). Hierfür werden Steuerungs- und Organisationsmechanismen eingeführt, die staatlich-bürokratische Regeln sowie tradierte wissenschaftskulturelle und professionelle Werte überformen bzw. durch betriebswirtschaftliche Prinzipien wie Outputorientierung, Evaluation und Controlling, Rechenschaftspflicht, Zielvereinbarungen, indikatorengesteuerte Mittelverteilung, Qualitätskontrolle, Effizienz, prozessorientierte Personal- und Organisationsentwicklung sowie die Einführung einer professionell-managerialen Führungsabteilung ersetzen (Maasen und Weingart 2006; Münch 2009). Im Sog dieser Umstrukturierungen wurden sowohl die Studiengänge als auch die wissenschaftlichen Karrierewege rationalisiert, umorganisiert und entlang von managerialen Kriterien der Effizienzsteigerung, Kostensenkung, Flexibilisierung und Ausbildungsverkürzung neu justiert. Das übergeordnete Ziel dieser Maßnahmen besteht in der Erhöhung des messbaren und verwertbaren Outputs wissenschaftlicher Arbeit bei gleichzeitiger Minimierung der dafür notwendigen Kosten für Personal und Sachmittel.

Aus diesem Grund stellen aktuelle Untersuchungen eine direkte Verbindung zwischen der Ökonomisierung der Hochschulen und der Zunahme prekärer Beschäftigung her (Dörre und Neis 2008; Klecha und Krumbein 2008; vgl. auch Dörre und Rackwitz in diesem Band). Die Hochschul- und Wissenschaftsexpansion der vergangenen Jahrzehnte wurde personalpolitisch nicht durch einen flächendeckenden Ausbau der Professuren begleitet. Stattdessen wurde der stetig gewachsene größere Personalbedarf in Forschung, Lehre und Studierendenbetreuung „fast ausschließlich" über „befristete und Teilzeitbeschäftigungsverhältnisse" abgedeckt (Dörre und Neis 2008, S. 136): „Das Verhältnis verschiebt sich kontinuierlich zugunsten der atypischen Beschäftigungsverhältnisse. Eine solche Zusammensetzung von Beschäftigten – zumal hochqualifizierten – gibt es in keinem anderen Bereich des öffentlichen Dienstes" (ebd., S. 136 f.).

Die Prekarisierung der Beschäftigungsbedingungen geht unmittelbar mit einer Segmentierung des akademischen Personals einher. Auf der einen Seite stehen wenige Festangestellte, die aufgrund des managerialen Diktums der Outputorientierung zwar ebenfalls eine Intensivierung der Arbeit erfahren, dabei jedoch zumindest ein sicheres – im Falle verbeamteter Professor_innen gar unkündbares – Anstellungsverhältnis vorweisen können. Auf der anderen Seite beobachten wir ein wachsendes, hoch flexibilisiertes akademisches Prekariat, das seine Arbeit mit unsicheren Perspektiven auf Teilzeitstellen, nicht sozialversicherungspflichtigen Stipendien und befristeten (Ketten-)Verträgen entäußert und Phasen der Erwerbslosigkeit mit Ersparnissen oder Arbeitslosengeld überbrückt. Innerhalb dieses ‚akademischen Prekariats' muss jedoch differenziert werden: Wie es sich zusammensetzt, wo die Trennlinie zur Gruppe der dauerhaft und sicher Beschäftigten verläuft und welche Intensität der Prekarisierungsgrad annimmt, wird durch Machtverhältnisse mit strukturiert, die sich in vergeschlechtlichten, rassistischen und klassenspezifischen Reproduktionsmechanismen sozialer Ungleichheiten materialisieren (Ha et al. 2018; Laufenberg 2016; vgl. auch die Beiträge von Norkus, Möller, Gutiérrez Rodríguez sowie Thompson und Vorbrugg in diesem Band).

Im Rahmen des Verbundprojekts *genderDynamiken* konnten wir die Auswirkungen einer Ausdehnung prekärer Beschäftigungsverhältnisse im Zuge der Ökonomisierung der Hochschulen unmittelbar im Forschungsalltag physikalischer Arbeitsgruppen beobachten. Innerhalb dieser von uns untersuchten Forschungsgruppen waren es insbesondere Angehörige des akademischen Mittelbaus, die Zusammenhänge zwischen Ökonomisierung, Arbeitsintensivierung und Prekarisierung verstärkt problematisierten. Die Konsequenzen einer Intensivierung von Arbeit – Zeitnot, Leistungsdruck, Flexibilisierung und hohe Mobilität – werden im Mittelbau zugespitzt wahrgenommen, da die Perspektiven auf einen langfristigen Verbleib im Wissenschaftssystem sehr unsicher sind. Die subjektiv erfahrene Verschlechterung der Arbeitssituation in der Physik führten viele direkt auf die weitgehende Umstellung der Forschungsfinanzierung auf projektbasierte Fördermittel sowie auf das reformierte Wissenschaftszeitvertragsgesetz zurück,[3] infolgedessen seit 2007 die Professur zur jedenfalls der

---

[3]Gesetz über befristete Arbeitsverträge in der Wissenschaft vom 12. April 2007 (BGBl. I S. 506).

Regel nach einzigen Statusposition wurde, die mit einer unbefristeten Anstellung bzw. Verbeamtung einhergeht. Ein großer Teil der Physiker_innen, die wir interviewt oder mit denen wir im Rahmen der Feldphasen Gespräche geführt haben, beklagt, dass die ständige Präsenz von Fristen und Abgabeterminen, die mitunter als „Beschäftigungsmaßnahme" (Interview Postdoktorand A, Festkörperphysik 2012) bezeichnete permanente Einbindung in das Abfassen neuer Drittmittelanträge sowie die verstärkte Ausrichtung der Forschung an quantifizierbarem Output zulasten der Arbeitszufriedenheit und wissenschaftlichen Qualität gingen (vgl. Baur et al. 2015). Promovierende und Postdoktorand_innen berichten nicht zuletzt deshalb von Entfremdungsgefühlen und Sinnverlust angesichts einer wissenschaftlichen Arbeit, die durch die Projektifizierung des Forschens einerseits zusätzlich intensiviert wird, andererseits aber für viele wegen der nur in geringer Zahl vorhandenen Festanstellungen und einer kaum planbaren Zukunft keine äquivalente Gegenleistung für die Mühen bietet. Die Ökonomisierung und Prekarisierung wissenschaftlicher Arbeit wirken sich auch auf die tatsächlichen sowie die wahrgenommenen Geschlechterverhältnisse in der Physik aus, wie die nachfolgenden Abschnitte verdeutlichen sollen.

3.3 „Damit die Zusammenarbeit sozial verträglicher ist": Affektive Arbeit und Geschlechterdifferenz

Wie im ersten Kapitel dargelegt, gibt es neben der quantitativen Erhöhung der Frauenanteile sowie der qualitativen, durch Ökonomisierungs- und Prekarisierungsprozesse forcierten Zunahme unsicherer und abgewerteter Beschäftigung eine dritte Dimension von Feminisierungsprozessen: Arbeitsprozesse in verschiedenen Sektoren der Lohnarbeit sind heute durch eine stärkere Valorisierung von Tätigkeiten und Fähigkeiten charakterisiert, die innerhalb des „liberalen Trennungsdispositivs" (Sauer 2001, S. 184) vergeschlechtlichter Arbeitsteilung traditionell Frauen zugewiesen waren sowie privat und unbezahlt verrichtet wurden. Lässt sich diese dritte Dimension der Feminisierung auch für die Wissenschaft, in diesem Fall die Physik, beobachten?

Schon am ersten Tag meiner teilnehmenden Beobachtungen in einer Arbeitsgruppe wurde ich mit einer Aussage konfrontiert, die sich im Laufe des Forschungsprozesses als ein zentrales Element des geteilten „Geschlechterwissens" (Dölling 2003) auch in den anderen Arbeitsgruppen erwies: Männliche wie weibliche Physiker_innen aller untersuchten Standorte versicherten mir, sie würden geschlechtlich heterogene Arbeitszusammenhänge gegenüber homosozial oder stark asymmetrisch zusammengesetzten Gruppen bevorzugen, da sie sich durch eine bessere Arbeitsatmosphäre auszeichneten. Exemplarisch sollen hier zwei Gruppenleiter zitiert werden, die sich in dieser Weise geäußert haben. Auf meine Nachfrage hin, ob sich seiner Erfahrung nach geschlechtlich homogene von geschlechtlich heterogenen Arbeitsgruppen unterschieden, antwortet ein Professor für experimentelle Teilchenphysik:

> Also die Physik ist ja immer so ein bisschen speziell. Wir haben es hier mit Männern zu tun, die man in der Arbeit halt akzeptiert, obwohl sie schon schräge Personen sind, sagen wir mal so (lacht). Da gibt's schon eher Extremfälle, ja? Die vielleicht im Industriebetrieb auch gar nicht vorwärts kommen würden. Aber weil sie total clever oder sonst auf irgendeine Art und Weise genial sind, machen die doch ihren Weg. Aber in der täglichen Kommunikation sind sie doch recht schwierig. Also von daher tolerieren wir da ganz viele Extreme. […] Und eine gemischte Arbeitsgruppe bringt hier sicherlich … (Pause) vielleicht eine nettere Atmosphäre. Ich weiß nicht, wie man das beschreiben kann. Keine Ahnung. (lacht) Ich weiß nicht, wie man das fassen kann. Ich glaube schon, dass es ein bisschen was ausmacht, dass die Leute sich mehr benehmen oder wie auch immer. Keine Ahnung (lacht), dass das irgendwie so eine gewisse Auswirkung hat, dass dann die Zusammenarbeit insgesamt sozial verträglicher ist, sagen wir mal so, wenn Männer und Frauen gemeinsam sind. Also jetzt aus meinem persönlichen Erfahrungsschatz (Interview Professor A., experimentelle Teilchenphysik, 2013).

Ein anderer Physikprofessor an einem anderen Standort beschreibt die Vorteile gemischtgeschlechtlicher Arbeitsgruppen ganz ähnlich. Wo der erste Gruppenleiter noch teilweise zögerlich wirkt und nach Erklärungen ringt, ist der Zusammenhang von geschlechtlicher Gruppenzusammensetzung und *männlichem* Sozialverhalten für diesen zweiten Gruppenleiter ganz eindeutig:

> Das merken Sie ganz deutlich, wenn Sie am Mittagstisch sitzen und wir jetzt hier nur Männer sind, dann ja, dann unterhalten sich halt Männer, wie sich Männer unterhalten, oftmals auch recht derbe. Und in Anwesenheit von auch nur einer Frau findet das nicht statt. Plötzlich kann man sich benehmen, auch wenn man noch jung ist, ja. […] Wenn da die Damen bei uns in der Abteilung sind, die Frauen – man sieht richtig, dass der Umgang einfach natürlicher ist, so wie er im täglichen Leben ja auch ist. […] Und das ist eigentlich der Normalzustand, das andere ist der Nichtnormalzustand (Interview Professor B., experimentelle Physik mit Nähe zur Biophysik, 2015).

Im weiteren Verlauf des Gesprächs erklärt mir derselbe Professor, er habe sich aus diesem Grund in Situationen, in denen sich gleich hoch qualifizierte Wissenschaftlerinnen und Wissenschaftler um ein Promotionsstipendium beworben hatten, für die Vergabe an eine Frau entschieden. Zudem berichtet er von zwei weiteren Kollegen, ebenfalls Gruppenleiter, die aus demselben Motiv genauso gehandelt hätten.

Nach meiner Überzeugung leistet der Begriff der affektiven Arbeit einen Beitrag, um das feldimmanente Geschlechterwissen, in heterogenen Arbeitsgruppen sei die Zusammenarbeit „sozial verträglicher", soziologisch aufzuschlüsseln. Das Phänomen, das die beiden zitierten Professoren zu fassen versuchen, erscheint durch die Brille dieses Begriffes nicht länger als Ergebnis der Wiederherstellung eines selbstregulativen Naturzustands. Vielmehr handelt es sich um das Resultat einer Arbeit, die gerade von Frauen qua ihrer Stellung und Subjektivierung innerhalb eines Regimes gesellschaftlicher Arbeitsteilung erwartet wird und die sie auch tatsächlich überproportional leisten: Beziehungsarbeit, emotionale Arbeit, Kommunikationsarbeit, Care-Arbeit. Die zitierten Aussagen können vor diesem Hintergrund als symptomatisch für eine diskursive Strategie gelten, die es erlaubt, die soziale und affektive Arbeit von Frauen in der Wissenschaft einerseits zu mobilisieren und produktiv zu machen und sie im selben Moment in ihrem Charakter als tätig verrichtete Arbeit unsichtbar zu machen, indem sie als weibliche Tugend und damit zu einem Persönlichkeitsmerkmal von Frauen erklärt wird.

Mein Argument, wonach wissenschaftliche Arbeitsgruppen in der Physik die affektive Arbeit von Wissenschaftlerinnen produktiv machen, soll im Sinne der in Kap. 2 dargelegten post-essenzialistischen Verwendungsweise des Feminisierungsbegriffs nicht so verstanden werden, als vollzögen Frauen diese Arbeit tatsächlich, weil es ihrem spezifisch ‚weiblichen Arbeitsvermögen' entspräche. Wie meine übrigen Daten sagen auch die zitierten Passagen nichts über aus Sozialisations- und Lebensprozessen hervorgegangene ‚weibliche' Arbeitsweisen aus, dafür aber umso mehr über geschlechtsspezifische Zuschreibungen und Anforderungen. Sie demonstrieren einen in der Physik seit einiger Zeit anzutreffenden *inklusiven* Diskurs über das Verhältnis von Geschlechtlichkeit und Gruppenarbeit, der ein anderer ist als der traditionelle *exklusive* Diskurs über die Unvereinbarkeit von Weiblichkeit und Physik. Dieser Diskurs und das implizit darin enthaltene ‚Inklusionsangebot' an Frauen formulieren wirkmächtige Erwartungen und Anrufungen an weibliche Gruppenmitglieder, nämlich zunächst einmal die, *anders* zu sein als jene männlichen Kollegen, die sich nicht „benehmen", die nicht kommunizieren und schlecht kooperieren oder deren Verhalten innerhalb der Gruppe anderweitig „speziell" oder „extrem" ist. Frauen erscheinen in diesem Diskurs als Figuren der Integration und der Teamfähigkeit, als Mittlerinnen, die männliche „Extreme" mäßigen und männliche Defizite kompensieren. Sie werden in diesem Sinne – analytisch gesprochen – als affektive Arbeiterinnen angerufen.

Die konkret angetroffenen Wissenschaftlerinnen erfüllen diese an sie gerichteten Erwartungen in unterschiedlichem Maße oder auch nicht. In allen drei von mir untersuchten Gruppen gab es sowohl Frauen, die innerhalb der Gruppenstruktur und der Dynamiken alltäglicher Kommunikation und Interaktion eine tragende Rolle einnahmen, als auch solche, die in ihren Gruppen eine weniger zentrale Rolle spielten, teilweise sogar marginalisiert schienen. Allerdings waren in allen drei Gruppen die zahlenmäßig unterrepräsentierten weiblichen Mitglieder im Vergleich zu ihren männlichen Kollegen überproportional in die Lehre sowie die Betreuung und Beratung von Studierenden eingebunden und damit in einen Tätigkeitsbereich, der ein höheres Maß an affektiver Arbeit abverlangt als beispielsweise die Arbeit im Labor. Die diskursive Einteilung in soziale Physikerinnen und unsoziale Physiker, in einfühlsame und gruppenorientierte Frauen auf der einen und wenig empathische, an egoistischen Zielen orientierte Männer auf der anderen Seite, ist in der alltäglichen Sozialstruktur der Arbeitsgruppen jedoch freilich nicht in dieser Trennschärfe beobachtbar. In allen Gruppen habe ich männliche Mitglieder kennengelernt, die sich empathisch, kommunikativ und engagiert an der Betreuung von Studierenden wie auch an der alltäglichen praktischen Herstellung und Reproduktion der sozialen und affektiven Innenwelt der Arbeitsgruppe beteiligten. Und ich habe Frauen kennengelernt, die in dieser Hinsicht weniger engagiert waren. Es gab jene Frauen, die die Initiative ergriffen, um gemeinsame Mittagessen zu koordinieren und Gruppenaktivitäten in der Freizeit zu gestalten, und solche, die Freizeitaktivitäten eher fernblieben und die alltägliche Essensverabredung mit ihrem Partner dem Gruppentreffen in der Mensa vorzogen. Und es gab an allen Standorten Männer, die tendenziell entweder der einen oder anderen Gruppe zugeordnet werden könnten.

Nachdem ich zu Beginn meiner Untersuchung noch der Spur folgte, in den Forschungsgruppen insbesondere Reproduktionsweisen geschlechtsspezifischer Arbeitsteilung zu erfassen, änderte und erweiterte sich meine Perspektive durch Beobachtungen und Gespräche im weiteren Verlauf des ethnografischen Forschungsprozesses. Ich habe den vermeintlich inklusiven Diskurs über die Vorteile geschlechtlich heterogener Arbeitsgruppen immer weniger als Spiegel einer empirisch tatsächlich vorfindbaren, starren geschlechtlichen Arbeitsteilung verstanden. Mit der Zeit schien mir die Funktionalität dieses Diskurses stattdessen eher darin zu bestehen, dass er etwas sagbar und verhandelbar machte, was in der Tat einen hohen sozialen Stellenwert für wissenschaftliche Gruppenprozesse und – damit einhergehend – wissenschaftliche Arbeit hat: die zunehmende Bedeutung von kommunikativer, emotionaler und beziehungsorientierter Arbeit in der Wissenschaft, hier der Physik (siehe Kap. 4).

Die Geschlechterdifferenz, so meine Schlussfolgerung aus den ethnografischen Fallanalysen, fungiert aus dieser Perspektive als alltagsweltlich anschlussfähiges Relais für Auseinandersetzungen und Debatten innerhalb der

Physik, in denen es häufig um ganz andere Dinge geht, in diesem Fall um die Relevanz und den Charakter von affektiver Arbeit für gruppenbasierte Arbeitsprozesse. Die Bedeutung von affektiver Arbeit und mithin die Problematisierung bestimmter Verhaltensweisen in Arbeits- und anderen sozialen Kontexten, die auf einen Mangel an affektiver Arbeit schließen lassen, wird in einer Sprache artikuliert und reflektiert, die auf tradierte Codierungen der modernen, heteronormativ-binären Geschlechterordnung zurückgreifen. Je mehr wir diese Perspektive analytisch schärfen, desto besser gelingt es uns, die praktische Relevanz der Geschlechterdifferenz und deren Funktionalisierung für die Mobilisierung und Aktivierung affektiver Arbeit in sozialen Interaktionen und Arbeitskonstellationen empirisch zu beobachten, ohne – wie es beim Konzept des ‚weiblichen Arbeitsvermögens' noch der Fall ist – in die Essenzialismusfalle zu tappen, in der diskursive Anrufungen und gelebte Wirklichkeiten ununterscheidbar werden.

4 Affektive Arbeit in der Wissenschaft: Zusammenhänge von Ökonomisierung, Prekarisierung und Geschlechterverhältnissen in der Physik

Der dargelegte ‚inklusive' Diskurs über die Produktivität der Geschlechterdifferenz in der Physik hat den exklusiven sexistischen Diskurs, wonach Männer qua ihrer Dispositionen im Vergleich zu Frauen die besseren Physiker seien, keinesfalls in Gänze abgelöst, doch er gewinnt im Kontext einer verstärkten Präsenz von Frauen in der Physik offenbar an Schlüssigkeit und Anschlussfähigkeit. Welche Erklärungen finden wir hierfür, gerade auch im Hinblick auf meine oben entwickelte Argumentation, dass dieser Diskurs unter anderem der Aktivierung von affektiver Arbeit dient? Zur Beantwortung dieser Frage möchte ich in diesem Abschnitt einige Entwicklungen und Verschiebungen in der Organisation und Praxis von Wissenschaft fokussieren. Die Ausführungen zielen nicht auf abschließende Erklärungen, sondern auf eine Diskussion über Zusammenhänge von Ökonomisierung, Prekarisierung und Geschlechterverhältnisse in der Wissenschaft aus dem Blickwinkel des Bedeutungsgewinns affektiver Arbeit.

Um die Relevanz und den Wert affektiver Arbeit in wissenschaftlichen Forschungsgruppen zu untersuchen, gilt es, „die soziale Dimension von Affekten und die Affektivität des Sozialen" (Gutiérrez Rodríguez 2014, S. 83) als Wirklichkeitsdimension in wissenschaftlichen Handlungszusammenhängen und Räumen zur Kenntnis zu nehmen und deren Wechselwirkungen mit geschlechtlichen

Codierungen und Differenzmarkern zu analysieren. Eine Reihe von Verschiebungen und aktuellen Entwicklungen hat zu einem Bedeutungszuwachs affektiver Arbeit in der Wissenschaft in jüngerer Zeit geführt. Zwei dieser Entwicklungen, die ich für besonders relevant halte, möchte ich im Folgenden hervorheben: 1) die zunehmende Bedeutung von sozialen, kommunikativen und emotionalen Fähigkeiten im Rahmen arbeitsteiliger Gruppenorganisation sowie 2) die durch einen Wandel der Produktions- und Reproduktionsverhältnisse beförderte Verschmelzung von Arbeits- und Lebenszeit.

1) *Arbeitsteilung:* Auf meine Frage, welche Fähigkeiten eine Physikerin/ein Physiker heute mitbringen muss, um erfolgreich zu sein, nennt eine US-amerikanische Gastprofessorin, die für ein Jahr an einer deutschen Universität als Teilchenphysikerin lehrt und forscht:

> Social skills are important, in experiment particularly, because we work in these large collaborations among such diverse groups of people – all very international. Particle Physics is the quintessential example of this. More and more every field is moving in this direction, but particle physics is one of the, I'd say, pioneer of this heavily international collaboration (Interview Gastprofessorin A., experimentelle Teilchenphysik, 2013).

Aus diesem Grunde, so fährt sie fort, reiche es heute nicht mehr aus, lediglich im engeren fachlichen Sinne ein guter Physiker, eine gute Physikerin zu sein. Sehr gute Physiker_innen gebe es viele; um erfolgreich zu sein, würden darüber hinaus kommunikative und soziale Kompetenzen benötigt, da diese im Zuge von zunehmend auf internationale Zusammenarbeit setzenden, informationsbasierten Großforschungsprojekten unentbehrlich geworden seien. Eine an einem anderen Standort arbeitende Doktorandin äußert sich ähnlich:

> Also in der jetzigen Teilchenphysik braucht man halt nicht nur die absolut Genialen. […] Wir sind *riesige* Gruppen, wo alle möglichen Leute dabei sind, mit ganz vielen verschiedenen Fähigkeiten. Da werden keine absoluten Einzelleistungen vollbracht, sondern vieles geschieht gemeinschaftlich und vieles von dem, wo man jetzt sagen würde, einer hat da viel beigetragen, baut auch nur auf der Arbeit anderer auf. Das ist ein Gemeinschaftsprojekt und deswegen braucht man ein großes Spektrum an Fähigkeiten und an Leuten, die da irgendwas einbringen (Interview Doktorandin A., experimentelle Teilchenphysik, 2014).

In den Aussagen der beiden Physikerinnen klingen zwei Aspekte gegenwärtiger wissenschaftlicher Arbeitsorganisation an, die wir in ihrem inneren Zusammenhang betrachten sollten und die ihrerseits unmittelbar mit der Rationalisierung, Outputorientierung und Projektifizierung von Wissenschaft in Zeiten ihrer Ökonomisierung in

Verbindung stehen.[4] Zum einen wird die Bedeutung und Vernutzung von sogenannten Sozialkompetenzen herausgestrichen, die es ihrer Ansicht nach heutzutage brauche, um in der Physik Karriere machen zu können. Der „affektive Wert" (Gutierrez Rodriguez 2010b) jener Arbeit, die hier mit dem arbeitskrafttheoretischen Begriff der ‚sozialen Kompetenz' zugleich hervorgehoben und verdeckt wird,[5] wird hierbei in beiden Fällen mit der arbeitsteiligen Organisation von (Groß-)Forschungsprojekten begründet. In der Tat demonstrieren wissenschaftliche Arbeitszusammenhänge, von Big Science bis hin zu universitären Arbeitsgruppen, die neotayloristische Zerlegung und Neuzusammensetzung von kognitiver Arbeit in postindustriellen Gesellschaften besonders eingängig. Den einzelnen Arbeitssubjekten, hier den Physiker_innen, werden dabei jeweils spezifizierte und im besten Fall auf die jeweiligen Fähigkeiten abgestimmte Aufgaben zugeteilt. Diese Aufgaben reichen vom Aufbau und der Durchführung von Experimenten (einschließlich der Anordnung und Veränderung von Materialien und Technologie) über Messung und Datenauswertung bis hin zur Programmierung neuer Software. Je größer ein Experiment ist, desto mehr Personen sind an seiner erfolgreichen Durchführung beteiligt, sodass zugleich der Aufwand – und der Wert – einer Vermittlung und Koordination der auf zahlreiche Einzelne verteilten Wissensbestände und Fähigkeiten steigt. Ein „beträchtlicher Teil der individuellen Arbeit", so Virno, besteht nun in der auf sprachlicher und kommunikativer Interaktion beruhenden „Entwicklung, Verfeinerung und Intensivierung der Kooperation selbst" (2008, S. 83).[6]

---

[4]Für einen gleichermaßen an die physikalische Wissenschaftscommunity und die öffentlichen Geldgeber verfassten Appell, den Wert der physikalischen Grundlagenforschung für das europäische Projekt einer wissensbasierten Ökonomie zu sehen, siehe den Beitrag von Maurice Jacob (2003) im Hausblatt des CERN. Die hier zitierten Physikerinnen sind beide an Forschungsprojekten beteiligt, die auf internationalen Kooperationen am CERN basieren.

[5]Verdeckt wird der Wert insofern, als der Begriff der sozialen Kompetenz suggeriert, es handle sich um eine an den Charakter von Personen gekoppelte Fähigkeit. Ein solches Verständnis macht unsichtbar, dass es sich bei affektiver Arbeit um eine aktive Tätigkeit handelt.

[6]Ähnlich beschreiben Boltanski und Chiapello, wie innerhalb der projektbasierten Sozialstruktur von Arbeitsgruppen die Mediation als „netzbildende Tätigkeit des Vermittlers" und der Vermittlerin seit dem letzten Drittel des 20. Jahrhunderts ein expliziter Wert zugeordnet wird (2006, S. 152). Tätigkeiten der Vernetzung, der Kooperation und des Herstellens von Kontakten und Verbindungen sind für die soziale Welt wissenschaftlicher Communities wie auch für andere Arbeitssettings nichts Neues, doch ihre Wertigkeit *an sich* tritt erst dann zutage, wenn sich die Arbeit der Vermittlung „autonomisiert und von anderen Tätigkeitsformen löst, von denen sie bisher überlagert worden war. Erst jetzt wird sie identifiziert und als eigenständiger Wert anerkannt" (ebd., S. 153).

Das Ausmaß und die Notwendigkeit affektiver Arbeit steigt auch deshalb, weil von Projektgruppen erwartet wird, sich weitgehend selbst zu organisieren und zu regulieren. Darin sind freilich auch Mechanismen der Selbstkontrolle und Disziplinierung enthalten, insofern als der Erfolg der gesamten Gruppe stets davon abhängt, dass alle Beteiligten die ihnen zugewiesenen Aufgaben verlässlich und pünktlich erfüllen. Konflikte, die sich in der traditionellen Arbeitsorganisation typischerweise zwischen Arbeitskräften und Unternehmern bzw. zwischen den verschiedenen Weisungsebenen zuspitzen, werden hierdurch zudem verstärkt in die Arbeitsgruppen hineinverlagert. So werden Streitigkeiten um nicht erledigte Arbeiten, um strukturell bedingte Zeitknappheit, etwa bezüglich der Zuteilung und Nutzung der Laborarbeitsplätze, und andere mehr innerhalb der Gruppe und größtenteils unter den Studierenden, Promovierenden und Postdoktorand_innen ausgetragen und nicht mit den für strukturelle Engpässe verantwortlichen staatlichen und hochschulpolitischen Akteuren. Selbst die Gruppenleitung ist für gewöhnlich nicht über die alltäglichen Aushandlungen und Auseinandersetzungen in der häufig auf verschiedene Räume oder gar Gebäude verteilten Arbeitsgruppe informiert und wird – in der Regel von den Postdoktorand_innen – erst dann in den Konflikt eingeweiht, wenn dieser sich nicht niedrigschwellig lösen lässt oder aber auf manifeste und für problematisch erachtete Verhaltensweisen einzelner Gruppenmitglieder zurückgeführt wird.

2) Entgrenzung von Arbeitszeit und -raum: Der Mythos von der ‚Wissenschaft als Lebensform' (Krais 2008; Beaufaÿs 2003) inklusive romantisierter Bilder von leidenschaftlichen Physikern und passionierten Physikerinnen, die sich 24 Stunden am Tag und 7 Tage die Woche mit ihrem Forschungsthema befassen, war in den von mir besuchten Gruppen sehr dominant. Nicht selten kommt es – bei Männern wie Frauen – hierbei zu einer Umcodierung der Prioritäten von Arbeit und Leben: Nicht die Arbeit steht der Realisierung anderer, mehr oder weniger zeitaufwendiger Dinge im Leben entgegen, sondern es sind umgekehrt außerhalb der Forschungsarbeit liegende Verpflichtungen, wie beispielsweise Kinderbetreuung, die als Hindernis für eigentlich gewollte bzw. zur Erreichung des wissenschaftlichen Ziels notwendige, ausgedehntere Büro- und Laborzeiten gelten. Dies ist vor allem bei technisch aufwendigen Experimenten der Fall, wie mir eine Postdoktorandin, zugleich alleinerziehende Mutter, vor dem Hintergrund ihrer eigenen Erfahrung erklärt:

> Sinnvolle Laborarbeitszeiten heißt, du gehst in den Abend rein, weil alles andere Blödsinn ist. Wenn du morgens um zehn anfängst, hast du deinen Aufbau um 16 Uhr fertig justiert, und wenn du dann um 17.30 Uhr dicht machen musst, ist das doof (Interview Postdoktorandin A., Festkörperphysik, 2013).

Aufgrund der mit den Experimenten verbundenen Erfordernisse können daher insbesondere in laborbasierten Forschungsgruppen Anwesenheitszeiten an Wochenenden und in Nachtschichten oft nicht vermieden werden. Die Anforderungen der Arbeitsorganisation in der Forschungsgruppe führen deshalb häufig zu Konflikten zwischen Arbeit und (sonstigem) Leben. Die von Hochschulen und Forschungseinrichtungen für Wissenschaftler_innen mit Kind angebotenen Maßnahmen werden als unzureichend beschrieben, um solche Konflikte effektiv zu bearbeiten: „Unsere Universität druckt Hochglanzbroschüren über Familienfreundlichkeit", so ein Professor, „aber die Kita verfügt gerade einmal über 20 Plätze. [...] Es bringt einer Wissenschaftlerin auch nichts, wenn die Kinderbetreuung um 15.30 Uhr zu Ende ist" (Interview Professor B., experimentelle Physik mit Nähe zur Biophysik, 2015).

Auch wenn der Begriff der Work-Life-Balance immer noch im Gebrauch ist, geht es auf der Ebene der Produktionsverhältnisse und der konkreten Arbeitsorganisation in wissenschaftlichen und kognitiven Arbeitsfeldern schon länger nicht mehr vorrangig um die Strategie, Arbeit und Leben im Gleichgewicht zu halten. Die Abgrenzbarkeit von Arbeitszeit und Freizeit entstammt einem alten Produktionsregime, das sich an den Arbeitsbedingungen männlicher Erwerbsarbeiter orientierte und das für diejenigen Frauen, die sich täglich und rund um die Uhr um Haushalt, Kinderbetreuung und Altenpflege kümmern mussten, ohnehin nie galt. Die gegenwärtige, postindustrielle Organisationsweise von Arbeit besteht hingegen in einer zunehmenden *Verschmelzung* von Arbeits- und Lebenszeit – auch dies ist ein charakteristischer Aspekt der Feminisierung.

Diese Verschmelzung ist in wissensbasierten Arbeitsfeldern umso effektiver und erwünschter, als ‚Wissen' weder eine gewöhnliche Ware noch eine gewöhnliche Ressource ist: Wissen verbraucht sich nicht, sondern sein Wert wird durch Reifung und Zirkulation gesteigert, die sich zeitlich und räumlich kaum an feste Arbeitszeiten und Arbeitsorte halten (Rullani 2011). Denn Wissen, Gedanken und Ideen reifen überall und jederzeit, während des Einkaufens, beim Teamausflug am Wochenende, im Urlaub, auf der Fernsehcouch und im Krankenbett. In potenziell jeder Lebenssituation werden Fertigkeiten und Kompetenzen erlernt, die in der Arbeit produktiv gemacht werden können. Kurzum: Die Arbeits- und Lebenszeit von ‚kognitiven Arbeiter_innen' lassen sich nicht scharf trennen. In wissensbasierten Arbeitsfeldern wie der Wissenschaft funktionierte die Aufhebung dieser Trennung so lange, wie das herrschende Regime gesellschaftlicher Arbeitsteilung dem in der Regel männlichen Wissenschaftler eine Hausfrau zur Seite stellte, die ihm mit ihrer Arbeit den Rücken freihielt und „in physischer, emotionaler und sexueller Hinsicht" (Bock und Duden 1977, S. 123) zu seiner Reproduktion beitrug, damit er sein Leben bereitwillig der Wissenschaft widmen konnte.

Wie oben dargelegt, ist diese herkömmliche Arbeitsteilung seit einigen Jahrzehnten unter Druck geraten. War das fordistische Akkumulationsregime dadurch gekennzeichnet, dass ein Großteil der Reproduktionsarbeit im Haushalt stattfand, wird parallel zur Integration von Frauen in den Erwerbsarbeitsmarkt seit den 1980er-Jahren eine verstärkte Kommodifizierung von ursprünglich privat und unentgeltlich erbrachten Care-Dienstleistungen in Gang gesetzt. Von der durch Service-Arbeiter_innen geleisteten Zubereitung und Verteilung von Nahrung und Heißgetränken im Café auf dem Weg ins Büro bis hin zur Expansion des Markts für therapeutische, gesundheitsfördernde und lebensberatende Angebote findet die Reproduktion der Arbeitskraft heute zu einem großen Teil außerhalb des Privathaushalts statt.

Zudem: In Zeiten einer zunehmenden Entgrenzung von Arbeits- und Lebenszeit wird Arbeitskraft längst nicht mehr nur außerhalb der Erwerbsarbeitszeit reproduziert. Was Hochschild (2002) über die veränderte Lebensführung im Kontext postfordistischer Unternehmenskultur beobachtet, gilt in ähnlicher Weise für wissenschaftliche Organisationen, die sich heute mehr denn je am Modell unternehmerischer Arbeitsorganisation und Arbeitskultur orientieren: Im selben Maße, wie zu Hause Arbeit wartet, wie Lebenszeit und Freizeit immer mehr rationalisiert und geplant werden, verwandeln sich die Arbeitsorte gerade der formal Hochqualifizierten in Orte der sozialen Reproduktion. Die ‚eigentliche' Arbeitszeit in Büro und Labor wird hierbei von reproduktiven Elementen, von Freizeit, Erholung, Fürsorge und Selbstsorge durchzogen und gerahmt. Wo das ältere Vereinbarkeitsregime der Work-Life-Balance noch zwei getrennte Raum-Zeit-Konstellationen, nämlich Produktions- und Reproduktionssphäre, zugrunde legt, geht die zunehmende Verschmelzung von Arbeits- und Lebenszeit in postindustriellen Produktionsverhältnissen konsequenterweise auch mit einer Verschränkung der Veräußerung und Reproduktion von Arbeitskraft einher.

In den physikalischen Arbeitsgruppen, in denen ich zu Gast war, zeigt sich dies besonders drastisch während der Nachtschichten, bei denen gemeinsam gegessen und ferngesehen wird, wo man gerne zusammen herumalbert, sich aber genauso ein Ohr leiht, um über Beziehungsprobleme und den Stress angesichts auslaufender Arbeitsverträge zu reden. Zu einer Verschmelzung der Zeiträume von produktiver Tätigkeit und reproduktiver Arbeit kommt es auch insbesondere bei Ausflügen in weiter entfernte, häufig im Ausland gelegene Messstationen. Dabei reisen zumeist Vierergruppen, die eine Arbeitseinheit bilden, gemeinsam in eine andere Stadt, um dort Tag und Nacht intensiv zusammen zu arbeiten – und zusammen zu leben. Die gemeinsame Zubereitung von Essen, abendliche Kneipenbesuche oder Stadtrundgänge während solcher Reisen werden hierbei genauso hoch geschätzt wie die für den sozialen Zusammenhalt der Gruppe als bedeutsam erachteten gemeinsamen Freizeitaktivitäten, Mittagessen und Betriebsausflüge. Kollegiale und freundschaftliche Beziehungen überlappen sich hier; viele Physiker und Physikerinnen, mit denen ich gesprochen und die ich bei der Arbeit begleitet habe, betonen, dass ihnen freundschaftliche und unterstützende Kontakte im Team wichtig seien, schließlich verbringe man ja einen Großteil seiner Zeit miteinander. Wiederholt wurde mir gegenüber erklärt, dass ein guter persönlicher Kontakt auch die Zusammenarbeit und Kommunikation während der Arbeit verbessere.[7]

Doch die Verflechtung von Arbeit und Leben birgt auch ein erhöhtes Konfliktpotenzial. Die Hybridisierung von Arbeit und Nicht-Arbeit verläuft nicht nach klaren Regeln, sondern Grenzbereiche müssen ständig verhandelt und geklärt werden: Wer arbeitet wie viel von zu Hause aus und überlässt damit unbeliebte, aber notwendige Arbeit vor Ort den anderen? Welche Auswirkungen hat das auf den Gruppenzusammenhalt? Wie sehr darf die Gemeinschaftsküche nach Wohnzimmer aussehen, wenn sie doch gleichzeitig eine *Arbeits*gruppe repräsentiert? Wie sieht ein angemessenes Verhältnis zwischen Arbeitsgespräch und Freizeittalk während der Büro- und Laborzeiten aus? Wer nimmt sich heraus, Fantasy-Romane zu lesen, während der Computer rechnet, anstatt sich in der Zeit nützlich zu machen und das Labor aufzuräumen? Wie reagiert die Gruppe auf Mitglieder, die sich der Vermischung von kollegialen und freundschaftlichen Kontakten zu entziehen suchen? Wie werden Kolleg_innen beurteilt, die den Freizeitaktivitäten eher fernbleiben und sich überwiegend an formale Arbeitszeiten halten wollen – oder müssen, weil zu Hause Verpflichtungen warten?

An dieser Stelle ist nicht genügend Raum, um die vielen Reibungs- und Konfliktpunkte zu erläutern, die ich während meiner ethnografischen Feldaufenthalte in den jeweiligen Gruppen beobachten konnte. Stattdessen kommt es mir an dieser Stelle darauf an, einen Zusammenhang zwischen der hier skizzierten Verschmelzung von Arbeits- und Lebenszeit auf der einen und dem Bedeutungsgewinn von affektiver Arbeit auf der anderen Seite herzustellen. Negative Affekte bedingt

---

[7]Postdoktorand_innen in zwei der drei von mir besuchten Arbeitsgruppen bestätigten, dass die Qualität des persönlichen Kontakts zu den Studierenden mit der Intensität des fachlichen Austauschs korreliere und insofern direkt oder indirekt Einfluss darauf nehme, für welche der Nachwuchswissenschaftler_innen man sich gegenüber der Gruppenleitung stark mache, damit sie nach dem Hochschulabschluss in der Gruppe bleiben können.

durch Stress, Zeitdruck, Unsicherheiten, Überforderung, Versagens- und Existenzängste, Ärger, Frustration, Neid, Langeweile, aber auch positive Affekte wie Freude und Glück oder affektive Bindungen von Freundschaft und Intimität durchströmen die Büros, Laboratorien und Korridore der Arbeitsgruppen. Wachsende Prekarisierung, permanente Zeitknappheit sowie die räumliche und temporale Verflechtung von Arbeit und Leben konstituieren die Arbeitsgruppe als ein soziales und emotionales Setting, in dem Affekte sich vielfach vermischen und nach einer emotionalen und sozialen Bearbeitung verlangen (Gill 2016; Gregg 2010).

5 Feminisierung der Wissenschaft: Ein vorläufiges Fazit

Ausgangspunkt dieses Artikels war die Beobachtung, dass der quantitative Anstieg des Frauenanteils in der Wissenschaft, hier der Physik, zu einem Zeitpunkt stattfindet, da die Universität einen an ökonomischen Leitkriterien orientierten Wandel durchläuft. Dieser Wandel bringt sowohl eine Intensivierung und weitere Entgrenzung von wissenschaftlicher Arbeit als auch ein insbesondere von Wissenschaftler_innen unterhalb der Professur als belastend erfahrenes hohes Ausmaß an Konkurrenz und Prekarität mit sich. Der Begriff der Feminisierung wurde herangezogen, um mögliche Beziehungen zwischen diesen Entwicklungen auszuloten. Damit wurde zugleich der Vorschlag für eine Untersuchungsperspektive unterbreitet, die die geschlechtersoziologischen und -politischen Implikationen der unternehmerischen Hochschule analysiert, ohne sie auf das – fraglos weiterhin bestehende – Problem von Exklusions- und Benachteiligungsfaktoren für Wissenschaftlerinnen zu reduzieren. Anhand des skizzierten Bedeutungsgewinns von affektiver Arbeit in der Wissenschaft wurde der Blick stattdessen auf die produktiven Wechselverhältnisse zwischen Hochschulumbau und Geschlechterverhältnissen gelenkt.

Die Erkenntnisse aus den ethnografischen Fallstudien deuten darauf hin, dass die Geschlechterdifferenz im Kontext der neoliberalen Hochschule zunehmend als Ressource wahrgenommen wird: Wissenschaftlerinnen erscheinen im Diskurs der traditionell als ‚Männerdomäne' verstandenen Physik als die besseren ‚affektiven Arbeiterinnen', die einesteils helfen, den sozialen, gemeinschaftlichen Boden für eine zunehmend auf Kooperation, Kommunikation und kollektive Selbstregulierung setzende Arbeitsorganisation zu bereiten. Andernteils kann mit Blick auf die Bedeutung mikrosozialer Praktiken der Unterstützung, Fürsorge und emotionalen Verarbeitung von Stress, Unsicherheit und Angst im Arbeitsalltag durchaus davon gesprochen werden, dass weibliche Subjektivität und affektive

Arbeit unter den gegebenen Bedingungen ausgebeutet werden, um eine Hochschule auch unter prekären, belastenden und entgrenzten Bedingungen am Laufen zu halten. Die unternehmerische Universität profitiert hier von Feminisierungsprozessen unter anderem dadurch, dass sie Teamarbeit und Wünsche nach Kooperation und Zusammenhalt valorisiert und instrumentalisiert, während sie Karriereverläufe nach wie vor individualisiert und an Wettbewerbsnormen ausrichtet. Die Feminisierung von Wissenschaft erscheint vor diesem Hintergrund als ein vielschichtiger, ambivalenter Prozess, in dem alte und neue Formen der Ausbeutung und geschlechtsspezifischen Benachteiligung wirken, aber zugleich auch mögliche Anknüpfungspunkte für eine andere Wissenschaftspraxis erkennbar werden, die eine potenzielle Alternative zur herrschenden neoliberalen Hochschulformation und ihren multiplen Prekarisierungs- und Segregationsmechanismen darstellen. So haben die ethnografischen Fallstudien den hohen Stellenwert verdeutlicht, den die Wissenschaftler_innen der untersuchten Arbeitsgruppen Solidarität, wertschätzender Zusammenarbeit und kollektiver Intelligenz beimessen. Individuelle Karriereorientierung, Wettbewerbsverhalten und Konkurrenzdenken waren hingegen nicht nur vergleichsweise schwach ausgeprägt, sondern wurden sehr häufig sogar explizit als unerwünscht und schädlich benannt. Trotzdem sind es gerade diese sozialen Einstellungen und Verhaltensnormen, die durch die unternehmerische Hochschule im Rahmen individualisierter Karriereverläufe belohnt werden. Für prekarisierungstheoretische wie gleichstellungspolitische Ansätze gleichermaßen von Belang ist daher die Frage, wie es gelingen kann, die Organisation und Struktur wissenschaftlichen Arbeitens stärker an den konkreten sozialen, materiellen und affektiven Bedürfnissen und Ansprüchen der Produzent_innen von Wissen auszurichten als an den Leitkategorien unternehmerischer Rationalität.

In seiner post-essenzialistischen Verwendung kann der Begriff der Feminisierung der Wissenschaft hierfür aus mehreren Gründen überaus nützlich sein: Zum einen kann so die Diskussion über die Ökonomisierung und Prekarisierung von Wissenschaft stärker mit einer intersektionalen Analyse der damit verwobenen Geschlechterdynamiken zusammengeführt und Tendenzen entgegengewirkt werden, bestehende hierarchische Asymmetrien (qua Geschlecht, ‚Race' und Klasse, aber auch Alter und Gesundheit) in Universalkategorien wie dem ‚akademischen Prekariat' begrifflich einzuebnen und damit unsichtbar zu machen. Zum anderen erweist sich der Begriff der Feminisierung von Wissenschaft als nützlich, um die *affektive Reflexivität* wissenschaftlicher Subjekte zu steigern, das heißt, einen kollektiven Erkenntnisprozess in Gang zu setzen, der die Schlüsselfunktion von affektiver Arbeit bewusst werden lässt – eine Schlüsselfunktion nicht nur für das Gelingen wissenschaftlicher (Gruppen-)Arbeit und das Abfedern oder Auffangen von negativen Prekarisierungseffekten, sondern auch für die potenzielle Konstituierung eines vernetzten, kollektiven Subjekts, das im Wissen um seine eigene Handlungsmacht die neoliberale Universität von innen heraus zu sozialisieren und entlang der Interessen von Wissensproduzent_innen und Gesellschaft umzuformen sucht.

Literatur

Adamczak, Bini, Laufenberg, Mike, Reuschling, Felicita, Speck, Sarah, & Tedjasukmana, Chris (2012). Einleitung oder: Anleitung zum Aufstand aus der Küche. In Silvia Federici: *Aufstand aus der Küche. Reproduktionsarbeit im globalen Kapitalismus und die unvollendete feministische Revolution* (S. 6–20). Münster: edition assemblage.

Aulenbacher, Brigitte, Binner, Kristina, Riegraf, Birgit, & Weber, Lena (2012). Wissenschaft in der Entrepreneurial University – feminisiert und abgewertet? *WSI Mitteilungen* 6, 405–411.

Baur, Nina, Erlemann, Martina, Hark, Sabine, Laufenberg, Mike, Lucht, Petra, Norkus, Maria, Petschick, Grit, & Scheich, Elvira (2015). *Geschlechtergerechtigkeit in der Wissenschaft. Forschungsbasierte Handlungsempfehlungen am Beispiel der Physik*. Berlin. http://www.genderdynamiken.de/fileadmin/user_upload/Downloads/Broschuere_final.pdf. Zugegriffen: 17. Juli 2017.

Beaufaÿs, Sandra (2003). *Wie werden Wissenschaftler gemacht? Beobachtungen zur wechselseitigen Konstitution von Geschlecht und Wissenschaft*. Bielefeld: transcript.

Beck-Gernsheim, Elisabeth (1976). *Der geschlechtsspezifische Arbeitsmarkt. Zur Ideologie und Realität von Frauenberufen*. Frankfurt a. M.: Suhrkamp.

Beck-Gernsheim, Elisabeth, & Ostner, Ilona (1978). Frauen verändern – Berufe nicht? Ein theoretischer Ansatz zur Problematik von ‚Frau und Beruf'. *Soziale Welt* 29 (3), 257–287.

Bock, Gisela, & Duden, Barbara (1977). Arbeit aus Liebe – Liebe als Arbeit. In Gruppe Berliner Dozentinnen (Hrsg.), *Frauen und Wissenschaft. Beiträge zur Berliner Sommeruniversität für Frauen*. Juli 1976 (S. 118–199). Berlin.

Boltanski, Luc, & Chiapello, Ève (2006). *Der neue Geist des Kapitalismus*. Konstanz: UVK.

Bröckling, Ulrich (2007). *Das unternehmerische Selbst. Soziologie einer Subjektivierungsform*. Frankfurt a. M.: Suhrkamp.

Clark, Burton R. (1998). *Creating Entrepreneurial Universities: Organizational Pathways of Transformation. Issues in Higher Education*. Ney York: ERIC.

Dölling, Irene (2003). Das Geschlechter-Wissen der Akteur/e/innen. In: Andresen, Sünne, Dölling, Irene, Kimmerle, Christoph (Hrsg.), *Verwaltungsmodernisierung als soziale Praxis. Geschlechter-Wissen und Organisationsverständnis von Reformakteuren* (S. 113–165). Opladen: Leske & Budrich.

Dörre, Klaus, & Neis, Matthias (2008). Forschendes Prekariat? In Stephan Klecha, & Wolfgang Krumbein (Hrsg.), *Die Beschäftigungssituation von wissenschaftlichem Nachwuchs* (S. 127–142). Wiesbaden: Springer VS.

Erlemann, Martina (2014). genderDynamiken in der außeruniversitären Forschung der Physik. In Bettina Langfeldt, & Anina Mischau (Hrsg.), *Strukturen, Kulturen und Spielregeln. Faktoren erfolgreicher Berufsverläufe von Frauen und Männern in MINT* (S. 13–35). Baden-Baden: Nomos.

Gill, Rosalind (2016). Breaking the Silence. The Hidden Injuries of Neoliberal Academia. *Feministische Studien* 34 (1), 39–55.
Gottschall, Karin (1990). Frauenerwerbstätigkeit und Tertiarisierung. Zur Erosion und Rekonstruktion geschlechtsspezifischer Arbeitsteilung in der Dienstleistungsgesellschaft. In Elisabeth Vogelheim (Hrsg.), *Grenzen der Gleichheit. Frauenarbeit zwischen Tradition und Aufbruch* (S. 133–150). Marburg: Schüren.
Gregg, Melissa (2010). Working with Affect in the Corporate University. In Marianne Liljeström, & Susanna Paasonen (Hrsg.), Working with Affect in Feminist Readings (S. 182–192). Abingdon, New York: Routledge.
Gutiérrez Rodríguez, Encarnación (2010a). *Migration, Domestic Work and Affect. A Decolonial Approach on Value and the Feminisation of Labor.* Oxford: Francis & Taylor.
Gutiérrez Rodríguez, Encarnación (2010b). Affektiver Wert. Kolonialität, Feminisierung und Migration. *transversal* 11 2010. http://eipcp.net/transversal/0112/gutierrez-rodriguez/de. Zugegriffen: 17. Oktober 2016.
Gutiérrez Rodríguez, Encarnación (2014). Haushaltsarbeit und affektive Arbeit. Über Feminisierung und Kolonialität von Arbeit. *Prokla. Zeitschrift für kritische Sozialwissenschaft* 44 (1), 71–92.
Ha, Kien Nghi, Ha, Noa, & Mesghena, Mekonnen (Hrsg.) (2018). Geschlossene Gesellschaft? Exklusion und rassistische Diskriminierung an deutschen Universitäten. Dossier. *Heimatkunde.* Migrationspolitisches Portal der Heinrich Böll Stiftung. https://heimatkunde.boell.de/geschlossene-gesellschaft-universitaet. Zugegriffen: 27. Oktober 2017.
Haraway, Donna (1995). Ein Manifest für Cyborgs. In Donna Haraway, *Die Neuerfindung der Natur. Primaten, Cyborgs und Frauen* (S. 33–72). Frankfurt a. M.: Campus.
Hardt, Michael (2004). Affektive Arbeit. In Thomas Atzert, Jost Müller (Hrsg.), *Immaterielle Arbeit und imperiale Souveränität. Analysen und Diskussionen zu Empire* (S. 175–188). Münster: Westfälisches Dampfboot.
Hardt, Michael, & Negri, Antonio (2002). *Empire. Die neue Weltordnung.* Frankfurt a. M., New York: Campus.
Hardt, Michael, & Negri, Antonio (2010). *Common Wealth. Das Ende des Eigentums.* Frankfurt a. M., New York: Campus.
Hochschild, Arlie R. (1990). *Das gekaufte Herz. Zur Kommerzialisierung der Gefühle.* Frankfurt a. M.: Campus.
Hochschild, Arlie R. (2002). *Keine Zeit. Wenn die Firma zum Zuhause wird und zu Hause nur Arbeit wartet.* Wiesbaden: VS Verlag.
Jacob, Maurice (2003). Viewpoint: Physics in a knowledge-based economy. CERN Courier vom 1. Juni 2003. http://cerncourier.com/cws/article/cern/28870. Zugegriffen am 17. Oktober 2016.
Kahlert, Heike (2015). Nicht als Gleiche vorgesehen. Über das „akademische Frauensterben" auf dem Weg an die Spitze der Wissenschaft. *Beiträge zur Hochschulforschung* 37 (3), 60–78.
Klecha, Stephan, & Krumbein, Wolfgang (Hrsg.) (2008). *Die Beschäftigungssituation von wissenschaftlichem Nachwuchs.* Wiesbaden: VS Verlag.
Knapp, Gudrun-Axeli (2012). *Im Widerstreit. Feministische Theorie in Bewegung.* Wiesbaden: Springer VS.
Krais, Beate (2008). Wissenschaft als Lebensform. Die alltagspraktische Seite akademischer Karrieren. In Yvonne Haffner, & Beate Krais (Hrsg.), *Arbeits als Lebensform? Beruflicher Erfolg, private Lebensführung und Chancengleichheit in akademischen Berufsfeldern* (S. 177–211). Frankfurt a. M.: Campus.

Laufenberg, Mike (2016). Soziale Klassen und Wissenschaftskarrieren. Die neoliberale Hochschule als Ort der Reproduktion sozialer Ungleichheiten. In Nina Baur, Cristina Besio, Maria Norkus, & Grit Petschick (Hrsg.), *Wissen – Organisation – Forschungspraxis. Der Makro-Meso-Mikro-Link in der Wissenschaft* (S. 580–625). Weinheim, Basel: Beltz Juventa.

Lewis, Jane (2001). The decline of the male breadwinner model: implications for work and care. *Social Politics* 8 (2), 152–169.

Maassen, Sabine, & Weingart, Peter (2006). Unternehmerische Universität und neue Wissenschaftskultur. *die hochschule* 15 (1), 19–45.

McRobbie, Angela (2012). *Top Girls. Feminismus und der Aufstieg des neoliberalen Geschlechterregimes*. Wiesbaden: VS-Verlag.

Münch, Richard (2009). *Globale Eliten, lokale Autoritäten*. Frankfurt a. M.: Suhrkamp.

Münch, Richard (2012). *Akademischer Kapitalismus*. Frankfurt a. M.: Suhrkamp.

Muñoz, José Esteban (1999). *Disidentifications. Queers of Color and the Performance of Politics*. Minnesota: University of Minnesota Press.

Ostner, Ilona (1991). ‚Weibliches Arbeitsvermögen' und soziale Differenzierung. *Leviathan* 19, 192–207.

Ostner, Ilona (1992). Zum letzten Male: Anmerkungen zum „weiblichen Arbeitsvermögen". *Zeitschrift für Personalforschung* (Sonderheft: Personalpolitik aus der Sicht von Frauen – Frauen aus der Sicht der Personalpolitik), 107–121.

Pongratz, Heinz-Jürgen, & Voß, Günther G. (2003). *Arbeitskraftunternehmer – Erwerbsorientierungen in entgrenzten Arbeitsformen*. Berlin: edition sigma.

Revel, Judith (2004). Devenir-femme der Politik. In Thomas Atzert, & Jost Müller (Hrsg.), *Immaterielle Arbeit und imperiale Souveränität. Analysen und Diskussionen zu Empire* (S. 225–262). Münster: Westfälisches Dampfboot.

Riegraf, Birgit (2007). Der Staat auf dem Weg zum kundenorientierten Dienstleistungsunternehmen? New Public Management geschlechtsspezifisch analysiert. In Brigitte Aulenbacher, Maria Funder, Heike Jacobsen, & Susanne Völker (Hrsg.), *Arbeit und Geschlecht im Umbruch der modernen Gesellschaft. Forschung im Dialog* (S. 78–94). Wiesbaden: VS Verlag.

Rullani, Enzo (2011). *Ökonomie des Wissens. Kreativität und Wertbildung im Netzwerkkapitalismus*. Wien: Turia + Kant.

Sauer, Birgit (2001). *Die Asche des Souveräns. Staat und Demokratie in der Geschlechterdebatte*. Frankfurt a. M.: Campus.

Scheele, Alexandra (2004). Feminisierung der Arbeit und die Arbeitsforschung. *Arbeit* 13 (2), 173–176.

Schultz, Susanne (2011). Gegen theoretische Strategien der Ganzheitlichkeit. Eine feministische Kritik an ‚Empire'. In Marianne Pieper, Thomas Atzert, Serhat Karakayali, & Vassilis Tsianos (Hrsg.), *Biopolitik – in der Debatte* (S. 129–140). Wiesbaden: VS Verlag.

Standing, Guy (1999). Global Feminization through flexible Labor: A Theme revisited. *World Development* 27 (3), S. 583–602.

Statistisches Bundesamt (2014). *Frauenanteil in der Wissenschaft steigt*. Pressemitteilung Nr. 268 vom 30.07.2014. http:www.destatis.de/DE/PresseService/Presse/Pressemitteilungen/2014/07/PD14_268_213.html. Zugegriffen: 17. Oktober 2016.

Torrant, Julie P. (2011). *The Material Family*. Rotterdam: Sense Publishers.

Virno, Paolo (2008). *Grammatik der Multitude*. Wien: Turia + Kant.

The manufacturer's authorised representative in the EU is Springer Nature Customer Service Centre GmbH, Europaplatz 3, 69115 Heidelberg, Germany. If you have any concerns regarding our products, please contact ProductSafety@springernature.com

Printed and bound by CPI Group (UK) Ltd, Croydon, CR0 4YY

23/03/2026

02076739-0006